U0947556

WUXIANG WENHUA JICHENG
WUXIANG HONGSE WENHUA
XIEYING

武乡文化集成·卷二

陈建祖 主编

武乡红色文化撷英

中国共产党山西省武乡县历史（1933–1949）

中共武乡县委党史研究室 编

中国文史出版社

《武乡文化集成》编委会

总 序

甲辰之岁，万象更新。武乡热土上，乘新时代之春风，政治、经济、文化一体推进，正所谓政通人和，百业俱兴。

自古以来，莫不盛世修书，藉以兴文化俗。今有《武乡文化集成》之问世，摘精选要，撷英荟萃，乃国内县域文化系统整理出版之巨创，亦寻祖根，追文脉，固根基，增强文化自信之壮举，可庆可贺也！

文化之兴，缘于地理；或曰据于地理，乃出人文。

太行逶迤，上党巍巍，雄视华北，俯控中原，自古乃兵家必争之地。元人熊戴歌咏曰：“天下多名山，太行居第一。泽潞伯仲间，上党天下脊。屹立界中原，形势控南北。”武乡踞上党北缘，乃千年名邦，抗战圣地。其东有板山竦立，如长城蜿蜒；其中有漳河流金，泽润乡里；其西则俯视晋中，藏风聚气。此土此境，古有商周遗物，有石勒要寨，有寺院林立，绵绵不绝，而民风俭啬，勤于耕读，崇尚勇武，远近闻名。清代乾隆《武县志》“风俗篇”云：“武乡之为县，在万山中，金玉珠贝无所产，商贾车不至，民安于畎亩、诵读，无逐末游食、猎取富贵之人。”“其民质而菅，其俗俭而不猥。”此乃武乡传统文化之概要，民风之底色，文化渊源所自。追溯千余年传统文化，不亦绵长醇厚乎！

帝制灭而共和兴，社稷衰而危亡存，仁人志士，前赴后继，奋起斗武乡籍共产党人、革命先驱李逸三、史怀壁、武三友等，建立中共武乡县委员会，组织“五抗”，风起云涌，艰险曲折，板山漳河间，闪耀赤色曙光。全面抗战始，抗日烽火燃烧在太行山上，八路军总部、中共中央北方局、一二九师师部开进武乡，先后驻武乡王家峪、砖壁诸地，朱德、彭德怀、左权、刘伯承、邓小平、杨尚昆等在此指挥抗战，武乡乃成太行根据地之重镇。长乐村战斗，歼寇两千；百团大战，威震敌胆。柳沟设兵工厂，肇始军火生产，装备抗日武装；抗大、鲁艺，学校遍及山乡僻壤，培植红色基因。武乡儿女，慷慨参军，牺牲何止千万；家乡父老，纳鞋交粮，自愿支援前线；太行奶娘，忘我取义，哺育革命后代。仰望太行之巅，遍布民族脊梁；回首抗战圣地，鲜血浸染。《少年先锋》，如诗华章；抗战篇章，辉煌绚烂。此乃武乡近世文化之鲜明本色。回首武乡之红色文化，不亦感人至深乎！

斗转星移，国运昌隆；改革开放，其命维新。武乡大地，文脉绵延，异彩纷呈。其初有高沐鸿之《太行吟》，冈夫之《故城谣》，张万一之剧作《小二黑结婚》，歌咏烽火岁月，隽永悠长；继之有寓真之《行道集》，赓续家国情怀，书写不尽之乡愁。抗战文化则梳理备至，书写将军之百战智勇，战士之慷慨赴死，军火之急急生产，民众之纷纷支前，友邦之慷慨资助，红色文化，洋洋大观。作者群起，深研备至，提炼太行精神，表彰抗战英模，可歌可泣，化育万民，进而为新时代不忘初心、继续前进之强大动能。回首七十年文化景象，不亦壮观乎！

武乡文化，厚重绵长，总而成之，采而辑之，舍我其谁！县委县政府下决心，定大计，集贤能，编方案，以规范性、系统性、权威性为基准，博采旁搜，摘取英华，卷次三分。首卷为历史文化，通览千载；继之以红色文化，特色引领；卷三是现当代文化，文苑集萃，遂成20册，汇千万字，煌煌然为武乡文化史上之空前巨著。武乡文脉，一以贯穿，高如板山，长若漳河，实乃空前之壮举，既为资政要览，亦成万民寻根溯源、永久承传之宝典，具彰往而昭今之效，其价值、意义不言而喻，无庸赘述焉。是为序。

中共武乡县委员会

武乡县人民政府

2024年6月

凡　例

一、本丛书以马克思列宁主义、毛泽东思想、邓小平理论、“三个代表”重要思想、科学发展观、习近平新时代中国特色社会主义思想为指导，选取武乡文化精华，编纂而成。

二、本丛书以基础性、系统性、权威性为基本编纂标准。

三、本丛书以武乡籍贯的作者为主要选取对象，以描写或记述武乡地域范围内的文化为内容选取标准。

四、本丛书选取的著作体裁不限，主要选取学术著作和文学作品。为了全面记述武乡的历史文化，特别组织作者新撰了武乡历史文化的通览性著作。

五、本丛书按照历史通览、文化特色、时代新篇为基本分卷依据，分武乡历史文化通览、武乡红色文化撷英、武乡现当代文化集萃3卷，共33种著作，编为20册。

六、本丛书为集成性著作，尊重原著内容的完整性，一般不作增删；为保持观点正确、内容准确、体例统一所做的修订，均经作者完成，并经专家予以审定。

七、本丛书对每一部入选著作的内容及其作者均予简介，以便阅读和使用。

八、本丛书根据各书特点而区别整理方式，涉及古文、文献等，予以标点，并适当注释；涉及文化遗产等内容，则以图文结合的方式予以记述。

【内容简介】

本书是《中国共产党山西省武乡县历史》1933 年至 1949 年部分，由中共武乡县委党史研究室编。其中分五章，即党组织的创建和党领导下的农民“抗债团”斗争；八路军工作团进入武乡，开辟抗日根据地；加强建党、建军、建政，巩固抗日根据地；军民团结奋战，迎接抗日战争的胜利；完成土地改革，支援全国解放。是在中国共产党领导下，武乡县党组织从建立、壮大到取得革命胜利的光辉历程的全面记录，反映了武乡人民在武乡各级党组织的组织和领导下，为自身解放、为民族独立、为全国革命的胜利所做的巨大牺牲和突出贡献。武乡是山西较早建立党组织的县域，抗日战争、解放战争期间，武乡是太行革命根据地的核心区域，故而本著的内容极为丰富，是山西县域党史的范本之一。2000 年，本书由山西古籍出版社出版，2017 年，经三晋出版社出版了修订本。此次出版，以 2017 年本为基础，进行了认真校雠，并附录了由武乡老革命家回忆文章组成的“武乡党史文献辑补”，增强了本书的史料价值。

目　录

第一章　党组织的创建和党领导下的农民“抗债团”斗争

辛亥革命以后，民主思潮开始进入武乡，越来越多的青年挣脱黑暗势力的束缚，到外地求学，学习新的知识，探求救国救民的真理。到20世纪20年代初，在太原、北平等地上学的武乡籍青年，接受了马列主义思想和进步报刊的熏陶。这些具有进步思想的知识青年，将革命思潮带回故里，广泛传播，成为武乡早期革命活动的中坚。特别是高沐鸿，1923年在太原武灵初的图书馆工作时，阅读了大量的马列主义书籍，其中《哲学政治经济学》一书，为他初具社会主义思想，起了关键性的作用。

20世纪30年代初，在武乡民主力量向封建势力发起猛烈冲击的同时，李逸三等共产党人和进步青年，积极酝酿筹建武乡共产党组织。1933年年初，高沐鸿利用他与武乡县县长的师生关系，以合法的形式，推动武乡革命，帮助解决了革命经费问题。在高沐鸿、武光汤等人倡议支持下，在县城（今故县村）创办了《武乡周报》，充实了“武乡流通图书馆”“武乡通讯社”“武乡印刷合作社”，举办了“小学教师暑期讲习会”，发起组织了“现代思潮研究会”，广泛宣传社会主义，为党组织的建立做了充分准备。

1933年8月初，李逸三到太原和中共山西特委取得联系，得到了中共山西特委关于建立武乡县委领导机构的指示。8 月上旬，在县城正式成立了中共武乡县委员会，主要领导人是李逸三、史怀璧、赵瑞璧、武三友、程登瀛等 5 人。

武乡县农民“抗债团”于 1933 年 2 月在县城成立。“抗债团”积极组织群众进行以抗租、抗债、抗税、抗粮、抗丁为中心的“五抗”活动，沉重地打击了封建地主阶级，大大鼓舞了广大农民的斗争信心。但是，由于县委和“抗债团”领导人缺乏经验，行动过“左”，致使革命力量过早暴露。1934 年 2 月，李逸三、武光汤、武骏图等被捕，中共武乡县委遭到破坏。初秋，赵瑞璧遵照中共山西工委的指示，重新与全县各个地区的基层党组织取得联络，恢复了党的活动。1936 年 2 月，由于叛徒告密，赵瑞璧、李丙权、任丑儿、魏富锁、魏怀德等人也先后被捕，中共武乡县委再次遭到破坏。

武乡党组织在白色恐怖下，经受了破坏、恢复、再破坏的两次严峻考验，表现出党员们具有较高的政治素质，使党组织得以保存。县委及时总结经验教训，挑选一些机智、勇敢的中共党员，像东区支部的魏名扬、李福元、王马孩等，又以新的斗争方式，重新转入农村，发展党员，壮大组织，同敌人进行不屈不挠的斗争。

1936 年春，红军东征来到山西，又播下了革命火种，改变了山西的局势。西安事变后，国共合作抗日的统一战线基本形成，阎锡山接受联共抗日的主张，山西各地的抗日救亡运动普遍开展起来。武乡党组织播下的革命火种，越烧越旺。到抗日战争全面爆发后，以这批保存下来的党的骨干为主，建立起中共县工委和人民抗日自卫队。后来，这些骨干都成为地方武装的组织者和领导者。

第一节　武乡党组织创建的基础

一、地理位置和自然状况

武乡，位于山西省长治市北部，太行、太岳两山之间。东邻左权、黎城县，南与襄垣、沁县接壤，西与西北同平遥、祁县交界，北与榆社县毗邻。境内地形狭长，东西长120多千米，南北最窄处仅20千米，总面积1610平方千米，海拔800—2008米，地势呈马鞍状，东西两端高耸，中部低凹，东西部为土石山区，群峰壁立，沟壑纵横，且多雄关险隘，历来为兵家必争之地，古称“冀南之牖户，潞泽之咽喉”。境内自然资源丰富，西部林草茂密，东部矿产资源丰富，多产煤炭，中部腹地属黄土丘陵地带。关河、涅河、马牧河汇成浊漳河北源，横贯县境，与蟠龙河交汇于东南出境。这里地势平缓，土地肥沃，气候适宜，为传统的产粮区。

西周时期，这里称为皋狼之地，战国时期属涅地，西晋始置武乡县。据史料记载，自新石器时代起，武乡人民的祖先就生息、繁衍在这块土地上。本县素以种植业为主，盛产玉米、谷子、小麦、高粱等粮食作物，以及蓖麻、芥菜等油料作物。在封建社会，由于交通闭塞，自给自足的自然经济在这里占主导地位。勤劳善良的武乡人民，辛勤劳动，世代耕耘，与封建统治阶级进行着不懈抗争，创造了宝贵的财富和灿烂的文化，推动着社会的历史发展进程。武乡人民素有不畏强暴、敢于斗争的光荣传统。古有后赵石勒逐鹿中原，统一半壁江山之伟业；近有义和团反清灭洋，拯救中华之壮举。进入20世纪20年代，随着五四运动的爆发和中国共产党的成立，广大人民群众日益觉醒，从而揭开了反抗帝国主义、封建主义、官僚资本主义斗争的序幕。

二、建党前的政治、经济状况

在数千年的封建社会中，由于封建统治阶级的残酷压榨，造成了武乡县经济上的极端贫困和落后。进入近代以来，武乡同全国各地一样，遭受着帝国主义、封建主义、官僚资本主义的三重压迫，农村日益贫困，广大人民陷于水深火热之中。

20 世纪 30 年代，地主阶级中开始出现了垄断集团，山西的大地主、大军阀阎锡山，推行所谓“新政”，加强巩固了山西官僚地主的垄断集团。如在山西各县成立了“公道团”（“公道团”，亦称“好人团”，是阎锡山为了防共反共在 1934 年成立的）。武乡也不例外地成立了“公道团”“国货实践团”，从政治上巩固了地主阶级的统治；同时还设立了“官盐店”“土货商店”等，在经济上加紧了对农民的掠夺。阎锡山政府规定：凡家资不到 500 元银洋者，不能当村长。这样，从县衙到村政权，从政治领域到经济领域，形成了封建势力一统天下的局面，人民被压迫得喘不过气来。

土地集中，农民破产，是当时农村经济的主要特点。由于连年军阀混战，反动政府横征暴敛，再加上自然灾害频繁，农民的负担一年比一年重，除需缴纳“钱粮”“田租”“徭役”，以及各种“神社”“地亩”钱等苛捐杂税外，还要受“地租”“高利贷”等形式的剥削。

地租，是地主阶级利用手中的土地，对农民进行残酷剥削的手段。其租佃关系有以下几种：（一）定额地租：其办法是订立契约，规定租额，不论丰年歉年，租额固定不变。佃农按夏、秋两季交租，田赋和各种苛捐杂税由佃农完全负担。这种租额，每亩交 3 至 4 斗，有的甚至高达 5 至 6 斗。（二）份额地租：佃农租种地主土地，将每年的收获物按一定比例交纳地租，一般不少于五成，有的多达七成以上。（三）认粮种地：地主拥有的薄地、赖地，其收成常不足以交纳钱粮所需，却把钱粮负担转嫁到农民身上。（四）钱租：农民租种地主土地，以钱交租。这种地租形式，在物价不稳定的情况下，佃农所受的剥削尤为严重。

农民要负担各种苛捐杂税，还要交租，无法生活下去，就不得不向地主借贷，从而忍受更加残酷的“高利贷”的盘剥。高利贷的形式有很多，最常见的是“驴打滚”“憋毒纸”。“驴打滚”是一年利高于本，本加利息翻一番，正如民间所流传的：“本加利，利加本，一年来个驴打滚。”最残酷的则是“憋毒纸”，即农民向地主借债时，必须先写好契约，指定以某块土地作抵押，一般以一年为限，清债废约，如到期还不清，土地即归地主所有。

地主阶级通过高租重利，大量兼并农民土地，逐渐形成“四大家，八小家，七十二个圪撑家”的大中小地主阶级统治网。“四大家”（南沟郝泉香、大有裴会宝、赵家庄赵太和、下北漳李林春）占有的土地达 2 万余亩。四大家之一的赵太和，占有土地 5400 多亩，除雇用长工经营少量土地外，其余全部出租，每年收租上千石。裴会宝占有土地 7000 多亩，是武乡地主中占有土地最多的一家。大地主兼官僚资本家的郝泉香，则是全县巨富之首，他除占有土地 4500 亩外，还开着当铺和其他买卖商行，对农民进行多方盘剥。“八小家”（东村段雨田、岸北黄林忠、高台寺苗泽青、茅庄白士良、圪嘴头郝培兰、监漳暴来庆、韩壁魏筱山、吴村李久华）分别拥有土地几百亩到上千亩。“七十二个圪撑家”（家中拥有一定数量的土地、资产的富户）也都是一村或一片的统治者，占有大量土地。据 1935 年统计，当时武乡约有 13 万人口，地主、富农占人口总数的 5%，却拥有耕地总面积的 54%，并且其中大部分是上等地；而占农村人口 76% 的广大贫苦农民，占地却不到 30%，还是远地、薄地。

由于土地的高度集中，高租重利的残酷压榨，以及苛捐杂税的层层盘剥，导致农村经济急剧破产，贫苦农民被迫卖儿卖女，流离失所，挣扎在饥饿和死亡线上，正如一首民谣所说：“农民头上三把刀，赋多、租重、利息高；穷人面前三条路，逃荒、要饭、坐监牢。”灾难深重的武乡人民，由于受剥削、受压迫最深，因而斗争性最强。这些人民群众一旦得到正确的组织和引导，就会以极大的革命热情和不屈不挠的斗志，投入反抗封建压迫的行列之中。

三、五四运动对武乡的影响

1919 年 5 月，北京爆发了伟大的五四学生爱国运动，在全国范围内引起了强烈震动。此时，在太原省立第一师范上学的武灵初、高成哲等武乡籍青年，受俄国十月革命的影响，参加了声援北京学生的罢课运动，武灵初、高成哲加入高君宇创建的太原社会主义青年团，成为山西省第一批青年团员。在高君宇的影响下，武灵初任学生纠察队队长，在斗争中经受了锻炼。1921 年 5 月，武灵初接受了马克思列宁主义，思想认识有了质的飞跃。

同年暑假，武灵初等一批青年学生回到武乡，在县立师范和高小等学校进行宣传，提倡科学与民主，鼓励师生开展反帝爱国运动。在武灵初等人的宣传影响下，县立师范进步师生开展了轰轰烈烈的学潮运动，并组织起“提灯会”，在县城、段村等集镇往返游行。他们高呼“打倒日本帝国主义”“抵制日货，发展民族工商业”等口号，号召人们不买日货、不用日货，动员各地商贩把日货统统销毁。家在各个镇上的学生，首先说服自己家里人清除日货。段村镇有个姓张的商人，顽固不化，拒不听从师生们的劝告，继续贩卖日产布匹、小圆镜等，进步学生得知后，涌进张家店铺，把他的日货全部销毁。

由进步师生发起的反帝反封建运动，对武乡的封建势力展开了冲击，唤起了民众的觉醒。在运动高涨的同时，在外上学的武乡籍青年学生，不断把进步书籍带回故里，在知识分子中间广泛传阅。当时，武乡流传的书刊有《新青年》杂志，以及《苏俄的真相》《青年的信仰》等，还有进步青年编印的油印小报等。这些进步书刊的传播，开阔了青年人的思想，有力地促进了革命运动的开展。

进步知识青年高沐鸿，武乡县城（今故县村）人，早期革命活动家、作家。1917 年就读于省立第一师范学校。其间，受五四运动的影响，与进步同学组织“共进学社”“狂飙社”，创办《共鸣》刊物，宣传新思想、新思潮，抨击封建礼教。

1926 年夏末，武灵初、王缙、高沐鸿、李逸三等在武乡创办“星光社”，高沐鸿任社长，李逸三任编辑，出版《星光月刊》，专门揭露和批驳武乡当权的土豪劣绅，公开抨击县长吕绍岩、贪官魏山珠贪污公款、鱼肉乡民等劣迹。1926 年冬，武乡籍太原学生寒假返乡时，旧县长吕绍岩将高沐鸿、杜辅唐等 10 多人逮捕下狱。不久，武济川、武光汤等武乡进步青年，纷纷团结起来，四处奔走，散发传单，利用赶集机会，鼓动千余群众在县衙门前示威请愿，营救被捕学生，终于迫使吕绍岩把高沐鸿等人全部释放。吕绍岩不久后弃官潜逃。

以“星光社”为首的武乡民主势力，在第一次向贪官污吏的斗争中取得了胜利。胜利后，武乡进步势力又组织起“公民会”，以反对土豪劣绅贪污自肥为宗旨，进一步扩大影响，与封建势力展开了坚决斗争。李誉甫、武光汤等带领小学教员为加薪而罢课 40 余天，迫使县政府给全县小学教员加薪一倍。同时，进一步发动群众，要求改进田赋征收办法，也取得了成功。

1931 年冬天，阎（锡山）、冯（玉祥）倒蒋失败，冯军一部没有地盘“就食”，退驻武乡，大部路经武乡赴河北等地，全县兵差繁重，贪官劣绅乘机贪污勒索。县长张扬祚借口给军队长官送礼，贪污肥己，送五百元报一千元，大肆饱其私囊。

张扬祚的罪恶行径，激起了全县人民的公愤。武光汤等人联合留并学生赵益三、魏玉田等，发动了清算差务账目、驱逐张扬祚的斗争。他们组织清算委员会，一边清算账目，一边搜集到张扬祚的十大罪状，向省府提出控告，争取合法斗争。由于青年学生同心协力，斗争一直坚持到年关，省府不得不将张扬祚撤职。消息传来，学生们更加活跃，立即召集了千人大会，涌进县政府把绅士们给张扬祚立的“德政碑”推倒，将“勤政爱民”匾捣毁，全县人民终于扬眉吐气了一回。

由青年学生和进步人士发起的几场斗争，冲击了当地封建势力的统治，增强了进步势力的斗争信心，为武乡地下党的创建打下了坚实的群众基础。

第二节 中国共产党组织在武乡的建立

一、马列主义在武乡的传播

20 世纪 30 年代初，在武乡民主势力向封建势力发起冲击的同时，李逸三等一批共产党员和进步青年，秘密传播马列主义，积极酝酿、筹建武乡地下共产党组织。

李逸三，原名李楷，北良侯村人。1926 年 12 月，他为了追求革命真理，离开太原国民师范，经石家庄到天津、大连，又从大连去了上海，然后到达当时的革命中心武汉。1927 年 1 月考入中央政治军事学校武汉分校（该校为黄埔军校分校第五期），开始接受马列主义思想。1927 年大革命失败后，又参加了南昌起义和广州起义，同年 12 月，在广州加入中国共产党，成为武乡籍第一名共产党员。广州起义失败后，李逸三回到上海。1929 年秋，被中共中央军委派往洪湖苏区参加武装斗争。1930 年 12 月，李逸三被中共湘鄂西特委派往上海做交通联络工作，返湘鄂西苏区时途经武汉，因叛徒出卖被捕，被判刑三年。1932 年 5 月，武汉监狱根据国民党政府颁布的《疏通监狱令》将其释放。李逸三因联系人浦秀文病故，与党组织失去联系，于同年 10 月返回武乡，开始领导本县群众斗争和联系党组织的工作。

在此期间，在外地为革命奔走的武乡籍进步青年王玉堂（冈夫）、段若宗（北平社联主要领导人之一，北平左联党团书记，杰出领导人）、李晙、魏煜、段宏绪、武华、魏玉田、郝淇、陈德荣、李玮、李廷枢、李晔、赵圭璧、姜步高等，先后在太原、北平等地加入共产党或党的外围组织——社联、反帝大同盟等。他们经常用邮寄革命书报等办法，给本县进步力量传播革命思想。返乡期间，他们在县立师范和高小学生、青年知识分子中积极宣传共产主义，播撒革命火种。1932 年冬，武华、段宏绪在段村镇组建了党的外围组织——反帝大同盟支部，并油印革命传单，在县域各处暗中散发、张贴，进行宣传活动。

1933 年 3 月，高沐鸿为了把武乡革命发动起来，与武光汤商议，请示县长吕日新同意拨出经费在县城创办了武乡周报社。“武乡周报”四个字是吕日新题写的。社长为武光汤，编辑为李逸三、武骏图，缮写史怀璧（史是武光汤介绍给高沐鸿到周报社当缮写的）。《武乡周报》采取公开合法的形式，于 1933 年 5 月正式出版，进行反帝、反封建、反官僚的宣传，传播革命思想，鼓舞群众斗志。6 月间，李逸三以“时午”为笔名撰写了《第二次世界大战》一书，由周报社出版。书中宣传了第三国际关于世界人民革命的理论，阐述了第二次世界大战必然爆发的原因及革命的伟大前途等。这本小册子共印 300 多册，不到 1 个月就全部售完。

继创办《武乡周报》之后，高沐鸿又充分利用“武乡流通图书馆”，开展革命活动。“武乡流通图书馆”是在大革命时，由籍雨农等人创办的，有固定经费，图书管理员是武骏图。当时有进步青年任象贤、史怀璧、程登瀛等经常到“流通图书馆”看书学习。图书馆有《反杜林论》《政治经济学大纲》《大革命史》《生活周刊》，以及《呐喊》《子夜》《民族自决》《苏联集体农庄概况》等书。高沐鸿经常组织在校学生和乡村小学教员到图书馆学习，把青年知识分子和进步人士紧紧团结在党的周围。1933 年年初，李逸三在北良侯任教，高沐鸿把李逸三请到城内，并陪同李逸三到武乡师范学校讲演。李逸三的讲演得到该校校长王卢琴的支持，启发了广大学生的思想觉悟，使同学们第一次受到关于中国社会性质与革命前途的教育。

1933 年夏，武乡籍留并学生赵益三（于林）、魏玉田、魏煜等由太原返县。他们经县政府批准，在县城举办了“暑期小学教员讲习会”，聘请太原国民师范学校和成成中学的进步教师于怡青、李曙放讲授《教育学》《现代思潮》，而实际内容则是宣传辩证唯物主义和抗日救国思想的。之后，赵益三、李逸三、史怀璧、赵瑞璧（赵向荣）等人，发起组织了“现代思潮研究会”。他们在全县各地分片进行活动，宣传马列主义，为地下党的建立做了充分准备。

二、中共武乡县委的建立

在传播马列主义的同时，李逸三有计划地发展进步青年加入中国共产党，筹备建立党组织工作。1933 年 6 月间，李逸三首先介绍史怀璧入党。8 月初，李逸三到太原，经段若宗、赵益三联系，同中共山西特委接通关系，详细汇报了武乡党的工作情况。中共山西特委书记维公随即指示其在武乡建立县委领导机构。李逸三返乡后，又先后发展赵瑞璧、程登瀛（程容）、武三友等人入党。8 月上旬，根据中共山西特委的指示，李逸三、史怀璧、赵瑞璧、武三友、程登瀛等 5 人进行了宣誓，同时在县城高沐鸿宅内西屋召开秘密会议，正式成立县委领导机构——中共武乡县委员会。

会议由李逸三主持，确定了参加会议的 5 人为县委委员。李逸三任书记，史怀璧任副书记兼宣传委员，赵瑞璧任组织委员，武三友负责“抗债团”工作，程登瀛负责青年运动工作。会议作出四项决定：（一）积极发展党组织，主要从“抗债团”的积极分子中选择对象。（二）编印党内刊物《上党红花》，加强对党员的思想教育。（三）加强对“抗债团”的领导，大力开展群众性的“五抗”（抗租、抗粮、抗债、抗税、抗丁）工作。（四）把全县划分为东、中、西三个党的中心活动区：中区以段村为中心，由史怀璧、武三友负责；西区以北良侯为中心，由李逸三、李尚文负责；

东区以窑头为中心，由赵瑞璧、程登瀛负责。党的地下组织，从此在武乡扎下了根。

武乡地下党组织的建立，与高沐鸿的积极支持是分不开的。高沐鸿利用自己的身份和在文艺界的影响，团结了一批进步青年，为武乡地下党组织的建立，做出了卓有成效的贡献。

地下党组织的建立，是武乡开天辟地的一件大事。党组织建立后，就积极发动群众，开展了轰轰烈烈的民主革命运动，武乡大地上出现了新的曙光。

三、建立农村基层党支部

1932 年 10 月，李逸三回到家乡北良侯村，以小学教员的身份为掩护，秘密进行革命活动。他看到由于地主大量兼并土地，造成田园荒芜、农村凋敝，认识到中国革命的问题主要是农民问题。于是，就结合大革命时期自己在两湖苏区参加农民运动的实践经验，深入细致地搞农村调查工作，了解农民的思想状况、愿望和要求，争取他们起来同地主做斗争。通过秘密活动，李逸三很快与贫雇农李尚文、李华英取得联系，酝酿组织“抗债团”，向封建地主和官僚资本家展开斗争。在李逸三的引导和培养下，这些贫雇农很快成为斗争的骨干。

在东区的窑头村担任小学教员的赵瑞璧、程登瀛等，受进步思潮的影响，逐渐走上革命道路。他们在峪口、型村、窑头、墁坡、下司等村的贫雇农中进行秘密联络，发动贫雇农有组织地同“官盐店”展开斗争。通过斗争，提高了他们的政治觉悟，使这一带逐步成为武乡东部斗争的活跃地区。

武乡中区的段村镇是比较繁华的集镇。这里，阶级成分复杂，贫苦农民受剥削、受压迫最深，斗争意志最坚决。史怀璧、武三友在中区先后发展了魏怀德、史怀庆和山阳堖村一个雇工（积极分子）为中共党员。不久，党组织即派魏怀德和史怀庆打入县公安局刺探情报。东区的窑头和西区的北良侯村的贫苦农民和佃农也因受李逸三、程登瀛、赵瑞璧等人的革命思想影响，纷纷参加革命。上述三个地区在党的领导下，形成了一定的革命力量，可以作为党开展农村工作的立足点。因此，在县委成立的同时，李逸三、史怀璧等就着手组建了三个中心支部：中共武乡县东区支部（亦称窑头支部），负责领导武东地区党的活动，支部书记程登瀛（后为李福元）；中共武乡县中区支部（亦称段村支部），负责领导武乡中部地区党的活动，支部书记武三友（兼）；中共武乡县西区支部（亦称北良侯支部），负责领导武乡西部地区党的活动，支部书记李尚文。各支部成立后，在贫雇农中秘密发展党员，先后发展 30 余人。部分农村基层党支部的建立，使党组织在农村站稳了脚跟，为深入发动群众，开展反封建斗争，奠定了良好的基础。

四、建立共青团组织

中国共产主义青年团武乡县支部，是在创建党组织的同时，由李逸三、史怀璧、赵瑞璧、程登瀛等人创建的。

1933 年春，李逸三、高沐鸿征得县立师范校长王卢琴的同意，在学生中进行了讲演，阐述中国社会发展趋势、国民党的反动本质、苏区革命发展等问题，讲述马列主义的基本理论，指出青年学生的责任就是认识社会、改造社会，并利用“流通图书馆”，组织学生参加读书会，启发引导他们阅读进步书籍。通过开展讲演和读书活动，团结了一大批具有进步意识的青年，先后发展王锦心、李衍授、张桂森、李旭、魏效泉、李步云等人加入共青团。随着团员人数的增加，李逸三、史怀璧等就着手组建共青团武乡支部。1933 年 8 月，中国共产主义青年团武乡县支部在武乡县立师范学校成立。县委确定王锦心担任团支部书记。进步团员李衍授是王锦心介绍加入共产主义青年团的。在白色恐怖下，李衍授积极参加革命活动，认真阅读《共产党宣言》《政治经济学》等革命书籍，接受了革命洗礼。他们开展了宣传“抗债团”，抵制高利贷，反对贪官污吏，打倒官盐店，散发革命传单等活动。同年12月的一个大雪纷飞的夜晚，王锦心和李衍授潜入国民党县政府张贴革命标语，散发革命传单，引起了国民党县政府的极度恐慌。广大群众得知这一情况后，大为振奋。到1933年12月下旬，王锦心、张桂森、高迪廷、李旭4名县立师范进步学生和县立高校4名同学魏效泉、杨发昌、史亚夫、籍薪田等8人，在魏家窑魏玉田家召开秘密会议。会议选举王锦心为团支部书记，张桂森为副书记兼组织委员，高迪廷为宣传委员。会议布置了开展“五抗”工作的任务，还要求每个团员拿出一枚铜板，支援红军。共青团组织的建立，为广大青年找到了一条新的出路，同时，也有力地配合党组织开展了各项工作，成为党组织的得力助手。

第三节　党领导下的农民“抗债团”

一、农民“抗债团”的建立与活动

1933年5月，李逸三通过深入调查了解，结合大革命时期苏区的经验，在筹建党组织的同时，即与史怀壁、高沐鸿等组织发动贫苦农民和小学教员，成立农民抗债团，作为党的外围组织，以便向武乡的地主、富农展开斗争，解救灾难深重的劳苦大众。

1933年初秋，根据中共山西特委的指示，武乡农民“抗债团”成立大会在县城（今故县村）“流通图书馆”秘密召开。出席会议的有李逸三、高沐鸿、武光汤、史怀壁、武三友、武贵同、王锦心、李福元、李尚文等10人。会议选举武三友为“抗债团”团长，李尚文为副团长。“抗债团”成立后，印发了《晋东南抗债团宣言》。中共武乡县委下设的东区、中区、西区3个中心支部，都加强了对各个乡村“抗债团”团员的领导，组织发动了以抗债、抗租、抗粮、抗税、抗丁为中心的农民“五抗”运动。“抗债团”的建立，受到民众的积极响应与支持。经过秘密发展，“抗债团”团员很快增加到200余人。他们边宣传、边发动，使“五抗”运动如火如荼地开展起来。“抗债团”最初的活动，主要是散发传单、制造舆论，以此来发动群众，扩大影响，进而动摇封建地主阶级的统治。为此，3个中心支部做了具体部署：东区支部负责墨镫至县城这段村庄，中区支部负责县城以西、坡底以东的地段，西区支部负责坡底以西、分水岭以北的地段。抗债团团员在各中心支部的具体部署下，分头行动，在武乡的故城、段村、蟠龙、洪水等村镇贴满了传单，传单的内容是：“年成坏，不还债”“穷人没衣穿，没饭吃，哪有钱还债”“穷人团结起来，打死恶霸地主不顶命”“共产党来了，地主寿命不长了”，等等。这次宣传活动，起到了威慑地主阶级、进一步唤起民众的巨大作用。

随着斗争深入开展，“抗债团”进一步组织群众，展开了多种形式的斗争。他们从团员中选拔出一批忠实勇敢、身强力壮的人员组成硬抗队，专门对付那些反动透顶的劣绅土豪。下北漳村地主李林春，外号“活阎王”，谁欠了他的债，他就将谁逼上死路。一次，他到窑上沟村向煤矿工人逼债，被埋伏在路旁的东区“抗债团”硬抗队队员王中秀痛打一顿。西区“抗债团”成立后就宣称：“若不摧垮地主债，群众就要受大害。”岸北村地主黄林忠，听到“抗债团”的口号，便不敢再借故敲诈勒索。广大农民有“抗债团”撑腰，对所欠债务，迟迟不交，当年冬季就抗住县城恶霸地主范希云的地租1350多公斤和赵太和的高息1000多元。在此情况下，地主豪绅惶恐不安，纷纷向县长吕日新告状。吕日新也惧怕“抗债团”的力量，表示无能为力。此后，不少地主慑于“抗债团”的威势，停止了收租逼债，从而大大减轻了贫苦农民的经济压力，“抗债团”初步取得了胜利。

为了便于活动，县委决定，利用社会上原有的社团公开合法的形式，掩护党领导下的“抗债团”活动。东区支部魏名扬、西区支部李尚文都组织了拳房，以合法的形式，掩护地下斗争。1934年腊月，在县委的指示下，“抗债团”粉碎了旧政府假选举的阴谋。如段村欺压乡民的旧村长武承志就落选了，而让具有进步思想的武子会当选为村长，农民群众对此十分满意。

武乡农民开展的“五抗”活动，是在党的领导下，学习苏区农民运动的经验的产物，沉重地打击了地主阶级，大大鼓舞了人民群众的意志，有力推动了附近各县农民运动的开展，为后来开创抗日根据地，实行减租减息，奠定了坚实的基础。但是由于县委和“抗债团”领导人缺乏经验，致使革命力量过早暴露，使党组织遭受了第一次严重挫折。

二、武乡党组织第一次经受严峻考验

在党组织领导下的农民“抗债团”，同封建地主展开了各种形式的抗租抗债斗争，引起了地主、官府的恐惧与仇视。与此同时，《武乡周报》不断揭露旧社会的黑暗和地主、豪绅对农民的欺凌，亦震惊了封建统治者。于是，官府和地主、豪绅纷纷向山西反动政府进行控告。加之，1933年11月，北平国民党宪兵三团从被捕入狱的武乡旅京学生武华、李晔的住处搜出了《武乡周报》，当即便向山西当局做了通报。因此，山西反动当局将武乡划为全省“四大赤县”之一。在此期间，敌人又得到李逸三撰写的《第二次世界大战》一书。县公安局局长携带此书赶赴太原，与国民党山西省反省院院长武誓彭密谋，策划抓捕共产党员。

1934年正月的一个夜晚，县公安局派出警察，连夜赶到李逸三的家乡北良侯，偷偷包围了李逸三的院落。拂晓，巡官带着警察，冲进李逸三的住宅，把他抓到县政府。同一天，武光汤和武骏图也被逮捕。同时，敌人对高沐鸿下了通缉令。此时，高沐鸿早已离开武乡，史怀璧因到沁县接党的关系，未被逮捕。又隔了几日（正月十六），武乡第一高小进步教师李嘉树、史稽古给学生们讲：“要提高警惕，有些秘密文件及刊物，该烧掉的就烧掉。”这天晚上，学生史亚夫、张超等4人，发现东城墙上有巡官活动，他们意识到这是巡官在抓人，史亚夫请假躲避，而进步学生张超却被巡官抓了关押起来。

党组织的领导人被捕后，《武乡周报》，以及“流通图书馆”“印刷合作社”均被查封。由于共产党在群众中有威望，“流通图书馆”被查封后，同情者当夜从天窗潜入，转移了重要的革命书籍。巡官搜查周报社办公室时，曾发现一本遗漏的党内刊物《上党红花》，同情革命的警察梁用之，趁公安局局长梁楫不注意，迅速将此书踢入地炉中烧毁。

党组织的领导人李逸三等被捕后，他们对党忠贞不渝，在敌人的严刑拷打之下，坚贞不屈，表现了共产党员英勇无畏的气概。当史怀璧、武三友到监狱探望李逸三时，他暗示同志们要注意隐蔽，继续斗争。后来，李逸三被押到太原法院，以《第二次世界大战》一书为罪证，加上“宣传共产”的罪名，被判刑 6 年，关押在山西省第一监狱，后转到国民党山西省反省院。

敌人的大肆抓捕，使武乡党组织遭到第一次大破坏，受到沉重的打击。事实教育了党员，使他们更坚定了对敌斗争的意志。除个别党员发生动摇外，党的基层组织转入更隐蔽的农村坚持活动。

党组织遭到破坏后，县委与山西特委联系中断（因特委的联系人只有李逸三知道），县城党的活动一度陷入停顿状态。党的骨干、积极分子非常焦急。为了同上级取得联系，赵瑞璧几次上太原寻找上级组织。初秋的一天，经赵益三介绍，赵瑞璧终于与中共山西工委取得联系。工委当即指示：（一）由赵瑞璧负责领导武乡党的工作；（二）整顿党和“抗债团”的组织；（三）利用合法形式进行斗争，隐蔽党、团组织；（四）由武乡派出交通员，并规定了联络办法和联络地址。赵瑞璧带着省工委的指示回到武乡后，由赵瑞璧、程登瀛、武三友组成中共武乡县委，赵瑞璧任书记。县委重新与全县三个地区的基层党组织取得联系，并首先在组织上进行了审查，清洗了一些动摇分子，恢复了党的活动，决定由李丙权担任县委地下交通员，决定魏名扬参加东区党支部的领导。经过整顿和教育，纠正了过去过分暴露等“左”的冒险倾向，党员的思想觉悟有了提高，对利用合法斗争的必要性、重要性也有了一定的认识。这样，武乡党组织的工作又走上了正轨。

三、南神山会议和发展农村党组织

1935 年农历三月二十四，南神山庙会正盛，党组织利用这一混乱时机，在一处密林中选定了会址，召开了秘密会议。到会的有赵瑞璧、李丙权、王锦心、魏怀德、李福元、程登瀛、武寿彭。武三友因事未能参加，派李旭参加会议。会议主要讨论了如何加强斗争和党的活动方式等问题，并作出四项决定：（一）加强对全县群众性武术活动的领导，扩充这方面的人员，发展党组织，为将来创建党的游击武装奠定基础；（二）派魏怀德打入县公安局，分化瓦解其公安人员，获取敌人内部情报；（三）党的活动方式，要隔断横的关系，采取单线联系；（四）加强对党员和“抗债团”团员的教育，要求必须严守党的纪律，保守党的机密。这次会议在武乡县建党史上具有重要的历史意义。

南神山会议之后，武乡各区支部迅速开展工作。当时，阎锡山政府为了防止共产党活动，禁止群众集会。在此情况下，党组织就着手组织国术团，以学拳练武打“国术”作掩护，广泛发动群众，发展革命骨干，进而在这些骨干中吸收党员，成立党支部。在东区，魏名扬、王占鳌、王炳文、郝得胜、李德盘、刘靖国、李五孩、王中秀、梁毓台等到处奔波，很快在 20 多个村庄成立了以党员和抗债团团员为骨干的国术团，许多山庄窝铺也建起了拳房，发展有数百人之多。宋三孩、高丙水、王碾存等国术团团员，活动比较频繁。枣烟魏名扬、贾豁刘清国、上司新庄赵林田等国术团团员，经常活动在贾豁、大有、北岭一带。凡有庙会的地方，都有国术团的活动，一时国术团声威大震。因国术团成员绝大多数是贫苦农民，又有大刀、长矛在手，故使地富官家闻之丧胆。

东区支部除组织国术团团员向封建地主展开斗争外，还在斗争骨干中物色对象，秘密介绍其加入党的组织。如程登瀛在窑头村任小学教员时，积极培养进步青年加入党组织。他发展的第一个党员是窑头村的李福元，之后还有峪口村的王苟丑、王马孩、王黑丑，枣烟村的魏名扬等人。一般都是先参加“抗债团”，后介绍加入党组织。入团要求很严，参加“抗债团”的条件与入党几乎一样。对这些骨干，采取个别谈话的方式，阐述中国共产党的政治主张，讲解只有共产党才是劳苦大众的出路等道理。在魏名扬等人的宣传影响下，多数人愿意跟着他们一起去“找”共产党。就这样，东区支部在条件比较成熟的情况下，开始发展党员，并在一些较大村庄成立支部。李峪堖村的姜书祯（姜一）由于家业破产，生活困难，上高小不到一年就辍学回家劳动。1933 年冬，魏名扬来到李峪堖教练拳术，住在姜书祯家中，经常给他和他们村的青年讲述苏联是社会主义国家，那里没有剥削和压迫；在中国，共产党领导民众也要建立那样的社会。以此启发他们的阶级意识，提高他们的阶级觉悟，增强他们的斗争意志，并介绍李宏胜、姜天明等加入党组织。同时组织了“抗债团”，吸收姜书祯加入“抗债团”。到 1935 年秋，介绍姜书祯加入党的组织。运用类似的方法，东区党员人数迅速增加，党支部也逐渐建立。到 1935 年年底，东区支部下辖 16 个村党支部。如峪口村当时是中心支部，组织健全，支部书记王马孩，组织委员赵全孩，宣传委员王用予，还有枣烟、大有、贾豁等村也都建立了村党支部。全县农村党支部发展到 21 个。农村党支部的迅速发展，使党组织深入广大群众中间，对于发动群众，开展反封建、反贪官斗争起到了领导作用。但是，由于当时发展党员带有一定的盲目性，致使一些党员党性不强，带来了一些消极的后果。

除国术团活动以外，党在农村的工作主要是领导群众性的抗债、抗租。武东的反“官盐店”斗争，多是经济方面的斗争，还处于低级阶段。党的工作任务是：团结周围群众，同阶级敌人进行说理斗争。这在当时有个明显特点，即党员、群众“众口一词”。武东的反“官盐店”斗争，就是组织农民从太谷、榆次挑些硝盐沿村换卖，以解决农民吃盐难的问题。后来硝盐也来不了，武东农民就在地下党的领导下，组织“淡饭会”，干脆不买“官盐店”的食盐。因为食盐关系到千家万户的生活，尤其是贫苦农民受“官盐店”的欺压与剥削，生活苦不堪言，所以，县委一提出组织“淡饭会”，群众很快就被发动起来。“官盐店”生了疑心，就在群众中或对卖小盐的人进行追查、扣押、罚款。党组织就针锋相对，动员群众，同查盐者说理，迫使官方妥协。斗争虽然处于低级阶段，但是每一次斗争的胜利，都对群众鼓舞很大。

四、武乡党组织第二次遭受挫折

1936 年 2 月，红军东征抗日讨逆的爱国义举，在政治上宣传了中国共产党停止内战、一致抗日的救国主张，扩大了红军的影响；打破国民党对陕甘苏区的军事包围和经济封锁；广泛宣传了我党的抗日民族统一战线政治主张，促成了阎锡山政治态度转变，推动了山西特殊抗战局面的形成。

当时，阎锡山强迫农民成立“防共保卫团”，给武乡派来一个“防共团”大队，分 8 个连，分散到洪水、蟠龙、段村、故城等镇，迫使村村“联防会哨”，加紧对革命力量的武力镇压，形势十分严峻。在此情况下，党组织按照南神山会议精神，隔断了横向联系，采取单线领导，隐藏了文书、蜡版及一切文件，并对党员加强了气节教育。由于党组织的重点在东区的窑头、峪口一带，东区支部书记程登瀛在峪口河神庙同地下党员魏名扬谈话，让他注意隐蔽，保存力量。为了掩护党的活动，程登瀛还要求魏名扬挑选一些机智勇敢的党员打入“防共团”，及时探听敌人的消息，操纵敌人的武装，维护党和群众的利益。这次谈话之后，魏名扬首先将所有的党内文件装在铁筒里埋入地下。当时，“防共团”的发展原则是：富人当兵，穷人出钱，家里有50亩地者才能加入。但富人不愿当兵，便雇人顶替。于是，魏名扬利用这一机会，分别到贾豁、窑上沟等地进行串联活动，选择可靠的党员，主动顶替地主、富农去参加“防共团”，掩护党的活动。在党活动的重点地区，群众基本上是在党的领导之下。窑头等村还派人秘密站岗放哨，准备以软硬两手，对付国民党的突然袭击。尽管阎锡山政权对武乡党的活动进行残酷镇压，但是党的组织还是日趋壮大。可是，就在党的工作开创新的局面之时，武乡党组织第二次遭到破坏。

1935年年底，在太原读书的武乡籍人武楚，将他的同学侯昌龄介绍到段村武梦玉处，侯昌龄来段村后因为没有和中共山西工委打招呼，故党组织未与侯昌龄发生联系。但是段村支部个别领导被骗失密，暴露了部分党组织的领导机密。侯昌龄回太原即向阎锡山当局告密，致使武乡党的组织机构又遭破坏。1936年2月，西区支部的李丙权、任丑儿，中区的魏富锁，打入公安局的魏怀德，东区的赵瑞璧，分别于各地被捕。程登瀛、武三友迅速外逃，并通知各支部党员外出，避开了敌人的追捕。武三友潜入石家庄、大同等地。程登瀛经石家庄，后奔北平与高沐鸿、赵硕宾（山西榆次人，当时是北平新闻学校学生，共产党员，做社联工作，当世界语翻译。高去北平后与赵硕宾住同房）在一起，后参加了西安事变，一直在外地工作。赵瑞璧等5人被捕后，先后被押送太原审讯，但敌人因未获任何证据，只好以嫌疑犯名义将他们关押。魏怀德、魏富锁通过社会关系，取保释放。

党组织第二次被破坏，损失惨重。值得庆幸的是，此次事件是由山西防共委员会责令武乡官方采取行动，因当局不知其他基层党支部的情况，故除段村支部外，别的支部未遭破坏。武乡地下党的领导人被捕之后，又和上级党组织失掉联络。在此情况下，党的骨干分子李福元、魏名扬于1936年秋又开始积极活动。

武乡地下党在4年中遭受两次大破坏，先后有8位党员被捕入狱。这一方面反映了武乡党组织和人民不屈不挠的斗争精神，另一方面也暴露了武乡党组织的许多弱点：第一，在斗争策略上，基本上是受了李立三路线的影响，行动过“左”；第二，对白色恐怖下的形势估计不足，缺乏斗争经验，对反革命势力缺少应有的防范；第三，在发展党员和革命力量时，只看到群众的热情，满足于大发展，而未能进行认真的政治教育，对敌人的破坏警惕性不够，经受不住重大考验。这些都是值得记取的严重教训。

五、打入“防共团”，保护党的基层组织

武乡党组织虽然遭到两次破坏，但是革命阵营并未被摧垮。他们在总结了经验教训之后，以新的斗争方式，将工作重心转入农村，不断积蓄力量，壮大自己的队伍，进行着不屈不挠的斗争。

东区支部党员打入“防共团”之后，便以耍拳练武、混弟兄结朋友为掩护，保护党的组织，并且利用“防共团”团员的身份，掌握敌人的情报，保护党和群众的利益。

1936 年 2 月的一天，“防共团”到禄村抓人，路经墁坡村，东区支部委员魏名扬悄悄告诉东区支部书记程登瀛的姐姐，说有坏人告密，敌人很快要来搜捕，让她赶快告诉程登瀛和赵瑞璧迅速转移。程得到消息后，及时离开家乡。魏名扬还告诉峪口村的王马孩、许家垴的李印元，让他们也迅速转移。王马孩便及时和王贵生将党的文件放入瓷坛内，埋入地下。数日后，“防共团”到峪口搜捕时，未获任何东西。李印元也在得知消息后，迅速转移，从而免遭抓捕。魏名扬回去以后，故意向白中队长告密，说是防共团团员魏书珍接受贿赂，走漏了风声，致使共产党员逃脱。白对魏书珍大加训斥，不准他再外出执行任务。

4 月初，“防共团”一中队队部派小队长刘子玉带领魏名扬等人在峪口村设哨立卡。魏名扬让姜一转告峪口村党支部提高警惕，他们又利用敌人内部矛盾，采取各个击破的办法，分化瓦解敌人。这个小队长到任不久，即同一青年女子鬼混在一起。当时一个旧警察赵振旅（共产党员）在魏名

扬的鼓动下，抓住刘子玉这一弱点，请城关郝光斗写了状子，并私刻了型村编村村公所和“公道团”的大印盖上，向“防共团”总指挥部（驻辽县）负责人杨爱源揭发了刘小队长吃喝嫖赌、贻误职守等罪状。杨派专人前来调查，恰巧碰上刘子玉与其姘妇在一起。刘子玉由此而被撤职，灰溜溜地离开了武乡，峪口的防共哨卡也随之被撤掉，群众无不拍手称快。

5 月，“防共团”举行所谓的结业仪式，同时招考、集中小队长在故县三官庙培训。魏名扬便和一些党员分别回到村里，继续进行地下斗争。“防共团”大队长李培湖，霸占县城西关一民女。一天夜里，被录取为小队长的李宏胜（共产党员）、王绑纣 2 人化装进去，与房东张太太合伙，痛打了赤身裸体的李培湖。李臭名远扬，感到无脸见人，从此一蹶不振。

1936 年 12 月西安事变后，国共合作的抗日民族统一战线初步形成。中共中央北方局派薄一波等人回晋，与阎锡山建立起特殊的抗日统一战线，整个山西的抗日形势发生了重大变化。武乡县旧政府慑于民众日益强烈的抗日呼声，不得不收起反共的勾当。武乡党的骨干分子又开始积极活动，在宣传抗日救亡中传播火种。同时，在外地的武乡籍共产党员和进步青年，纷纷返回故里，推动了武乡的抗日救亡运动。随着抗日战争的全面爆发，这些久经考验的共产党员和革命骨干，又以新的姿态投身于民族解放斗争的洪流之中。

第二章　八路军工作团进入武乡，开辟抗日根据地

1937 年 7 月 7 日，日本侵略军发动了卢沟桥事变，中国抗日军民从此开始了全面抗日战争。8 月，中国共产党领导的工农红军改编为国民革命军第八路军后，即开赴山西前线作战。

根据中共北方局关于在华北发动群众开展抗战工作的指示，山西省公开工作委员会派出共产党员韩洪宾和工作员姚伯功担任武乡县牺盟特派员，以合法身份进行抗战动员。同年 10 月，中共冀豫晋省委派徐子荣、王玉堂、高沐鸿等人到武乡，建立了中共武乡县临时工作委员会。党的工作重点即恢复发展曾遭破坏而停止活动的武乡党组织。

1938 年年初，省委派陆清廉领导的八路军工作团进驻武乡协助工作，成立了中共武乡县委员会。县委建立后，全县党组织得到迅速发展。同年 4 月，全县人民紧密配合八路军主力部队，参加了粉碎日军“九路围攻”的长乐战斗，有力地打击了日军的嚣张气焰，使初创的抗日根据地得到了进一步巩固。长乐战斗后，县委遵照冀豫晋省委的指示，大力开展创建抗日根据地的各项工作。1939 年，武乡县建立了抗日民主政府。县委认真贯彻党的统一战线政策，减租减息，清理旧债，团结一切抗日爱国力量，广泛

开展抗日斗争，发动群众，有步骤地对县、区、村旧政权进行了初步改造，使根据地的工作得到进一步发展。

第一节　发展壮大党组织，动员全民抗战

一、中共武乡县临时工委的建立和党组织的恢复

抗战前，武乡地下党组织虽然屡受挫折，但由于领导广大农民群众进行了较长时间的“五抗”斗争，党在全县人民心目中留下了深刻印象。随着抗日救亡运动的蓬勃开展，武乡党组织也同整个华北地区党组织一样，将革命斗争的主要目标转向反抗日本帝国主义的侵略。因此，党的各级组织也在风起云涌的抗日救亡运动中得以恢复和发展。

1937 年 11 月 15 日，中共北方局在《独立自主地领导华北抗日游击战争的决定》中指出：“在游击战争中，我党已成为政权、武装与群众运动的主要领导者，因此，我党应立即公开，要建立公开的党的领导机关，发展党员，建立地方党部。”随即，中共冀豫晋省委随同 129 师师部进驻辽县（今左权）后，便根据中共北方局的指示精神，由冀豫晋省委负责人徐子荣带领高沐鸿、王玉堂来到武乡开展工作，着手恢复和发展武乡党的各级组织。首先与县牺盟特派员韩洪宾取得联系，并经上级党委批准，组建了中共武乡县临时工作委员会（简称临时工委），王玉堂任临时工委书记，韩洪宾任组织委员，高沐鸿任宣传委员（后由张天乙接任宣传委员）。

中共武乡县临时工委建立后，针对本县群众觉悟高、革命基础好、建党较早的实际情况，全面了解抗战前武乡地下党组织活动情况，并把迅速恢复党的组织当作首要工作来抓。经调查，了解到 1936 年前窑头村曾是东区党支部所在地，发展过不少地下共产党员，群众基础较好，又是武乡的腹心区，可以作为整顿和发展党组织的基础。他们经过对党员的重新登记

和审查，首先恢复了窑头村党支部，支部书记由李福元担任。在窑头村搞试点取得经验后，又在段村、故城、大有、洪水、蟠龙等地全面进行调查了解。在东区不少村也恢复了党组织。抗战前发展的党员武三友、魏名扬等经县工委批准，恢复组织关系后，以搞农救会工作的公开身份，担任段村、峪口等地下党组织的负责人。与此同时，在县城通过扩大牺盟会组织，发展了一批新党员。他们大都是七七事变前在北平、太原等地求学的进步青年，如武光清、杜昕、李旭、李衍授、武铭、王润华（女）、李安唐、史玉麟、李生旺等。抗战爆发后，他们回到武乡开展抗日救亡宣传活动，党组织及时以牺盟会干部名义，把他们分配到全县较大的村镇发展党的组织。这样，抗战初期武乡党的组织由农村和县城、农民党员和知识分子党员构成了有力的两翼。农民党员着力宣传和发动群众，协助组织工、农、青、妇等组织；知识分子党员则侧重搞改造旧政权和组建人民武装等工作。至此，使武乡党组织得以迅速恢复和发展。

在恢复和建立党组织的同时，中共武乡县临时工委注意到在新形势下加强对党员、干部教育的重要意义，即在中共冀豫晋省委徐子荣、中共晋东特委杨树根等人的具体指导下，于1937年12月在窑头村举办了党员培训班。培训内容主要是党的基础知识和抗战时事教育，如党的性质、最高理想和现阶段的斗争目标、党员的权利和义务、团结群众和如何在群众中起到先锋模范作用、遵守党的纪律和保守党的秘密等。并组织学习中共冀豫晋省委出版的党刊《战斗》和一些通俗的马列主义读物。通过培训，党员掌握了党的基础知识，明确了党的宗旨和任务，提高了政治素质，并作为党的工作骨干，担任了重点区、村党政干部。在窑头开办党员培训班之后，除恢复原有地下党的组织外，又在全县大部分抗日编村建立了党的基层组织。

当时的党支部和党员都不公开，各区负责党的工作的同志的公开身份，都是以《新华日报》发行员或群众团体的负责人出现。因此，凡是建立了党支部和党小组的村庄，群众组织工作就活跃，如窑头、峪口、段村、北良侯、蟠龙、洪水、贾豁、大有、监漳、吴村等即是如此。党组织深入发动群众，又从群众运动中发展党员，壮大了党的队伍。据统计，到 1938 年年初，武乡县发展党员已达 2500 多名，建立党支部 143 个，党员和基层党组织真正成了领导群众开展抗日工作的领导骨干和战斗堡垒。

二、运用牺盟会的合法组织，广泛发动和组织群众

随着抗日工作的全面展开，党的统一战线有了很大发展。如何运用公开合法的形式开展党的工作，是党组织面临的新任务。

1936 年 12 月，由薄一波领导的山西牺牲救国同盟会（简称“牺盟会”），为了适应形势发展的需要，扩大牺盟会的政治影响，决定把工作重点放在全省广大农村，故以“临时村政协助员”的名义，将大批党员或进步分子派往各县开展工作。当时来到武乡的有 100 多人。他们（多为青年学生）来到武乡后，即大力开展抗日救亡的宣传鼓动工作，为发动民众建立牺盟会基层组织创造条件。1937 年 7 月卢沟桥事变后，韩洪宾、姚伯功来武乡县任牺盟会特派员，在县城（今故县）东关正式成立了武乡县牺盟分会，下设组织、宣传两个部，韩洪宾兼任组织委员，高沐鸿任宣传委员。当时在北平、太原求学的杜昕、张桂森、张超等进步青年也返回武乡，参加了县牺盟会的组织工作。武乡县牺盟分会的宗旨是：大力发展会员，扩大组织；宣传“国家兴亡，匹夫有责，大敌当前，团结抗日”的革命道理；宣传不分阶级、不分党派、不分宗教信仰、团结抗战的统一战线主张；动员全县民众，誓死不当亡国奴，有钱出钱，有力出力，团结起来，共同抗日。

8 月初，韩洪宾和张桂森到段村、故城两镇，杜昕和张超到大有、贾豁两镇，分别召开初、高级小学教师座谈会，阐述共产党坚决抗日、广泛建立抗日民族统一战线等主张。同时，他们还把印好的《中国共产党在抗日

战争时期的任务》《为争取千百万群众进入抗日民族统一战线而斗争》等册子分发给广大群众，以唤起全县人民的觉醒。8 月下旬，杜昕、张桂森又到武乡蟠龙第三高小进行抗日救国演讲，该校师生受到很大鼓舞，当即走出校门，到街头田间向各界群众做抗日宣传工作。到 9 月 18 日，段英奎、刘廷藻、武铭、石汝麟、李炳源等 30 多名来自全县各地的青年学生，作为宣传骨干聚集县城，召开了九一八纪念大会。会上，由韩洪宾、杜昕作了大力开展抗日救亡运动的报告，并成立了“武乡县抗日救国学生联合会”，推选杜昕为学生联合会主席，段英奎、黄岑明、武铭、张桂森为副主席。大会结束后，全体学生演唱了《工农兵学商，一齐来救亡》《义勇军进行曲》等抗日歌曲，以及《放下你的鞭子》等新剧。这样，就在全县人民中吹响了动员和组织浩浩荡荡抗日大军的战斗号角。由于抗日救亡宣传发动工作的不断深入，各地陆续组织了牺盟会和牺盟游击队，并按区派出了 40 多名牺盟协助员，以编村派驻牺盟工作员。到 1938 年，武乡牺盟会会员发展到 1 万多人，对发动各阶层团结抗日起到了积极的推动作用。

武乡牺盟会的活动，始终贯彻执行了中共中央所颁布的《抗日救国十大纲领》（通过牺盟会组织变为《民族革命十大纲领》），使全县的抗日救国运动得到迅速发展。概括起来，主要做了六个方面的工作：第一，发展牺盟会组织，并公开领导全县人民建立了农救会、工救会、青救会、妇救会等各界群众救国组织，会员发展到 6 万之众。第二，建立了一支坚强的人民抗日武装。1937 年 10 月组建了县人民抗日武装自卫总队、牺盟游击队、公安中队等武装组织。到 1938 年，全县发展到 10 个中队，分别驻城关、故城、洪水等主要集镇。同年 9 月，大部改编为决死队。同时，创建了工人抗日自卫大队铁工厂——鼙山工厂。第三，在牺盟会的掩护下，恢复和发展了党组织。县牺盟会特派员大都是共产党员和先进分子，他们在开展牺盟会工作的同时，秘密地推荐和审查具备入党条件的积极分子，并介绍给党组织，壮大了党的队伍。第四，领导抗日统一战线工作，团结了大批士绅名流。第五，领导群众同旧政府的官僚和豪绅进行斗争。第六，大力开展宣传鼓动工作，组织了话剧团，创办了青年抗日救国公学；全县各村都兴办了民革室；还创办了《大众力量》周报，共出刊110多期，为推动抗日工作起了很大作用。

共产党的力量来自人民，党的统一战线政策发挥威力，就在于把各阶层的抗日力量聚集在党的周围。在武乡牺盟会里，由于共产党组织的坚强领导，在群众和先进分子中树立了崇高的威信，从而既团结和巩固了统一战线，又发展了党的组织。

三、八路军工作团深入群众，组建地方抗日武装

1937年11月，国民兵军官教导第五团在贾毓芝、梁膺庸的带领下进驻武乡，开辟抗日根据地。教导五团成员大部分被派到各区所在地的编村，如洪水、蟠龙、段村、故城、吴村等集镇和较大的村庄，调查了解各阶层思想状况，宣传发动群众参加抗日救国运动，组建训练编村自卫队，为武乡抗日地方武装的组建，做了舆论组织准备。

当时，国民兵军官教导团驻故城和信义村。他们进村后，宣传发动故城镇群众抗日，讲述东三省被日军占领的惨状。他们把抗日标语、传单贴满故城大街，召开群众大会，宣传抗日救亡。经过宣传发动，全镇形成了很浓的抗战气氛，全民抗战的局面已初步形成。

随着战火的逼近，组建地方武装已是当务之急。县委在冀豫晋省委的直接指导和八路军的协助下，在1937年10月，组建了武乡第一个地方武装——武华游击队。

武华游击队，是在全县人民奋起抗日的热潮中，于1937年10月在武乡故城一带成立的，属县动员委员会领导，武光清任大队长，武华任政治主任，李应东任参谋长。武华游击队是武乡县发展较早的一支人民抗日武装，是以最初发起者武华的名字命名的［武华，本县段村（今城关）人，就读

于太原国民师范，早年参加革命，1932 年入党，返乡后，积极从事抗日工作]。

这支早期的人民武装，开始时有 50 多人，下设两个排，每排编 3 个班。他们经常活动在武乡西部的东良、故城、南关、石盘等地，主要是宣传发动群众抗日救国，贯彻党的统一战线政策。1937 年 12 月，这支游击队进一步向武东地区发展，人数达到 300 人。他们根据战争的需要，经常活动于监漳、窑头、蟠龙、韩壁、东堡、石门、大陌等地。

1938 年 4 月，这支游击队曾配合八路军参加反敌“九路围攻”的长乐村战斗，活动在蟠龙一带，在小西沟山梁上与敌周旋，进行战斗。此后，这支地方武装正式编入八路军。

同期，王道成游击队也在故城镇成立（王道成，故城南街土门人，早年参加阎锡山军队，太原沦陷后回村）。在驻军教八团、教五团和牺盟协助员的帮助下，王道成在三区各村发动青年参加游击队。这支游击队成立后，开赴沁县三专署由薄一波专员领导，分别编入决死队第三纵队和游击二团。

在武华游击队和王道成游击队创建的同时，在武乡东部地区，一支以地下共产党员魏名扬为首的游击队，于 1937 年 10 月在武乡县城由 11 名革命青年发起成立。党指定魏名扬担任大队长，李旭任副大队长，杜昕任政委，李衍授任副政委，武铭、李安唐、王润华（女）任宣传干事。1937 年年底，经宣传发动，这支游击队迅速发展到 500 多人，由八路军帮助进行政治教育和军事训练。1938 年 1 月，这支游击队按照党的指示，编入决死队游击二团。

1938 年 2 月，为了给八路军更多地输送兵员，在党的领导下，魏名扬在马村第二次发动成立八路军游击队。因魏在搞地下斗争时，以国术团为掩护，以国术团团员为基础，组织青壮年参加游击队，所以到 1938 年 4 月反敌“九路围攻”前夕，这支游击队已发展到 300 多人。同年 6 月与武华游击队合并，先后由八路军工作团陈先中、陈凯中、杨树根等人带走，编入八路军的正规部队。

1939 年春，在武乡东沟又成立了一支人民抗日武装，即清河子弟兵。裴清河（本县大有村人）任大队长，该武装分 3 个连，共 500 人左右（其中女兵编了 1 个连），在东沟村整训 1 个月后，转移到抗日县政府所在地姚庄附近，担任保卫任务。除站岗、放哨、传递情报外，还配合正规部队作战。在武西地区成立了书林游击队，这支游击队以贾书林为名（贾书林，本县南亭村人），他们经常活动于敌交通线周围，警戒监视日伪军，粉碎日伪扩大占领区和“维持村”的罪恶计划，开展各种形式的斗争，成为武西一支活跃的武装力量。

1937 年冬，为了进一步扩大地方武装，工作团（县委）向全县人民发出了成立人民武装自卫队的号召，规定：“所有十八岁以上、五十九岁以下的健壮男女公民，都有参加自卫队的权利和义务，都是当然的自卫队员，要拿起各种各样的武器——镰刀、斧头、菜刀、剪子和石头，与敌人进行斗争，绝不让敌人随便捉住一个人，抢走一点东西，只有斗争才是出路。”

县委的号召，得到了全县人民的热烈响应，各区、村青壮年纷纷报名参加自卫队。1938 年，全县 48 个大编村，村村建立了自卫队，并涌现出义门、寨上、王家峪等许多模范村自卫队和区自卫队（后称基干队）。到 1939 年春，全县自卫队发展到 2000 多人，县委成立了自卫队总队部。这支自卫队不脱产，担负为部队送军粮、抬担架等战勤任务。

为了加强对县自卫队的领导，便于统一指挥，县委于 1939 年五六月间，从各村自卫队中抽出 30% 的队员，组成县武装自卫队，受县动委会直接领导，人数达到 700 多人。他们战时配合正规军作战，平时学政治、学军事，在八路军的帮助下搞训练。在武装自卫队成立的同时，各区为了加强区级武装力量，保卫区政府，在各村自卫队中抽调骨干，成立区基干队，人数各区不等，一般在 30 至 50 人。自卫队队员基本脱离生产，受县自卫大队领导，后属各级武委会领导。这支武装自卫队，为打开武乡县抗日工作局面，保卫抗日民主政权，壮大人民武装力量，做出了一定贡献。

四、抗日群众团体的建立

抗战初期，党处于秘密状态，政权形式还是旧的。所以，在冀豫晋省委的领导下，武乡县委一面发展党组织，一面建立群众团体，广泛深入地宣传发动群众，宣传抗日，具有十分重要的战略意义。从某种意义上来说，群众团体建立的好坏决定着创建抗日根据地的成败。

在建党和发展地方武装的同时，县委积极组织成立各界群众抗日救亡组织。在冀豫晋省委和八路军的指导和帮助下，县委分别召开农民、青年、妇女等群众代表大会，通过民主选举，分别成立了各自的组织机构——抗日救国会。

武乡县妇女抗日救国联合会（简称妇救会），于 1937 年 10 月成立。在太原求学的武乡籍女学生高铮惜、王克强等参加了山西牺盟会军政训练班。1937 年 8 月，本县的女学生李念九、李庭华、常启珍、李爱英等参加了决死队，奔赴抗日前线。同年秋，王克强、武铭、李念九等加入了共产党组织。武铭和王克强在县城积极从事抗日宣传，建立了武乡县妇女抗日救国联合会。这批知识青年作为武乡的新女性，第一批参加了革命斗争。

1938 年，随着武乡抗日根据地的创立，妇女组织得到了各级党委的重视，县委书记兼任妇委书记，并在各区、村逐步发展起妇女救国会的基层组织。1938 年 4 月，日军在“九路围攻”中，实行了残酷的奸淫屠杀，广大妇女遭受空前的灾难。在长乐村战斗中，附近村庄的妇女组织积极参加了救护、支前工作。12 月，省委派王炤等女干部来县接任妇女领导工作。1939 年，区、村妇女组织普遍建立，发动广大妇女组织起来，摆脱封建束缚，参加生产，参加慰劳支前，鼓励亲人上前线。同年 5 月，段子峰接任县妇救会主任。

武乡县工人抗日救国会（简称工救会），于 1937 年 9 月成立。会员除武东的一些煤窑工人、小手工业人外，主要是返乡的兵工厂工人。日军逼近太原后，省城以太原兵工厂、平民兵工厂为主的500名武乡籍工人，在贾志厚、杜生旺等人的带动下，于七八月间先后离并返武。他们中的不少人在太原时已参加了牺盟会组织。贾志厚在1928年曾参加过太原兵工厂工人争红利的罢工斗争，并且为维护工人利益，同官绅进行过斗争。1936年，在并的武乡籍工人组织了一个“武乡工人同乡会”（包括在太原各厂的工人和靠做缝纫、卖蛋糕谋生的手工业工人及店员共500余人，民主选举了贾志厚、石汝麟、崔廷玉、李银河、史景生等5人为同乡会委员），这是一个自发组成的工人群众组织。这部分人回乡后，成为工救会的中坚力量。杜生旺、贾志厚、张玉堂、王化南、常贵生等7人，被选为工救会委员，杜生旺任主任，贾志厚、张玉堂任副主任。县工救会的基层组织是区工救会。到1939年年底，全县工救会会员达到6000余人。

武乡县农民抗日救国会（简称农救会），是在共产党领导下，由农民自愿结合而成的群众组织。1937年11月，通过县牺盟会的公开发动和组织，在县城成立了武乡县农民抗日救国会，由赵晋臣（窑头村人）任农救会主席，委员有程高升、赵天恩、武志文、李春方。1939年冬，赵晋臣调上级农救会工作，县农救会主席由武三友担任，王琼任组织部部长，李春方任宣传部部长。在各区建立了区农救会。全县48个大编村也都先后建立了村农救会组织。

抗战时期，农救会的主要任务是：在各级组织的领导下，用经济的（组织合作社、劳动小组等）、政治的、文化的多种形式宣传、组织农民参加抗日战争，同时领导农民向封建地主进行减租减息与实行合理负担的斗争，提高农民的组织性和阶级觉悟，解除群众痛苦，改善农民生活。

武乡县青年抗日救国联合会（简称青救会），于1937年11月成立。李步云任青救会主席，史玉麟、郭茂田为副主席。这是共青团组织停止活动后的又一种更加广泛的青年群众组织。它的基本任务是：吸收广大青年参加抗日救国民族统一战线，并且起积极的先锋作用，成为党的重要助手。

青救会组织发展到各区和行政村，负责人叫青救秘书，到1939年年底，会员发展到1.6万多人。青救会在组织、宣传广大青年参军、参战和发展生产、发展根据地文化事业等方面，均起到了重要作用。

当时，各救亡团体实行联合领导，建立了抗日救国联合会（简称救联会）。

五、积极开展兵工生产

工救会建立不久，为了满足地方武装武器装备的需要，在八路军工作团领导下，积极开展兵工生产，首先由贾志厚、王化南等人积极筹建了小型兵工厂，厂名为“武乡县工人抗日武装自卫队铁工厂”，厂址设在县城（今故县）东门外的瘟神庙，后迁至松庄附近的佛爷滩。为了保密起见，对外称为“韡山工厂”。工人大多都是太原兵工厂返乡的技术员，一部分是从附近农村动员来的铁匠、木匠等手工业者，共50余人。主要生产地方武装所急需的大刀、长矛，装备县游击队和县自卫队。1938年4月初，八路军总部转战于武乡城西的马牧、寨上、义门一带，曾有一个连队驻在工厂附近的魏家窑，工厂模仿部队用的短枪，试制了镢把子手枪。随着地方武装的日益壮大，韡山工厂不断改进技术，扩大生产。工人增加到100多名。不久，工厂又搬到枣岭与深泽滩之间的白龙洞庙内。为了响应县委的紧急号召，工人们把在长乐大捷中缴获的部分武器和军用物资运到工厂，又请原来在太原火药厂的技术工人李盘明、籍三满、魏福珍等人来厂指导，研制成功了手榴弹，这是工救会的一大创造。

为了保证生产大批手榴弹所需原材料的足量供应，韡山工厂于1938年夏季迁至武乡东部煤铁资源丰富的柳沟、马岚头等村。同年8月，韡山工厂又动员来100多名工人。随着工厂的扩大，县委支持工救会组织，加强了兵工生产。这时，韡山工厂的骨干分子是：李福兴、张俊生、崔廷义、赵兴业、魏庆昌、贾唐亮、李二唐、杜学唐、张保书、王玉文等。到11月，蟹山工厂已能生产手榴弹、地雷、镢把枪、小马枪等4种武器，每天可以生产手榴弹7000多枚、地雷6500多颗。

1939年“二七”纪念日，晋东南工救总会成立，蟹山工厂负责人贾志厚、杜生旺、王化南等参加了会议。会议选举贾志厚为工救总会经济建设部部长。杜生旺被选为晋东南工救总会主席，负责全区的工业生产。会议决定以武乡柳沟为基地，为晋东南培养兵工人才，带动全区工人群众，积极参加抗日兵工生产。

在县委的领导下，武乡工人阶级不断发展壮大，不仅为地方武装提供了一定数量的大刀、长矛和手榴弹等武器，更重要的是对于推动全县铁工、木工、矿工、雇工和羊工等纷纷投入抗日运动起到了先锋作用。

第二节　坚持持久抗战，创立抗日根据地

一、配合八路军，粉碎日军“九路围攻”

1938年4月16日，日军以一〇八师团为主力，集中十六、二十、一〇九师团及酒井旅团各一部，共10余个联队3万余兵力，由太行山周围交通线上的洪洞、太谷、榆次、平定、高邑、邢台、涉县、长治、屯留等地，向我晋东南分进合击，妄图把八路军主力消灭在辽县（今左权县）、榆社、武乡地区。

晋冀豫军民为粉碎日军的“九路围攻”，做了充分准备和周密部署。此时，八路军总司令部进驻武乡马牧、义门一带。针对敌人围攻的企图，朱德总司令和彭德怀副总司令决定采取以一部分兵力钳制其他各路敌军，集中主力击破其一路的战术，遂以115师344旅的主力，与决死一纵队各基干支队，结合游击队、抗日自卫队，以阻击袭扰的手段，迟滞各路进犯之敌；

以129师及344旅的689团，隐蔽集结于涉县以北寻找战机，歼灭由长治或涉县进犯之敌。4月11日，武乡县委书记陆清廉赴辽县参加129师师部和中共冀豫晋省委召开的党的特委、工委书记和游击支队政委联席会议，部署各地党组织、抗日政府、民众团体和游击支队配合八路军主力作战，动员和组织群众支援战争，保证后勤供应和保卫群众生命财产安全。辽县会议之后，武乡县委把所有民运干部编成动委会的地方工作队，县委书记陆清廉亲任大队长，带领干部分头到重点村镇做反“围攻”动员工作。同时，县委又迅速召开了各系统负责人紧急会议，传达了上级关于进行反“围攻”作战准备的指示，全县立即进入紧张的战备工作中。各区、村干部和党的负责人，深入群众中广泛进行宣传，动员民众空室清野，组织担架队、运输队，帮助部队抬伤员、运粮食、运弹药、报敌情、当向导；抗日人民自卫队担负起破坏公路、捕捉汉奸、站岗放哨等任务，随时准备参军参战。各村镇还召开了民众动员大会，揭露敌人的欺骗宣传，进行“反围”攻动员，为粉碎日军的“九路围攻”奠定了坚实的基础。

4月15日，日军第一一七联队附炮辎重共3000余人，北犯榆社扑空后，当即返至武乡，在我军民的袭扰下，连夜沿浊漳河向襄垣方向逃窜。根据这一情报，129师师长刘伯承、政委邓小平和副师长徐向前决定：386旅772团叶成焕部、115师689团韩先楚部为左纵队，沿浊漳河北岸疾追；385旅769团陈锡联部为后续部队，沿武乡城东的大道跟进。到16日晨，各部队先后追上日军，在里庄至长乐滩7.5千米长的河谷中，将敌截为数段包围在浊漳河北岸的里庄滩，随即发起猛烈进攻。这时，771团也由马汉脚赶到了浊漳河南岸的窑头、西岭村北侧一线高地向北展开突击。陈赓旅长一声令下，两个团以排山倒海之势，从山头飞奔而下，冲入敌群。同时，以一部围歼1500余名来援之敌。经过激烈战斗，将敌大部歼灭。与此同时，战前县委组织的参战民工和自卫队等支前人员3000余人，冒着敌人的枪林弹雨，踊跃投入支前工作。他们为八路军当向导、送饭、送弹药、抬担架、护伤员。游击队、自卫队还配合八路军参加了战斗。姚家庄的自卫队队员姚兴塘和姚小春，在给侦察排带路时，还打死了1名日本军官。

在此次战斗中，各区、村党组织的负责人，根据县委的指示，积极为部队筹粮备饭，带领民工踊跃支前。赵三孩、王贵先等6名共产党员，带领群众给部队运送弹药时被日军杀害。当时八路军需要撤出战场急速转移到20千米外的榆社县郝壁村，全县出动了2000多名民工，连夜将500多名伤员运往后方医院。在民众的支持下，八路军与敌激战10个小时，在里庄滩共歼灭日军2200余名，毙战马500余匹，缴获步枪500余支，轻、重机枪30多挺，以及全部辎重。八路军伤亡800多名，年仅25岁的772团团长叶成焕光荣殉国。

长乐急袭战，是粉碎日军“九路围攻”的决定性一仗。日军第一一七联队在长乐遭到八路军袭击后，其他各路日军被迫纷纷逃窜。八路军趁机连克18座县城，把日军赶出了晋东南。不久，八路军总部又由义门转战到寨上村，召开了祝捷大会，并让广大民众参观了长乐战斗中缴获的战利品展览。活生生的事实，使大家认识到：只有共产党的坚强领导，军民密切合作，才能取得抗战胜利。这次战斗的胜利，为晋冀豫抗日根据地的创建，奠定了坚实的基础。

二、日军的暴行和民众的广泛觉醒

太行抗日根据地游击战争的迅速发展，使侵入华北地区的日军深感不安，于是日军对晋东南进行了一次大规模“围攻”。长乐战斗之前的4月4日，由长治来的日军苫米地旅团长亲自指挥，带领装备精良的3000兵力，由屯留经襄垣、沁县直向武乡扑来，日军北进榆社袭我主力扑空后，返武乡县城，对县城老百姓施行了惨无人道的大屠杀，对武乡县这座古城实行了疯狂洗劫。4月15日深夜，日军撤离后，县城一条大街变成了一片废墟。被杀百姓的尸体横在路边上、倒在血泊中。东关、西关附近村庄的房屋、窑洞也遭破坏。一名妇女被敌人奸污后杀害，她身旁还躺着一个3岁左右的儿童，脑门被重物击碎，鲜血直流。日军洗劫县城后，又到县城东南角2.5千米外的石拐、白草辿、马家庄大肆烧杀。在一个土窑洞里就发现了被敌人残杀的尸体40多具。其中一个村87人就被敌人屠杀了86人，只剩1人逃亡他乡。全村房子都被烧毁，成了悲惨的“无人庄”。

长乐村战斗之后，日军对附近村庄实行了疯狂报复，浊漳河两岸沿蟠（龙）武（乡）公路的大小村镇，成了日军残杀无辜的屠场。其所到之处，见人就杀，见房就烧，见物就抢，从县城到长乐村，沿途村庄的房子全部被烧毁。在峪口村，日军将抓住的一些地下党员和抗日自卫队队员赶到十八亩塔，用刺刀威逼，要他们说出八路军的去向。这些党员和群众怒视日军，坚贞不屈，结果被日军用刺刀活活挑死。后来，敌人又把抓来的10余名群众赶到这里，架起机枪将他们扫射于地堰下。尤其是距长乐战场最近的里庄、圪台庄等村，损失更为惨重。仅里庄村，就有25人被日军围在3个窑洞里放火熏死。在巩家垴一带，日军为了搜寻八路军伤员，将村子里的石碾、石磨都掀翻捣毁。在窑头村，日军残杀百姓，强奸妇女，其惨状真是惨不忍睹。这次峪口村被杀害的23人，其中有共产党员5人。

4月17日，在长乐村遭到重挫的日军，向东窜至韩壁村，在五里圪廊至岭口一带，遭我军一部的猛烈阻击后，又对附近村庄进行了疯狂的报复性烧杀。他们将韩壁村南稍嘴的几个窑洞内的妇女全部搜出，几经糟蹋蹂躏后统统推下深谷中将她们摔死。韩壁村的魏家古寨，被日军烧成瓦砾。在东、西堡村，日军把抢来的五谷杂粮浇上汽油放火焚烧。这一次，武乡全县被日军烧房3200多间，烧粮3000余石，杀死1000余人。在日军大肆洗劫之后，县委和抗日县政府及时安抚受害群众，帮助他们重建家园，并结合血淋淋的事实，对群众进行了广泛深入的教育。日军“扫荡”前，在百姓中流传着一句话：“哪个朝廷不纳粮，日军来了也一样。”日军的大肆烧杀，使人们的思想猛醒过来，战争教育了人民，并从血的教训中认识到：

“不抗日，活不成；要生存，靠斗争!”同时，为了加强和健全县、区、村领导战争的组织，坚持敌后抗日政权，中共武乡县委于1939年7月30日召开了第一次军政民联席会议，成立了军政民联席会。从此，全县48个编村普遍出现了“母亲叫儿打东洋，妻子送郎上战场”的群众抗日热潮。

三、学习毛泽东军事思想，树立持久抗战的观念

全面抗战开始，武乡面临的首要任务是在恢复和发展党组织的同时，抓紧培养抗日干部。当时，武乡党的干部来源主要有四个方面：（一）抗战前就参加中国共产党，但因县委党组织遭破坏而被迫解散停顿，后又恢复组织领导关系的，他们有武华、武三友、魏名扬、姜一、王锦心、李福元、赵晋臣、赵天恩等。他们在抗战前就接受了党的教育，又发动与参加了农民“五抗”运动，有丰富的斗争经验和坚强的党性。（二）一大批在北平、太原等地求学的进步青年，如武光清、杜昕、李旭、李衍授、武铭、王润华、李安唐、史玉麟等，抗战后返乡参加了抗日救亡运动，经过牺盟会组织，吸收他们为党员。这批青年学生，在学校较早地接触了马列主义，参加过学生运动，受国际和国内新思潮的影响较深。其中，杜昕在北大就学时还参加过“一二·九”学生运动和由进步青年组织的“民族解放先锋队”，具备了入党的条件和担负抗日工作的能力。（三）从太原兵工厂和平民兵工厂返乡的石汝麟、李国祯、李瑞堂、贾志厚、赵寿延、杜生旺、常贵生、刘国楷、张银书、赵树森、贾贵德等12人，他们在太原曾参加过反对阎锡山残酷统治的工人运动，其中不少人还是工人运动的骨干，具有顽强的斗志和丰富的工人运动经验。（四）当地在乡知识分子，民校和青校毕业的学生，以及旧政府中经过改造和斗争的职员与村长，如刘庆伍等。此外，还从广大工农群众的积极分子中提拔培养了一批乡村党政骨干。

中共武乡县临时工委注意到在新形势下加强培训党员、干部的重要意义，以各种方法培训抗日干部。1937年11月底，129师和中共冀豫晋省委

在辽县开办了游击训练班。武乡县党组织派杜昕带领李衍授、李安唐、王占鳌、常悦、赵寿彭、赵树仁、杜银尧、史鉴唐、史名章、史玉麟、陈来生、张实生、张凤銮、赵硕甫、吕顺、王廷章、姚茂堂、李天机、李贵兰等 20 多人赴辽县参加培训。培训的内容是：地方干部侧重学习如何组织自卫队，保护人民的生命财产和配合正规军、游击队打击日军；学习如何组织坚壁清野和支前工作；等等。在教学中，讨论了游击战争规律、统一战线问题和目前党的任务等。他们培训一个月后结业，返回武乡。对绝大多数党员的培训，采用举办牺盟协助员训练班的形式进行。1938 年 1 月，在县城女子高小校内，举办了一期牺盟协助员训练班，绝大多数成员是党员，其实质是培训党的抗日骨干，即在发展组织中提高党员干部的马列主义水平。

1938 年 5 月，武乡党组织进入大发展时期后，对新党员、新干部进行政治教育的任务更加迫切。1938 年 6 月，中共冀豫晋省委决定把对抗日干部的培养教育工作放到第一位。省委规定："无论如何，以县或区为单位，经常开办党员训练班，每个新党员最低经过学习党的建设、党的基本知识、统一战线、群众工作及游击战争的短期训练。老党员也必须经过短期训练班及流动训练班的学习，教育他们，使每个党员、干部都能了解及执行党的每一个具体工作与决定，并成为群众中积极的模范与核心。"正是在这样的要求下，中共武乡县委把主要精力放在了党员的培训上，其具体办法是：

（一）派县、区委的党员骨干去省委、特委等举办的党校学习。1938 年 6 月，决死一纵队在沁县西林村开办了干部训练班，讲授党的纲领、党的政策、组织建设、统一战线，以及游击战术、步兵战斗条令等，省委书记李雪峰、特委书记陶希晋亲自讲课，训练时间为三个月。武乡派部分党员、干部参加了学习，并且聆听了朱德、彭德怀、左权等首长的讲课。这些党员学习结束返乡后，用各种形式辅导其他党员，普及党的基础知识教育。

（二）地委、县委也积极开办党校和训练班，每期为三个月，主要培训支部委员和党员。讲课的有县委书记、组织部部长和宣传部部长，有时还请驻地军政首长讲课。受训的干部和党员，有相当一部分是农民党员，学习重点是运用理论联系实际的方法，加深理解，学懂即用，效果甚佳。经过学习和教育的党员、干部，绝大多数工作做得很好。如区干部胡光隆深有体会。他入党后经过教育，首先记住的是共产党上下一致，有意见可以向上反映，直至中央；对中央的指示，要下达到党员、干部。其次是党员、干部一定要做到服从党的决议，遵守党的纪律，保守党的秘密，完成党所交给的任务。

（三）利用传达中央及各级党委的文件、指示的机会，对党员集中进行培训。毛泽东发表《抗日游击战争的战略问题》和《论持久战》两篇著作后，县委便及时把县、区、村三级党员、干部集中回县委驻地，进行认真学习，提高认识。经过学习，广大党员、干部懂得了毛泽东对抗日战争的发展过程所作出的科学预测，他们心目中树立起了持久抗战的观念，增强了抗战必胜的信心。

（四）采用边发展、边训练的方式，使广大新党员、新干部受到了党的基本知识教育，对党有了更加深刻的认识。经过教育的党员、干部，大都懂得了依靠群众、斗争必胜的道理。这种理论联系实际的方法，在干部培训中卓有成效。

经过长时间的整顿和培养，提高了广大党员、干部的马列主义水平和战斗素质，使更多的抗日骨干团结起来，以强大的战斗力和凝聚力，领导全县民众迎接抗日战争的新胜利。

四、党组织的大力发展，农村党支部的普遍建立

1937 年 11 月，中共中央北方局针对太原失守后的山西局势，做出了《关于目前形势和华北党的任务》的决定。同时，刘少奇也发出了《为华北广大群众的抗日救国运动而斗争》的指示。鉴于抗战开始后形势发展的迫

切需要，共产党已经成为政权和武装的主要领导者，要求在敌后游击战争中必须十倍百倍地发展党组织。只有这样，才能保证党对抗战的坚强领导。中共冀豫晋省委及时传达了这些指示精神，县委即着手发展党员，开展建立基层党组织的工作。首先由王玉堂主持，经杜昕介绍，史玉麟、李安唐、李衍授、武铭、王润华、李生旺等参加了中国共产党，以杜昕为主要领导组成了党支部。并以大有泰山庙为基地，同魏名扬会合，发展党组织。这是七七事变后在武乡第一批集体入党建立的第一个基层党组织（支部）。

1938 年 1 月，中共冀豫晋省委派共产党员陆清廉接任中共武乡县委书记，以八路军工作团团长的身份同县牺盟会紧密配合，共同发动群众抗日。同年 2 月，正式成立了中共武乡县委员会。

1938 年 4 月，粉碎日军“九路围攻”后，太行抗日根据地出现了相对稳定的局面。武乡也同晋东南各县一样，进入党组织大发展时期，县委开始着手广泛建立区级和村级党组织。4 月，先后在郑峪、洪水、故城、蟠龙、段村等地建立了 5 个区分委。由魏效泉任一区分委书记，史玉麟任四区分委书记、李衍授任五区分委书记。之后，各区分委以牺盟会作掩护，采用活动分子会议的形式，深入各村发展党员，建立农村党支部。这些区分委就成了发展和组建村级党支部的领导骨干。如：四区的史玉麟在东沟、韩家垴、蟠龙、石门、石瓮、韩壁、土河、王家峪、砖壁一带开展工作，发展党员；二区分委由李旭发展了一部分党员，有赵晋烈、赵硕甫、吕顺、王廷章、张子玉、李逢时等。

1938 年 6 月，中共冀豫晋省委在沁县南涅水村召开重要工作会议，会议的主要内容是总结四个月来的工作，分析粉碎“九路围攻”以后全区出现的新形势，研究进一步坚持与巩固根据地，使党的工作适应新形势等问题，并通过了《新形势下省委工作的新任务》（简称“六月决定”）。“六月决定”指出：当前的中心工作是大力发展党员和健全党的组织；要求从 6 月底，把党组织扩大一倍，吸收新的工农党员干部到党的各级领导机关，派忠实而有能力的党员去领导游击队和地方武装中党的组织等。“六月决定”下达后，中共武乡县委书记陆清廉反复强调，把党组织的大发展工作放在重要地位。要求党员去发动群众，从群众中吸收先进分子入党，建立和扩充基层党组织。于是，武东山区不少村庄都建立了党支部。如：义安村由张帆负责，石门由冯青云、米如珍负责，韩壁由王琼负责，王家峪由李兴唐负责，姚庄由姜一负责。同时，砖壁村也成立了党支部。在东堡由史思琦、史云则以《中国人报》发行员的身份秘密发展邻村党员。蟠龙联合小学校长张万寿、李玉田等也组建了党支部。另外，魏怀德、史法云（史云）入党后，积极投入发展党组织工作。

在武乡西部地区，三区区委书记石汝麟9月调延安学习，牺盟会区主任武镇藩被怀疑有问题，故县委调县委副书记史玉麟、武三友赴故城三区任区委书记和农会主席，开展武西党组织发展工作。经过发动，这个区各主要大村都有了党员，并建立了党支部。如玉品村党支部由李如恒负责，山交村由李克诚负责，丈牛坡村由李生木负责，故城镇由李务滋负责。茅庄村由史玉麟和武三友直接发展白德元为中共党员。后经白德元介绍，又发展白木荣、田景云、白秀清、白莲香等为党员。当时，武西地区基础好的要数建党最早的北良侯支部，这个村在发展党员的同时，还建立了区级群众组织农救会和青救会。武西党的队伍的不断发展壮大，适应了党在游击区工作的需要。

从1938年4月到1939年7月武乡第一次党代会召开的一年多时间里，是武乡党组织的大发展时期，党员总数已发展到2500余人，达到了村村有党员。党的队伍的壮大，党的力量的增强，为武乡日益活跃的抗日工作的进一步开展起到了极大的保证作用。同时，基层党支部的广泛建立，使党得以与广大群众取得密切联系，有助于党的正确领导的实现和抗日方针政策的深入贯彻，使党创建武乡根据地的各项工作能够顺利完成。党组织的迅猛发展，也表明了人民群众从党和党所领导的军队身上看到了希望。随着根据地的开辟，党的政治威信大大提高。当然，由于党的大发展，也不可避免地混进了一些投机分子和阶级异己分子，使党组织的纯洁性受到影响。这是武乡党组织发展史上一个值得记取的教训。

第三节　改造旧政权，建立抗日民主新政权

一、开展“红五月”斗争，彻底改造旧政权

1938年9月，为了加强党对创建抗日根据地工作的领导，便于和相邻县党组织取得联系，中共冀豫晋省委决定将中共武乡县委改为中心县委，帮助指导榆社、祁县两个县委的工作。刘建勋接任武乡中心县委书记。刘建勋接任县委书记后，即广泛地发动群众运动，进行民主民生斗争。

在旧社会，农村负担的粮款都是按地亩摊派的。地主、富农占有的多是一等好地，而农民耕种的则多是三等差地，按地亩平均摊粮摊款的办法，实际是将负担转嫁到了广大贫苦农民身上。更残酷的是，由于村政权为地主、富农所把持，从县到村政权都严重存在着贪污讹诈等现象，广大贫苦农民所受的剥削十分严重，有不少农户一直是衣不遮体、食不果腹，生活得不到改善，背着沉重的负担。在这种情况下，要想真正提高农民的抗日积极性是不可能的。县委经过调查研究，深知为农民解决这些问题，满足农民的迫切要求，这是依靠与发动农民的主要环节。于是在县委的领导下，通过各救国会组织，在全县开展群众性的民主民生斗争，改造各级旧政权。

1938年12月，中心县委书记刘建勋指派史玉麟同晋东特委书记杨树根、组织部部长魏晓云一同去晋冀豫区委汇报武乡工作。李雪峰、徐子荣听了汇报后，布置在武乡县城召开“双十二”拥蒋抗日大会。12月12日，以牺盟会出面，在县城（今故县）东门外召开以“拥蒋抗日”为名的全县人民群众大会，并纪念西安事变两周年。牺盟特派员张烈作为大会主席主

持了大会。这次大会是武乡县抗战以来的首次大集会，标志着党在武乡改造旧政权斗争的初步胜利，是一个重要的里程碑，揭开了全县民众自上而下改造旧政权，建立抗日民主新政权的序幕。

1939 年 1 月，山西省第三行政公署派谭永华（原沁县公安局局长）任武乡县县长。谭永华上任后，面临的重要任务即全面改造旧政权，巩固和发展抗日民主新政权。他首先配合县牺盟会、决死队和各抗日民众团体，根据党的抗日民族统一战线政策和实际情况，采用团结、联合和斗争等方式，对县政权和各区政权的机构与人员进行了统一调整。县政府的四个科，全部由共产党员和进步人士任科长；五个区的区长，也都是由共产党员和进步人士担任。县、区两级废除了旧的"俸给制"，开始实行供给制。

经过改造的县政权，一般都采取建立行政会议的办法来扩大民主。行政会议由县长任主席，吸收牺盟会、各抗日救亡团体负责人，以及士绅代表参加，县政府各科科长均列席参加。在行政会议上，每一项决议案都要吸收各方面人士的意见，以使决议案能够代表广大人民的利益和具有广泛的群众基础。经过改造的县、区政府，反对过去旧衙门习气，工作人员厉行俭朴廉洁的作风。

村政权的改造，是从 1939 年春开始的。全县 48 个编村村长因是旧政权派任，对抗日救国态度不一。从其政治身份来说，分三种类型：一种是地下共产党员和进步知识分子，另一种是本地地主阶级的上层人物，还有一种是顽固派。在比例上，中间势力所占比重较大。那些属于共产党员和积极赞助抗日的进步人士村长，则代表了广大群众的利益，坚决接受和贯彻党的政策。对于部分顽固分子，在牺盟协助员的帮助下，对他们进行了不同形式的斗争。对于那些有劣迹、民愤大的坏村长，采用群众斗争、向县政府请愿的办法予以罢免。如古台村的村长搜刮民财，鱼肉百姓，该村群众就到县政府告了他的状，从而赶走了他，推选农救会里的一位共产党员担任了村长；上王堡、白和、广志、韩家垴、烟里、大有、东沟等村也都仿照这种办法，赶跑了坏村长；姚庄等编村的旧村长也是经群众请愿后被迫调走的；贾豁等编村的村长是被揭发罪状，当场罢免的；韩壁编村的旧村长是干不下去，自己离职回家的。同时，武乡西部的故城、石盘、南关等编村，也结合反贪污和实行合理负担等斗争，调换了坏村长，之后，党组织发动群众，选举有领导能力的党员当上了村长。

为了巩固新政权，彻底摧垮武乡的地主封建势力，使抗日民族统一战线的政策得以进一步贯彻实施，1939 年 5 月 1 日，县委由牺盟会出面，在曹村召开大会，根据党的指示，号召全县开展“红五月”斗争。斗争的中心任务是，要求各抗日干部深入农村，发动群众，依靠抗日团体，同各村顽固势力把持的政权进行斗争。会后，全县普遍掀起了一个规模更大的改造区、村政权，反贪污、实行合理负担，取消按地亩摊派的群众性革命运动，使 85%的村政权基本掌握在群众手中。这一时期，全县进行的较大斗争有 35 次。在斗争中选拔积极分子，发展党员，建立农村党支部。

随着抗日形势的发展变化，县政府对旧政府执行的区长、村长委任制进行了改革，改为民主选举制。1939 年年底，全县布置了村选工作，先以二、三区为试点，取得经验，在全县推广。

旧政权的改造和抗日民主政权的建立与巩固，是在党的领导下，经过长期斗争取得的，为更加广泛地动员民众参加抗日战争奠定了基础。这是太行抗日根据地走向巩固发展的重要标志，也是开展减租减息、反奸清算、大生产运动和赢得抗日战争最后胜利的根本保证。

二、实行合理负担，推动抗日民主运动

中国革命的根本问题是农民问题，抗日战争也可以说是农民战争。要保证抗战取得彻底胜利，如何调动占全县人口中绝大多数的农民的抗日积极性，是摆在县委、县政府工作议程上的一个重要问题。为了更广泛地动员与组织民众投入抗日斗争，县委在狠抓地方武装的同时，及时向根据地

组织起来的各界群众宣传并贯彻一系列抗日工作中的新政策。一是实行减租减息，合理负担；二是组织农救会等抗日群众团体。县牺盟会通过公开发动与组织，采用民主选举的方法，在县城（今故县）成立了武乡县农民抗日救国会，选举共产党员赵晋臣为农救会主席。党的农村工作，主要是通过农救会来开展的。农救会一成立，就把发动群众，斗汉奸、反贪污，实行合理负担、二五减租的斗争当作重要工作来抓。

抗战前，农村负担的粮款是按地亩摊派的，采用地主占有的一等好地和农民占有的三等差地平均摊派粮款的办法，实际上是将负担转嫁到广大贫苦农民身上。更不合理的是，由于村政权为地主、富农所把持，他们可以随意隐瞒土地，以多报少，以优充劣，再加上村长们的贪污讹诈等，广泛增加了农民负担。针对这种不合理现象，县委根据上级指示，以抗日县政府出面，提出了“有钱出钱，有粮出粮，有力出力”的合理负担政策。为了落实这项新政策，随即在全县统一丈量土地，清查出那些地亩账上没有登记的“黑地”，评定了三种土地的不同产量。这一系列措施，受到了全县民众的热烈拥护。从此，广大群众抗日热情空前高涨，纷纷动员起来，积极向进驻武乡的八路军总部、中共中央北方局等党、政、军机关和野战部队（包括决死队）提供军粮和其他军需品。

1939 年 8 月 9 日，为了发扬民主、改善民生和提高广大民众参战的热情，武乡东部山区的土河编村党支部，配合村农救会举行了全体大会，到会的各村农救会会员共 300 余人，由农救会秘书刘时云任大会主席。会上提出议案多件，集中讨论了改善民生问题，中心议题是彻底实行合理负担、减租减息等。以此为契机，推动了全县范围的改善民主、民生运动向前蓬勃发展。

从 1937 年到 1939 年的反贪污、反摊派，推行合理负担的运动，改造了村政权，既减轻了广大劳苦农民的负担，使农民的经济状况得到了一定的改善，也符合群众的利益，支持了持久战的需要，极大地提高了人民群众的抗战信心，一大批青壮年走上了抗日救国的道路，并为武乡农村党组织的发展创造了条件。同时，作为武乡县土地变革的第一阶段，为后来深入贯彻减租减息，实行统一累进税制，以及解放战争时期开展轰轰烈烈的土地改革运动，打下了一定的群众基础。

三、中共武乡县首次党员代表大会的召开

1939 年 7 月，正值抗日战争爆发两周年之际，也是全县处于抗日运动进一步高涨的时期，中共武乡县委为了总结建立六年来和抗战两年来各项工作的经验教训，进一步发挥党的核心领导作用，更好地组织全县人民，克服困难，巩固和扩大武乡抗日根据地，在县城（今故县）东关郝家庄召开了中共武乡县第一次党员代表大会，出席会议的代表有 30 余名。

会议的主要议题是：（一）布置当前的中心工作；（二）选举产生新县委；（三）选举出席中共晋冀豫区党的第一次代表大会的代表。

大会回顾了六年来武乡党组织的创建发展历程，总结了党在巩固发展武乡抗日根据地各项工作中所发挥的模范带头和核心领导作用，以及在建党方面所取得的经验教训，指出了党在今后抗战中的任务和建党方面应着重注意的问题，对以后要加强党员的思想、政治、纪律教育，提高党员政治素质和战斗力，党组织应起到战斗堡垒作用，搞好党的自身建设，进行调查研究，密切联系群众等问题提出了明确的要求。在党的工作中，要把抗日民众的切身利益与提高民族意识和政治觉悟紧密结合起来，这样才能开展轰轰烈烈的参军参战运动。

大会采用民主集中制的原则，选出了新的县委，县委共有 5 人组成：刘建勋、张烈、武三友、魏效泉、王宗琪。县委书记刘建勋，副书记张烈（兼牺盟特派员）。县委始设组织部和宣传部，魏效泉任组织部部长，王宗琪任宣传部部长，秘书室设秘书 1 人。全县下设 5 个区分委，每区设书记 1 人，组织、宣传委员各 1 人。同时，会议还选举刘建勋、武三友、赵悦祥、

李国祯为出席中共晋冀豫区党的第一次代表大会的代表。

大会最后号召全县民众，紧密地团结在党组织周围，团结一切抗战爱国的进步力量，孤立和打击顽固势力。要充满抗战必胜的信念，为中华民族的独立与解放而英勇战斗。

从抗战开始到第一次党代会的召开，武乡县党组织经历了一个大发展时期。党员的成分，主要是雇工、羊工、煤矿工人、贫下中农和外地回乡的青年学生。各个编村都建立了党支部，全县党员已发展到2500多人。这次党代会，把各级政府和群团组织统一置于党的领导之下。

中共武乡县第一次党代会，是武乡建党史上一次重要的会议。它对于克服抗战所面临的巨大困难，巩固抗日根据地，并把武乡党组织建设成为团结各阶层抗战的领导核心，起到了积极的作用。

四、实行抗日民族统一战线，号召各阶层团结抗战

建立抗日民主政权，贯彻抗日民族统一战线政策，团结一大批开明士绅共同抗日，成为县委的中心工作。1939年夏，八路军总部及直属部队进驻武乡之时，国民党发动第一次反共高潮，对抗日根据地实行经济封锁，停止供应八路军粮饷。为了克服困难，解决驻军及参战民众的吃粮问题，县政府于8月9日召开了有郝温、裴会宝、郝培兰等50余名士绅参加的武乡县士绅座谈会，讨论了实行合理负担和士绅工作等问题，重点阐明了士绅在抗战中的地位及其作用，并倡导各阶层精诚团结，共同抗战。

1939年9月19日，八路军总部在土河村召开了盛大的武乡士绅座谈会。武乡县县长谭永华主持大会并致开幕词。到会士绅有裴会宝、郝培兰、李祖寿、杜青史、武德宽和魏文澜等53人。应邀参加座谈会的有第十八集团军朱德总司令、彭德怀副总司令和八路军野战政治部主任傅钟，连同来宾共百余人。会议贯彻了中国共产党关于“必须坚持发展进步势力，争取中间势力，孤立顽固势力”的抗日民族统一战线政策。朱德在会上发表演

说，彭德怀也就世界形势及中国时局讲了话。县牺盟特派员张烈也发了言。参加座谈会的一些开明士绅，在党的政策的感召下，纷纷慷慨献粮。裴会宝、郝培兰等50余人，当场自报捐粮190石，捐款2200大洋，郝培兰还在会上带头发言。其中，开明士绅杜青史捐献大量粮款的抗日爱国行动，得到一致好评。会后，朱总司令对武乡士绅毁家纾难、捐款献粮的爱国行动倍加赞赏，并为他们颁发了奖旗，号召大家精诚团结，坚持抗战，渡过难关。最后，由傅钟主任致闭幕词。这次座谈会，增强了抗战力量，推进了武乡抗日民族统一战线的政权建设，许多士绅由中间派变为进步势力。9月22日，驻砖壁八路军总部的英国记者何果先生，为华北版《新华日报》撰稿，报道了武乡士绅座谈会的盛况，盛赞我军民团结抗战之热忱。同版《新华日报》还发表了题为《巩固与发展农村中的统一战线》的社论。接着，县政府又在姚庄召开了士绅大会，座谈《中共中央对时局的宣言》和政府囤粮法令，发起在武乡全县囤积6万石公粮的运动。在实行合理负担、征收公粮公款的基础上，本着有粮出粮、无粮出力的原则，制定了具体囤粮办法：要求地主、富农负担囤粮总数的80%，中农负担囤粮总数的20%。县委结合本县的实际情况，把任务分配到全县5个区、48个抗日编村，限18天完成囤粮任务。

囤粮运动从9月19日开始，全县各级领导召开各种囤粮会议，宣传抗日政策，发动群众，鼓励士绅献粮。全县士绅也热烈响应土河士绅座谈会的号召。同时共产党员与革命军属也纷纷带头，推动了囤粮运动，拥护八路军坚持华北抗战，积极捐献粮款。为了防止坏人的破坏，各村派自卫队员巡逻放哨。经自报公议，到9月24日就基本完成了任务。如大有士绅裴会宝，在党的政策的感召下，捐献公粮500多石，并自愿供给“武乡子弟兵”粮饷一年多。

在这次囤粮运动中，共囤积公粮6.7万石，超额完成了任务，解决了当时的军用急需。这次囤粮运动，是我党抗日民族统一战线政策在武乡实施的成果，充分体现了党的“动员一切力量争取抗战胜利”的指示精神，为粉碎敌人残酷的军事“扫荡”和经济封锁提供了根本保证，为更加广泛地建立“三三制”的抗日民主政权奠定了基础，对武乡根据地的巩固和建设发挥了巨大的作用。

1939 年冬，王家峪编村牺盟会在本村小学校召开民主人士（地主、富农、士绅、知识分子）座谈会，参加会议的有 30 多人。这次会议是在八路军总部机关直属政治处主任康克清、民运部部长王卓如的协助下召开的。会议由编村牺盟协助员（党内任中心支部书记）郝焕芳主持，特邀朱总司令到会讲话。朱总司令从抗日战争政治形势讲起，分析了敌我双方力量对比的情况之后，说抗日战争必须坚持持久战，反对速胜论，在敌后要广泛开展游击战争，不放弃有利形势下的运动战，实行民主政治，建立“三三制”民主政权，巩固扩大抗日民族统一战线。全民总动员，有钱出钱，有粮出粮，有力出力，团结起来，一致对外。

参加会议的士绅张映璧、魏林祥、郝竹亭、窦禹圣、郝国祯、李峰、魏忠等人表示，一定要按照朱总司令讲的话办，有钱出钱，有力出力，为抗日救国贡献自己的力量，要抗战到底，誓死不当亡国奴。

五、反对国民党顽固派的斗争

由于中国共产党领导的抗日力量不断壮大，使国民党顽固派畏惧万分，反共投降的倾向越来越明显。1939 年 1 月，国民党在五届五中全会上确定了“溶共、防共、限共、反共”的方针，并秘密通过了《限制异党活动方法》《异党问题处理方法》等一系列反对共产党，破坏团结抗日的文件、指示和条例。阎锡山根据蒋介石消极抗战、积极反共的方针，积极扩大自己的势力范围，大肆鼓吹“中日不议而和，国共不宣而战”的反动谬论，在山西大肆捕杀共产党人和进步人士，并派遣“晋绥军官教导团招生处”“民大五分校”“敌区工作团”“精神建设委员会”和“保安队”等特务组织，潜入武乡根据地，借办学招生为名，进行特务活动，破坏抗日工作，专门制造摩擦，暗杀抗日干部。

1939 年 5 月，武乡国民党县党部与反动地主、封建会道门相勾结，秘密成立特务组织，进行放毒、暗杀等活动，企图分裂抗日民族统一战线。5 月中旬，国民党区分部赵奇，在王堡村召开了有 30 多人参加的会议，制定了一个反共反牺盟的“五大纲领”。会后，秘密组织反动武装，准备进行反扑。县委了解到上述情况后，就发动广大党员以“三民主义”为武器，揭露他们的假三民主义、反共、反人民的反动面目，使更多的群众站在了共产党一边，逐步确立了党在政治上的优势。开明士绅也公开表示支持共产党，有的还向民主政府捐款，以示抗日决心。一部分国民党员在这种形势影响下，退出了国民党。这对于全县打击伪顽活动，起到了有力的推动作用。

对于国民党反共顽固派的倒行逆施，县委及时组织广大党员和干部，认真学习了中共中央《关于河北等地摩擦问题的指示》和中共晋冀豫区党委发出的“各地党组织要严正立场，对于搞摩擦者要坚决揭露和打击”的号召，教育党员、干部，最重要的是要冷静分析形势，确定正确的对策。对于国民党的无理进攻，坚决予以反击，决不能让步。但在斗争中要做到有理、有利、有节。通过学习，许多共产党员在反顽斗争中注意了团结中间势力，孤立和打击顽固势力。

1939 年 9 月 10 日至 28 日，中共晋冀豫区在武乡东堡村召开了全区第一次党代表大会。大会通过的《告全区同胞、各抗日部队、各抗日党派及全区党员同志书》，明确地要求把中共中央在《为抗战两周年纪念对时局宣言》中提出的“坚持抗战，反对投降；坚持团结，反对分裂；坚持进步，反对倒退”的口号，贯彻到实际斗争中去。号召全区党员警惕反共顽固派的倒行逆施和防止可能发生的突然事变，继续发扬党的光荣传统，加强马列主义学习，坚定政治立场，克服困难，粉碎敌人的进攻。武乡县委派刘建勋、武三友、赵悦祥、李国祯参加了大会。会后，他们及时向县委和全县党员传达了会议精神，在严峻的局势面前，为武乡县委的反顽斗争也指明了方向。

武乡反顽斗争最激烈、情况最复杂、形势最严峻的时期是1939年冬季。11月底，有一伙特务窜到活庄，携带大量钞票，在村买鸡杀狗，引起群众怀疑。村农会秘书王丙尧与这些人谈话遭到大骂，王立即向县公安局汇报，经派人来询问后，报请县领导决定，派10余名公安人员（便衣）与活庄自卫队配合，当夜进行盘查。特务训斥自卫队，开枪威吓。在归途中，一名队员被特务用铁火棍插入腿部，因流血过多死亡。同时，特务还打伤我自卫队队员王树全，开枪驱散了公安人员与自卫队队员，当夜趁乱逃跑。事件发生后，武乡县委、县政府对此十分重视，责成县公安局特派员立即侦缉潜逃特务。次日在“民大五分校”驻地韩家垴、东沟将凶手全部抓获。经审讯，这伙特务是阎锡山派入武乡的所谓“敌区工作团”（简称“敌工团”），是专门暗杀抗日干部的。窜到马堡村的另一伙特务“晋绥军官教导队”，于12月28日夜，在马堡河滩围攻八路军，打死、打伤供给部运输队官兵数人。事件发生后，县委立即派一区区委书记姜一和公安局的人员，配合129师锄奸部的钱益民，发动马堡、墨镫、洪水、新村等村党支部，联合破获了此案，并将特务设在洪水镇和马堡村的秘密交通联络站一举捣毁，打击了顽固分子的嚣张气焰。

此外，当时阎锡山还派入武乡一支保安队，约有300人，驻在型村。保安队员邢炳生闯进窑科模范队长武文明家，硬说武当过兵，要他到县保安队“归队”，武不肯，邢就勒索了他16元银洋。武文明火速报告了城关镇副镇长程步高，程立即召集了10多名模范队员，赶到武文明家，斥责了邢炳生敲诈勒索、打击抗日积极分子的罪恶行径，后将他捆绑押至王庄沟，由县政府出面在型村召开公判大会，枪决了邢炳生。这一系列斗争的胜利，使广大人民群众提高了对敌斗争的积极性。

随着时局的发展变化，武乡的反顽斗争转入了清除暗藏分子阶段。在一次县干部会议上，混进干部中的顽固分子阎守义公开反对党政领导人，诬蔑牺盟会，诽谤各群众团体，当场就被逮捕公审。此后，顽固分子的活动由公开转为秘密，提出“隐蔽组织，秘密活动”的反动口号，以反动会道门作为掩护，继续进行特务活动。在一、四区就出现过杂色番号的军队以捕捉逃兵为名，抓捕我抗日干部和积极分子。为了粉碎国民党的潜伏活动，彻底根除顽固势力，县委决定首先取缔驻扎在韩家垴的“晋绥军官学校”。该校是阎伪的特务机关，专搞窝藏顽固分子、破坏抗日的活动。11 月中旬的一个晚上，共产党员李德盘带领 100 多名自卫队队员，在当地群众的协助下，包围了他们的驻地，逮捕了 3 名首犯，打死了特务韩安成，其余有的反正后，自愿参加了抗日自卫队。

1939 年的反顽斗争，使武乡党组织，特别是新发展的党员和新建立的支部，经受了又一次严峻的锻炼和考验。在反顽斗争中表现动摇、思想混乱、经受不住考验的党员，有的自动退党，有的被清除出党。这样，武乡党组织更加纯洁，党员更加坚强。发生在武乡的这一系列反摩擦斗争，对党员和群众进行了一场活生生的阶级斗争教育和维护统一战线教育，它最深刻，最具体，又最生动。更多的党员和干部在斗争中成长起来，从中学到了如何坚持党的独立自主原则和正确处理统一战线中团结与斗争的关系，提高了政策水平和策略思想，进一步巩固和发展了抗日民族统一战线。

六、整顿党的组织，开展民主斗争

1939 年 10 月，李友九接任中共武乡县委书记。李于 10 月中旬就职，向副书记吴锡久、组织部部长魏效泉了解情况后，即去砖壁找八路军总部民运部部长、区党委委员王卓如。王卓如嘱咐李整顿好武乡党组织，准备击退反共顽固势力的进攻，与地委指示保持一致。

李友九从砖壁返回县委，亲自下去调查，感到农村党组织发展得很快，但有点乱，个别支部连本支部党员确切人数都说不清，作风有行政命令脱离群众现象。面对这种情况，李友九立即通知各区村，停止发展党员，整顿基层党组织，全力投入反顽斗争。在这期间，有个别人想不通，如洪水区委书记李天机认为，既坚持统一战线，为何又抓阶级斗争？对此李友九回答道："阶级斗争是客观存在的，只能调节以利抗日而不能取消。"在讨论中，李天机不服，最后叛变投敌。通过整顿党组织，广大党员的认识水平有了很大提高，组织状况有了较大改变，原来中农骨干较多，因为党是在改造旧政权、合理负担斗争中发展起来的，自然从中农中涌现出的先进分子较多。此时大量提拔贫雇农骨干是正确的。通过整顿党组织，保障人权，亦使行政命令作风大有改观，虽然发生了地主乘机打击干部的现象，但总的来说干群关系密切了。

第四节　加强党对文化教育工作的领导

一、开展文艺宣传工作，鼓舞军民抗日斗志

从动员群众抗日，到反顽斗争，进行减租减息、民主斗争，都要通过文化艺术活动反映出来。于是，在全县发起了军教民、民学军，以宣传抗日救亡为宗旨的新文艺运动，使历来交通闭塞的武乡山区，出现了新文艺工作空前活跃的局面。

抗战初期，为了更有效地宣传抗日，激发民众的抗战热情，八路军总部的"火星剧团"、鲁迅艺术学校和抗大总校的"文工团"、决死队的"前哨剧团"等部队文化团体，曾先后驻扎武乡县，多次进行宣传演出。在部队新文艺运动的影响下，县委认识到：开展敌后新文艺运动，是推动抗战的重要方式，必须借助部队文艺工作者这支力量，来建立新的适应抗战需要的文艺宣传团体。

1938年，为了加强抗日文艺宣传，县委责成赵浚川和殷士肤，将各个游击队留下的儿童演出队改编为武乡第一个县立剧团——武乡县牺盟儿童话剧团，该团35人，以学演抗日题材的话剧、活报剧为主，并演出一些歌咏和舞蹈节目。1938年10月，剧团党支部正式成立，党支部书记郝焕芳，公开身份是政治指导员，直接受县委宣传部领导。团长是常振芳，后来赵浚川为团长，赵寿延为副团长，直到1939年夏，共发展党员13人。

1939年9月，在武乡东部的东堡村召开中共晋冀豫区第一次党员代表大会期间，“太行山剧团”到会公演。他们驻在东堡附近的桥南村，恰好本县的“儿童话剧团”也赶来慰问演出。在演出之余，赶赴桥南村与太行山剧团举行了中秋节联欢晚会。在此期间，太行山剧团的编导及演职人员，对武乡县牺盟儿童话剧团进行了热情而认真的辅导。部队剧团给地方剧团起了示范和表率作用，并给儿童话剧团以思想、艺术上的帮助。该团艺术指导员洪荒（阮章竞），亲自给小演员们教授表演、化妆、音乐、道白及布景设计等技术，还传授了一些舞蹈之类的新节目，使儿童话剧团能更好地表演反映抗日救国内容的新剧目。

随着根据地戏剧运动的发展，县委加强了对盲艺人的改造。县政府先后组织了13个鼓书团，县委宣传部派人在王庄沟将武东的83名盲艺人组织为武乡盲人宣传队。

由于部队和地方文艺工作者对盲人宣传队的指导，武乡曲艺演唱从内容到形式进行了大的改革，初步改变了地方曲艺旋律单调、伴奏简单等状况，部队曲艺工作者对武乡盲艺人，在政治上、艺术上给予直接或间接的帮助。同时，他们还得到了著名作家高沐鸿、赵树理、陈荒煤和曲艺家寒声的培植。团结改造民间盲艺人的例子层出不穷，这在武乡县是最典型的，正如鲁艺校长、著名文艺评论家李伯钊在《敌后文艺运动概况》中所作的精辟论述：“武乡这种形式的盲人宣传队，我在敌后还是第一次看见，其影响之大，是无须再论的。”李伯钊这样高度评价，正是对武乡盲人曲艺队这支活跃在抗日前哨的文艺轻骑兵的鼓励与嘉奖。

二、贯彻党的抗战教育方针，坚持教育与生产战斗相结合

抗日战争时期，武乡的教育事业同其他事业一样，都是在同日本帝国主义和国民党顽固派的严酷斗争中恢复、坚持与发展起来的。在这期间，中共武乡县委遵照上级党委的指示，结合各阶段的中心任务，带领广大教师和教育行政干部，面对民族敌人和国民党顽固派的摧残、破坏和连年的水、旱、风、蝗等自然灾害，贯彻“民族的、科学的、大众的新民主主义教育”的总方针，顽强地坚持了学校教育，并创造了中国历史上未曾有过的社会教育，做到了教育与生产劳动相结合，教育为战争服务。为争取抗日战争的最后胜利，武乡的教育在唤起民众、造就干部、输送兵员、支援前线、促进根据地建设等方面，都做出了不可估量的贡献。

在学校教育方面，抗战初期，党十分重视教育工作，武东、武西兴办的抗日高级小学校就有7座（武东5座、武西2座）。中共中央发布《抗日救国十大纲领》，制定了抗战时期的教育方针，即：“改变教育的旧制度、旧课程，实行以抗日救国为目标的新制度、新课程。”后来，中央在扩大的六届六中全会上又提出“使教育为长期的战争服务”的方针。中共武乡县委和抗日县政府随即在县城（今故县）成立了“武乡县青年抗日救国公学”（简称青校），校址设在县城三官庙内，校长由县长兼任。教学科目主要是动员全民抗战、统一战线、群众工作、游击战争等内容。教学的绝大部分时间用于动员抗战的演唱宣传工作。该校是武乡第一所抗日救亡学校。他们还编印了青年救国丛书《大众呼声集》等。为了适应抗日战争急需人才的形势，“青校”只办了一期，于1938年秋改为“武乡县民族革命两级学校”（简称民校），学制为3个月。到1939年春又兴办了两个分校，即“武乡县立民一分校”，校址设在洪水；“武乡县立民二分校”，校址设在故城，学制改为半年。1939年10月，日军侵占白晋线，在故城驻扎据点，民二分

校停办。民一分校改为“武乡县立抗日高小”。这类学校在抗日战争初期，为全县培养了一批抗日教师，为县政府培养了不少青年干部，也为上一级学校——第三行政公署所办的“民族革命中学”（驻沁县冀家凹村）输送了一大批学生。

同时，还在县城创办了“抗日救国”小学。接着，全县范围内的抗日小学均在战火中恢复和创建，学生除识字、训练和接受时事教育以外，还参加课外的各种抗日活动，如放哨、查路条、捉汉奸等。儿童也充当小先生，推动农村社教工作。最典型的有王家峪“朱德儿童团”和白家庄儿童团等。

基于斗争的需要，当时县政府根据抗日政策，在原教师队伍中，进行了“驱顽取中”的整顿，使他们为抗日服务。要全面恢复因战争停办的学校，面临着师资缺乏的困难。为了解决这一困难，党和政府采取了应急办法：团结、改造在乡知识分子；用以老带新的办法，从实践中培养师资，并逐级培训提高；加强在职教师的学习和短期辅导。

在社会教育方面，武乡广大群众在党和政府的直接领导下，创办了民族革命救亡室（民革室），其主要任务是组织和教育农民群众。民革室成了农民识字、学文化、生产议事、时事教育、传达党的抗日政策的重要阵地。从此，以抗日救亡为宗旨的民众教育广泛兴起。

抗战初期，在共产党的领导下，武乡教育事业已初步形成了具有自己特色的教学体制，体现了党对教育人才的高度重视。抗日根据地所创立的一整套教育经验，为武乡在战争时期的教育事业的发展奠定了坚实的基础。

第三章 加强建党、建军、建政，巩固抗日根据地

中共武乡党组织领导的抗日斗争，经过三年多时间的发展，已成为太行腹心地区的重点之一。1940年至1943年年底这一时期内，一方面根据1940年4月中共北方局黎城会议精神，开始了根据地建设的各项工作，以增强实力，坚持长期抗战；另一方面，日本侵略者为了摧垮这块根据地，从1940年5月开始，对根据地进行毁灭性的疯狂“扫荡”，实行残酷的烧光、杀光、抢光的“三光政策”，国民党顽固派又连续发动了几次反共高潮；同时，根据地又连续遭受严重的自然灾害，使武乡根据地的困难越来越大，斗争越来越艰苦。

中共武乡（东）、武西县委，在晋冀豫区党委（后改为太行区党委）的领导下，带领两县人民，团结一致，克服困难，与敌人斗，与天灾斗，与国民党特务斗，认真贯彻执行中共中央“对敌斗争、精兵简政、统一领导、拥政爱民、发展生产、整顿三风、审查干部、时事教育、民主建设、减租减息”的十大政策。在艰苦卓绝的对日作战中进行了建党、建军、建政，开展了大规模的减租减息群众运动，组织领导群众进行生产救灾，发展和壮大地方武装，建立了县独立营和武工队组织，开展对敌斗争，使武乡这块根据地顽强地坚持下来，得到了进一步的巩固和发展。

第一节　加强建党、建军、建政工作

一、适应战争形势，调整新的区划

随着时局的变化，武乡行政区划也不断发生新的变化。原先，武乡属第三行政区督察专员公署，1939 年日军侵占白晋线后，武乡县划归太行区管辖，初属第三专署第二办事处，后由太行第三专署直接领导。

1939 年秋，敌人侵占了白晋线上武乡境内的故城、南沟、权店和南关等地，并成立了“维持会”。武乡县委分析到敌人有可能侵占段村，为了便于开展对敌斗争，县委根据上级指示，研究决定设立武西办事处，李晔任主任，王宗琪任工委书记。办事处为武乡县政府的派出机构，县委驻楼则峪、张村沟一带。中共武乡县委、县政府与武西办事处不断取得联系，共同指导本县各项抗日工作。

1940 年春，根据上级党委的决定，将白晋路以东的沁东地区 40 多个村庄划归武乡县管辖，将白晋路以西的原武乡最西边的贾封、石门、庞家会等 33 个自然村划归平遥县管辖。为了适应长期抗战的需要，全县将原来的 5 个行政区，改划为 12 个行政区，区分委也增为 12 个，48 个大编村改编为 230 个行政村。

一区洪水（区署设在洪水），二区石门，三区东堡，四区蟠龙（区署活动于蟠龙、白家庄一带），五区树辛（区署设在树辛），六区贾豁（区署活动于贾豁等村），七区姚家庄（区署活动于姚家庄、马家垴一带），八区小店（区署活动于漆树坡、兰家垴、兴盛垴一带），九区段村（区署活动于朱家凹、石壁一带），十区涌泉（区署多数活动于义门），十一区故城（区署活动于山交沟、岸北一带），十二区松庄（区署活动于保家沟、胡庄一带）。因县委预测到敌人可能占据段村镇，故将这里划为特别区，亦称十三区（区署设在东村）。

1940 年 7 月 4 日，日军沿白晋线东进，占领东村、段村一带，直插武乡中部地区，不断扩大“维持”区，向周围地区不断抢丁、抢粮，并强行修通沁武、榆武公路，彻底切断了抗日县政府与武西办事处的联系，使县党政机关对全县的领导受到极大阻碍。为了适应对敌斗争的形势，中共武乡县委经上级批准，正式将武乡县划分为武乡（东）、武西两个县。新建的武西县包括段村以西地区。1941 年 4 月，武西县正式开始行使县政府职权，办事处主任改任县长职务。1941 年 11 月，将白晋路以东沁县管辖的一、二区划归武西县领导，始设漳东办事处。1942 年撤销漳东办事处，重划为二区。武西县委由王宗琪、赵悦祥、籍薪田（后由杨达接任）3 人组成。王宗琪任书记，赵悦祥任组织部部长，籍薪田任宣传部部长。县政府下设四科（民政科、财粮科、教育科、司法科）、两局（交通局、公安局）、一社（合作社）、二校（一高、二高）、一团（战斗剧团）。

这一时期，武乡（东）、武西县都隶属三地委领导。武乡（东）县委辖八个区分委（一至八区），武西县委辖四个区分委（九至十二区）。原来增设的段村特别区，因日军已占据而撤销。区分委设书记、组织委员、宣传委员各一人。武乡（东）县大部分地区为武东根据地，县委机关先后驻姚庄、大有、西沟岭、王庄沟、阳坡庄等地。武西县大部分地区为敌占区、游击区，县委机关先后流动于圪嘴头、泉则头、石壁、楼则峪、神西、园则沟、小良、石盘、会同、长谐、南家沟等地。

1943 年 6 月，日军侵占武东重镇蟠龙，武乡县委将蟠龙公路以南地区划为路南区，包括沁东三区，成立了前方指挥部，工委书记姜一，属县委领导，行政机构为办事处，由姜一、李甫堂、李尚春等负责领导。

二、加强领导，创建实验县

根据中共中央决定，中共晋冀豫区党委经过充分准备，于 1939 年秋在武乡县东堡村召开了全区第一次党员代表大会。为了贯彻执行这次党代会制定的方针和任务，推动各项工作深入开展，应付可能发生的突然事变。区党委确定武乡为实验县，以便培养典型，总结经验，推动各县落实党代会精神，认真地转变党的作风，依靠群众，为创建与巩固抗日民主根据地而斗争。

中共晋冀豫区党委民运部部长彭涛，为摸索典型示范经验，亲临武乡指导工作。在武乡创建实验县，有着十分重要的战略意义。从军事斗争上讲，武乡是三分区的门户，直接控制着白晋路，是对敌斗争的前卫屏障，是与太岳根据地联系的重要纽带；从经济上讲，武乡资源丰富，产煤出铁，粮食产量丰饶，是太行根据地物质生产的重要基地；从政治上讲，武乡建党早，政治基础好，群众经过斗争锻炼，特别是八路军总部、中共北方局等许多首脑机关都驻扎在这里。这些得天独厚的条件，对武乡创建实验县十分有利。

为了加强对实验县的领导，1940 年 1 月，地委派宣传部部长温建平兼任武乡县委书记，李友九任副书记，陈舜英（女）任组织部部长，王宗琪任宣传部部长。2 月，区党委发出关于搞好春耕生产的指示，要求全区全力以赴搞好春耕，巩固根据地，解决军队的粮食，巩固党在人民群众中的威信，真正把全区群众发动起来，整顿好各级党组织，认真贯彻执行统一战线的政策，转变党的工作作风，努力把生产建设搞上去，办好实验县，总结丰富的经验。

武乡县虽然具有上述许多优势，但自抗战以来，由于敌人的频繁“扫荡”，干部队伍中出现了一些消沉情绪，群众工作难以展开，顽固派又趁机兴风作浪。针对这种困难局面，彭涛帮助县委认真总结经验教训，认为工作消沉的主要原因是对各级干部的政策教育抓得不够，错误地解释了“保障人权”政策，因此束缚了干部的手脚。在工作作风上，领导对基层干部的批评多于耐心教育和实际帮助。尤其是在敌人“扫荡”后，干部、群众产生了悲观失望的情绪。为了扭转这一形势，在彭涛部长的指导下，武乡县委从囤积公粮、减租减息、解决土地问题入手，用算账对比的方法去发动群众，调动群众积极性，大搞生产。同时抓好群众的武装斗争，号召党员军事化、战斗化，对顽固分子进行坚决的斗争。经过系统的工作，县委于1940年4月召开了实验县首次活动分子动员大会。大会要求全县2500多名党员争当劳动模范和战斗英雄，在斗争中锻炼、提高自己。

同时，还创建了实验县的支部，整顿党的工作，转变党的作风，清理不合格党员，提高党的战斗力。通过创建实验县，武乡各级党组织逐步克服了严重脱离群众的倾向。县委、县政府的干部，立即深入到基层群众当中，关心群众的切身利益，发放粮食，救济春荒，贷款给农民购置农具。党员都参加到各系统的群众组织中去，积极领导春耕下种。普遍发动群众变工互助，并在武装保卫春耕的号召下，进行了劳动组织战斗化。民兵、自卫队开展了政治学习与军事训练，动员广大青年参军参战，发展壮大地方武装。驻武乡的八路军总部生产部指战员和抗大、北方局党校学员及太行第三专署工作人员，也积极主动地加入群众生产的热潮之中。县委又着手建立实验支部。为了建立实验支部，县委重新确定了13个中心基点：一区墨镫、洪水，二区石门，三区东堡，四区大有、蟠龙，五区东沟、树辛，六区贾豁、峪口，七区监漳，八区上司、南亭。分别将县干部配备成13个工作组。县委还布置了实验支部的竞赛内容和活动办法，并根据各区的具体情况，确定了工作的重点。

1940年4月，中共武乡县委为加强实验县的领导，整顿各级党的组织，转变党的工作作风，在创建实验县的同时，创办了实验县委党校。校址先后迁居于盐土凹、姚庄、大有、横岭等地，陈平任校长。党校教员有从区党委党校派来的吴江涛、吴锋、彭淦等，区党委还特地派陈光华（朝鲜人）来武乡协助创办党校工作。党校先后举办过3期基层党员培训班，共1500余名党员参加了培训。主要培训对象是区村干部。培训内容主要是党的基础知识、党风问题与战争动员等。县委党校的创办，大大提高了党员素质，增强了武乡党组织的战斗力，对转变工作作风，完成武乡当时的各项生产、战斗任务，都起了一定的推动作用。

三、贯彻“黎城会议”精神，进一步搞好建党、建军、建政

1940 年 4 月 11 日至 26 日，中共中央北方局为总结抗日、反顽斗争的经验教训，制定今后巩固和建设根据地的方针、政策，统一根据地的政权、政策和法令，在黎城召开了高级干部会议（简称“黎城会议”）。会议重点讨论了根据地建设与对敌斗争问题，明确了晋冀豫根据地形势的发展已转入巩固与建设的阶段，提出了建党、建军、建政三大建设任务与打破敌人“囚笼政策”的方针和政策。中共晋冀豫区党委根据“黎城会议”精神，又发出了《关于执行保障人权的紧急通知》和在全区进行一次普遍的整党的指示。

在此期间，毛泽东于 1940 年 1 月发表了《新民主主义论》。毛泽东在这篇著作中，提出了中国革命的特点和规律，论证了新民主主义革命的基本理论，提出了新民主主义的政治、经济、文化纲领，为根据地的建设指明了方向。武乡县委认真组织党员、干部学习了毛泽东这篇著作，这对贯彻执行“黎城会议”提出的巩固和建设根据地的方针、政策，有很大益处。5 月，县委正式传达“黎城会议”精神，一直到 8 月“百团大战”开始，县委集中近 4 个月时间，在全县广泛深入地贯彻落实“黎城会议”精神，开展了建党、建军、建政三个方面的工作。

在建党方面，从 1940 年 4 月中旬开始，中共武乡县委遵照区党委《整党与建党是目前的严重任务》的指示，着手开展了党组织的整顿工作。5 月，县委在姚庄召开了党的活动积极分子大会，动员和部署了整党工作。会议之后，各区相继召开区分委会、支部会，把整党决定贯彻到各级党组织。继而从农村各个支部开始，进行了整党摸底工作。在整顿党组织过程中，注重解决支部突击接收新党员的问题。解决问题的方法是，逐个整顿

与改造支部工作。对于阶级异己分子把持的支部，县委和区分委就深入党员、群众中，进行详细考察，排除各种干扰，掌握真实情况，进行严肃处理。对于经过审查确实犯有这样或那样错误的党员，县委组织支部全体党员进行反复讨论，根据情节轻重分别从三个方面给予处理：第一是教育；第二是劝其退党；第三是开除党籍。经过实践，效果很好。

在整顿党组织的同时，县委又注重在党组织力量薄弱的地区加强领导，发展党的组织。如在上司、小店、姚家庄等比较复杂的村庄进行阶级调查，选择培养对象，开展抗日工作，动员天主教徒参加抗战。

通过几个月的整顿，到 1940 年 8 月初，整党工作基本结束。有 554 名不合格的党员被清除出党。但在这次整党中，过分强调了唯成分论，指定发展工人、贫雇农入党，挫伤了一部分非党员群众和知识分子的抗日积极性，这是一个偏差。

在整顿党组织的同时，县委遵照上级指示，进一步发动群众，认真执行冀太联办发出的《关于执行保障人权的紧急通知》（以下简称《通知》），纠正前一段在反击国民党顽固派所掀起的反共高潮中，一度产生的一些乱捕乱杀现象。通过对广大党员和群众进行保障人权的宣传教育，使大家认识到保障人权对于建设根据地良好秩序的重要性，提高执行《通知》的自觉性，严格执行“区无捕人权，县无杀人权”的规定，从而使政府的这一法令在执行上，有了切实的保证。

在深入学习抗日战争时期中国革命的性质和任务，提高思想认识的基础上，批判了以往一度对党内外知识分子出身的干部不重视和不信任的错误倾向，纠正了在各级政权机构中，由于片面强调成分，只配备工农出身的干部，不安排或很少安排知识分子出身的干部的错误做法，将县、区两级的行政干部重新作了适当调整，增调了一部分知识分子出身的党员、干部，去担任区长、助理员和县政府的科级人员，使工农出身的干部和知识分子出身的干部在一起工作，从而进一步增强了团结，提高了工作效率。

此外，认真执行统战政策，团结一切可以团结的抗日力量，纠正过去在政治上、经济上对地主、富农和工商业者乱斗争、乱摊派的一些做法，实行了新的合理负担政策。召开全县开明士绅座谈会，征求他们对抗日政府的意见，鼓励他们以民族利益为重，更加积极地与共产党合作，共同对敌，为打败日本侵略者，建设抗日民主根据地做贡献。

在建军方面，主要是将区基干队扩编为县独立营，并按照正规部队的标准进行了严格的军政训练。整编后的独立营虽然武器装备还比较差，但政治素质较好，经过锻炼，后来成为一支战斗力较强的地方武装，为保卫武乡根据地做出了较大贡献。此外，还整顿了各村自卫队，发展了队员，健全了组织。

在建政方面，本着简政的精神，撤销了编村一级的行政建制，将这一级的党、政、武、群团的脱产干部，大部分充实到村一级的领导中，使干部直接联系群众，提高了各级领导工作的效率。

为了建立良好的财政秩序和体制，发展经济，县政府增设了财政、粮食两个科，区公所配备了财粮助理员，村配备了财粮员，专门掌握财粮工作。各级财粮机构，严格按照上级规定的财粮制度办事，有效地纠正了以往村里乱向群众摊派的现象。在稳定全县的财政收入和繁荣经济方面，根据冀太联办的《施政纲领》和有关法令，具体制定了本县的财政制度和纪律，成立了县合作运动委员会，在一些区、村组织了合作社，组织群众的生产资料和生活资料的供销工作，为群众的生产、生活服务。

在政治方面，通过贯彻“黎城会议”精神，纠正了过去一些“左”的倾向，较好地调整与改善了党内外关系和阶级关系，增强了各抗日力量之间的团结，从而进一步稳定了全县的政治局面。这对以后根据地的进一步巩固和发展是至关重要的。但是另一方面，在执行党的统战政策上，也产生了一定的片面性和右的偏向。主要表现在：对地主阶级过分强调了团结的一面，而忽视了必要斗争的一面。特别是忽视了发动群众这一基本工作，停止了继续发动农民进行民主与改善生活的斗争，这是一个重大失误。

四、实行精兵简政，减轻人民负担

“精兵简政”政策是中共中央在敌后抗日根据地遇到严重困难时，于1941年12月提出来的。精兵简政，就是要整顿各级组织机构，精简机构，充实连队，加强基层，提高效率，节约人力、物力、财力，这是克服根据地日益缩小，财政经济严重困难和生息民力的一项极其重要的政策。

武乡（东）县的简政工作是从1942年春开始的。县委、县政府按照中共晋冀豫区党委提出的简政方案，从减轻人民负担着手，本着保证人民群众生活和保障抗战必需两条原则，充实县、区机关，调整干部，减少杂务人员，加强区、村领导。由于简政是一项新工作，县委、县政府领导亲自讲形势、做动员，讲明在艰苦的战争岁月中进行精兵简政的现实意义，帮助干部提高认识，增强政策观念，端正思想和态度。针对少数有消极情绪、本位主义，计较个人得失的干部，做了许多思想政治工作，妥善处理了简政中出现的具体问题。

简政工作先从县、区两级做起。1942年3月以前，武乡（东）县委、县政府共有干部56人，区级干部162人。精简后，县委、县政府共有干部25人，区级干部85人。此次简政，主要是合并机构，精简人员。县政府的财政科和粮食科合并为财粮科，民政科和教育科合并为民教科；区公所也合并设立财粮助理员、民教助理员；村公所只设财粮委员、民教委员。由于机构合并，人员大大减少。在群众团体方面，工救会、农救会、青救会、妇救会实行联合办公，成立了工农青妇抗日救国联合会。武西县委机关精简后，只有县委书记、组织部部长、宣传部部长、秘书、通讯员、炊事员6人，县公安局公安队原来的1个连120人、1个骑兵班12人，精简后只留下30人。武乡独立营，由3个连精简为1个主力连。县独立营和县委、县武委会合并了伙食单位。在县、区机关进行精简的同时，对村级机构也采取合并行政村，减少村干部，村长由一正多副，改为一正一副；武装主任和治安主任由1人兼任；后勤主任和财粮主任由1人负责。工、农、青、妇各救会，合并为村救联会。简政后的村政权机构中，贫雇农占了绝对优势，但也团结了各阶层。全县高小由5所减为3所，中心小学由56所减为48所，初级小学由182所减为120所。教员由421人减为382人，杂务人员由教师兼任。

简政后确实减轻了人民群众的负担，民力、物力大大节减，积蓄了支持抗战的力量。在简政工作中，武乡广大党员、干部表现出了以大局为重的高尚品质。不论是从上层机关干部到下层的干部，或安置回农村的干部，大都没有怨言，不闹情绪，都能服从组织分配，叫到哪里到哪里，叫干什么干什么。同时，县委还根据边区政府的有关规定，结合本县实际，制定了简政以后的各种规章制度。干部主动负责处理好分管的工作，建立健全档案文牍制度，坚守工作岗位，加强组织纪律，严格保守机密。由于工作制度得到了健全，人员虽然减少了，但工作效率却提高了。

在精兵简政中，机关、部队都采取了增产节约的措施。县政府要求行政经费自负，蔬菜自给、口粮自给解决两至三个月。根据这个节约要求，县、区党政群团人员，都积极参加开荒种粮种菜等。这样就解决了行政经费和工作人员生活补贴问题。实施的结果，克服了官僚主义，提高了工作效率，激发了群众发展生产的积极性。特别是树立了坚持敌后抗战、积蓄力量准备反攻的信心。

五、参加白晋路北段破击，全力支援“百团大战”

日军从1939年起，极力赶修白晋铁路（祁县白圭到晋城），企图以铁路为柱，以公路为链，以据点和碉堡为锁，对抗日根据地实行“囚笼政策”。1940年5月初，八路军129师刘伯承师长、邓小平政委，指挥太行、太岳部队，发起了白晋线破击战役。在这次破击战中，中共武乡县委、县政府组织广大民兵、自卫队队员5000余人投入战斗。他们紧密配合部队，在“不留一颗道钉，不剩一根枕木，不漏一截铁轨”的口号下，5人一组，10人一班，仅用两昼夜的时间，就把敌人经营1年之久的白晋铁路破坏了50多千米，将南关镇守敌全部歼灭，缴获武器弹药30余吨，使敌人的东潞线（东观至潞安）中断，摧毁大小桥梁50余座，给日军运输造成了严重困难。在这次破击战中，涌现出许多英雄模范，如岩庄村的乔三流、故城镇的梁国斌、蒲池村的蒋坦等都受到上级嘉奖。

1940年8月，为了彻底粉碎日军的“囚笼政策”，振奋敌后根据地和全国军民的抗战信心，制止国民党顽固派的投降活动，八路军在华北2500千米长的战线上，发动了一场震惊中外的“百团大战”。

8月20日夜，在八路军总部的统一指挥下，各根据地统一行动，规模空前的破击战打响了。在战役的第一阶段，武乡出动民兵和民工1万余人，配合各部队向正太路西段的大小车站、据点，展开了破击战役。广大军民冒着枪林弹雨和敌机的轰炸，对铁路、公路及其一切附属建筑物，进行了彻底破坏。铁轨、枕木等凡能搬走的搬走，不能搬的即烧毁或埋掉。到9月20日，开始了“百团大战”的第二阶段作战，武乡又出动6000名民兵和民工，紧密配合部队，参加了榆（社）辽（县）战役，为部队运粮食、扛云梯、抬担架、送伤员。

“百团大战”的第三阶段，从10月6日起到次年1月24日止。在前两个月的时间内，敌人对太行区的报复“扫荡”连续进行了3次。面对日军的毁灭性“扫荡”，武乡县委组织全县人民，开展了英勇的反“扫荡”斗争。县、区各级领导干部奔赴各村，组织群众转移撤退，空室清野。许多村的民兵、自卫队，主动开展游击战，打击小股敌人，保护了群众的生命财产安全。

10月29日，日军冈崎大队800人，经武乡关家垴西窜，途中遇到386旅侧击，敌人趁夜抢占关家垴山顶高地。彭德怀副总司令亲自指挥拥有8个团兵力的作战部队，战斗至31日，将敌大部歼灭。在这次战斗中，武乡洪水、东堡、蟠龙、石门等4个区分委、区政府，组织了70多个自然村的3200多名群众，踏着泥泞山道，冒着敌人的炮火，行程数十里，把几千担饭送到火线上，又把近千名伤员抢救下来，运送到野战医院，受到彭德怀副总司令和刘伯承、邓小平等首长的表扬。据不完全统计，武乡在“百团大战”期间，民兵和群众参战总数达1.2万多人，先后参战538次，征调牲口1470头，供应军粮5400石、柴草15余万公斤、军鞋4000多双、蔬菜20余万公斤，全县人民对支援“百团大战”做出了巨大贡献。

第二节　武西对敌斗争

一、剿灭汉奸郝泉香老巢，打击日伪政权

日军打通白晋线后，相继占领武西地区的南关、分水岭、权店、南沟、故城等村庄。不久，在南沟以日本人为主体，网罗拼凑汉奸，建立了日伪政权及其组织机构。1940年2月，武西南沟村地主郝泉香降日，经日伪省公署短期训练，5月在权店成立了日伪“权店治安维持会”。接着，武西高台寺地主苗泽清也当了汉奸，在故城成立了日伪“故城治安维持会”。日伪“武乡县治安维持会”是受以日本人为主的宣抚班控制的。1941年，宣抚班改为新民会，总会长由郝泉香兼任。郝泉香和日军不谋而合，一拍即成，担任了武乡县维持会会长（敌占领段村后，郝又任武乡县伪县长），他是武乡县第一号大汉奸。当时武西县委认为，要打击敌伪政权，就必须首先打击大汉奸郝泉香。郝泉香的“县维持会”设在南关镇，日军在此设立了兵站。武西县委决定首先打击南沟之敌（因南沟是郝泉香的老窝）。这是武西对敌斗争的第一仗，必须打好打胜。1939年10月，武西县委组织了全县自卫队员500多人，配合八路军129师772团一部，对南沟之敌发起攻击，突

袭了日军兵站，歼灭了日军，缴获了许多枪支弹药和粮食，并对大汉奸、县维持会会长郝泉香的老巢进行了剿收，没收了郝泉香家各种财物、粮食等千余件，当即分配给南沟、故城等地的抗日群众。此次胜利影响极大，打击了日伪的嚣张气焰，给予投敌叛国的汉奸郝泉香以严厉打击，增强了群众抗日斗争的决心和信心。这次对敌斗争的胜利，使日军和汉奸龟缩在白晋线据点里，巩固了武西抗日根据地。

二、组织自卫队，参加段村城墙破击战

1940 年 7 月，日军占领了武乡县段村镇和东村，直插武乡中部地区，使武乡县分割为武乡（东）、武西两县。日军扩大维持区，施行灭绝人性的“三光政策”，并维修沁武公路（沁县至武乡）、武榆公路（武乡至榆社），特别是强迫大批人力修建段村城墙，企图长期占领。这时，武西处于四面包围之中，形势进一步恶化。武西县委认为决不能让敌人的阴谋得逞，首先要粉碎敌人修建段村城墙的阴谋，并提出了“敌人修一寸，我们破一寸”“敌人修一尺，我们破一尺”“敌人白天修，我们夜晚破”的响亮战斗口号。当时，日伪军白天在段村活动，夜晚全龟缩在东村山上的碉堡里。武西县委多次组织成百上千的民兵和群众，手持铁锹和锄头，对敌人白天修好的城墙，晚上给以破坏。几个月里武西县委组织破坏城墙达 20 多次。这种旷日持久的破击战，是在县委领导率领下进行的。为了保证参加破击的民兵和群众的安全，每次都由武西独立营向东村碉堡之敌实行警戒，如发现敌人，坚决予以阻击。县委书记王宗琪亲自参加破击达 5 次之多。此次破击战，使敌人扩大维持区、缩小根据地的阴谋受到了沉重打击，巩固了武西抗日根据地，增强了抗日军民对敌斗争的信心和决心，对巩固武西根据地起了决定性的作用。

三、活捉汉奸杨明德，为民除害

日军占领白晋线后，南沟之敌不断向故城、茅庄等地进行袭击，其中

最为积极的是大汉奸杨明德。杨战前曾在阎锡山的“在乡军”待过，是本地的一个大流氓。日军占领南沟后，他便投敌叛国，当上日军的便衣侦察员，多次带领日伪军袭击我抗日村庄，捕获我抗日干部，奸淫、烧杀、抢掠，无恶不作，后被敌伪任命为自警团团长。广大群众对其恨之入骨，一致要求除掉这个死心塌地的汉奸。武西县委研究后，决定由武西独立营艾汉卿营长完成这一任务。艾营长派出的侦察员在茅庄村党支部的配合下，经过仔细侦察，终于摸清了杨明德的活动规律。1940 年 10 月下旬，捉拿汉奸的时机成熟。当时，刚好故城镇西街的程文蔚、南寨底的胡维诚两人同天结婚，故城党支部和武西独立营共同巧设“赴宴计”，捉拿汉奸杨明德。结婚当日，程文蔚家作为临时指挥所，由程守一、程道达于下午安排独立营、游击队百余人秘密隐蔽，等待时机行事。阎发贵和袁贵生的两个锄奸小组专门多说好话，拉拢杨明德说：“今天是良辰吉日，赴婚宴共乐玩媳妇。”当晚杨明德赴宴，饮酒行令。帮办婚事的人多混杂院内。约晚间 12 点，独立营和游击队包围了胡家院子，独立营便衣队手枪对准了杨明德的脑袋，杨明德尚未弄清动态，已被捉拿。这样，小分队不费一枪一弹，将汉奸杨明德活捉归案。抓获杨明德后，武西县委决定由武西抗日县政府在楼则峪村召开 5000 多人的群众大会，公开审判了大汉奸杨明德，并就地处决，群众拍手称快。这样，武西县在对敌斗争中除去了一个大害，为巩固武西抗日根据地，开创了新的局面。

四、拔掉马牧寨据点，消灭伪警备队

1940 年 7 月，日军占领段村后，企图进一步扩大占领区，便调动大批力量，修筑段村城墙。但敌人这一行动，遭到我抗日军民坚决还击。敌人修，我们组织群众破，形成拉锯式的斗争，持续了一年之久。1942 年年初，日军派出一小队和伪警备队一个中队，占领了离段村 15 里的马牧寨，修筑碉堡，以扩大占领区。这样一来，武西地区大片抗日根据地被敌人占领，发展成为维持区，并实行“三光政策”，烧、杀、抢、掠，无所不为。此

时，武西对敌斗争面临着更为严峻的考验。县委经过多次研究，认为必须尽快拔掉这个据点，否则后果不堪设想。为此，武西县委报请太行三地委和太行第三军分区领导，地委和军分区立即做出决定，命令第三军分区参谋长刘昌毅同志率领决九团的两个连和武西独立营拔掉此据点。

1942 年秋，刘昌毅参谋长和武西县委在楼则峪开会，组成了由刘昌毅（三分区参谋长）、郭林祥（三分区政治部主任）、决九团黄定基团长和县委书记王宗琪参加的战斗指挥部，立即作了战斗部署。决九团一个连和武西独立营一个连，由黄团长指挥，向段村方向担任警戒任务，坚决阻击段村增援之敌；由决九团一个连、武西独立营一个连各组成一个突击队，担任攻击任务。另由武西县动员组织 300 名民兵，组成救护担架队，随军作战救护。8 月 17 日晚 9 时，从楼则峪出发，经过 3 小时急行军，攻击和阻击部队及参战民兵，均于指定时间到达目的地。凌晨 1 时发出攻击信号，突击队的勇士们勇敢冲击，不到 10 分钟就攻入了敌人碉堡，同伪警备队短兵相接。经过 10 分钟战斗，除打死打伤的以外，活捉敌伪警备队小队长董丰年和班长、士兵 30 余人，缴获机枪 2 挺，步枪 30 余支。战斗结束后，民兵们把敌人的碉堡放火烧掉。此次战斗只了 30 分钟，就取得了完全胜利。

马牧寨敌据点被拔掉后，武西独立营和各区游击队及民兵们乘胜追击，对敌展开了强大的攻势，捉汉奸，摧毁各村维持会，扩大根据地，一举将敌人压缩到段村、东村和沁武公路沿线。武西根据地扩大了，敌维持区缩小了，广大群众无不拍手称快，抗日情绪空前高涨。

第三节 军民团结，共渡难关

一、日寇施行“三光政策”，根据地出现困难局面

日本侵略军在“百团大战”中受到我军民沉重打击后，从 1941 年 3 月起，日军回师华北，对太行抗日根据地一连实行了五次“治安强化运动”，

在武乡县到处实行惨无人道的“三光政策”，妄图摧毁我抗日军民的生存条件。更为狠毒的是，日军制造了无数惨案。武乡县人民因战争牺牲、被捕、被杀、失踪的竟达 2.3 万余人，被日军烧毁和破坏的房屋、窑洞达 8 万余间（孔），被掠夺宰杀的牲畜 4.26 万余头，被抢劫的各种物资不计其数。这就使根据地军民陷入极端困难的境地。

1941 年 3 月 8 日，日军驻分水岭小股部队和伪自警团，勾结沁县、壶关过路之敌 300 余人将大有村包围，全村 62 人被杀，50 多名妇女被奸污，40 余人被抓去做苦力，全村 300 间房子被烧。日军“扫荡”后，村子是一片焦土，满目凄凉。9 日，敌人又沿途抢劫到峪口村，“驻剿”了 3 天。他们白天四处“讨伐”，黑夜将各村被抓的人带回该村的场房院关押起来。10 日晚上，敌军将从峪口村和附近的王海峪、却净、石科、长乐等村抓回来的共产党员、干部、民兵、群众共 102 人杀害。其中，有共产党员王苟臭、武云先、王林书等 9 人。峪口村老党员王黑丑一家就有 8 人被杀。日军在峪口村“驻剿”3 天，据统计，粮食损失 200 多石，牲口被宰杀、抢走 30 余头，房屋被烧毁 150 多间，其他如衣服、被褥、家具等被烧、被抢的物件无法计算。这次屠杀后，全村被洗劫一空。幸存的人，一度投亲攀友，迁居他村。全村户户家破人亡，一片惨景。

同年 11 月 13 日拂晓，驻南沟据点的日军，指挥伪警备队、保安队 500 余人，包围了武西抗日模范村东良村，进行了野蛮的“围剿”和捕杀。11 月 13 日凌晨，敌人对东良村进行了挨门逐户的搜查，但没寻见一粒粮食，便烧房抓人，把四五户抗日干部家的房子全部烧光；抓捕民兵 30 余人，群众 250 多名，将他们带回南沟据点火车站关押起来，并进行严刑拷打。民兵骨干程三维、程林则、程怀保、程怀银、郭双在、郭贵元、郭柱维、郝金生等 9 人，惨死在沁县城内。

1942 年 10 月 20 日至 26 日，敌人“驻剿”了韩壁村。在村外，敌人发现了一孔避难窑洞，两个日军进去把 3 名妇女拖到外面轮奸后，倒提双脚从土台上扔下山谷，将她们活活摔死。之后，又架起大火用烟熏窑洞。当时洞内藏着23名老弱妇孺，当场就有17名被熏死，其他窑洞也同样遭到劫难。被洗劫后的韩壁村，到处是断壁残垣，街道上狼藉不堪，谷草、柴灰、血迹、猪腿、羊头、鸡毛，遍地皆是。全村的门窗、桌椅、木器家具皆化为灰烬。屋檐下摆满了敌人临时架起的锅灶，打谷场上一垛垛谷草和刚打下的谷子，都被烧成了黑灰。家家门前是锅盆碗片和被践踏的粮食。这次洗劫，全村被杀害了37人，抢劫粮食700多石，宰杀牲畜23头、猪40余头、羊100多只。

同月23日凌晨，武西三区的山交沟村被敌包围后，惨遭一场大屠杀。23日傍晚，南沟据点敌军纠集沁县据点敌伪近千名，趁驻山交沟主力决九团9连外出执行任务之机，伪装成某旅从路西过来，午夜后将该村包围起来。到天大亮，民兵隐蔽的山洞和出来转移的群众被敌人发现。手无寸铁的村民，一个个倒在了敌人密集的枪弹中，李行成一家8口人，被残杀得只剩下1个人。李书林一家4口，被杀3人。西沟李企英家被杀死兄弟2人。抗日村长李秀华被抓，他坚贞不屈，壮烈牺牲在村边。全村共被杀死25人，伤13人，被抓60余人，烧房60多间，抢拉耕牛20头、羊200余只，损失粮食、衣被等物资无数。

1943年6月10日，八路军决九团4连，配合当地内线工作人员和民兵，里应外合，对武西县境内的敌据点南关火车站进行了有组织、有准备的袭击。驻南关据点的敌军和沁县据点便衣队约300人，于6月11日分别对水岭至南关段铁路沿线的南关、岩庄、石窑会、窑儿头、东沟、阳坡、达对沟、河底、分水岭等村，进行了突然“包剿”和搜捕，制造了触目惊心的“南关惨案”。6月11日拂晓，日伪军70余人包围了南关，抓捕群众100余人，随后用火车押送到分水岭据点。这次被抓的南关敌工站负责人孙汉英，大义凛然，视死如归，被敌困死在木笼之中。

1943年5月，段丙昌亲率“剿共军”侵占段村后，四处“讨伐”，无恶不作。仅在段村附近7个村，就杀戮壮丁126人，捕杀、奸淫妇女372人，杀害民兵31人，杀死地方干部40人，负伤致残25人，被俘失踪39人；修筑公路、城墙毁坏耕地1036亩，掠夺民力507666个，抢劫粮食31.18万公斤，烧毁粮食4万多公斤，破坏房、窑7514间（孔），烧房1793间，杀死和抢拉牲畜877头，猪、羊3815头（只），焚烧农具价值3265450元，其他损失折款3627986元。

1943年6月，段丙昌又亲率日伪军侵占了武东重镇蟠龙。自此，武东人民陷入水深火热之中。日伪军在施行“三光政策”时所用的手段十分残忍，激起民众的极大愤慨。

日军施行“三光政策”，使武乡灾难沉重，出现了严重的困难局面。武乡（东）县委根据中共太行区党委《关于加强群众工作的决定》，积极组织发动全县群众，进行革命前途和形势教育，稳定了群众的情绪，打破了沉闷局面。

二、实施民主政治，建立“三三制”政权

1940年春，太行抗日根据地的反顽斗争取得了重大胜利。为了实现共产党的统一领导，建立统一的抗日政权，实行统一的方针、政策，集中力量进行对敌斗争和建设根据地，1941年5月，中共中央北方局提出《晋冀豫边区目前十五项主张》。其主要内容之一是实行民主政治，充实健全“三三制”政权。这是团结各阶层抗日力量的新的政权形式，也是新民主主义政权建设在根据地的体现。

武乡（东）县委按照中共中央关于“三三制”建政的原则和北方局、区党委的部署，进行了宣传发动。并在活庄村召开了座谈会，特邀十八集团军政治部主任傅钟到会并讲了话。在这次会议上，傅钟主任从政府改革，充实各级行政机构，在武乡境内迅速成立“村政委员会”等八个方面作了动员报告。会议期间，成立了“三三制”政权筹委会，推荐武三友、郭茂

宏、史玉麟、张滔等 9 人为筹委会委员。

建立“三三制”政权的原则提出后，在各阶层出现了不同的反应：开明士绅和同情革命的地主表示欢迎；政治上顽固的士绅，则想搞政权投机，重新掌权；基层干部和工农积极分子表示拥护。但不同的人又有各自的看法：有的怕地主参加了政权，有的怕自己落选，等等。面对这种状况，县委分析了各阶层表现出来的不同态度，利用冬学、民革室等阵地，大讲建立“三三制”政权的重要性和必要性。同时，以本县开明士绅裴会宝、郝培兰捐助抗日公粮，主动减租减息为典型事例，向群众说明开明士绅是抗日所不可缺少的力量。县委书记亲自带领一班人，到蟠龙、洪水、监漳、大有等村镇进行广泛的宣传发动，认真解决群众中的思想问题。为了更进一步将“三三制”建政工作搞好，县长徐林汉调走后，区党委调武光汤担任抗日县长。这样，就大大协调了各阶级的关系，有利于统一各方人士民主建政的思想。由于文化教养较低和封建社会“庶民不谈国事”的思想束缚，在宣传发动阶段，基层党委、支部花了很大力气。经过一段深入发动之后，广大群众思想觉悟有了提高，统一了认识，理解了建立“三三制”政权的重大意义，于是开始核实登记公民，划分公民小组。这一切就绪后，就在全县陆续开始了选举。

经过村选运动建立的新政权，具有广泛性，成为群众利益的真正代表和对敌斗争的坚强支柱。新选出的村长，基本上都是由办事公道、热心抗战、敢于斗争的农民党员担任。他们当选后，深受群众爱戴，许多村庄为新选的村长披红戴花，敲锣打鼓，举行欢庆会，热烈祝贺民主政治的胜利。平素为人公正、热忱抗日的开明士绅，都入选新的政权机构。如大有镇的武乡“四大家”之一的开明士绅裴会宝、圪嘴头村的开明士绅郝培兰、石仁底村的王定一，都被选为晋冀豫边区参议员。

由于开明士绅参加了政权，不久，在逃的地主与国民党党员 48 人中，即有 28 人陆续回到家乡，努力生产，用实际行动支援抗战。这次大选结束后，县委在一区的墨镫、寨坪、杨李枝 3 个村进行了调查，共选出代表 65 人，其中地主、富农 15 人，中农 24 人，贫农 23 人，雇农 3 人。除杨李枝执行“三三制”较差外，墨镫、寨坪的村选都充分体现了“三三制”精神。地主、富农对当选的代表深感满意；中农、贫农的代表，都是在群众运动中替大家谋福利的，更受全村人的拥护。各阶层在选举中都取得了一定的政治地位，全县农村的团结更趋于巩固。各区群众在选举大会上，都有很多意见向新代表会提出。墨镫群众提出的土地、负担、贪污、婚姻等问题达 25 件，均由新代表会圆满解决。墨镫地主李鸣凤当村长时曾贪污大批公款，如果如数赔出，即需变卖家产。新代表会为照顾李的生活，便予以适当解决。群众都说：“新代表会不但有权利，而且是照顾大家的呀！”综观 3 个村的选举，说明新生的政权是符合民意的抗日民主政权。这一次民主选举，对有错误的干部也毫不姑息。武西县县长李超周，由于在减租减息运动和对敌斗争中领导不力，压制群众，代表们纷纷向上级反映，结果罢免了他的县长职务。广大群众兴奋地说：“实行‘三三制’，发扬新民主，各阶层意见都尊重。”此次经过民主建政，区公所增设了副区长和武装、公安、民政、财粮、生产等助理员，村公所也增设了治安员、民政员、财粮员等村干部。在完善县政府编制的同时，加强了区、村两级抗日民主政府的建设。

1943 年 2 月 9 日，为了进一步巩固和完善“三三制”的抗日政权，全县又普遍进行了一次村选运动，彻底贯彻临时参议会的“三三制”精神，试用新的村政机构。普选后的各级干部成分发生了变化，在村级政权中，贫农占 28. 1%，佃农占 7%，中农占 43%，富农占 15. 4%，地主占 6. 5%。

同年 3 月 27 日，《新华日报》报道，武乡（东）县先进村村选结束，彻底贯彻了“三三制”精神，各阶层利益均获得保障。4 月 23 日，武乡（东）县抗日政府召开各界人士座谈会，出席会议的有各方面代表 63 人。会议中心议题是：再次贯彻“三三制”政策，讨论加强统一战线，进一步加强各阶层的团结，巩固根据地，坚持抗战到底。

在党的领导下，充实和健全了“三三制”村政权，保证了共产党在其中的领导地位，保证了贫苦农民在其中的绝对优势，得到了广大人民群众的拥护，同时也团结了农村开明士绅。在十分艰苦的战争岁月里，党组织有力地组织和领导了全县人民的对敌斗争，粉碎了敌人残酷的军事“扫荡”和经济封锁，并深入开展了根据地的减租减息和反奸清算、生产救灾运动，为巩固根据地的建设和赢得抗日战争的最后胜利，奠定了牢固的基础。

三、中共武乡县第二次党员代表大会的召开

1940 年开始，日军对我太行抗日根据地连续进行大规模的“扫荡”，国民党顽固派也不断制造摩擦，加之连年的自然灾害，太行敌后陷入极端险恶的困难之中。在武乡，自 1938 年“九路围攻”开始，全县人民遭受了毁灭性的灾难。特别是“百团大战”之后，日军在对武乡（东）根据地进行军事进攻的同时，施行了经济、文化等方面的封锁，妄图置抗日军民于死地。面对恶劣的战争环境，为了领导全县人民克服困难，渡过难关，坚持持久抗战，中共武乡（东）县委于 1941 年 8 月在武乡（东）狼卧沟天主教堂召开了中共武乡县第二次党员代表大会，会期为 3 天。

由于 1940 年夏季敌人侵占段村镇后，把武乡分为武乡（东）和武西两县，所以，参加这次会议的只有武乡（东）八个区的代表：洪水一区区委书记姜一，韩壁二区区委书记王琼，东堡三区区委书记武镇华，蟠龙四区区委书记李新田，树辛五区区委书记殷士敏，贾豁六区区委书记王贵生，上司七区区委书记武士诚，段村八区区委书记李逢时。石门三区因区小，与二区合并。代表中有原县委委员、青救会主席、县武委会主任，以及各区区委书记、区长、区委组织委员，共 100 余人。

这次代表大会的主要议程是：（一）听取县委书记李友九所作的《关于县委一年来的工作报告》；（二）选举产生中共武乡县委第二届委员会；

（三）布置当年工作，确定党的统一战线、对敌斗争、支部建设与领导工作的方针、政策。

大会选出了县委委员9名：李友九、麻贵书、赵迪之（女）、李衍授、李步云、赵志云、姜一、武书忠、殷士敏。县委书记为李友九，县委副书记为麻贵书，赵迪之任组织部部长，李衍授任宣传部部长。

县委书记李友九在报告中重点回顾了武乡县从贯彻中共中央北方局“黎城会议”精神以来各方面取得的成绩。在建党方面，县委注重了党组织的扩大与纯洁性问题，真正做到了严明党的纪律，发挥党组织的先锋模范和战斗堡垒作用，统一全县党、政、军、民的领导，明确制定各种抗战政策。建军方面，在配合主力部队作战的同时，加强了地方武装的建设，自卫队、游击队和民兵等组织迅猛发展，成为一支战斗力很强的抗日武装力量。在建政方面，1939年9月，在本县土河村召开的榆武士绅座谈会，推进了武乡抗日民族统一战线的政权建设。

会上，代表们主要围绕李友九所作的《关于县委一年来的工作报告》展开了讨论，大家一致认为：当前最重要的任务是激发人民群众对敌斗争的积极性和自觉性，创造各种各样的对敌斗争方式，组织本县地方武装，配合主力部队针锋相对地与敌人展开长期艰苦斗争，直至坚持到抗战胜利。

这次大会是武乡党的历史上一次继往开来的大会，为更好地领导全县民众咬紧牙关，克服困难，度过相持阶段，提出了前进中如何克服困难、战胜敌人的新的指导思想，使广大党员和群众透过暂时的困难，看到了民族解放的曙光。

四、减租退约，清债反霸

国共合作达成协议后，中共中央在洛川会议上明确提出以减租减息作为抗日战争时期解决农民问题的基本政策，并将其纳入《抗日救国十大纲领》之中。为了贯彻这一指示精神，解救在高租重利压榨下的贫苦农民，县委根据区党委的指示，于1939年至1942年，在全县范围内开展了三次大的减租减息运动。

由于地主阶级大量兼并土地，致使广大农民沦为佃户，受着高利贷的盘剥。根据抗战前夕统计的数字，全县地主、富农人均耕地49.69亩，而贫下中农人均耕地只有1.76亩。失去土地的农民，为了养家糊口，不得不租种地主的耕地。这样就出现了多种形式的租佃关系：定额地租、份额地租、伴种地租以及钱租。通过这样几种关系，广大贫苦农民将自己一年收获粮食的五成甚至六七成交给了地主。地主为了保证其租息征收，他们使用了“憋毒纸”“驴打滚”“卖青苗”“印子钱”等收租手段，迫使无数农民抵押出自己的田产、房屋，忍痛割舍青苗，而租息却猛增几倍，结果弄得家破人亡，一无所有。因此，不得不向地主借粮借钱，而利息又重，每元月息3分以上，有的高达1角5分；借粮利息更高，春借1斗，秋还1石。韩壁东方山一个姓杨的农民，借债120元埋葬母亲，腊月二十七被债主没收家产和几亩薄田，后来给债主做长工12年，还欠债40元。墨镫村贫农有85户，被迫丧失土地的占总户数的28%。石科村有50户人家，就有40多户租种地主的土地，每年出租200多石。

总之，抗战前的武乡也和太行地区各县一样，封建地主和官府勾结，在农村占统治地位，以高租重利和苛捐杂税残酷盘剥农民。抗战一开始，他们又把空前庞大的军需民食和战勤任务加在农民头上，严重地窒息了农民的抗战积极性。

针对上述情况，武乡县委认识到，只有发动群众进行减租减息、反霸运动，才能唤起民众抗日，也才能支持人民获得自身解放。于是，县委在干部中进行了深入的动员之后，提出了1939年“红五月”斗争的口号，领导群众展开了减租减息运动。为了打开局面，使减租减息工作顺利进行，各级党组织做了充分的准备。首先，加强了农会组织。全县48个大编村，先后建立了各村农会组织，农会主席一般都由党支部书记或党员担任。县委明确规定，这次减租减息的对象是地主、富农，斗争的主力是农会。县委和区分委一道，在韩壁村进行了试点。韩壁最大的地主是武乡“八小家”中的魏筱山。他家有土地1200亩，从秋收开始收租一直延续到年关。魏筱山态度十分恶劣，在执行减租减息政策时，与干部、群众处处搞对立。区分委帮助村里成立了减租清债委员会，利用民革室、救亡室发动群众，向魏筱山清理旧债，要求他退还文书。几次要求，都被他搪塞过去。因此，区分委做出了反霸决定，以便打开局面。为了统一斗争目标，集中力量斗争魏筱山，争取魏文澜，彻底发动群众，村干部还发放粮食，救济贫苦农民，巩固基层群众力量，激发他们的斗志。经过20多天的诉苦发动，群众对魏筱山拒退文书、不交公粮的劣迹更加义愤。在条件成熟后，就决定召开全村反霸斗争大会。在反霸大会上，魏筱山看到群情激愤，便将全部文书当场退出。经过这次斗争，他退出文书1000多张，退出银洋3800元，土地10亩，典出地36亩，还清了所拖欠的70石公粮。同时，在团结开明士绅方面也做了工作。魏文澜是韩壁村的一个开明士绅，1939年曾自动献田100亩，在这次减租减息斗争中，农会提出了“拥护开明士绅”的口号，并且主动同魏文澜谈了话，争取他带个好头。在斗争大会上，魏文渊承认了民国19年“晋钞拍地”的错误，在实际行动上再一次作出了开明的榜样。

韩壁村减租减息、反霸运动的经验，很快被武乡（东）县委推广到全县，并在全县广泛发动群众，实行“二五”减租、分半减租，以及反霸清理旧债。各村农会组织，发动农民总诉苦、总算账，认清黑暗的旧社会，唤起阶级觉悟。各中心区组织大批民运工作队深入乡村，趁夏收、秋收之际，开展评租、减租、退租和换约的群众斗争。经过几年时间，到1942年，全县有75%的村庄，实行了减租退租。皮烟村（今尚元村）1940年全村交租35石细粮，而在1942年减租减息运动后，只交25石粗粮。减租减息引起了土地变化，封建土地所有制有所削弱。监漳镇在抗战前有10户地主、富农占有土地1200亩，减租减息后，共卖出土地700亩。据当时全县的统计，地主占有土地被削弱了35.1%。从50个村（占根据地行政村半数以上）的统计看，经过减租减息运动，共清债24.7万元、钱8万多吊、粮食540多石，退文书1.34万多张。武西县也经过反贪污、反“维持”，共退款5.34万元。这样，随着减租减息的深入开展，逐步调动了广大农民参加抗战的积极性。

五、建立各级武委会，加强地方武装建设

武乡县的人民武装，是从1937年秋至1938年春逐步建立起来的。为了发动群众参加抗日斗争，在县战地动员委员会的领导下，先后建立了武乡县人民武装自卫队和牺盟游击队。反敌“九路围攻”之后，鉴于血的教训，县委向全县人民发出积极参加抗日人民自卫队，同敌人开展斗争的号召，全县48个大编村，村村建立了抗日人民自卫队。1939年以后，全县各村以共产党员和各救会中的积极分子为骨干，建立了模范自卫队和游击小组，成为群众武装的核心。1940年8月1日，召开第一次军区扩大干部会议，提出建立统一的民兵制度。在军区、军分区逐渐成立了武装工作科，各区设武装助理员。这样，在原来自卫队和青抗先的基础上，建立起武装保卫村民、不脱离生产的民兵组织。民兵的发展壮大，主要是以工、农、青、妇各种群众组织为基础，通过改造旧政权和反顽斗争等群众运动而发展起来的。特别是在各村镇自卫队组织的整编过程中，在“武装保卫家乡、保卫生产”的口号下，广大青年农民踊跃参加到民兵组织中来的。在武西地区，是在反“蚕食”、反“维持”斗争中发展壮大了民兵队伍的。

为了提高新发展的民兵队伍的军政素质，在县、区武委会的组织领导下，以区为单位，组织了军政训练班，让各村民兵学习《建立统一民兵制度》《青抗先队员须知》《民兵政治读本》《民兵使用武器教材》《武装保护春耕》等小册子，使广大民兵认识到在抗日斗争中加强地方武装的重要性。同时，在武东、武西还抽调民兵工作典型村（如武东的韩壁、窑上沟、广

志、胡峦岭、李峪和武西的故城、茅庄、泉之头、石壁等村）的武委会主任、杀敌英雄和战斗模范，到县武委会组织的训练班，学习政治和军事知识。经过培训之后，这批领导骨干分别回到各村，向民兵传授所学到的知识。县委还指示县武委会，以区域或编村为单位进行投弹、埋地雷、射击比赛。接着，武乡（东）县委又组织了政治知识竞赛和武装大检阅。1941年2月12日，武西举行了有数千名青抗先队员参加的政治测验竞赛和武装检阅大会，楼则峪、祁村、内义等村夺得优胜锦旗。同年12月27日，县委又组织了青抗先、基干队、自卫队2000多人参加的武装检阅大会，八区夺得第一，获锦旗1面、手榴弹3筐。

为了适应日趋严重的对敌斗争形势，1941年1月，太行军区和晋冀豫区党委召开了武装干部会议，讨论发展地方武装和民兵问题，决定地方武装的领导由军区、军分区、县、区和村五级组成。4月1日，冀太联办和太行军区颁布了《人民武装抗日自卫队暂行条例》，对人民武装的性质、任务、组织、编制等一系列问题作出了明确规定。从边区到县、区、村，各级都建立了人民武装抗日自卫委员会（简称武委会），领导人民武装，进行群众性的游击战争。5月，中共晋冀豫区党委作出了《关于目前武装斗争工作的决定》，要求全区党、政、军、民团结一致，发展人民武装，进一步打开工作局面，坚持对敌斗争。

遵照上级的有关指示和决定，武乡（东）县委、县政府开始了积极的动员工作。11月，武乡（东）县、武西县都建立了武委会，赵志云、董育宣分别担任主任。武乡（东）县武委会下辖洪水、韩壁、蟠龙、姚家庄、树辛、贾豁、上司、成家沟8个区。武西县下辖段村、涌泉、故城、石盘4个区，各区均成立了武委会，配主任1人、干事2人。两个县230多个行政村都成立了武委会，通过民主选举，选出了各级武委会的领导成员。

在成立各级武委会的同时，武乡（东）、武西两县出现了积极报名参加民兵组织的热潮。窑上沟青抗先队队长张德林、张来庆和张寿海等，带领

12 名队员，组织起窑上沟民兵“张家班”；大陌村青年妇女冯凤英，带领全村妇女成立了一个女兵班。1941 年冬，武乡（东）县在大陌村召开了全县民兵参军动员大会，上千名青壮年踊跃报名参军，县委宣传部部长李衍授、县农救会主席姜一、县工会主席袁朴光、县武委会主任王国培等十几名县级干部带头报名参军，成立新兵营。300 多人在会上佩戴红花，补充到八路军 772 团。到年底，两县民兵总数达到 3.5 万多人，18 岁至 25 岁的青年，绝大多数参加了民兵组织，在反“扫荡”中，人自为战，打击敌人。当时，从各个村镇到山庄窝铺，“村村像军营，人人都是兵；抗日根据地，一片练武声”。广大民兵自制土枪、土炮、大刀、长矛，配合八路军打伏击、埋地雷，开展了群众性的游击战争。

六、深入联系群众，扭转困难局面

1940 年“百团大战”后，日军进行了三次报复“扫荡”和一次年关“扫荡”，群众生命财产损失很大，虽对敌更加仇恨，但产生了悲观情绪，一些干部撂挑子不干，“维持区”扩大，工作遇到严重困难。如石门区委书记王琼，在房屋被烧光，家属强烈反对下，动摇回家，李友九书记亲自到他家动员，亦不归队。后经过县委坚定而耐心说服，终于使他的思想觉悟有所提高，继续走向了革命。经过县委的动员教育，使广大党员、干部、群众恢复了正常工作秩序，工作逐步推开，亦为形势转变创造了条件。

困难局面的扭转，是从 1941 年 3 月底反维持斗争开始的，接着以“两面作战”（一面干部自我批评，一面揭露顽固派），及时击退田庄等村国民党向我抗日军民的进攻。反维持、反顽固的胜利鼓舞了群众。县委发动群众进行经济斗争，根据群众要求又开展清债运动。按年利一分（10%）的规定清债。通过清债，不少农民可收回抵押土地自耕，贫苦农民盼望已久的土地自耕愿望实现了，群众斗争初战胜利。同年 5 月，彭涛同志总结武乡经验时指出：“关键是掌握民主斗争”，即“民主政治下的政治斗争”和

“统一战线政策下的阶级斗争”，其形式应是说理斗争。广大党员、群众也认为“只要叫斗争，工作就有办法”。经过放手发动群众，已有一定的群众基础，到1942年2月日军连续20天“清剿”，敌人数量比前三次报复“扫荡”和年关“扫荡”还多，国民党亦极力散布悲观情绪，但群众情绪无剧烈波动，干部虽有消极而无班子垮掉的现象。

1941年、1942年，武乡县遭受频繁的日伪“扫荡”，加之连年的自然灾害，兵连祸结，疾病丛生，反动派造谣惑众，人心不稳，整个形势处于困难局面。为了坚定抗战必胜的信心，扭转困难局面，县委一方面大力加强宣传教育，一方面深入联系群众，注重党的自身建设。

1942年1月，县委书记李友九调太行地委工作，县委副书记麻贵书接任中共武乡县委书记。麻接任书记后，及时召开了以坚定抗战胜利信心，反对悲观失望情绪，反对向敌人妥协投降为主要议题的全县区级以上干部会议，进行了政治动员教育。县委就前段工作做了认真回顾和总结，首先肯定了成绩，也检讨了对敌人“三光政策”思想准备不足，导致发动群众不充分和地方武装力量薄弱等问题，响亮地提出“改变工作作风、加强自身建设，要与群众共渡难关，去争取抗日的最后胜利”的口号。

学习与宣传的思想武器，主要是毛泽东的《论持久战》和邓小平的《反对麻木，打开太行区的严重局面》两篇文章。结合武乡的困难情况，向干部和群众讲解毛泽东关于抗战三阶段的分析。同时，还学习宣传毛泽东关于游击战争的十六字方针，痛斥了敌特分子散布的八路军“游而不击”的无耻谰言。

通过对两篇重要文章的学习，向群众做了广泛而深入的宣传，提高了干部和群众的认识，初步稳定了群众情绪，坚定了胜利信心。

在严峻的困难面前，县委认识到要做好各项工作，应特别注重自身建设的重要性。首先是加强学习，提高素质。主要学习了彭德怀、邓小平等撰写的关于抗日民主政权、武装政策等文章，学习了中共中央北方局、区党委的文件、指示、报告等，联系本县实际，联系个人思想认识，开展讨论，达到统一思想、共同提高认识的目的。其次，加强组织生活，严肃认真地开展批评与自我批评。

在困难面前，县委一班人的思想作风、工作作风有了很大转变，经常深入群众开展工作。1943 年 6 月，敌人占据了蟠龙。蟠龙曾经是抗大校部机关的驻地，附近又驻扎过八路军总部、北方局、柳沟兵工厂，周围距离不远有 20 多个大村，大约 1 万人。敌占蟠龙后，疏散出来的难民需要安置；根据地经过减租清债、反奸反霸，翻身的农民需要组织互助合作，生产度荒，改善生活；对于干部、群众、党员中的不正确的思想作风，需要教育。任务复杂、繁重。县委书记麻贵书积极团结党、政、军、民的各种力量，创造性地完成了战争、生产、时事教育、整风等历史任务。在战争问题上，他请教陈锡联、鲁瑞林司令员，具体工作由赵志云、冉光华办理。在生产问题上，由县长武光清等同志出谋划策，充分发挥各级政府部门的作用。在创造典型经验，解决群众中的思想问题、实际问题上，充分发挥工农青妇群众团体的作用。在整风、时事教育和协调各部门之间的关系上，他亲自和县委一班人去办，所以，能及时解决干部、群众中的糊涂思想，克服不良倾向。比如，部分党员特殊化的种种表现，群众中穷光荣、等救济的依赖思想，干部中的本位主义，时局问题上的悲观失望，等等。由于县委书记麻贵书善于团结党、政、军、民的各种力量，妥善地布置工作，及时地发现典型，解决实际工作中的种种问题，充分发挥了干部、群众的战争和生产积极性，并有机地组织起来，胜利地完成了打击、围困蟠龙驻敌的任务。除此之外，生产自救、抗灾度荒等任务也完成得很出色。

七、加强游击区党的工作

1941 年春，在国民党政府消极抗战、积极反共的形势下，日本侵略军停止了对大后方的正面进攻，主力回师华北，疯狂推行“治安强化运动”，对太行山根据地除增调兵力、疯狂“扫荡”外，还加紧了对边沿地区的“蚕食”与“封锁”。在沁（县）、襄（垣）、武（乡）交界的南北高岭、上下司村、圪老湾一带，是敌人与我军民争夺的焦点。因为这里驻着县、区领导机关，又是从太行区赴太岳区的重要交通线，经常护送党的干部过路西，转运冀南银行钞票和华北版《新华日报》等抗日报刊，以及运送军用物资到太岳区，战略地位十分重要。自“百团大战”后，日军就对武乡（东）根据地施行了灭绝人性的“三光政策”，进行报复“扫荡”，从沁县、段村、襄垣三大据点扑来的日军，妄图以军事进攻和经济掠夺来摧毁我军民的生存条件。除武力摧残外，还极力扩大其维持区域。一时间北至贾豁、古台、型村，南至高岭、上司一带的村庄都变成了“维持村”，并建立了伪组织，妄图扩大敌占区，分割抗日根据地，对抗日军民和抗日机关的活动造成极大威胁，形势一天天在恶化。

中共武乡（东）县委针对这种被动局面，当即组织县党政军领导、骨干认真学习了太行分局书记、129 师政委邓小平在《党的生活》上发表的《反对麻木，打开太行区的严重局面》一文，特别是“团结一致，正视困难，面向敌人，面向交通线，展开顽强的对敌斗争”的方针，对启发干部思想、开展游击区的“格子网”斗争起了重要作用。为了加强游击区党的领导，县委决定派姜一、武镇华、李甫堂和李尚春等前往沁武新三区［原划为武乡（东）八区］。他们一到前方，面临的主要问题是深入开展锄奸工作，稳定干部情绪，克服群众的悲观思想，设法营救八区区委书记李毓秀、区长铁英。于是 5 月中旬在漆树坡召开了秘密的干部会议，传达研究了县委“反蚕食、打维持”的指示精神。为了加强对敌斗争的统一领导和指挥，县委决定在漆树坡建立前方指挥部，由姜一、李尚春、李甫堂、王廷章和武镇华组成领导机构，加强党政军一元化统一领导，开展有力的对敌斗争。前方指挥部首先充实加强了三区干部队伍（包括沁东三区），调王廷章任区委书记，申怀珠、梧光任副书记，王用源任组织委员，常久通、王哲任宣传委员，魏兆槐、张贵成任副区长，王占鳌任武委会主任，常子荣任区农会主席，董宏任区青救会秘书，段莲萍任区妇救会主席。紧接着着手组建区游击队，扩大民兵武装，建立民兵联防村和民兵游击小组等，采取锄奸、打“维持”、建立两面政权和派遣党员到敌伪核心区活动的多管齐下的策略，并深入开展减租、反霸、防奸斗争，发动广大群众，积极参加与支持党的一切活动，使切身利益得到保障的广大人民群众真正看到了党的力量，因此密切了党与群众的关系。这样一来，大大压缩了周围日伪的“维持区”，初步打开了工作局面。为了深入开展敌占区党的工作，在条件成熟的“维持村”增设了分委委员，如新庄村的刘朴则、阳城村的李新春等。游击区的分委委员有南亭的李梦松、李振中，阳城的张存旺等。经过重新考察，在原先可靠的党员中逐步恢复建立了一些党的支部和小组，开始秘密发展地下党员，使村级党支部进一步得到加强。

1942 年 5 月，为了扭转游击区的局面，区委书记李毓秀和区长铁英去三区所属沁东的涉腰、马步庄一带，找老党员阎旦商量党的工作和锄奸情况。不料被汉奸张银旺告密，李毓秀和铁英被日伪抓捕进段村监狱。这对开展游击区党的工作造成了很大损失，一时干部情绪低落，群众人心波动。前方指挥部与三区主要领导武镇华、李甫堂、李尚春等为加强前方游击区的工作，组成坚强的战斗领导核心，坚持斗争。地委决定由姜一任代理书记。姜一到任后一面了解情况，寻找干部，恢复领导，坚持斗争，一面向上级作了汇报。上级接到报告后，非常重视这一地区的工作。

1943 年 6 月，日军侵占武东重镇蟠龙，以蟠龙线为界，割断了武乡（东）县委与前方指挥部的联系，武乡（东）县委随即根据上级指示，结合斗争实际，将蟠武公路以南地区划为路南区，在前方指挥部的基础上建立了“路南办事处”，李甫堂任主任，李尚春负责武装工作，姜一全面领导党的工作。7 月，路南办事处机关驻地高岭、漆树坡、上司村一带成了段村、蟠龙、沁县、襄垣等四路日军合击的中心目标，敌人妄图摧毁我处于三角地带的党政机关，实现其“沁、襄、武全面维持”的野心。这对游击区党的工作是个严峻考验。针对这种危急状况，路南办事处的干部、党员深入驻地及附近乡村，发动群众打窑洞、搞战备，扩大民兵武装和区干队，既开展军事训练，又进行政治测验，提高了群众及民兵配合部队开展作战的本领。为了开展对敌斗争，太行第三军分区决定派郑国仲带领769团来路南支撑斗争局面。襄垣县委与武乡路南三区组成了强大的游击集团，郑国仲为司令员，襄垣县委书记杜野坪（杜炘）为政委。区党委和军区又指示武乡路南前方指挥部临时归襄垣领导，姜一同志参加襄垣县委，配合斗争。这样，就大大增强了战斗力，扭转了这一地区对敌斗争的局面。

漆树坡民众为保护路南办事处这一重要机关，立下了不可磨灭的功绩。在6月19日的反包剿中，躲藏在桑树沟一个窑洞内的民兵与群众，同敌人进行肉搏战，引开了敌人的注意力，保卫了相距不远的东洞内的路南办事处机关人员的生命安全。到1944年2月，围困蟠龙胜利后，县委才撤销了路南办事处，所辖三区的村庄又归属武乡（东）县。

游击区一次又一次反“维持”、反“扫荡”的胜利证明，中国共产党领导下的人民群众是战胜强敌的铜墙铁壁，而县委、区分委、村支部等各级党组织筑成的战斗堡垒，是巩固这块根据地的坚强柱石。同时，也体现了党的英明领导和游击战争的无比威力，为党在游击区坚持斗争，提供了宝贵的经验。

八、开展对敌经济斗争

针对日军在“治安强化运动”中的经济掠夺，武乡军民在反“蚕食”、打“维持”斗争的同时，展开了尖锐复杂的对敌经济斗争。1941年3月，敌人发动第一次“治安强化运动”后，冀太联办于4月召开财政经济会议，研究加强经济战线，开展对敌经济斗争的问题。8月，在太行、太岳区贸易联席会议上，进一步明确提出对敌经济斗争的三个环节，即发展生产、统制贸易、巩固币值。武乡（东）县委、县政府根据这两次会议的精神，一方面以主要精力发展地方手工业生产，解决人民所需的工业品和代用品，控制墨水、香皂、纸张、毛织品等进口物品；另一方面把武乡的山货、土产品通过多种渠道输送出去，换回人民所需的生活品。

在工业方面，武乡（东）县政府首先整顿并建立了一部分公营企业，同时提倡群众生产，鼓励成立生产合作社、纺织小组和小手工业。1941 年春，县政府发放工业贷款 2 万元，全县建立了不少生产日用必需品的小工厂和合作社。如苏峪村创办的“太行纸厂”，生产的纸不但满足了武乡人民群众的需要，还拿出大部分支援了驻武乡（东）安乐庄华北新华日报社。县政府在贾豁海神沟创办的“光华合作社”所生产的毛巾、毯子，除军需民用外，还远销敌后方与抗日邻县，颇受各方欢迎。武西县兴办起泉则头羊毛工厂，生产毛线毯；常家垴生产红花、红星纸烟、水烟，满足了游击区人民的生活需求。

除此以外，县政府积极组织泥水匠、裱糊匠、编织、陶瓷、打麻绳、铸银器等各种小手工业生产。有些缺货都有了代用品。如用槐子、橡壳、果树皮作染料，以火镰代替火柴，以粗制玻璃代替外来西货，以植物油代替燃油，并发动农民种豆、开染房；在八路军制药厂的帮助下，生产中药片代替西药片，其中有些中药片的功效与西药片无异。最发达的是制油、熬碱与兴办纺织业。在大力发展手工业生产的同时，武乡（东）根据地重点抓了煤炭生产。武乡东部从韩壁到墨镫有一条丰富的煤层带，县政府抽出专人领导开采煤炭，当时全县的小煤窑发展到 13 座，就业工人达 2000 余人，年产煤炭 10 万多吨。同时抵制了日伪掠夺性开采。

在农业生产方面，县委、县政府确定农业建设为根据地经济建设的根本，号召全县人民在紧张的对敌斗争中，要努力抓好棉花、油料等经济作物的生产。到 1942 年春，武乡植棉、种蓖麻和芝麻，饲养家畜、家禽，植树造林和木器生产，都完成了本系统制订的计划。

为了发展生产，保障供给，打破敌人的经济封锁，县委、县政府在抓工农业生产的同时，也抓了商业贸易。全县实行免税自由贸易，彻底废除了苛捐杂税，打开了根据地贸易停滞的局面。1941 年，八路军 385 旅在洪水镇开办了“黎泰”商店，太行第三专署在洪水成立了“永生贸易局”。同时，武西县恢复了石盘集市，涌泉镇设立了“太行生产部”供应点。故城镇的集市移至西渠、岸北村。路南区新开辟了沁（县）襄（垣）武（乡）三县交界的圪老湾集市。这些集市贸易，通过批发日用杂货来稳定物价，控制商品吞吐。同年，县政府根据边区政府制定的《取缔牙行办法》《贸易暂行条例》《合作社条例》《商人登记办法》等法令，在全县范围内取缔牙行，取消私人粮行，实行工商统管专卖，对宰杀牲畜、细布倾销加以限制管理，对进出县境的物资实行严格管理，对粮食、棉花、铁皮、牲畜等严禁出境，对奢侈品、毒品严禁进入根据地，并对度量衡器的混乱现象进行了整顿和管理，打击了日伪和不法分子的破坏活动。

对敌经济斗争的中心问题是粮食斗争。武乡（东）县于 1942 年春实行粮食统制贸易，在洪水、监漳、韩壁、贾豁、圪老湾和武西涌泉、石盘、石壁等地凭证购粮，取消了私人粮店，使本币（冀钞）和农村社会商品发生联系，既稳定了物价，又稳定了本币的币值，扩大了本币的流通，挤掉了伪钞。在日伪占领区的南关、权店、南沟、故城、段村等地，当敌伪强征粮食时，县独立营即配合武工队、敌工站设法组织群众，以合法形式据实诉苦，要求减免。1942 年秋，全县党、政、军、民总动员，进行了空前激烈的粮食争夺战。县、区两级干部深入乡村，配合区、村武装，全力保卫秋收，实行劳武结合，突击抢收、快打、快藏、快运，使敌人以抢粮为中心的第三次“治安强化运动”遭到破产。

1943 年 6 月，敌占蟠龙后，为了便于领导，同日伪军展开经济斗争，县委决定以蟠武公路南部的三、七区为主，成立了路南办事处。此外，太行第三专署贸易粮站也设在圪老湾，粮站主任、工商管理干部赵林田和工作人员赵志勇，在769团和路南办事处游击武装的支持和协助下，对敌展开了针锋相对的斗争：（一）组织地方武装，配合主力部队，对抢粮之敌予以反击；（二）在“对内自由，对外管制”的贸易政策下，发动群众对日伪进行粮食封锁；（三）通过各种形式，发动敌占区和游击区群众，实行抗粮抗款运动；（四）号召游击区人民踊跃交纳抗日公粮，鼓励商业人员和群众到根据地卖粮，同时也派人到敌区高价买粮；（五）发动群众进行“空室清野”，不让敌人抢走一粒粮食。

1943年夏、秋两季，路南办事处和粮站不仅在路南的上司、下司、圪针庄、斜道沟、漆树坡、暴家峪、西贾庄等地征粮，而且还扩展到襄垣的李后沟、高家庄、坪村、井峪，沁县的石科、漳村、金村、黑牛沟、段柳等接敌区去征粮。由于他们的广泛宣传和严格掌握党的粮食统制政策，敌人无法在游击区和敌占区征到一袋粮食。

1943年以后，武乡灾荒继续蔓延，当地人民生活十分艰苦。对敌经济斗争仍以粮食为中心。县委、县政府采取稳扎稳打，先进后出，快进慢出，多进少出，掌握粮食，内部调剂等办法，支援全县开展生产救灾运动。同时，继续开展对敌货币斗争，采取紧缩发行，扩大流通领域，打击伪币混入的办法，稳定根据地金融流通。严格控制本币发行后，银行的力量大都用于农工商业贷款、信用周转和调节币值、管理外汇，使武乡的物价保持平稳，出入保持平衡。这样，从经济上打击了敌人，增强了根据地的经济实力，促进了根据地经济建设的发展。由于注意争取和团结敌占区的商人，使他们得到经济上的利益，受到爱国主义教育，他们也帮助根据地购买某些奇缺物资，从而扩大了经济领域的抗日民族统一战线，打破了敌人的经济封锁。

九、组织生产自救，战胜天灾敌祸

1941年至1942年，武乡两年大旱，夏秋收成不到五成。1943年，全县遭受旱灾和虫灾，后半年旱涝不均，粮食收成大减。在此期间，日军又频繁“扫荡”，对根据地军民实行严密的经济封锁。天灾加敌祸，又有冀西、豫北地区大批灾民涌来，县财政发生了极大的困难。加之疥疮、疟疾、伤寒等疾病的流行，大片土地荒芜，村落萧条，生产力受到严重破坏，军需民食濒临枯竭的边缘。

面对严峻的现实，为了战胜自然灾害，打破敌人的经济封锁，保证抗战的需要，中共武乡（东）县委根据中共中央北方局发出的“生产自救”的指示和太行区救灾委员会“不让饿死一个人”的口号，当即采取了紧缩机构，厉行节约，军民一起开展大生产，减免灾区负担，对敌开展粮食斗争，安置灾民，组织移民，以工代赈，开展社会互济等一系列有效措施。党支部组织战斗小组，加强劳武结合的互助生产组织，建立村与村的联防，把互助组改为战斗与生产结合的劳动队，每队配备强有力的村干部，队下分设的小组都有民兵做骨干。如窑上沟民兵组织“张家班”，掩护该村和边沿区群众，劳武结合，抢种抢收，夏秋两季在炮楼下收割庄稼 60 多亩，打粮 7500 多公斤，荣获“太行英雄民兵班”的光荣称号。秦家烟李家兄弟李星云和李金河，中秋节回村抢收粮食，用铁锹铲死了日本小队长，夺枪 1 支，创造了名震太行的“赤身战术”。武西祁村段满昌母子杀死 1 名伪军，荣获武西县政府“母子杀敌英雄”的光荣称号，受到表彰。白家庄 13 岁的儿童团团长李爱民，在回村抢收玉米时，遭敌截击，他立即高咳三声，为 50 多名乡亲报警，挂彩后被捕，日军逼他说出民兵的去向，李爱民坚不吐实，最后，英勇不屈地倒在了日军的刺刀下，成为闻名边区的“太行儿童英雄”。1943 年秋，在庆祝保卫秋收胜利的大会上，县委书记麻贵书讲道：“武乡几个月以来，对敌斗争取得了很大胜利，涌现出许多英雄人物。夏秋两季，在据点附近抢收了 5000 亩麦子、7000 多亩秋田。军民同命，团结奋战，一定能搞好根据地的生产，战胜天灾人祸。”

为了安置难民度过荒年，武乡县各级政府开办了一些中小型加工厂，有纺织厂、农具厂、纸厂、编造厂等小手工业。县委、县政府还采取了一些急救办法。1942 年 5 月 8 日，为了支援农村抗灾斗争，武乡（东）县政府向农村发放贷款 1.7 万余元。1943 年 8 月，县委、县政府派出大批干部下乡，组织生产，与群众共度灾荒。同年 8 月 21 日，华北《新华日报》以《武东干部全体下乡，组织群众克服严重灾荒》为题作了报道，并为这一典型经验发表了《一致起来克服严重灾荒》的社论。

武东地区劳武结合、生产自救的经验，在武西县广大游击区也推广开来。武西人民在敌据点内，采取组织劳武变工队、互助组搞好游击生产的办法，克服了困难，发展了生产。在这方面，石壁、楼则峪、茅庄、石盘等地取得了出色的成绩。楼则峪的王虎旺串联 8 户农民组成变工队，成为武西第一个先进互助组，为武西群众做出了榜样，他本人亦荣获武西县劳动模范称号。

与此同时，县独立营、游击队及驻武乡八路军主力部队，也积极生产，保卫地方民众，生产度荒。他们开荒、种粮、种菜、采集野菜，大大减轻了人民的负担。除作战及掩护群众抢种抢收外，还以连、排为单位，组织开荒劳动。如八路军总部特务团，在武乡左会板山壑开荒 5000 亩，创造了“太行南泥湾”。战斗在太行第三军分区的 769 团、14 团轮番警戒，结合开荒种地，保证了 3 个月粮菜自给，带动人民渡过了难关。灾荒时期，县委带头，整个机关都是每人一天供应 10 两（以 16 两一斤秤计）小米，其余以野菜补充粮食不足。

由于党、政、军、民团结奋战，全县生产形势好转，创造了根据地赖以生存的物质条件，保障了军需民用的起码要求，粉碎了敌人的经济封锁。通过群众性的生产度荒，稳定了根据地的社会秩序，推进了经济建设，密切了军民、军政、党群关系。群众性的生产度荒，锻炼了根据地的党组织，锻炼了根据地的人民。在最艰苦的岁月里，党委、干部严格要求自己，关心战士，关心群众。各级党组织与人民军队，依靠广大群众，坚持斗争，终于战胜了困难，度过了艰难的日子。到 1944 年，全县年景甚好，部队驻地的村庄，粮食普遍丰收，群众情绪振奋。贫苦农民捧着饱满的粮食，喜笑颜开，高高兴兴给八路军送军粮。太行第三军分区的地方部队和八路军 769 团、14 团、决九团和群众有着亲密无间的血肉关系，在抗日战争的烽火中，与老百姓并肩战斗，渡过难关，共享胜利的喜悦。

十、军民兴修水利，消除严重旱象

由于日伪军的残酷“扫荡”，加上连年旱、蝗等严重自然灾害，武乡（东）、武西两县人民群众的生活非常困难。在这种情况下，武乡党、政、军、民团结战斗，战胜严重灾荒，更加密切了党、政、军和人民群众的关系，巩固了抗日根据地。

当时，驻武乡的八路军总部和太行三地委、三专署、三分区的领导，十分关心和重视当地的灾情，经常与县党政有关领导取得联系，并号召驻武乡部队指战员与武乡人民同甘苦、共命运。他们经常利用战斗间隙和工作之余，参加水利建设，发展生产。八路军所到之处，都留下了他们拥政爱民的动人事迹。

1939 年，八路军总部进驻砖壁村，总部指战员帮助当地群众打了 3 眼水井、6 眼旱井、1 个蓄水池、3 条拦洪蓄水坝，初步解决了当地军民和人畜吃水问题。其中井沟水井就是朱德总司令亲自带领警卫连战士挖成的。因这一眼水井解决了总部机关和群众饮水问题，为抗战做出了贡献，后人称之为“抗日井”。驻扎在烟里村的中共中央北方局和八路军野战政治部机关人员及警卫连战士，帮助群众担水点种玉米、高粱等农作物 1000 多亩。

1940 年，冀太联办及边区政府建设处负责人郝文台，在蟠洪河滩上主持修筑了 100 多米长的防洪石坝，保护了 200 多亩水浇河滩地。1941 年 4 月，监漳群众和八路军生产部的指战员及冀太联办第二办事处工作人员连夜苦战，在村西小河上筑起了一座 200 多米长的渡水桥，并挖砌了一条 5 华里长的引水渠，将水引出监漳滩，扩大灌溉面积500多亩，太行第二办事处主任刘亚雄（女）还在渡槽上题了“人力胜天然”的石匾。

同年春，八路军129师386旅旅部驻武乡宋家庄，其特务连驻前哨阵地苑家垴。该村因山高无水，吃水需到3里外的韩家沟和5里远的上王堡村去挑。为了解决人畜吃水问题，该连派人和村干部共同勘察地形，选择井址。经全体军民10个昼夜奋战，打成了一眼两丈多深的水井，解决了军民人畜用水难的问题。129师卫生部和直属医院驻左会村，为解决该村缺水问题，左权将军亲自带领总部特务团指战员，到左会板山找水挖泉。八路军战士将村北水源扩挖，筑砌蓄水池，架设木渡槽，并砌引水渠2千米至左会村。这样，不仅可够人畜饮水和129师卫生部医院用水，而且还可用来浇田种菜。后来为纪念左权将军，当地群众将这股泉水叫作“圣人泉”。

1942年至1943年，整个太行区遭到了严重旱灾，武乡县持续时间更长。1941年冬季无雪，1942年又一春无雨，大旱10个月。1943年，连续干旱，小麦歉收，秋苗枯死，人畜用水都很困难。旱灾威胁着武乡（东）、武西两县人民的生命。

为了战胜严重旱灾，县委、县政府积极领导广大群众进行抗灾救灾斗争，响应中共中央关于“组织起来，生产自救，自己动手，克服困难”的号召，全力生产度荒，用实际行动同灾荒作斗争。县委、县政府一方面组织全县军、政、民同心协力开展抗灾救灾运动，担水点种，引水浇苗，利用自流小河浇田；另一方面采取截流堵水、开渠打井等措施，兴修水利，合理利用一切水资源。在武乡东部地区的寨坪、东庄、中村、上型塘、下型塘、蟠洪河两岸，军民截流引水灌田达到千亩以上。上广志村自流渠，是1943年大旱时，由武乡县政府领导当地人民修筑的，渠长3千米。修好后，增加灌溉面积300多亩，增产粮食3.8万多公斤，荣获县政府所赠“全县第一”匾一面。

军民战胜灾荒，在武乡历史上是前所未有的。在恶劣的战争环境里，经过军民共同努力，战胜了旱灾，保证了粮食生产，既解决了军政机关吃粮问题，又使人民群众渡过了严重困难。

十一、支援军工生产，开展群众性的制造土武器运动

军工生产是太行根据地工业生产的重要组成部分。抗战时期，为了自力更生解决广大军民对敌斗争的武器弹药问题，武乡人民不仅在人力、物力、财力上支持了部队，在武乡的柳沟、显王等地开办了兵工厂，而且在武东的石板村、戈北坪，武西的黄家山自办了许多解决民兵、游击队、县独立营等地方武装武器弹药的小型兵工厂。

抗战开始，为了解决大批手榴弹原料的来源，1938 年夏天，武乡抗日县政府就将几家地主在柳沟合股开办的铸铁厂买了过来，组织从太原兵工厂返乡的贾志厚、王化南、李克晋、李克志、李盘明、魏福珍等一批工人，搞翻砂，制造手榴弹、地雷。到年底，已有职工 260 人，每天可以生产手榴弹 700 多枚、地雷 650 多颗。

1939 年 4 月，八路军总部第六科接管了武乡手榴弹厂，改名为“八路军总部柳沟铁厂”。武乡县政府积极支援兵工生产，抽调王化南、郭大海等一批制造手榴弹和黑火药的技术工人到兵工厂作为生产骨干，还动员了当地一些炼铁、翻砂工人，去加强军工生产。县、区政府根据当地素有民办小工业的历史传统，采用经济合同形式，把附近民办的铁矿、煤矿、铝矾土矿（做炼铁坩埚的主要原料）、酒坊等单位的生产统一纳入八路军兵工厂。武乡还有工农兼作的劳动力 600 多人，坚持农忙耕作，农闲下井采矿，成为一种特殊形式的兵工工人。在 1940 年 8 月的百团大战中，武东地区的广大民兵、自卫队，一面支援军工生产，一面参战支前。日军不断进行“扫荡”，县政府地方武装同工人自卫队配合，用各种巧妙的战术打击敌人。同时，人民群众帮助兵工厂在断崖上挖了许多连环洞，敌人来“扫荡”时，工厂一面坚持战斗，一面进行生产，使武器弹药源源不断地运往前线。

1940年秋季，日军不断进行“扫荡”，企图摧毁我兵工厂，工厂只得化整为零，分散进行游击生产。1942年，武乡民兵帮助柳沟兵工厂的工人，在反“扫荡”中给日军摆下2.5千米长的地雷阵，炸得敌兵血肉横飞，寸步难行。当时，黄崖洞军工部一所需要从武乡左会板山上运进柳沟铁厂铸造的弹体和显王分厂锻造的毛坯，以及职工的粮食等生活用品，于是柳沟铁厂、显王分厂、左会板山和水窑山成了黄崖洞兵工厂的生产运输线，横跨太行山，绵延百余里。武东地区农民赶着毛驴成为这条生产运输线的运输队，沿途民房是运输线上的中转站和制品保管库。黄崖洞兵工厂就是靠这条“钢铁运输线”坚持军工原料和产品运输的。

1943年5月，日军在距柳沟2.5千米远的蟠龙扎下据点。为了缩小目标，柳沟兵工厂职工减至234人，该厂的铁工部迁至庄底村，群众帮助他们解决厂房和宿舍，保证了继续炼铁和铸造迫击炮弹毛坯。1944年2月，敌人撤离蟠龙后，柳沟重新成立太行军工四厂，铸造“五〇炮弹”和“八二迫击炮弹”的毛坯。

与此同时，武乡（东）县政府和县武委会在马家岭、石门、戈北坪等山庄窝铺，因陋就简，分散开办了许多小型兵工厂和修械所，在紧张的反“扫荡”中，为地方武装和主力部队补充了许多武器弹药。在艰苦的环境里，工厂所在地的人民群众，除挖窑洞让宿舍做工房外，还提供了原材料和粮食、蔬菜等物品。1942年冬，太行第三军分区在马岚头办起了太行农具合作社。因前方急需大量武器，该社转为军火生产，随即搬迁到窑上沟村改为太行修枪所。1943年3月又迁到石门村，工人发展到300余人。修枪所不管迁至哪里，县、区、村各级领导均组织群众大力支持其生产。所内工人大都是当地的铁、木工，原料则是靠发动农民收集破锅碎铁来解决的。工厂在当地人民的支持下，生产出武器弹药，有力地支持了前方部队和地方武装的对敌斗争。

在武西地区，县武委会在石盘山区的黄家山办了个小型兵工厂，主要任务是修枪、装子弹、制造短枪，还生产“六五”和“七九”两种步枪，制造火药、炸药、土枪和土炮。当时原材料很缺乏，武西县政府就发动群众到白晋线上搬铁轨。这个小型兵工厂为武西民兵独立营、游击队提供了大量武器，直至支援段村、南沟解放。

第四节　发展壮大地方武装，开展群众性游击战争

一、建立独立营、区干队和民兵组织三结合体制

为了粉碎敌人的进攻，坚持根据地斗争，1940 年 8 月 1 日，军区扩大干部会议提出了“建立坚强的民兵，保卫太行山抗日根据地，保卫家乡”的口号。之后，在武乡县委的统一领导下，在全县开展了为期三个月的突击建立民兵组织的工作。党组织依靠各个群众组织，在抗日人民自卫队的基础上，普遍建立起民兵组织。民兵的基本任务是：进行群众性游击战争，配合军队作战，维持抗日治安，担任抗战勤务。他们农忙时从事生产，农闲时开展军训，战争时参加战斗，成为一支不脱离生产的武装骨干。

区基干队（游击队）是区一级的地方武装。其任务是保卫全区人民和区级政府，对付敌人的突然袭击。它的成员来自农民，队员全副武装，基本不脱产。每个区基干队的人数不等，但大多在几十到上百人。区基干队具有一定的战斗能力。

独立营是县一级的地方部队。1940 年 3 月，县委遵照上级党委和军分区的指示，在县自卫队、区干队的基础上，建立了具有相当作战能力、装备较好的脱产的地方武装——武乡独立营。它是在主力军和民兵之间起纽带作用的一支地方部队。该营由太行第三军分区领导和供给。初建营时，营长为史昭青，下辖两个连，共 200 余人。7 月，武乡分置武西县后，为了适应敌情变化，将武乡独立营划为武西独立营，并统一编制了各区游击队，

共400余人，成为活跃在武西地区的一支机动灵活的对敌斗争的地方武装。

1941年6月，在太行第三军分区的领导下，在武东又成立了武乡独立营，营长为冉光华，政委张向善，下辖两个连、两个区游击队、一个直属排，初建时共400余人。1943年，冉光华、张向善调离，县武委会主任赵志云兼任营长，李军任政委。同年6月，组建了三区游击队，队长为阎卓，政委由区委书记梧光兼任。武乡独立营活动于沁县、段村、大桥沟、上司等一带，配合广大民兵群众反“蚕食”、打“维持”，保卫县、区抗日政权，协同主力部队攻城夺堡。

独立营、区基干队和民兵组织是一个有机结合的整体，好像组成了打击敌人的拳头一样，真正实现了三种地方武装力量的结合。独立营每到一地，游击队、民兵组织都会互相主动联络，互通情报，执勤放哨，警戒敌人，互相配合，打了不少以少胜多的漂亮仗。

在1943年5月的反“扫荡”中，日军慑于四处受击，就从洪水向蟠龙撤退，以集中兵力确保蟠龙不失。武乡独立营1连和四区游击队得知这一情况后，就带领当地民兵配合三分区主力部队，沿途阻击敌人，使之欲进不能，欲退不得。敌人从早上5时出发，到晚上6时才到达蟠龙，15千米的路走了整整13个小时，沿途丢下30余具尸体和大批军用物资。仅独立营1连就缴获步枪20余支、子弹上千发。武乡独立营以勇猛顽强的战斗作风，在各村民兵的支援下，配合主力部队打击了敌人的气焰，增强了群众对敌斗争的信心。

1942年1月，高台寺汉奸苗保庆窜至南沟敌据点，密告了我军政机关的活动情况，敌伪分两路包围该村，造成民兵牺牲6人、群众伤亡23人、房屋20余间被敌烧毁的巨大损失。事后，武西县抗日政府决定，在岸北村召开处决苗保庆宣判大会。此事被汉奸疙瘩罗获悉，就从南沟带100余名日伪军，向高台寺奔袭，妄图武装抢劫法场。上午10时，敌人沿故城推进到高台寺河槽，被担负警戒任务的武西独立营发现，立即与敌人展开激战，青年连20名勇士居高临下，用机枪猛扫。战至12时，迫使败敌窜回南沟，保卫了公审大会的胜利召开。

在相互配合作战的同时，县独立营和民兵还根据自身的特点，灵活机动地进行独立战斗。1943年春天，武乡（东）抗日县长武光汤和区长郝耀在洪水镇被敌包围。区基干队闻讯后，打退了敌人，掩护县、区干部突出重围，顺利脱险。至于独立营和民兵配合作战的战例，更是举不胜举。

在艰险的对敌斗争中，武乡独立营、区基干队和民兵组织，结下了血肉情义。其兵源的补充，就是由民兵到区基干队，由区基干队充实到县独立营。不论是反“扫荡”、反“蚕食”，还是保卫春耕、秋收，这种三结合体制的地方武装力量，胜利地保卫了县、区、村政权和广大人民群众的生命财产安全。

二、开展反“扫荡”、反“清剿”斗争，密切党与人民关系

日军侵入武乡后，不断出兵“扫荡”，对全县人民施行了残酷的“三光”政策，妄图摧毁我军民的生存条件。面对这种险恶的斗争局面，县委遵照中共晋冀豫区党委《关于执行反对敌人“蚕食”政策的补充指示》，发动全县人民展开了广泛的群众性的游击战争。广大民兵、自卫队，在八路军的支持下，以麻雀战、地雷战、窑洞战、破袭战等巧妙的战术，粉碎了敌人一次又一次的残酷“扫荡”，保卫和巩固了抗日根据地。

1939年4月10日，日军第一〇九师团3000余人开始向白晋公路进行“扫荡”，并于5月17日占据了武乡南关镇。武乡军民积极组织起抗日自卫队和游击小组，破坏敌人的交通，将衣物、粮食埋藏起来，牲畜羊群赶进山沟，水井盖好用土伪装，实行了彻底的空室清野。日军“扫荡”来了，既找不到粮吃，又找不到水喝。与此同时，游击小组配合主力部队，在敌据点交通线上采用打冷枪、埋地雷、破公路、割电线等多种办法，阻击敌人的“扫荡”。

1942年2月3日，日军三十六师团，独立第一、第四旅团，以及平汉线之敌第一一〇师团一部共1.2万余人，对太行山区进行大“扫荡”。武乡（东）县委和抗日县政府为了粉碎敌人的“扫荡”，加强了县、区领导，坚持腹地游击战。2月4日，长治、武乡等地之敌，奔袭二区、三区、四区的蟠龙、石板等地，捕抓壮丁，抢杀牲畜，任意烧杀抢掠。八路军一部结合地方武装及民兵，机动灵活地打击了“清剿”之敌。4月25日，敌千余人“扫荡”洪水、蟠龙地区，被洪水民兵27人伏击于董家庄，毙敌中队长以下5人，生俘日军1人，打乱了日军的阵脚。

1942年10月，日军开始实施“第五次治安强化运动”。20日，敌向武东地区实施合击。这次反“扫荡”中，军民密切配合，有力地打击了敌人，保卫了群众。26日，八路军385旅14团一个营，在武乡（东）上司、漆树坡等村民兵的配合下，袭击里庄敌转运站，毙伤日伪军30余人。27日，769团两个连，在韩壁以南的马鞍山打击搜山之敌，毙伤敌40余人，掩护了群众。七区民兵用土枪保卫窑洞，救下300多名群众。韩壁村农民李慕法，用菜刀杀死1个敌人。苏峪民兵伏击由洪水南下之敌数百名，先由两个好射手埋伏于河沿，12个民兵埋伏于山腰上，待敌进至两射手前方10米之地，他们出其不意地袭击敌人，将敌指挥官击毙。范家岭民兵埋伏于山梁上，击溃了向上广志奔袭的300名敌人。敌“驻剿”寨坪时，民兵在相距1千米的山梁上埋设地雷，炸死五六个敌人。阳坡庄民兵游击小组，用冷枪打击敌人的“清剿”部队，气得敌人架起机枪乱扫。特别是洪水一区民兵，主动到外线的马堡、墨镫、戈北坪、白和等地打游击，带动各村民兵群众参加反“扫荡”斗争。在这错综复杂的反“扫荡”斗争中，武乡人民创造了许多打击敌人的新方法。民兵们把地雷、手榴弹埋在草堆、柴火里，当敌人点着柴火取暖时，被炸得血肉横飞。敌人在型村、峪口、长乐沿途店铺门壁上，发现贴有“打倒日本”的标语，前去扯标语，一开步就踏响了连线雷，许多日军被炸死。五区的上、下广志民兵在山上放哨，敌人一来，便指挥群众转移；敌人一走，群众又回到村里碾米、挑水、藏粮。由于部队、民兵与群众密切配合，结合成真正的铜墙铁壁，建立了血肉关系，粉碎了敌人一次又一次的“扫荡”。

1943 年 5 月，日军又对太行山区进行大规模的“扫荡”，出动兵力达 1.5 万人以上，武乡县委领导全县军民除以民兵、游击队坚持内线斗争外，主力转向外线与敌周旋。我军民在“来时招待不周，去时好好欢送”的口号激励下，分别展开麻雀战、地雷战。5 月 14 日，由洪水向蟠龙撤退之敌，在武乡独立营和民兵的轮番袭击下，难以撤退，15 日夜间，敌偷偷西逃，可是蟠龙至武乡城的大路两旁布满了游击队和民兵，沿途 52 个村庄，到处响起枪声，敌狼狈逃窜，抢到的小麦抛弃了一路，连抬伤员的敌兵也成了伤员甚至被打死。5 月，敌人“扫荡”失败后，复于 6 月合股“扫荡”武东根据地，抢劫小麦。这次，洪水民兵联合苏峪、南台、寨坪、东庄等村的民兵，开展了群众性的斗争，打得敌人丢盔弃甲，毙伤敌伪 532 人，并抢救出民夫 225 人，夺回小麦 5 万公斤，得到晋冀豫边区政府的通令嘉奖。

在反“扫荡”、反“清剿”的斗争中，中共武乡县委始终带领人民群众，与敌顽强战斗，配合部队击溃了日军的进攻。事实证明，武乡的党组织是强大的，人民群众是不可战胜的。只要党、政、军、民团结奋斗，就能立于不败之地。

三、军民配合，开展反抢粮斗争

从 1941 年 3 月到 1942 年 10 月，日军在太行区连续五次推行“治安强化运动”。第五次的重点，主要是掠夺粮食，这就成为敌我斗争的焦点。为此，中共武乡县委及时号召全县党、政、军、民总动员，从夏收到秋收，要用武力来保卫夏、秋两季收获的粮食。

为了适应这种斗争形势，太行第三军分区司令部根据主力兵团地方化、地方兵团群众化、普遍发动群众武装，并使三者紧密结合的方针，指派八路军第14团3营营长钟明锋率领部分部队，在武乡坚持腹地游击战。决九团4连连长张国斌，带领300余人，在武西地区发动群众，保卫秋收，开展敌占区的游击战。武乡（东）、武西县委、县政府为了更广泛地配合部队开展游击战，组织了1.2万多名民兵。地方兵团和民兵相结合，运用各种战法，打击抢粮之敌。同时，发动群众空室清野，快打、快收、快运，并破坏敌人补给线与临时兵站，粉碎敌人的秋季抢粮“扫荡”。

1942年10月，敌人在武东以韩壁、蟠龙、大有、上广志、下广志为中心实施“驻剿”。为了粉碎敌人秋季抢粮“扫荡”，县委、县政府于10月10日发出《加强战备，开展保卫秋收秋耕》的通知，提出“不让敌人抢走一粒粮”的口号，把工作重点放在民兵与军队配合上，武装掩护群众抢收抢耕，边收、边打、边藏，真正做到场光地净。

1942年10月，驻南沟据点的日伪军，在狮则沟抢粮百余石后，被我军决九团和山交沟、山交、茅庄、邵渠、故城等地民兵夹击在涅河沿岸，百余石粮食全部收缴返还老乡。

10月20日深夜，钟明锋营长率领部队到达蟠龙公路沿线，在当地民兵的配合下，隐蔽在李峪到长乐村之间的一段公路附近。21日傍晚，敌抢粮队300余人从胡峦岭行至李峪村与长乐之间的辿湾儿时，正好被民兵和部队夹击，敌四处狼狈溃逃。到10月28日，钟明锋率领的14团3营和武乡四区民兵，在下型塘又打击了敌人的抢粮队。为了打好这次伏击战，县武委会将蟠武沿线的马庄、型村、峪口、长乐、李峪等村民兵280余人，分别布置在沿线7.5千米长的山头上，监视引诱抢粮之敌人，从而将敌人消灭在型塘、陌峪之间的隘谷中。此战，毙伤敌100余人，剩余的敌人弃粮而逃。

这次军民配合的反抢粮作战，持续了18天，从敌人手里截下粮食1.5万多公斤。14团3营在武东民兵的密切配合下，紧紧依靠群众，采取小部队游击活动，给敌人以沉重打击，多次粉碎了敌人的“清剿”及抢夺粮食的阴谋，胜利地保卫了武东人民的秋收秋耕生产，受到了太行第三军分区的表扬。1942 年 11 月 21 日，华北版《新华日报》报道了《武乡军民配合反抢粮》的典型事迹。

由于军民并肩作战，反抢粮斗争取得了辉煌成绩，太行军区发表了《三八五旅十四团三营关于怎样和武乡四区民兵在战斗中结合的报告》。在这一报告中，表扬了武乡县委狠抓民兵工作，并总结出军民联防反敌抢粮的主要经验：

第一，在这次反抢粮斗争中，14 团除一部转移到机动地区，寻找、打击敌人外，留下 3 营 11 连，分散在以胡峦岭高地为中心的蟠武线上，与驻地民兵群众结合，坚持以反抢粮为中心的游击战争。

第二，在战前，由县、区指挥部协同召开了军队和地方干部联席会议，突出阐明了民兵在秋季反“扫荡”斗争中如何有机地和部队配合作战，到会的各村村长和武委会主任与部队互相介绍，互相熟悉，在指挥作战时，军地干部共同协商布置兵力。

第三，在反抢粮战斗之前，选调部队中有丰富游击经验，又善于做民运工作，能接近群众的班、排干部，带领部分战士分散到四区各村，白天帮助农民抢收抢打。这样，在战前既搞好空室清野工作，又提高了民兵的军事本领。

第四，无论军队或民兵，都遵守严格的组织纪律，真正做到秋毫无犯，使群众信任军队，军队依靠民兵，对群众许下的诺言能够变为现实。

四、党领导下群众性游击战争的新创举

抗日战争，也可以说是农民战争。普遍动员农民群众参加抗战，是武乡县委在根据地开展游击战争的基本特点，也是武乡县委领导广大农民，在极端艰难困苦的条件下扩大、巩固根据地，并不断取得胜利的根本条件之一。

武乡根据地的开辟和巩固，是经历了艰难曲折的战斗历程的。特别是

从1940年日军由白晋线东进，在段村镇扎下大据点，把武乡分割为武乡（东）、武西两块；1943年又侵占武东重镇蟠龙。这样，敌人以“蚕食”占领的点线作为“扫荡”的依托，又在反复“扫荡”中，大肆施行残酷的“三光政策”，妄图加速对根据地的“蚕食”。面对这种险恶的斗争局面，县委号召组织全县广大民兵、自卫队，配合转战于当地的主力部队769团、14团、决九团和武乡（东）、武西两县的独立营，在反“扫荡”、反“蚕食”、反“清剿”斗争中，真正做到了人自为战、村自为战、联防为战，以我之长，攻敌之短，创造了麻雀战、地雷战、窑洞战、围困战和攻心战等巧妙战术。

麻雀战，即各地民兵三人一群，五人一伙，出没无常，飘忽不定，这种机动灵活的战法，使拥有飞机、大炮的日本侵略军，望而生畏，无法应付。1942年5月，女民兵队长冯凤英，带领妇女转山头、打冷枪，掩护乡亲安全转移，使在大陌村“驻剿”的日军昼夜不宁，疲惫不堪。9月，上广志民兵高贵堂，在保卫村庄的麻雀战中，三枪击毙三敌，获得了“太行神枪手”的英雄称号。武东民兵广泛开展麻雀战，共歼灭敌人852名，使敌人不但无法按一般战术作战，反而在“扫荡”中常常受到我军民的袭击，搞得四处奔袭之敌“四面楚歌传来，一拳打去是风”。

民兵的另一种最普遍的战法是遍布全县的地雷战。即使用地雷、石雷这一杀敌制胜的土武器，封锁道路、村落和敌据点，使偷袭之敌寸步难行。全县民兵英雄王来法，从1941年到1943年，带领李峪民兵群众，横据蟠（龙）武（乡）线，大摆地雷阵，先后炸死炸伤敌人121名，荣获“太行地雷大王”的光荣称号。当时，各村民兵都编有爆炸小组，敌到雷到，甚至敌未到雷先到。敌占柳沟时，当地民兵协同兵工厂工人自卫队，从马岚头到河不凌布下了2.5千米长的地雷阵，使“清剿”之敌没捞到军火弹药，却挨了一场“痛炸”，牲口驮了几十具尸首逃跑了。日军过路在蟠龙河滩的树荫下乘凉，刚想坐在石凳上，不料接连踏响了民兵的“连环雷”，炸得日军血肉横飞。峰垴村民兵在村口大道上布好地雷阵，发现敌人大队要避开大道绕小路，便通过几声稀落的“冷枪”，诱得妄图活捉“土八路”的鬼子陷进了地雷区。民兵们高兴地说：“这叫地雷加冷枪，老鼠钻风箱。”敌人包围范家岭时，一颗地雷炸死敌军6人。气恼了的鬼子要烧房报复，一开门又碰响吊着的手榴弹，崩死两个，这一切使敌人不敢再在村里乱动了，都集中在打谷场上，正要点谷草烧火取暖，又被草堆中的地雷炸倒10多人。敌人无奈，只好扫兴离开。马家庄民兵杀敌英雄马应元和赵炎云，一次埋下24个地雷和4颗石雷，炸死鬼子14人，炸伤10人。敌占蟠龙后，他们在马家庄补给线上先后用地雷杀敌97人，使敌人的运输线变成了死亡线。

窑洞战，是武乡人民群众在对敌斗争中创造出来的一种新的战法。当时，为了保存自己，消灭敌人，结合丘陵山地的地形地物，村村打窑洞，山山挖工事，把一座座山头和断崖变成了一座座消灭侵略者的战斗堡垒。抗战初期，武乡各地新挖的窑洞，多数用于埋藏粮食和财物。后来，由于敌人对根据地的“扫荡”越来越频繁，窑洞由村内发展到野外，不仅藏物，而且能跟民兵、自卫队一起转山头、打游击的老弱妇孺都利用窑洞藏身。这样一来，使群众大大减少了伤亡。到1942年，窑洞又成为民兵作战的特殊阵地。这种窑洞战的特点是弯弯曲曲，上上下下，洞道多岔，层层叠叠。每个拐弯处与攀登处都设有障碍物，如圪针刺、刀枪和陷阱等。当时，区、村干部号召人民群众打洞的标准就是：“拐三弯、过三关、楼上楼、天外天。”其特点是：（一）找不见——洞口秘密隐蔽；（二）熏不死——除进口外，还在不同方向的崖壁上有处或多处通气孔；（三）进不来——敌人即使发现了，也因洞内各个关口上都有民兵把守，或安置杀伤性的障碍物；（四）住得久——内贮藏有粮食、柴、水锅、碗，甚至有厨房、厕所，以及纺车、线拐等生产工具，可以坚持十天半月；（五）跑得脱——必要时洞长可以指挥洞内群众由几个出口趁夜转移他乡。自从县、区、村抗日政府组织发动各村开展了窑洞斗争，民兵便甩掉了家庭拖累，解除了后顾之忧，配合部队作战，更加顽强机动。据县委统计，武乡全县挖大小窑洞在7500眼以上。如当时有120户人家的西堡村，在敌占蟠龙斗争最残酷时，全村在3道圪梁、5条沟里挖了107眼窑洞。树辛村的窑洞大的可容500人，小的可供3家藏身。韩壁、东庄和监漳、南庄等村，汲取了抗战初期被敌熏死多人的血的教训，认真选择地形，挖下了隐藏和战斗相结合的“保险洞”。

在著名的漆树坡窑洞保卫战中，民兵以窑洞为阵地，同敌人激战3小时，拖住敌人，掩护了村东南驻扎的县、区干部和机关人员，使县、区干部安全转移出去。1943年5月上旬，日军“驻剿”柳沟，洞内300多农民、工人，据险斗敌，用石头、沙子击退了进洞“搜剿”的坂本中队。大陌村边树丛中，有一个口朝上的窑洞因未赶上收口，被突袭之敌发现了，日军一连吊下4个敌兵，都被洞中投出的手榴弹炸死。接着敌人又改用火烧，但因洞口朝天，烟火直往外冒，呛得鬼子受不了，只好扫兴而去。民兵们保卫了洞内的70多名乡亲。敌人侵占胡峦岭后，在第三天搜山时，发现了木瓜沟的窑洞在崖头上，就搬来云梯上去“劝降”。窑洞内的妇女和民兵们以农具为武器，把几个日军打得掉下梯子。敌兵在崖下守了3天。第4天深夜民兵配合我部队，把100多名乡亲转移出去。还有许多村庄是洞内洞外配合战斗。一次，冯家堖民兵中队长武大成带着6个民兵在山头上警戒敌人，突然望见几个日军正使劲刨村东南沟的藏人洞，他们架起老式机枪打了3枪，挖洞之敌以为八路军大部队赶来了，扔下铁镬头扭头就跑。马村民兵温凤鸣，发现40多个搜山鬼子接近了村外最大的藏人洞口，眼瞧敌人根据洞边“新土”踪迹和新脚印，要动手掘洞口了，立即点燃了老土炮，打了3炮，声音震天动地，敌人像疯狗一样扑上山梁，想活捉“土炮手”，哪知温凤鸣早跑得无影无踪了。当年武乡（东）的民兵群众，在窑洞内外和敌人进行大小战斗达570多次。

当时在敌占城镇、我占乡村的情况下，民兵就是这样配合正规部队和独立营、游击队，把围困着的大小据点，逐个地拔掉，使根据地连成一大片。在锄奸防特方面，民兵也取得了显著成绩。民兵除配合反特锄奸活动、巡逻放哨之外，还镇压了许多罪大恶极的汉奸头子，斩断了日军的爪牙。如武西故城民兵队，在武委会主任程坦的带领下，在南沟据点内外，先后捕杀大汉奸杨明德等 7 人，曾一连三次捣毁了日军在故城镇办起来的“维持会”。在反掠夺、反派夫、反抓丁等斗争中，打击了敌伪的嚣张气焰，保护了群众利益，缩小了敌占区，扩大了根据地。南沟车站至南关兵站 30 千米铁路线上的各村民兵，杀汉奸（民兵配合路工把汉奸砸死在山洞内）、打火车、炸桥梁、割电线，开展了交通破击战，常常搞得敌人交通中断，联络失灵。1940 年 10 月，武西 3 名民兵装作苦力打入敌南沟车站，放火烧毁敌车厢 124 节、汽车 8 辆，价值共约 100 万元之巨。岩庄、阳坡等村民兵游击小组，先后炸毁敌火车 1 列，烧站房 5 处，炸桥 3 座，拆毁铁轨 1. 5 万多公斤。“割线王”乔猴儿一人从 1943 年至 1944 年割回敌电线 3650 多公斤，被誉为神兵、飞行军、乔大圣、飞毛腿。破袭战、攻心战、捕捉战成为武西民兵的战斗特色。

五、进行反特务斗争与政治时事教育

1943 年 6 月，国民党利用共产国际解散的机会，叫嚷“解散共产党”“取消陕北特区”，并准备突袭延安，掀起了第三次反共高潮。加之国民党军庞炳勋、孙殿英部先后投敌，在其盘踞的豫北地区，又是国民党特务策划破坏太行根据地的大本营。于是，潜藏在太行区内部的国民党特务、阎锡山特务与日本特务合流，趁太行军民陷于严重灾荒之机，制造各种谣言，散布“变天”思想，加紧破坏活动。武西地区白晋线上南沟、权店、南关等据点内的敌特和附近村庄的“维持会”人员则内勾外连，把敌特组织伸进游击区，甚至渗透到石盘、石壁、涌泉等后方村庄。这样，日、伪、顽遥相呼应，一时间武乡（东）、武西政治形势出现了紧张局面。

面对这种险恶局势，中共中央北方局于 1943 年 8 月 21 日发出《对太行区的锄奸反特问题指示》（以下简称《指示》）。《指示》分析了国特等活动特点，提出了镇压与宽大相结合的锄奸反特方针，并强调了开展工作的重要性及争取方法。27 日，晋冀豫区党委发出《特务分子掌握民兵的事实通报》，通报了在武乡县王家峪、左权县麻田等村的民兵中，混入国民党特务，并掌握民兵及民兵武器的事实，要求各级党组织提高警惕，采取有力措施，立即清除混入民兵中的特务分子。

县委根据北方局和区党委的指示与内部通报，遵照地委意见，召开了紧急会议。会上，列举了抗战以来，武乡国民党反动势力和阎顽分子反共的事实。国特头子郝泉香、肖芳亭等，借口抗日，在阎派县长的庇护下，把持了政权的差务、财政。国民党内的顽固派坚持反共，在旧政府的支持下，极端仇视牺盟会、八路军工作团，成立了什么“和平农会”等反动组织。“九路围攻”后，散布失败情绪，利用“同善社”等反动组织，到处秘密散布“打倒共产党，打倒农救会，反对八路军”等反动口号。还乘机派遣特务，打探我军政机关的行踪；将干部、民兵名单及公家资财向敌人告密。据一、三区的不完全统计，敌特对我打冷枪的现象已在 18 个村发现，共有 59 次；谋杀干部 7 人，割电线 24 次之多。此外，国特利用战争与灾荒，制造失败主义情绪。他们的口号是：“多吃粮食少吃菜，日本来了不受害。”史标青曾说：“共产党成不了大事，也不过是些放羊受苦的人。”郝竹亭和李香亭曾在祥良纸坊秘密开会，企图勾结敌人，扩大“维持”。

郝竹亭投敌后，不久就勾结敌剿共军赵瑞、段丙昌部占领蟠龙重镇。郝竹亭利用剿共军与李香亭、肖芳亭等人秘密联系，借发展伪组织新民会来扩大维持。李香亭派人给郝竹亭送信，被我军民抓获。公安局以信为证据立即逮捕了李香亭，经过严密审问，李香亭做了坦白交代，供出郝竹亭、肖芳亭、魏云亭的罪恶事实。李香亭早有密谋，企图投靠日本帝国主义，重新统治武乡人民，反共反人民。郝、肖、魏一伙的后台是史标青。县委根据这一供据，立即逮捕了肖芳亭、魏云亭和史标青，捣毁了由他们发展的特务组织。在围困蟠龙斗争中，武乡（东）县委一面审查汉奸特务分子“四大亭”和史标青，一面布置发动群众开展反特务斗争。经过审讯，搞清了汉奸特务的网络。

1943 年 8 月下旬，县委、县政府在下黄岩村召开了反特务斗争大会，李香亭在会上做了公开坦白认罪，揭露了“四大亭”的罪恶活动。为了镇压汉奸特务，揭穿其阴谋诡计，于同年 9 月上旬，县政府在洪水、苏峪、土河等地分别召开了群众大会，公开审判了肖芳亭、史标青、魏云亭等特务分子，最后执行枪决。这样，既震慑了敌人，又教育了群众。同时，对坦白交代好、低头认罪的国特分子，当场宣布给予宽大处理。会后，为了有效地分化瓦解特务组织，争取、教育、挽救大多数，县委按照区党委《关于开展反汉奸运动肃清特务的指示》，明确提出“开展坦白运动，挽救上当分子，以救人的态度处理国特问题”的方针。主要采取了以下几点：第一，对国民党的绝大多数人员，进行集中教育，讲清形势和政策，促使他们自觉交代，同汉奸特务组织划清界限；第二，组织坦白好的分子到邻村去帮助其他未觉悟的分子；第三，对不同情况的国特分子，要区别对待，团结、教育、挽救其大多数，孤立、揭露和批判极少数拒不坦白交代和暗藏的特务分子；第四，对极少数犯罪特别严重的特务，也不放弃教育，启发他们转变立场，重新树立起民族意识。

在进行锄奸反特斗争的同时，根据中共中央《关于加强时事教育的决定》和中共太行区党委《目前时期的支部建设问题》的报告，武乡（东）县委在全县干部、群众中普遍开展了以学习《评中国之命运》一书为主要内容的政治时事教育。全县农村、机关、学校的干部、群众，通过摆事实，讲道理，揭露国民党反共顽固投降的本质，进而结合敌后和根据地的实际，让干部、群众认识谁是真抗战，谁是消极抗战和假抗战。在抗战极端困难的敌后，是共产党、八路军与人民群众同生死，共患难，团结奋斗，抗击和牵制了70%以上的在华日军，是抗日并取得最后胜利的中坚力量。而国民党、中央军则躲到大后方观战，与敌特狼狈为奸，共同与抗日人民为敌。通过学习和教育，使干部、群众了解了抗战胜利后中国的发展前途，国民党在大后方实行封建法西斯独裁统治，摧残民主，压榨人民，以致民不聊生。反过来看，根据地虽然遭到敌人反复“扫荡”的严重破坏，但通过实行“三三制”政权，进行了减租减息，团结了各阶层人民，正在建设民主自由的新生活。这一切，同样得到了武乡人民的拥护。大家一致认识到觉醒了的中国人民，是会选择自己的光明前途的。这就是建立新民主主义的新中国，而不是国民党蒋介石的封建法西斯黑暗统治。由于弄清了上述这些基本问题，从而大大坚定了广大干部和群众在中国共产党领导下，争取抗战胜利，建立新民主主义新中国的坚强信念。

时事教育，采取了多种形式和方法：县委召开干部时事学习大会，由县委负责人作辅导报告。各区委利用各村冬学、民校对群众进行时事教育。武乡的监漳、韩壁、大有、洪水、东堡，武西的涌泉、石壁等地的夜校，听讲群众十分踊跃。通过讨论，大家认清了形势，辨明了是非，解除了思想顾虑，澄清了糊涂观念。

在反特甄别运动的同时，县委联系各地实际例证，对群众进行了深入的形势教育，从而使全县14万人民更加坚定地团结在共产党周围，继续开展对敌斗争，争取抗战胜利。

六、坚持八个半月围困蟠龙的斗争

1943年5月大“扫荡”时，日军三十六师团二二二联队队长葛目专门留置其坂本中队在柳沟“驻剿”7天，对该地的煤铁藏量进行了勘察。5月14日，蓄谋已久的敌酋葛目，尽管在我炮火追逐下，还观察了蟠龙镇与四周的侯家垴、白家庄、胡峦岭等制高点的军事地形。6月14日，日军三十六师团葛目联队的小林大队，指挥伪剿共军第一师赵瑞、段丙昌所部，共约 3000 人，同大汉奸郝竹亭勾结在一起，侵占了武东重镇蟠龙，在太行腹地插了一把刀，天灾敌祸接踵而来，使太行第三军分区的形势起了严重变化。敌人进驻蟠龙后，蟠龙地区 13 个编村成为敌人骚扰残害的地方。县委由于事先进行过动员，随即组织干部将百姓连夜撤到大有、东沟、洪水、东堡、西堡、朱家山等村。

敌占蟠龙后，他们为了尽快打通蟠（龙）武（乡）公路，又在沿途的马家庄、型村寨、胡峦岭、老凤坪等村高地扎下护路据点，连上蟠龙地带，使 21 个行政村、2 万余群众受到敌人威胁，其中需要长期转移到外地的约 1.5 万人。在太行区党委的指示下，县、区、村都成立了党政军一元化领导的前方指挥部，各自然村还设立了指挥组。主要是领导群众进行对敌斗争，掩护生产，在围困线上构成了一个互相策应的游击网。当时，在太行第三军分区司令部和武乡（东）县委围困敌人指挥部的具体指导下，根据“劳武结合，围困敌人”的总方针，对蟠龙之敌采取了下列斗争的办法：首先，有组织地转移出敌区群众，安置好难民生活，把敌人所占村庄的人力和物资隐匿一空，使敌进驻之后，只有萧然四壁，看不到一个人影，得不到任何可以利用的东西。其次，组织民兵摸敌哨、烧仓库、割电线、劫武器，随时出其不意地以冷枪、冷弹袭击敌人，或以夜袭战、掏心战突入敌人据点内，有时抓一把即走，条件具备时拔除外围据点。第三，破坏交通，断敌给养。对四处“扫荡”之敌，大股伏击，小股歼灭，有大兵力出动，就用各种办法骚扰，或乘敌据点空虚，民兵、游击队配合主力部队抄其老窝；同时切断敌人与外界的联系，造成敌人供给上的困难，使蟠龙敌据点变成一座四处无援的“孤岛”。第四，动员边沿区各村庄挖沟断路、打窑洞，在山沟里建立起便于游击的野外生活，组织劳武结合的游击生产。第五，对敌开展政治攻势，瓦解日伪军，打击和镇压罪大恶极的汉奸。

1943 年 6 月中旬，为了从政治、军事、经济上粉碎敌人“蚕食”我根据地的恶毒阴谋，太行第三军分区奉总部和刘伯承、邓小平首长的命令，集中六个团的兵力，趁敌立足未稳之际，以“困日打伪，以强攻弱，猛虎掏心”的战术，组织蟠武战役，攻歼蟠龙周围，以及蟠武公路沿线之日伪据点。由太行第三军分区陈锡联司令员统一指挥，于6月18日深夜发起了蟠武战役，激战一昼夜，歼灭日伪近千人，打击了日伪的嚣张气焰，拔掉了横截蟠武公路的胡峦岭据点，为武东军民进一步围困敌人扫除了一大障碍。

蟠武战役之后，从敌人增加兵力和加固防卫工事来看，敌人是不可能很快撤离蟠龙的。6月下旬，太行第三军分区司令部和中共太行三地委召开了联席会议，反复分析、判断、讨论了敌人的动向，提出了“坚持长期围困，逼退蟠龙敌人”的新方针，认真制定了围困斗争的方案，特别在武装力量配备方面，做到了主力兵团、地方兵团和民兵自卫队三结合。分区派769团、14团和独立营等地方部队，以连或排为单位，分散在蟠龙周围各个围困敌人的联防点上，作为民兵、游击队的组织者和指挥者。当时，14团除活动在蟠武公路上的两个营之外，钟明锋营长率领三营化整为零，配合四区前方指挥部进行对敌斗争。四区前方指挥部由杨忠、刘致祥负责，共计56人，杨负责指挥，刘负责后勤。在八个半月围困蟠龙的对敌斗争中，所有活动都是由四区前方指挥部布置，我抗日军民日夜活跃在蟠龙以北，胡峦岭至韩家垴的联防线上。769团派出第6连，配合新八区民兵坚守蟠龙东面尖山顶阵地；派出5连，组成许多“轮战队”或“侦察班”，配合韩壁、窑上沟、王家峪等村民兵，战斗在蟠龙以南的围困线上。为了使民兵、群众更加坚定地参加围困斗争，前方指挥部以胡峦岭“宁可饿死也不吃鬼子一口饭”的王四孩的母亲郝爱则大娘，单身斗敌、誓死不当亡国奴的皮烟村民兵王尚元摔碎步枪壮烈牺牲等典型事例，对广大群众进行了气节教育，增强了大家的民族意识，树立了“我中华民族有同自己的敌人血战到底”的英雄气概。在围困敌人的艰苦斗争中，军民联防，并肩作战，演出了一幕幕惊心动魄的人民战争活剧。

从段村经马庄、长乐到蟠龙，长约40千米的一条大道，是蟠龙敌人唯一的补给线。蟠龙的敌人除到段村进行联络和运送弹药外，还要运送粮食物资，沿线军民于是对敌展开伏击战、地雷战等，使敌人唯一的运输线变成了死亡线。

由于蟠武沿线武乡（东）军民2万多人投入了这场历时八个半月的围困斗争，蟠龙敌人便像一头野牛撞入了人民战争的火阵，到头来烧得焦头烂额。据武东7个区的统计：仅广大民兵开展地雷战、麻雀战两项，就毙伤敌军1669人。军民共进行大小战斗2753次，总共歼敌2100多人。在政治攻势中，伪军逃跑、投诚者共250多人，以至伪剿共军第一副师长段丙昌在写给师长赵瑞的信（后被我军缴获）中不得不发出这样的哀鸣："原以为大军所至，'匪共'胆寒，民众依归，事实殊出意外，至今民众屡召不返，治安更风雨飘摇，前途困难重重……"在我广大军民的团团包围之下，敌人被迫于1944年2月28日退出蟠龙，使武乡（东）根据地得到恢复和扩大。

3月4日，太行第三军分区和武乡（东）县委在蟠龙镇召开了万人参加的庆功祝捷大会。769团6连被评为太行第三军分区"围困蟠龙模范连"；5连2排排长王凤才，14团英雄营长钟明锋、排长靳小瑞，关家垴民兵班长关二如，马家庄民兵指导员马应元，均被评为太行区一等杀敌英雄；韩壁村农会主席韩国栋和树辛村支部书记李马保等人被评为模范抗日干部；窑上沟民兵"张家班"，秦家烟李家兄弟俩，太行"地雷大王"王来法和菜刀英雄李庆和，以及推鬼子落井的郝贵堂等著名人物，也都被评为名震太行的抗战功臣。1944年4月3日太行《新华日报》头版头条发表了《向蟠武线军民致敬》的社论，表彰了蟠武全线在血与火的斗争中坚持围困敌军的广大军民。

第五节 贯彻执行“敌进我进”方针

一、武工队深入敌占区开展对敌斗争

为了扭转太行区对敌斗争日益复杂的困难局面，坚决打退敌人的“蚕食”与“封锁”，太行军区从各军分区选调了一大批政治素质好、作战勇敢的班、排级骨干，由营、区级干部带领，经过专门培训后，组成了武装工作队。根据“敌进我进”的方针，深入敌占区开展政治攻势，进行群众游击战争，进而变敌占区为隐蔽的游击根据地。129 师于 1942 年 3 月还专门颁发了《武装工作队初次出动到敌占区的指示》，对武工队的组成做了具体规定：“对特别严重的地区，必须按照中共中央北方局指示组织武装工作队，深入敌占区、接敌区、三角区进行工作。这种工作队以 50 人为一队，以营特派员为队长，县委书记为政委。队长和队员质量要非常优良，都能懂得政策。”1942 年，日军接连五次施行“治安强化运动”，武乡县段村以西的故城地区被日军占领后划为“维持区”。武工队深入敌后，发动游击区、敌占区民众的抗日斗争，进而扩大抗日根据地。太行第三军分区从地方兵团抽调了一支武装工作队，插入武西敌占区和游击区，同敌人展开了神出鬼没的斗争。

1942 年秋，为了粉碎敌人的抢粮计划，武工队紧密配合主力军决九团，在故城一带同敌人展开了机动灵活的斗争。11 月 29 日，南沟据点的敌伪军 90 余人，在宣抚班班长横田和伪区长程锦的带领下，逼迫五峪、河底等村民夫赶着 24 辆牛车，急奔茅庄编村狮则沟抢粮。武工队和茅庄民兵发现敌情后，同我决九团 4 连配合，对抢粮之敌给予沉重打击，截回粮食 9000 公斤。秋后，武工队长宋斌带领武工队到武西区活动，给敌伪上“夜课”（喊话），开展政治攻势，瓦解日伪军。武工队员李廉深入敌人南沟火车站活

动，他只身一人把南沟敌人诱至高台寺，让敌人痛遭武工队和独立营的伏击。后来，武工队驰骋于白晋沿线百里铁路线上，在当地军民配合下，公开斗争与秘密斗争相结合，在一周的时间里，他们深入南关、分水岭、权店、良侯店据点附近，以机敏的行动，到16个村庄对3895人进行了宣传调查工作，把1006份宣传品散发到敌占区和铁路线上。他们先后访问了818位绅士和知识分子，提高了敌占区群众坚持抗战的信心。接着，武工队又向漳东区挺进，经过与敌周旋，打垮了到武西县坡底、涌泉一带抢粮、抓丁的敌兵。他们还召集22个村的民众1000余人，在漳东地区举行盛大的追悼左权将军大会。在上级党委的领导下，这支小分队不断发起新的政治攻势，战斗精神更加顽强，极大地振奋了敌占区同胞的斗志。1943年春，14团3营营长钟明锋兼任武工队长，他带领30余人战斗在沁（县）武（西）边界，发动群众，组织民兵搜集情报，打击小股敌人。深入武西的武工队，在游击区和根据地人民群众的支持下，充分发动群众，为建立和扩大敌后根据地创造了良好条件。同时，在敌据点之间不断开展抗日斗争，随时打击敌人的嚣张气焰。并利用日伪矛盾，瓦解日伪力量。武西故城和东良一带的根据地，就是在武工队的帮助下开辟和扩大的。武工队配合当地民兵，在东良红山伏击日军，打死其小队长和翻译官。武工队员刘子梅，在东良村与敌搏斗中光荣牺牲。1945年日军投降前夕，武工队小队长白德元，带领民工到五峪打开敌人粮库，强运出小麦和谷子400多麻袋，支援了我军解放段村的战役。

二、开展反“蚕食”、打“维持”斗争

1940年夏季，日军侵入武乡中部之后，以东村、段村为轴心，南筑公路，与沁县大据点连接；并在西河底村营造护路碉堡，以控制聂村、姜村一带，进而向南扩展，“蚕食”根据地。在段村以南10千米、以东15千米周围的曹村、上司、县城（今故县）地域内，均成为“维持区”，并在各村

建立了统治人民的“维持会”。敌人利用这些机构残害人民，扩大敌占区，分割根据地。1942 年春，日军更加疯狂地对武乡抗日根据地实行全面“蚕食”，“维持会”的活动更加猖獗，大量捕杀我民兵和抗日干部。为了粉碎日军的变根据地为敌占区的阴谋，县委先后遵照中共中央北方局《关于反对敌人蚕食政策的补充指示》和晋冀豫区党委发出的《关于执行反对敌人蚕食政策的补充指示》，成立了武乡县反“蚕食”斗争委员会，领导武乡人民开展了反“蚕食”、打“维持”等形式的斗争。

第一，民兵、游击队配合敌工站人员到游击区和敌占区进行活动和斗争，捕杀死心塌地的汉奸。活动在上司边沿区的前方指挥部，配合民兵和游击队，在同一时间内把石鼻、阳城、曹村、山阳垴、南亭、暴家峪、圪老湾等 52 个“维持村”的伪人员全部抓回根据地，镇压了罪大恶极的汉奸张银旺等，并在接敌区召开群众大会，张贴布告，对敌伪进行警告。这一行动震慑了敌人，有力地压缩了“维持区”。

第二，对伪军及其家属进行耐心细致的说服教育工作，根据区党委宣传工作指示，派党的干部秘密到“维持村”，开始做伪军家属工作，通过其家庭摸清其态度，针对他们的情况，先宣传世界反法西斯战况和中国抗战必胜的大形势，并大讲共产党对伪军及其家属的宽大政策，劝说伪军反戈一击，站在人民的一边。通过一段时间的工作，一些伪军通过其家属与我方建立了联系。如曹村西沟一警备队副小队长，在营救我方人员李毓秀时，就起过积极作用。

第三，改造“维持会”，建立革命的两面派政权。为了对敌斗争的需要，在敌占区维持村搞两面派政权，即公开维持敌人，秘密为我方办事，开展了两面派政权工作。既注意了不使群众受牵连，又达到了与敌斗争的目的。要他们给我方送情报，保证抗日干部的安全，如富庄村的段仲旺等，就是两面派“维持会长”。

第四，关心和保护群众的生产和生活，争取群众的支持。从 1942 年秋季“扫荡”之后，凡是“维持”了的村庄，敌人都称“爱护村”，他们欺骗群众说：“爱护村不烧、不杀、不抢、不抓。”伪政权强调所有“维持”了的村，都必须按时送情报，按规定出劳役、送壮丁、交粮、交款。若一件办不到，就有送命的危险。敌人的“爱护村”，由一线推进到二线防区，并严重地威胁着三线人民群众的生活安定，对抗日领导干部严加封锁消息。面对这种局势，武乡县委号召各区正面突击，大讲抗战形势和抗日政策，并逮捕和镇压了一些暗藏的奸特，打击二、三线秘密建立起来的间谍网（指敌人安插的“钉子”）。1943 年夏季“扫荡”开始，武东新三区领导做了周密的调查研究，配备了武装力量，掌握敌人的间谍网点，分别在魏家窑、郝家垴、姜村、曹村、石科、里峪沟、徐阳 7 个村的点上，全面出击，一夜之间打掉了敌人精心建立起来的间谍网点和“维持会”组织。

第五，组织秘密游击小组和建立小型的隐蔽根据地，到敌占区进行武装宣传。在边沿区，以自然村为单位，建立游击小组，到敌占区进行武装宣传，召开群众大会，公布汉奸罪恶事实。武西抗日根据地在反“蚕食”斗争中，由 6 个村扩大到 18 个村，并建立了 71 个游击小组。6 月，武西一区民兵 12 人，配合游击队，在敌据点附近，游击侦察 15 次，摧毁 13 个“维持会”，抓获伪干部 7 人，没收“居住证”百余张。并建成情报网络，到“维持村”订立抗日公约。二区游击小组，配合游击队到敌占区活动，在 24 个村进行武装宣传，教育群众 1200 余人，没收“居住证”520 张，抓获奸细 6 人，争取伪军 3 人反正。三区游击小组 10 余人，抓获伪干部 31 人，营救被抓壮丁 150 余人，没收“居住证”2200 张，袭击敌据点 1 次，并在聂村破坏围墙 5 段，夺回木板 10 余块，配合决死队到南沟、分水岭敌交通线上破击 1 次，缴获电线 2000 多公斤，并将西河底敌炮楼摧毁，击毙警备队班长李小昌。同年 7 月 24 日，武乡县总结反“蚕食”、打“维持”斗争成果，共摧毁“维持会”19 个，解决旧案 2000 余件，摧毁敌据点、伪村公所 6 处，抓捕伪人员 101 人，公开处决了死心塌地的汉奸温木林、焦茂增、王二秃、武大金等 6 人，没收“居住证”2555 张，“维持会”自首反省者 178 人，反动会道门成员自动悔过者 873 人。

第六，根据政治攻势与军事打击相结合的原则，开展敌军工作。县委组织干部向“维持区”广大群众和伪军政人员大讲斯大林格勒保卫战、苏联红军的胜利形势，大讲人民政府对敌斗争的政策和敌占区群众对敌斗争的光明前途。同时瓦解敌人，争取“维持会”，如八区区长史亚夫，对被抓的“维持会”会长进行教育后释放，后来这个“会长”还为革命做了不少有益的事。

武乡的反“蚕食”、打“维持”斗争，是在县委的统一领导下，由边沿区的县、区游击队、武装工作队、敌工站、公安局密切配合、协同进行的。他们宣传教育群众，帮助群众解决最迫切的问题，充分发动并依靠群众，采用多种形式，对敌进行了极为有力而又巧妙的斗争。

三、战斗在游击区的坚强堡垒

抗日战争时期，武乡各个基层党支部，在县委和区分委的领导下，在尖锐复杂的对敌斗争中，充分发挥了党的战斗堡垒作用。茅庄村党支部就是在敌占区、游击区坚持斗争的一个典型。坚强的茅庄村党支部，在残酷的反“蚕食”、打“维持”斗争中，带领广大民兵取得了一次又一次的胜利，在熊熊的游击战争烈火中，真正锻炼成为一座摧不毁、攻不破的坚强战斗堡垒。

1939 年 4 月 12 日，日军首次侵占武乡故城、岸北、石盘 3 个村庄。驻故城之敌的游动哨距茅庄村仅 1 千米。在敌人大军压境的情况下，党支部带领自卫队帮助群众空室清野，破坏道路，站岗放哨，监视日军动向，与敌展开了顽强的斗争。在这危急之时，一些恶霸地主蠢蠢欲动，妄图为虎作伥。破产富农白瑞生就到权店参加了日军秘密会议，回村后便挑动“维持”。党支部得知这一情况后，立即向上级党委作了汇报，并协助抗日政府在涌泉召开的锄奸大会上镇压了不法分子白瑞生。茅庄村党支部在反“维持”斗争一开始，即首战告捷，对武西地区的反“蚕食”斗争起到了推动作用。1939 年 7 月中旬，日军在南沟车站和故城镇扎下了据点，武西地区局势进一步恶化。敌人为了扩大“维持村”，恫吓四周人民群众，在奔袭大良等村庄时杀害无辜群众 7 人，以此来扑灭群众反“维持”斗争。茅庄村距故城只有 3.5 千米，在附近各村“维持”敌人的情况下，日军命令故城“维持会”单独给茅庄村下了最后通谍令：限 3 日内到故城接头维持，否则将全村烧光杀尽。党支部经过认真研究，又征得上级党委的同意，决定将非法斗争与合法斗争结合起来。为了应付敌人，决定先派忠实可靠的田泽丰任伪副村长（实际是茅庄村的抗日副村长）。田泽丰上任后，每当从敌据点“开会”回来，就先向抗日村长白效文（共产党员）汇报情报，在党支部的控制下，没给敌人供过一次真实情报。敌人若向村中催夫逼粮，党支部就指派些老人、小孩去磨洋工，送些掺沙土的劣质粮食，并谎报说，运送的粮草在半路上被八路军截夺，结果搞得敌人晕头转向。地处敌占区的茅庄村人民，在党支部的领导下，就是这样巧妙地与敌人周旋斗争的。

茅庄村人民为了支援八路军抗日，在县委、区分委的领导下，在自卫队的掩护下，将最好的粮食做公粮，跑 25 千米山路把公粮送到抗日县政府收粮点；一得到敌人出发的情报，就迅速派人给上级领导送信。1939 年 11 月中旬的一天下午，区分委白德元得知汉奸赵昆山正在邵渠伪村公所刺探我方军情，当即与茅庄村支书白木荣、党员武生堂研究捉拿汉奸的办法。他们派遣了 10 余名自卫队队员，化装成“维持村良民”，迅速赶到邵渠村后突然将赵昆山捕获，事后受到武西办事处的表扬。

1940 年 3 月，故城据点之敌活动十分猖狂。“维持会”变本加厉地推行日军的“强化治安政策”。县委为了加强对敌斗争，鉴于茅庄村党支部已形成一个不屈的堡垒，又是日军奔袭我武西后方机关的出入门户，就优先发给了茅庄村两支步枪和一些弹药。有了好武器，党支部就在抗日自卫队的基础上建立了秘密游击小组，由共产党员、自卫队队长田景云指挥。3 月中旬的一天深夜，茅庄村的游击小组，在田景云和白福贵的带领下，配合我八路军某部一连，对故城敌据点进行了突然袭击，毙伤日伪军 30 多名，取得了初次出击的胜利。

同年 7 月，为了彻底为民除害，区分委指示茅庄村党支部组织民兵再袭故城自警团，抓捕“维持会”中的大汉奸程福荣、程晋儒、杨明德。为此，区武委会又从高仁、陈村党支部抽出了 4 支步枪支援茅庄村，区武委会主任贾书林又借来冲锋枪、步枪各 1 支（挺）。这样，茅庄村党支部和民兵已有步枪 7 支、冲锋枪 1 挺、驳壳枪 3 支和一箱手榴弹。7 月中旬的一个夜晚，党支部抽调骨干民兵 14 人，袭击了故城敌据点。在这次夜战中，打死了“维持会”副会长程福荣，捣毁了“维持会”和日军俱乐部。从此，故城敌据点之敌很长一段时间不敢外出骚扰。大汉奸杨明德、程晋儒的反动气焰也有所收敛。茅庄村党支部又经历了一次实战锻炼和考验，还从敌人手中缴获了一批枪支弹药。

1940 年 6 月，驻故城日军头目换防，新来的敌宣抚班班长酋林木随身带来一个号称“圪达罗”（日语译成中文为“杀不了”）的干儿子。圪达罗担任伪先锋队队长，经常四处“讨伐”捕杀我抗日干部，对我周围各村党组织威胁很大。11 月，茅庄村党支部经过多次研究，终于配合决九团侦察员趁故城赶集之机，活捉了这个十恶不赦的大汉奸，打击了无恶不作的伪先锋队。接着，茅庄村游击小组又与武西独立营配合，袭击了南沟车站的宣抚班和伪警备队。敌人遭到了这样的突然袭击，不仅晚上不敢走出炮楼，而且连火车上的来客也要一一搜查。

1940 年 8 月 20 日，我八路军总部发动了举世瞩目的“百团大战”。这次战役，给了日军致命打击，因而敌人对我根据地军民以百倍疯狂进行残酷报复。在这恶劣的环境中，茅庄村党支部直接领导的游击武装，战斗力更加强大了，斗争的方式也更加多样化。他们经常以支夫为名，化装深入虎穴，猎获情报。有一次，党员白效文、白福贵混入南沟据点，机智地与内线人员配合，智取了日军“板井地区警备队阵地强化要图”“日军对我根据地‘扫荡’计划要图”。

1942 年春，党支部将秘密游击小组使用的 3 支长枪公开出来（因处敌占区，武器必须保密），村民又自动捐小米 15 石，买到带刺刀步枪 4 支和 1 门土炮，县武委会又配发了不少子弹。党支部正式编制了两个骨干民兵班。民兵武装壮大后，由秘密的武装斗争转为公开的斗争，多次击溃敌人的骚扰。经过一段对敌斗争的考验，党支部又在青年民兵中发展了白银维、白佩山、田文秀等一批新党员，这时，党支部有党员 33 人。1942 年夏，敌人为了进一步“蚕食”我根据地，将“维持村”巧妙地改为迷惑人心的所谓“爱护村”。武西县委成立了反“蚕食”斗争委员会，提出了“打垮维持会，扩大根据地，缩小敌占区”的战斗口号。这么一来，在宁死不维持的茅庄村人民的影响下，军民经过一段斗争，将维持区压缩到故城 2.5 千米以内。1943 年 8 月，敌人在二区山曲村“驻剿”半个月，茅庄村民兵又在北涅水与西窑湾敌运输线之间，出其不意地击溃敌运粮队。这年秋后，敌人到茅庄村、狮则沟村抢粮，茅庄村民兵配合决九团 4 连，截夺敌 24 车粮食，约 9000 公斤，还打死打伤日伪军 12 人，打断了敌人的运输线。

茅庄村人民在对敌斗争中，经受了严峻的考验，为革命献出了许多自己的优秀儿女：其中，有冒雨传送情报光荣牺牲的共产党员程俗通，有宁死不屈惨遭敌人杀害的民兵英雄白银熬。惨无人道的日本侵略者，对地处武西前哨的茅庄村进行了连续几次的奔袭“扫荡”，残杀了许多民兵和群众。但这里的人民是杀不垮的，他们前仆后继，奋勇抗敌。

四、发动政治攻势，开展敌军工作

太行根据地的敌军工作，在 1942 年以前就有一定进展，为武装斗争的开展创造了有利条件。但各地由于在进行此项工作时仍有些拘谨，局面还是没有打开。为了加强八路军打入敌人内部的工作，适应形势发展变化，中共太行分局书记邓小平在《五年来对敌斗争概略总结与敌后对敌斗争的方针》报告中及时提出“敌进我进”的方针，并指明：我党在敌占区的组织工作中，打入工作的第一个问题，是开门见山的问题，不能打入就谈不到一切，打入的对象是很广泛的，打入到敌占区群众中去，打入到敌占区集市中去，打入到伪军组织中去，打入到一切敌组织中去，而打入到伪军当中应该是目前的主要对象。打入的任务是：“长期埋伏进行隐蔽的、巧妙的、谨慎的宣传组织工作，积蓄力量，起到发酵作用，以待时机，配合反攻。”

太行区连续开展了 9 次大规模的政治攻势，发动了“中国人大团结，反对奴化”运动，对伪军则发起了“良心大检查”和“检查死心汉奸”运动。

从 1940 年开始，武乡县在搞好武装斗争的前提下，相应地开展了敌军工作，将敌占区的党支部改为锄奸小组，每个支部留二至三人坚持地下工作。在武西张家沟成立了锄奸领导组，组长董成旺、张守仁、张宽宏。下设锄奸小组两个：一个组在东村，由段永旺、魏秃孩、段常宪组成；另一个组在平家沟，由王风荣、王海全、米国华组成。到 1941 年，锄奸组改为情报站，由张凤鸣负责，受太行第三军分区敌工科直接领导。其主要任务是：（一）了解敌人内部的机构设置、兵种和兵力部署；（二）掌握敌人的一切动向，瓦解其实力，争取伪官兵反正；（三）做好敌占区地下工作，掌握敌据点附近群众的思想动态和敌人的活动规律；（四）搞好情报工作，在整个敌占区组成情报网、联络站。

1941 年 1 月，东村锄奸小组成员魏秃孩，打入驻东村的日军“洪部”，对日军翻译官元村大成（朝鲜人）进行政策攻心，使之自动反正，投入抗日部队。2 月，锄奸组的段永旺，为了适应敌区工作的需要，特在东村开设饺子铺一个，并利用关系，把警察所长张成武的岳父段四孩拉进饭铺入座，专做敌特务班长刘任炳的工作。之后，刘亲自送出便衣证，使我敌工人员能自由出入敌据点。同年 4 月 15 日，敌在段村的修城工程开工，由“维持会长”郝泉香负责。为了进一步掌握敌情，便让李祝山在段村开设酒坊一座。李见机行事，随时报告敌情，并接洽抗日干部和情报人员。4 月下旬，伪宣抚班组织青年训练班，妄图奴化敌区青年。为了粉碎敌人的阴谋，抗日政府趁机让武藩、段德堂、赵甲子等 3 人打入青训班，做伪区长高宗泰的工作。之后，高不但自己秘密做抗日工作，还动员秘书武炳烈填了抗日自愿书，随时为我方传递情报。

与此同时，武西县的南沟、故城敌工站，也展开了敌军工作。最初由武西县政府直接领导，李如伏负责南沟一带，柴玉堂负责分水岭、南关一带。到 1941 年 6 月归太行第三军分区敌工科领导。同年 8 月，敌工人员又增加了罗文龙，协助李如伏工作。当时，对敌斗争的主要策略是：（一）大力开展宣传教育工作，动员敌占区人民的抗日力量；（二）物色积极分子，培养骨干，建立敌工人员的落脚点；（三）打入日伪内部，掌握其组织机构，搜集军事情报；（四）搞好线索工作。武西的北良侯、信义、故城、五峪、南沟都布置有敌工人员了解敌情。日军驻南沟车站 1 个排、1 个伪先锋队，共 40 余人，经敌工人员的工作，我军设法打入伪先锋队的有 4 人。后来，段村日军“维持会”的伪警察也被我敌工人员控制了 1/3。1942 年，日军又从太原警备队调来 1 个排，在南沟车站成立了“洪部便衣队”。武西县敌工科号召敌工人员想尽一切办法打进敌伪组织去，掌握日伪内部情况。我方首先打入“洪部”7 人，其中就有 4 人担任了便衣队队长。而后，警备队内中队长以下的人员也被争取了大部。敌工人员梁文，在南沟偷抄出沁县至段村各据点的军事行动计划，并多次营救出我方被捕人员。

1943 年 5 月，太行第三军分区和武乡（东）县委对各条干线上的敌工人员进行了审查整顿，进一步贯彻了“敌进我进”的方针。8 月，县抗日政府公安局与分区敌工科研究，派北方军官学校毕业的高进廷以民夫身份，打入段村大据点进行活动。高进廷利用给敌军砍柴、挑水之机，暗中绘出敌军事部署图。同时，情报站的张凤鸣和敌工人员郑文奎、梧光，配合敌工站的赵余庆，将日军“爱民工作队”的军法干事程志远争取过来，暗中做抗日工作，曾多次为我方送出子弹、情报。程志远又配合武耀文一次动员 17 名日伪人员投诚。同时，情报站配合县武委会做了东村炮楼伪军连长李庆明的工作，由县武委会主任赵志云带领敌工人员到炮楼附近张贴标语、喊话说服，讲解党的抗日方针、法令及对伪人员的政策，从而使李庆明有所悔悟。所以，在段村解放前夕，经六区武委会主任李锋集中一周的时间对敌进行政策攻心，李庆明所在的东村炮楼上的敌兵未动一枪一弹，并带领全连伪军全部投降。

打入日军、伪军内部开展抗日工作，尽量争取日伪军参加到反侵略战争中来，此行动是县委贯彻“温村会议”精神的体现。县委对敌伪工作的重点是打入日伪点线内部，建立地下党组织，同时配合政治攻势，进行政治宣传，加强对日伪军的瓦解。县委通过对日伪工作的深入开展，为抗日武装斗争的开展创造了更为有利的条件。不仅争取了一批日伪军投入抗战队伍中来，而且利用他们去团结一切可能团结的力量，进行对敌斗争，以期达到在敌占区和日伪组织内部积蓄力量、以待时机、配合反攻或反正的目的。

第四章　军民团结奋战，迎接抗日战争的胜利

从1944年起，中国的抗日战争形势发生了有利于中国人民的变化，根据地进入全面建设时期，开始积蓄力量，准备反攻，迎接抗日战争的最后胜利。

经过减租减息、生产救灾，群众得到进一步发动，抗日武装力量得到了进一步加强。武乡（东）和武西两县的各级党组织更加坚强，两县人民在经济上有了转机，生活上有了改善。1944年和1945年，武乡（东）、武西县委，认真执行太行区党委的工作方针，开展大生产、复查减租减息、干部党员整风和拥军优属、拥政爱民运动，使两县各项建设出现了蓬勃发展的新气象，为迎接抗日战争的最后胜利，做好了政治思想和物质准备。

为准备局部反攻，武乡（东）、武西县委和县武委会响应上级号召，在全县范围内进行了以练兵为主的军事训练，为大反攻准备了强大的武装力量。1945年8月大反攻开始后，武乡（东）、武西县委领导全县人民与主力部队密切配合，歼灭日军一个小队和伪军三团600余人，解放了日军盘踞多年的段村镇，武乡人民为抗日战争的最后胜利立下了不朽功勋。

第一节　开展整风运动，进行马列主义教育

中国共产党从1942年开始的整风运动，对共产党员是一场普遍的马克思列宁主义教育运动，是用无产阶级思想克服一切非无产阶级思想的革命运动。中共太行区党委于1943年10月制定了《关于今明两年完成全区整风任务及目前阶段计划》，提出由党委主要负责人直接领导，采取“机关整风学校化，学校整风机关化”的方法，由区党委党校开办县级干部整风班，各地委党校举办区级干部整风班。根据上级党委的部署，武乡（东）县委于1943年冬开始进行整风。县委书记麻贵书、组织部部长赵迪之、宣传部部长武铭等率领区委书记以上干部到黎城县南委泉参加太行区党委整风班学习。1944年，县、区级干部全部参加了砖壁、土河地委整风班学习。农村党支部整风是从1945年开始全面进行的。

对干部、群众进行政治时事教育，是整风前期的一项主要内容。由于武乡县处于对敌、伪、顽斗争的复杂环境中，日军又在1943年5月“扫荡”后侵占了蟠龙镇，国民党顽固势力造谣惑众，群众中普遍存在着怕“变天”的思想。特别是潜入根据地的国民党特务，互相勾结，蛊惑人心，进行破坏活动，更造成了人们的思想混乱。有些党员、干部革命意志薄弱，缺乏在艰苦环境中进行长期斗争的思想准备，看不清抗日革命的前途，表现悲观动摇。一些农村党员因受各种谣言影响，不敢靠近党组织，不愿接受组织分配的任务，在围困蟠龙对敌斗争中放弃对群众的宣传和组织工作。为了揭露国民党顽固派的种种谣言，稳定干部和群众的思想情绪，坚定抗战必胜的信念，中共武乡县委在党员、干部和群众中，联系对敌斗争实际，开展了时事教育，并通过举办短期训练班、讨论会，辅导大家学习整风文件，明辨是非，统一思想，清除各种糊涂认识。

武乡（东）县委在地委领导下开展的整风运动，分三个阶段进行：

第一阶段是学习22种文件，提高对整顿三风的认识。开始有些干部认为，自我批评就是坦白，思想上存在顾虑；有的干部不知道怎样联系实际，学习毛泽东关于整顿三风的报告时，对于主观主义、经验主义、教条主义的危害性认识不深。通过学习毛泽东所作的有关党风的报告和刘少奇的《论共产党员修养》《论党内斗争》等著作，广大党员、干部认识到：批评和自我批评是我们党的传统作风，是共产党区别于其他政党的重要标志，从而对于如何开展批评与自我批评有了比较正确的认识。

第二阶段是接触实际开展思想运动，即把第一阶段学习中提出的各种问题加以分析，开展讨论，澄清是非，互相启发，消除各种糊涂认识。开始，整风班发现有部分干部对整风认识肤浅，不能正视自己的缺点，影响了整风运动的深入。为此，1943年12月，县委召开了扩大干部会议，提出进一步深入整风的要求，并制定了相应的措施，把克服非无产阶级思想意识作为整风的重点，开展批评与自我批评，突出解决了以下几个问题：（一）树立共产主义的苦乐观。武乡（东）县、区主要领导干部大多数是抗战时期入党的，而又以农民出身为多，受封建地主阶级的享乐思想的影响很深。加上长期在战争环境中生活，使得一些党员、干部心理上产生了厌倦情绪，贪图安逸和害怕艰苦的思想不断滋长。整风班党支部针对这种情况，积极组织党员、干部反复学习《党章》《党纲》，明确无产阶级以解放全人类为己任，共产党除了本阶级的利益，绝没有自己的私利可图。在中华民族生死存亡的关头，共产党员必须站在斗争的最前列，带领群众，同日本帝国主义作殊死斗争，任何动摇、怯懦和追求安逸的思想，都是错误的。（二）摆正了自己与群众的关系。通过学习，大家认识了自由主义的危害，自觉接受党的领导，增强了群众观念。（三）树立了理论联系实际的学风。参加整风的党员、干部，通过摆主观主义的表现，查主观主义的危害，认识到主观主义是一种唯心主义的思想作风。主观臆断，脱离实际，凭空办事，就不会取得工作的预期效果。为了赢得抗战胜利，必须理论联系实际，使自己的思想符合客观规律的要求。（四）克服宗派主义，增强革命团结。整风中，大家对“团结是革命胜利的保证”的认识加深了，原来相互思想不融洽、有隔阂的干部，开展了思想交流，各自做了自我批评，团结气氛更加浓厚。

第三阶段是在农村整风中进行系统反省和总结。县委召开会议，研究了干部整风和领导问题，要求各基层党支部的共产党员，按照党员标准，系统地检查自己，党外干部也要通过学习，较系统、全面地对自己做出总结。这一时期，武乡的整风工作是从总结交流党员的斗争历史、工作经验及检查领导入手的。如树辛村模范党支部提出：“回忆斗争历史，总结工作经验，提高工作，巩固模范。”马汉脚和洞上村党支部提出：“保持模范，克服缺点，把建党工作经验加以总结提高，以便大踏步地前进。”贾豁、桥上党支部定期检查领导，要求领导转变作风。党员踊跃给领导提意见，以求更好地改进工作。总之，对支部党员好的一面，说得透，表扬得够；检查领导，查得透，党支部自我批评得够。这就使支部党员能够心平气静地学习模范，反省自己，把一切仇恨集中到封建地主阶级身上。

在整风运动中，中共武乡（东）县委还开办了不同类型的支委干部整风班，以此为开展支部整风的基础。通过整风，广大党员、干部进一步掌握了马克思列宁主义理论联系实际的基本原则，树立和发扬了实事求是的优良作风，提高了党员、干部的革命自觉性，加强了党的思想建设，从思想上、政治上、组织上加强了党在革命原则基础上的团结，为战胜一切困难，夺取抗战的最后胜利奠定了坚实的政治基础。

第二节　总结经验教训，全面提高党员素质

1944 年 1 月 15 日，中共太行区党委发出《关于党内干部教育的通知》，要求对党内干部加强教育，“以避免走弯路，少犯错误”。武乡县委根据太

行区党委的通知精神，在这次对党员、干部的教育中，改变了过去单纯批缺点的方式，而采取召开全县模范党员大会的方式，首先是表扬党员功劳，在肯定党员成绩的基础上，再让党员检讨与克服缺点，结果收效很大。

召开模范党员大会的目的，是让党员比功劳、谈经验。具体口号是：比功劳、表成绩、谈经验、说委屈。这样使党员在历史的反省中认识自己的功劳与成绩，启发新的革命朝气和热情。抗日战争以来，广大党员、干部参加了改造旧政权、反恶霸、反贪污、减租减息、反“扫荡”、反“维持”、大生产等轰轰烈烈的革命斗争，每个党员都有一段光荣的革命历史，大家谈起来，生动感人，如临其境。会上介绍了许多英雄事迹和生动经验。马步庄 55 岁的党员阎旦，已有 16 年的党龄，在白色恐怖的环境下为党工作，钻在坟墓洞里，三天吃不上饭的事迹使大家深受感动。树辛村党支部书记李马保，在领导全村群众进行减租减息和组织大生产中，使全村群众彻底翻了身。特别是 1943 年改造了全村 36 个落后农民，其中有的还当了英雄和干部，使树辛村成为全村人人都做工作的模范村。1943 年生产粮食，超过计划产量 1.5 万石。李马保将领导群众的翻身过程和大量培训积极分子开展大生产运动的领导方法汇报后，受到与会党员的交口称赞。芝麻角党支部书记霍昌林，主动筹划全村全年生产计划的方法，给大家以极大的教育。又如誓死不“维持”、坚决与敌斗争的魏培明、郭相合等，爱护军人如亲人的胡春花、石引弟等，都给大家留下了深刻的印象。这些模范典型，无一不是大家称颂的好榜样。

模范党员大会上的比功劳，使全县党员正气汇在一起，也给大家以启示，即比的过程，是学习的过程，也是启发党员自觉反省的过程。而比出来、选出来的模范党员的事迹、思想、品质、气节，又成为教育党员的生动教材和党员学习的标准与榜样。

模范党员大会提出“珍惜革命功劳，爱护革命历史”的响亮口号。各级领导组织党员、干部开展学习模范党员活动，向模范党员看齐，改进作风，提高自己，以模范党员的先进事迹，来对照和检查自己的缺点。

学习模范活动，取得了很大成绩。如二区石瓮村党支部书记张泉，是1937年入党的老党员，在他未参加这个会之前，他说他有“四大”，即“年龄大倚老卖老，辈数大家长领导，党龄大一切不尿，工作大总有一套”。但在大会比功劳后，才认识到自己所谓的“四大”哪一个也不大，哪一个也比不过别人。听了李马保、霍昌林同志领导生产，霍金兰同志领导合作社，韩惠邦同志体贴群众等的报告后，才觉得自己差得很远。从此，张泉虚心了，决心转变作风，并在会上学了许多有益的东西。张泉原先参加过几次支部整风会，都没有解决了作风生硬的问题，就是在这次学习模范活动中，才有了转变，并深刻认识了自己的缺点。刀把嘴党支部书记樊相唐在对照后说：“我认为合作社办不好，就不办了，但听了霍金兰同志领导合作社的事迹后，才明白不是合作社的过，而是人的过。”听了老党员阎旦同志在白色恐怖下活动的艰苦情形后，他感动地说：“我要学习阎旦同志为党奋斗的艰苦精神，我有一次到区里开会，吃干饭没菜就不高兴。我翻了身，有了地位，如不改正的话，我就是最没良心的人了。”大坪党支部书记魏润保说：“以前我觉着我组织生产搞得不错了，但听了李马保、霍昌林领导全村人制订周密的生产计划，大搞生产的事迹后，认识到自己确实不如他们，要向他们虚心学习。”

为什么这次学习能使许多党员来自觉地检讨缺点和学习别人呢？就是因为首先在第一步即启发了他们新的前进朝气。第二步提出让他们珍惜革命历史，学习模范，对照自己，改正缺点，虽然也是让他们反省缺点，但他们感觉到领导是为他们着想的，因而，启发了他们珍惜功劳、提高自己，必须有检讨缺点的自觉性。只要掌握了他们的需要和自愿要求，改造任何人都是容易的。这是这次模范党员会的一条成功经验，对以后全县支部教育起了很好的推动作用。

模范党员会的两个步骤是缺一不可的，如果只进行前段比功劳、表成绩，不进行第二步学习别人、检讨自己，非但不能检讨自己，达到互相学习改造的目的，反而会使每个人都变得趾高气扬，而模范党员会采取的方式，就比较妥当地解决了这个问题。

这次县委对党内干部的教育形式，是接受了过去对党员单纯地批缺点和在英雄会上单纯地表扬两方面的经验教训，是走了群众路线，是采用了鼓舞新英雄主义的教育方式。通过这次教育，党员、干部对党的感情更加融洽了，新的革命朝气更加蓬勃向上，从而在全县掀起了学习模范、改造自己的热潮，全面地提高了全县党员的政治素质和革命精神。

第三节　根据地建设进一步发展，迎接大反攻的到来

一、组织起来，开展大生产运动

1944 年 1 月，中共太行区党委召开了县级以上干部会议。会议决定把大生产运动推向高潮，努力生产，多打粮食，为迎接大反攻奠定坚实的物质基础。武乡（东）县委遵照中共太行区党委的指示，召开了区级以上干部会议，联系实际，研究讨论了 1944 年大生产运动的特点、方针、方法，以及具体办法。各区、村的党支部根据县委的部署，积极组织变工互助组，发扬互助互济精神，解决耕畜农具困难，开展了大规模的大生产运动。

为了使大生产运动在全县普遍展开，县委首先在树辛、韩壁等先进村，培养了村党支部书记李马保、王海成，给村级支部树立了以点带面的榜样。接着，县委及时发现、总结了洞上村党支部在发动大生产运动时创造的先进经验，即给劳动英雄戴大红花，登主席台，而让懒汉们列队站在群众的另一边，形成了一个鲜明的对比，双方都从中受到深刻的教育。为使洞上村的经验在全县推广，县委在树辛村召开了全县劳动英雄座谈会。会上，洞上村支部作了经验介绍，所有县、区级干部听了很受启发。县委书记麻

贵书在会上作了动员报告，动员全县人民积极响应毛泽东“组织起来”的伟大号召，进一步扩大互助组，整顿劳武结合变工队，把大生产运动推向新的阶段。在树辛会议上，县委对劳动英雄声势浩大的宣传和表彰，使互助生产运动很快在全县展开，掀起了一个人人争当劳动英雄的喜人局面。当时，除县委培养的李马保、王海成外，还涌现出许多新的劳动模范，如东堡的史成富、史兰珍（女），杨桃岭的魏花花（女），土河村的张步俊，洞上村的魏文秀，上广志的李德祥，马堡村的石榴仙（女），大圪垴村的石登贵，武西县的王虎旺、陈永和，石壁村的武拉弟（女），石盘村的李保爱（女），等等。县委对这些劳模进行了“组织起来，由穷变富”的前途教育，引导和扶植他们扩大变工队、互助组。前后 1 个月光景，全县以劳动英雄、党员、干部为核心的互助组很快组织起来。一般村庄建立 3 个互助组，有的多达四五个。组织起来的劳力，最少占劳力总数的 50% 以上。像树辛、马堡、东堡、广志、洞上等 8 个模范村至少达到 98%。

除了农业劳动互助组外，还有农业和手工业结合的互助组、手工业互助组等。如上广志村成立了木匠互助组，为当地农民修理农具、做木工。木匠家的地交给一个人耕种，秋后，地也种好了，匠工的家庭收入也增加了 120 元。窑上沟一个烧砂锅互助组，共 7 个人，其中 3 人种地，3 人烧锅，1 人管推销，生意很红火。芦家掌村有个互助组，大家凑钱买了 1 头毛驴，专门跑运输，赚来的钱大家平分。由于互助组的蓬勃发展，农民普遍要求向更大的组织形式迈进，以集中力量，进一步挖掘农业潜力。1944 年，县委在武东地区创办了树辛互助大队、东堡红旗互助大队、韩壁红星互助大队，在武西县创办了楼则峪互助大队。这种生产大队组织，一般都有二三十个劳力，农具、耕畜齐全。其特点是：劳力充足，家底厚，分红高，又有战胜自然灾害的能力。

在农民大都组织起来的基础上，县委和县政府开展了劳动竞赛。在竞赛中，各区都制定了竞赛条件，制作了流动红旗，党员、干部做评判负责人。开展劳动竞赛，充分调动了广大农民的生产积极性。武西县一个村的武委会主任陈永和，领导民兵开荒地 40 亩，在他的带动下，五区开出荒地 477 亩。树辛村平均每亩土地上肥 121 担，秋禾锄 3 遍，麦地深翻 3 次，全村 3484 亩土地都垒上堰。韩壁红星大队，涌现出 47 名生产模范，改造了 12 个懒汉、3 个小偷。在竞赛中，全县各村庄出现了对手赛、夫妻赛、村与村赛、区与区赛等竞赛形式。在大生产运动中，广大妇女积极响应县妇救会的号召，不但下地搞生产，而且还掀起了“百日纺织运动”。武西县大良村 220 名妇女在下地劳动之余，还参加了纺织运动，平均每人纺出 1 斤线，赚到 6 斤棉花。韩壁村 200 多名妇女，纺织 1 年，织布 3000 多丈。东堡红旗大队的妇女，除纺线织布外，还积极上地参加农业劳动。

热火朝天的大生产运动，使农业获得了大丰收。1944 年 11 月 1 日，全县劳动英雄、模范互助组、模范农家、生产技术能手举行集会，到会 500 多人。太行第三军分区彭涛政委到会并讲了话，大会选出了参加边区群英大会的代表。李马保领导的树辛村，粮食收成增加 120 石，做到了“耕三余一”。东堡红旗大队、韩壁红星大队获得了粮食丰收，所有的农民都成倍地增加了收入。据对 10 个村的调查统计，增产粮食 12. 9 万多石；2200 个互助组中，有 1/3 的贫农达到“耕三余一”。1944 年 11 月，太行区第一届群英会召开，武乡县树辛村李马保、韩壁村王海成、东堡村史成富、马堡村石榴仙、柳树烟村胡春花、李峪村王来法、关家垴关二如、楼则峪王虎旺等，光荣地出席了这次大会并受到大会表彰。李马保名列甲等模范，荣获边区“生产模范”光荣称号，石榴仙荣获“纺织英雄”光荣称号，他们成为全区人民学习的榜样。

开展大生产运动，夺得粮食丰收，解决了根据地军民吃饭问题；开展纺织运动，解决了根据地军民穿衣问题。这两大切身问题的解决，振奋了全县人民的革命精神，为夺取抗日战争的最后胜利，积蓄了雄厚的物质力量。

二、教育妇女群众，开展妇女解放运动

经过“百团大战”，敌人对根据地的腹心地区加紧治安强化，进行经济封锁，不断地进行“扫荡”，企图压缩根据地，消灭抗日军民。县委认识到，充分发动群众，加强农民团结，努力克服经济上的困难，巩固抗日根据地，是当前的首要任务，其中教育妇女群众，开展妇女解放运动，是一项非常重要的工作。

武乡妇女中存在两种陋习：一是普遍不参加农业生产劳动；二是生了小孩后不肯吃饭，一月才喝几斤米的米汤。动员全民抗战，开展生产劳动，男女都应参加。特别是在当时，中年男人参加自卫队，经常出去参战；青年组织青抗先送公粮，有的去参加了八路军、游击队。在家种地的男人不多，妇女理应成为发展生产和支援战争的主力军。可是妇女不但不参加农业生产，生了小孩还不吃东西，坐月子像生一场大病，躺在炕上好长时间恢复不了健康。有不少妇女坐月子时把男人拖在家里伺候，不仅损害了妇女、儿童的健康，又直接影响了生产和抗日救亡运动。

县委经过研究，决定帮助妇女革坐月子不肯吃饭和缠小脚的命。县委书记赵迪之亲自下农村，挨家逐户去宣传坐月子吃点鸡蛋、白面条、小米捞饭等会对身体有好处，身体恢复得快，对母子都有利。可是她们却说：“我们不能比你们（指女八路军干部），你们是侉子，你们那里水土软，吃了好的能消化掉，我们这里水土硬，吃了好的消化不了，会得月子病。”让她们把自己和女儿的缠脚布放开，她们也不敢，一怕别人笑话，二怕闺女大了嫁不出去。针对这种倾向，县委召开各区妇女主任会议，要求广泛向妇女和农民开展宣传工作。当时，农村的封建夫权思想很严重，做妇女工作首先必须做好男人的思想工作。让男人克服大男子主义，提倡男女平等，组建和睦幸福的家庭。武东地区封建思想很浓厚，人们都不接受新的观念。县委就发动全县干部大讲武乡的“四大家、八小家、七十二个圪撑家”对

农民的束缚和剥削。农民的土地不仅属于封建地主，甚至娶媳妇的头一夜也被封建地主霸占。通过这些耐心细致的宣传教育，广大妇女逐渐认识到封建势力的严重危害，逐步鼓足勇气同欺压妇女和农民的各种封建残余势力做斗争。

在帮助妇女争取自由、获得解放中，县委着重抓了两件大事：一是组织妇女上识字班；二是教育妇女制订安家计划。

因为妇女不上地，各村的妇女骨干每天下午就召集妇女们到一起认字、学文化，学抗日政府有关抗日运动的号召和规定。办妇女识字班的目的，就是让妇女在文化上获得解放。妇女识了字，就容易明白许多革命道理，可以使头脑清醒起来，进一步认清封建主义对妇女的压迫和压榨。通过举办识字班，武东的大部分妇女都被发动起来，到识字班参加扫盲学习。有的人识了不少字，有的人虽没认下多少字，可经下乡抗日干部到识字班讲解革命道理，思想认识也都有很大提高。这为推翻封建主义、解放妇女、发动妇女参加抗日救亡运动起了很大的推动作用。

教育妇女制订安家计划，就是让妇女参加家庭经营管理，学会如何管理家务，各项开支该如何开销，学会节约过日子。妇女学会管理家务，男女平等的问题就可逐渐得到解决。同时，男人可以减少牵挂，出去能安心当兵，安心工作。在发动妇女制订安家计划的同时，特别注意发动妇女参加生产，让妇女在政治上得到解放。当时，由于处在战争环境，大部分男同志离开村子，参加革命。从支援战争和维护群众生活出发，也迫切要求妇女走出家门参加生产。妇女从一个长期闭塞、封建主义严重统治下的家门走出来是很困难的，首先会遇到家里公婆和丈夫的反对。这说明反封建不单要在妇女中进行，还需要在广大群众中进行。

为了普遍提高广大农民群众的思想觉悟，武乡（东）县委不仅组织妇女上识字班学文化、学政治，还利用晚上时间组织男同志一起上识字班，学习政治。经过做工作，男同志的思想搞通了，大多数都能积极支持妇女上地参加生产。对于个别顽固不化、不让妇女参加生产和抗日救亡工作且又打骂妇女的男人，村里的妇救会就召集妇女开会，对其进行必要的斗争。一经发动，那些有打骂妇女行为的男人，一开始还盛气凌人，不把妇女放在眼里，可一上会，让他们往妇女中间一站，再经妇女们七嘴八舌地斗争一场，他们就很快承认错误了。

通过一系列的教育，广大妇女获得了解放，树立了拥军、爱干、爱国家的思想，只要干部下去发动，不论拥军、优抗、合理负担、变工、互助……只要是对抗日有利的工作，一经过布置，马上就会行动起来，而且搞得都不错。当时，八路军在太行山的人数很多，给军队做衣服的厂子却不多，规模也小，满足不了军队的需要。因此，军鞋主要靠根据地的妇女来做。武乡的妇女每年要给军队做大量的鞋，每人每年平均做五六双。此外，还给军队缝米袋、做炒面等。1944 年，在姚庄成立了第一个县办纺织合作社，参加者都是妇女。这不仅锻炼了妇女的组织能力，而且有力地支援了人民军队。

三、深入开展减租退约，彻底清理旧债

经过几年的减租减息运动，大部分群众被发动起来了，各地农会的优势明显增强，在运动中已基本上发挥着主导作用，整个武乡的政治形势和对敌斗争局面发生了历史性的转折。

但是，由于日伪的不断“扫荡”，这一运动只能时断时续，工作进展极不平衡，相当一部分村庄减租减息工作做得不好，有些山庄小村甚至还没有做，有些地方封建势力十分顽固，农民不容易被发动起来。就是运动搞得较好的韩壁村，也产生了明减暗不减的现象。针对上述情况，武乡（东）县委认识到，彻底进行减租减息运动，是一场艰巨、复杂的斗争。为此，县委根据中共太行区党委发布的《关于贯彻减租运动的指示》，在认真总结 1942 年减租减息运动经验教训的基础上，及时决定开展全面彻底的减租退

约运动和复查工作。

于是，县委召开了县、区级干部会议。在会上，县委的领导干部主动检讨了自己工作中的官僚主义作风，同时指出部分党员、干部在分配土地（包括官地、庙产及没收汉奸的土地）、负担、支差任务和处理合作社账目等方面存在的问题；提出广泛开展抽回文书、租典地定年限、反对顽固分子造谣及没收分配汉奸土地的斗争。会议之后，各区召开村级干部会，进行了反复动员和深入贯彻。在放手发动群众的前提下，减租减息运动又一次轰轰烈烈地展开了。

但是这次运动一开始，就出现了一些过火的行为：下寨和马堡等村发生打人现象。这种势头很快波及全县，在很短的时间内，就连续发生了87起殴打地主事件。针对这种情况，县委认为减租减息运动走向高潮后，需要正确掌握政策界限，防止和纠正过火行为，应成为每个党员迫切注意的问题。于是，县委领导迅速制止了打人现象，反复强调要开展说理斗争，要以理服人；共产党员要积极宣传党的政策，引导群众了解减租减息运动的实质，让农民从切身体会中，认识减租减息是抗日民族统一战线的土地政策，目的是团结各阶层人民参加抗日斗争。通过宣传党的政策，广大农民弄清了减租减息政策的实质，自觉地按政策法令办事，纠正了过火行为，从而使减租减息运动深入地开展下去。

在发动群众工作中，县委采取了先党内、后党外，先干部、后群众的方法。首先是做好村干部的思想工作，再依靠村干部打通群众思想。做群众思想工作的同时，结合忆苦思甜，痛诉地主的剥削史，让广大农民懂得：地主、富农的万贯家产，都是通过地租、利息盘剥农民而来的；是地主靠剥削农民发财，而不是农民依靠地主生活。只有彻底进行减租减息，才能真正调动起农民群众的积极性，抗日革命的胜利才有保障。广大农民应在政治上与经济上确立自己的主人翁地位。

为了使农民了解政策，县、区工作员利用各乡的民革室与农民夜校等场所，组织农民学习减租减息法令，并进行说理、算账示范。如砖壁、烟里、东堡、土河等村夜校，还邀请驻军领导人和民运工作队帮助宣讲减租减息政策。同时，各村的党员、干部还把工作做到地主家里，让他们对照政策，检查自己减租退约的执行情况，以减少运动中的阻力。通过学习，广大贫雇农进一步掌握了政策武器，提高了阶级觉悟。由原来的讲“良心”、讲“情面”、不敢减、怕“变天”、白天减、晚上又给地主退回去等做法，变成了理直气壮地同地主、富农进行说理斗争。树辛村党支部书记李马保就是采取了说理斗争的方法，发动贫、雇、佃农，让 6 户地主给 9 户佃农退出土地 44 亩、粮食 30 石，确定了 29 户的租地 107. 5 亩，18 户农民的典地 197. 7 亩。

在这次减租复查中，县委还抓了正反两方面的典型，从而有力地推动了减租减息运动的顺利开展。韩壁村地主魏筱山，反对减租减息运动，该村党支部便组织群众斗争大会对他进行公审，而后被镇压，其土地、财产亦被没收。而大有村武乡“四大家”地主之一的裴会宝，积极退租退息，捐助抗日公粮，被誉为武乡开明绅士，曾三次出席晋冀鲁豫边区参议会。圪嘴头村的地主郝培兰，在清理旧债中，开仓济贫，主动烧毁 1000 余元银洋的债券文约，退还全部租地，多次动员其堂兄响应政府号召，退租纳粮，成为武西县的开明绅士，受到县政府的表扬和奖励。于是，减租减息运动形成一股热潮，落后偏远的村庄也组织起来，群众情绪高涨，在斗争中踊跃发言，与地主讲道理、算老账。据对两个区的统计，发言人数占到会人数的 57. 4%。

减租减息运动进入复查阶段，正是整风运动进行之时，县委吸取过去整党整风的经验教训，结合减租减息复查工作，对农村党支部普遍进行了整顿，特别是对党员成分复杂、宗派思想严重、支部不团结、党员脱离群众、以权压人等不良倾向，进行了认真整顿。整风的步骤，一般是让党支部的领导人和党员先进行自我批评，然后由大家评议；对检查出的缺点错误，坚持实事求是的原则，进行分析研究，辨明是非，找出发生错误的主观、客观原因，然后开展批评与自我批评。某村一个党员干部在减租减息中包庇了他的一个富农亲戚，还有一个党支部书记利用职权多占了村上庙产等许多问题，在这次整风中都被揭发出来，当事人受到批评，并进行了改正。有些领导干部不称职，大家就民主选出新的领导。经过这次减租减息复查和整党整风，全县各村党支部工作都出现了生机勃勃的新气象。

这次减租减息运动，使全县地主、富农的地租，较 1942 年一般减少 50%，地租限制在 37.5%以下，利息限制在一分到一分半以下，而且废除了各种苛捐杂税。与此同时，还开展了对敌斗争，没收了汉奸、特务财产，分配给无地或少地的农民。运动一直发展到 1945 年，农村的土地关系和阶级关系发生了很大变化，抗战以来的贫雇农，有三分之一上升为中农，这是极大的阶级变动，广大的贫苦农民生活得到了改善。

总之，开展减租减息运动，调动了广大农民的劳动热情，增强了各阶层人民的团结，发展了农村的生产力，使武乡能够在困难的条件下，胜利地渡过难关，坚持敌后抗战，为战后彻底解决土地问题，创造了前提条件。

四、拥军优属，拥政爱民

拥军优属，拥政爱民，是在党领导下的长期革命斗争中形成和发展起来的优良传统，是加强军政、军民团结，实现军政、军民一致，夺取抗日战争胜利的重要保证，也是根据地深入进行大反攻战略准备的重要组成部分。开展拥军优属活动，对于保障军、烈属的生产和生活，激励群众参军参战，保证源源不断的兵员补充，争取抗战胜利奠定了坚实的基础。

县委、县政府和各救会坚持做好拥军优属和拥政爱民的工作。全县各区、村根据边区政府制定和颁布的《追悼英烈，褒扬忠贞纪念办法》和《优待抗战军人家属条例》《荣誉军人退伍后参加地方工作应享受之待遇的规定》等文件，组织根据地军民广泛开展拥军优属活动。

由于县委、县政府和区、村党组织广泛深入地做好拥军优属工作，拥军拥政愈来愈成为武乡人民的自觉行动。青壮年担负着战勤任务，配合部队作战；妇女则推碾军粮，给军队送饭，救护伤病员，做军鞋，缝洗军衣，涌现出许多拥军模范。如武乡第二高小师生就积极热情地投入转运和护理伤员工作。

1939 年，八路军总部进驻王家峪后，不仅军纪严明，秋毫无犯，而且经常打扫庭院，清除道路，到处帮助当地群众干农活，办实事，尤其是朱总司令经常深入群众，问寒问暖，了解人民生活、生产情况，深得民心。群众说："总司令十分艰苦朴素，穿补丁衣服和战士们一起打球，吃的是小米饭。世界上只有共产党和共产党领导的八路军，才是好的领导和好的军队。"同年 12 月 17 日朱总司令 54 岁寿辰时，王家峪编村群众给总司令敬赠了由群众签名的万民伞和万寿无疆锦旗，以表示对总司令的敬仰。朱总司令在答谢辞中说："大家对共产党、八路军的好意我领受了。赠送锦旗、搞万民伞是要花钱的。人口皆碑，要比给我送万民伞、锦旗好得多。"并表示了深深的谢意。

禄村妇救会秘书、共产党员暴莲子，在反"扫荡"中，先后 3 次冒着生命危险，机智勇敢地掩护了 3 名八路军伤员。沁武战役开始后，八路军前方医院驻于禄村。在攻打沁县和解放段村后，400 多名伤员被送到禄村。暴莲子主动腾出自家的房子，让住进 40 多名伤员。她除领导全村妇女参加救护外，还把自己 3 个儿女都动员起来，给伤员喂饭。她一家人先后护理过 80 多名生命垂危的八路军战士，还送女儿参加八路军当了护士。她的模范行动，多次受到县抗日政府和上级党委的表彰。

武乡人民热爱八路军，也热爱抗日干部。武西大良村有个张老太太，在敌人长期占据武西大部分地区时，县、区政府没有一个固定的驻地，干部们经常在异常险恶的环境里活动，张妈妈家就成了秘密联络点和接待站，接待和掩护了大批抗日干部，掩护转移地下工作人员。武乡

（东）县胡峦岭村75岁的郝爱则老人，在1943年敌占蟠龙后，未来得及转移而落入敌手。敌人软硬兼施，逼她交代八路军和民兵的去向，村里粮食的埋藏处，她坚决不说一个字，与敌人进行顽强的斗争，最后饿死在窑洞里。

在艰苦的抗日战争中，武乡人民把八路军战士当成自己的亲人，子弟兵则把武乡当作自己的故乡。这种鱼水关系，在当年的老八路的脑海里，留有深刻的印象。

1944年，武乡县拥军优属活动进一步深入，各村分别派专人给抗属、烈属代耕土地、担水、担煤。过春节时武乡（东）县县长武光清亲自给抗属、烈属拜年，并要求政府工作人员在下乡检查各区、村优抚工作的执行情况时，要给军、烈属送对联，挂光荣灯，和当地驻军举行“拥军爱民”联欢会；给部队送慰问品，如猪肉、鸡蛋等。同时，对于荣退军人，县政府也组织力量进行妥善安置，帮助他们解决生活困难。

抗日战争胜利后，村村为烈士举行追悼会，并挂了“抗战功臣”的金字大匾。较大的村还建起烈士纪念碑，宣传先烈的英雄事迹以激励后人。据统计，全县各村建起烈士纪念碑325座。在抗日战争中，全县共建立210多个拥军招待站，救护伤员1万多人，做军鞋49.5万双、慰问袋1.5万个、米袋1.2万个，参军12125人。抗战中先后在武乡安家的荣退军人达1106人，分土地3649亩。在抗日战争中，本县涌现出许多可歌可泣的动人事迹和一大批英雄人物，为抗日战争的胜利做出了巨大牺牲与贡献。

五、加强军政训练，准备参加反攻

在敌后各根据地发动局部反攻的时候，中共中央根据国际反法西斯战争和国内抗日战争发展的新形势，于1944年7月1日，向全军和各地党组织发布了关于整训军队的指示，要求于一年之内，各地在秋冬两季利用战争与生产间隙，对现有的主力部队、游击队、民兵、自卫队进行一次大规模的政治和军事整训，为提高部队军政素质，参加大反攻，迎接全国胜利创造条件。并要求各地以“官教兵、兵教官、兵教民”和“学用一致”的新式练兵方法，结合整风，开展群众性的练兵运动。

为了贯彻中央指示，太行区武委会发出《人民武装整训指示》，要求在军事训练中，民兵着重提高使用武器的技术，贯彻“有啥学啥，各专一长”的方针，特别是射击与爆炸技术要做到熟练准确。政治教育要以时事教育和阶级教育为主，加强劳动观念，改善干群关系，加强内部的团结，保证饱满士气，提高胜利信心。

中共武乡县委和县武委会积极响应上级号召，立即召开全县各区、村武委会主任会议，传达中央精神，并参加轮训，要求各区、村行动起来，结合当地的地形、地貌与人之所长，组织民兵开展大练武。这样，从 1944 年 7 月开始，从政治整训入手，在全县范围内进行了以练兵为主的军事整训。

当时，决九团刚刚从太岳前线参加完青（城）浮（山）战役归来，驻在武东山区的东堡、西堡一带。部队稍事休整便投入了以射击、投弹、刺杀为主，以游击战术和攻坚战术为辅的大练兵运动。黄定基团长负责领导训练，他连夜赶写出军训计划，要求全团将士认识军训的重要性，从实战出发，在自己练习的同时，还要热心地把军事技术教给当地的民兵和自卫队。他响亮地提出“军民团结，互学提高”的口号。时值隆冬，在东堡和西堡之间的西峰上，寒风凛冽，一队队士兵却在热火朝天地操练着，威武雄壮，喊声震天，方圆十几个村庄的武委会，组织各村民兵和自卫队队员赶来观摩学习实战战术，出现了军民同练武的动人场面。部队战士手把手用心地教，民兵们也向部队干部、战士们虚心地请教。为了提高民兵们的体质，部队战士要求民兵们在练习杀敌本领的同时，积极开展翻杠架、跳远、跳高等军体活动。决九团为了做到知己知彼，就请来日本反战同盟的成员当军事教员，教民兵日式刺杀技术，学习和掌握敌军的攻击方式，以提高他们的刺杀能力。

在射击方面，总结出“快速射击法”“闭气瞄准射击法”“吸气瞄准射击法”等射击方法，大大提高了民兵的射击水平。鉴于广大民兵的文化、技术水平偏低，为了使他们便于记忆和接受，部队战士就把射击要领编成了顺口溜：六点要合一，三线一元化；枪打一口气，一吸一呼击；要点掌握好，百射百中靶；平时多苦练，战时把敌杀。在练武期间，战士与民兵之间、民兵与民兵之间展开了练兵赛。在将近两个月的时间内，大家不顾疲劳，上至60岁的老自卫队员，下至15岁的青年民兵，都参加了练武运动。此外，各村民兵还结合当时即将进行反攻，准备配合主力部队攻城夺堡的实际，进行了爬云梯、跨外壕、越障碍等练习，在村中两条路交叉处的高地或凹地演习埋伏、夹攻等战术。同时，决九团的政工干部还深入东堡、西堡、桥南、果烟[illegible]、内顷等村，对民兵、自卫队进行政治训练和形势教育，动员更多的村民参加练武活动，为参加反攻积蓄力量。

在培训民兵爆炸技术方面，县武委会以著名的“太行地雷大王”王来法为首的李峪村民兵队为试点，摸索总结开展地雷战的经验和技术。首先，村武委会主任王来法到县武委会组织的训练班去学习了新的爆炸技术，回村后召集本村的民兵，结合自己学到的各种埋雷技巧，给民兵们讲授爆炸技术。王来法还亲自带领民兵进行埋雷演习，有时碰到复杂的埋雷技术，他就先在地上画个图样，让大家看着做。民兵们还想出了许多伪装办法，例如，挖新土撒旧土，按牛、羊蹄印等，并创造出拉线雷、子母雷、蛇形雷、梅花雷、前哨雷、楼上雷、双弓雷等埋雷办法。乡亲们称赞道：来法随身三件宝，铁铲、马蹄、土大炮（指地雷）。经过埋雷训练，在全县开展了王来法式的爆炸运动，使地雷战普遍地开展起来。

通过群众性的练武运动，进一步提高了战斗水平，密切了干部与群众、民兵与群众的关系，巩固和壮大了民兵、自卫队，为大反攻准备了武装力量。年终，县委和县武委会对各村民兵、自卫队练武情况进行了测验考核和练武比赛，并表彰了练武搞得好的先进村。

六、军民攻克段村据点，全县欢庆抗战胜利

段村镇位于武乡县中部，周围丘陵起伏，群山绵延，马牧河、涅河相汇于此，又从城南顺流东下，城内千佛塔耸立，原来是一个美丽的古朴小镇。1940 年夏，段村被日军侵占，成为日伪分割我太行腹心地区的重要据点。他们设置了“洪部”、宪兵队、警备队、警察所等机构，豢养了许多汉奸，建立了伪政权维持会，将四周不少村庄划进“维持区”，对老百姓施行奴役政策，抢掠民财，奸淫妇女，抓丁抢粮，宰杀耕畜，对抗日干部更是惨无人道。地下交通员张云九、魏子玉等 13 人被抓捕入狱后，受到敌人各种毒刑的折磨和拷打，最后张云九、魏子玉二人被砍头示众。敌人还将他们的人头挂在城门上恫吓群众。就在 1945 年 8 月 20 日晚，临近解放的前几天，驻在段村的伪“剿共军”还到王家垴村抢了百十石麦子，又剥光妇女们的衣服肆意凌辱。日伪暴行，罄竹难书，人民群众无法安生，段村变成了一座恐怖的人间地狱。

段村是武乡境内最大的敌据点，地理位置极为重要，东扼武东煤铁基地，城南沁武公路直通沁县城，西边可控制白晋线上的南沟火车站，北面与榆社之敌连成一片。敌人在城垣修筑了稠密的射击设施，沿城西北百米处横挖的自然壕加碉堡，构成了坚固的外围防御体系。城墙高 7 米，城墙上开有射击孔，四角筑有碉堡，环城外壕深、宽各 6 米，城郊北山王家垴和东村山都设有外围据点。城内主要街道有巷战工事。城东北角日军“洪部”院顶筑有高碉，乃外壕之坚固支撑点，守敌系伪“绥靖军”第二师第二团，还有日军 1 个指导小队、伪警备队 1 个中队，共 2000 余人。匪首段丙昌系伪第二师副师长，原属阎顽，投降日军后，气焰更加嚣张，是个罪大恶极的铁杆汉奸。其兵力部署是：外围王家垴 1 个连，北山 1 个连，东村 1 个

连，其余驻守城内。日军 1 个指导小队驻于“洪部”，团部驻于伪公署。敌恃其城垣工事坚固，外围据点地势高，火力可以控制段村周围的有利条件，打算负隅顽抗，长期盘踞。

1945 年 8 月 21 日，太行军区司令员李达率领太行纵队第三、第四支队所属 13 团、14 团、31 团、51 团、769 团、决九团集结沁县地区，沁县军民及武乡（东）、武西县独立营协同主力作战。军区领导在陈家湾村召开了军事会议，布置了攻沁县城任务。攻城战斗打响后，敌我争夺十分激烈。是日夜及 22 日晚，部队曾两次冲入城内与敌展开厮杀，守敌顽抗，部队后援被切断，攻城未能成功。从整个战略部署出发，同时为避免不必要的消耗，攻城部队奉命撤退沁县城，转攻武乡段村镇。

8 月 23 日，太行第三军分区司令员鲁瑞林和各参战部队指挥员在战前进行了反复侦察和周密部署。参加围攻段村的部队有：决九团、769 团 2 营、14 团、31 团 1 营、13 团与武乡（东）、武西和黎城县独立营。具体部署是：以 13 团于沁（县）段（村）公路上，14 团 1 营于松村准备阻击沁县和南沟火车站援敌。同时，太行军区动员黎城、左权、武乡（东）、武西等县广大民兵支援前线，武东人民群众在县委与县政府的指挥下，组织自卫队和广大民兵，配合正规部队作战。武乡一区和四区民兵在段村附近围困松村一带敌人，三区民兵埋伏在段村周围阻击白晋线援敌。群众组成救护队、运输队，帮助部队送粮、送饭、运弹药、抬担架、押送俘虏，个个争先恐后，积极支援前线。

8 月 25 日 3 时，决九团 1 营袭击东村山碉堡，31 团 1 营、769 团 2 营同时对王家垴碉堡和北山外围据点发起攻击，但未获成功。26 日晨，31 团派工兵绕到其侧后炸毁碉堡，守敌一个排被迫缴械投降。扫清外围后，部队进逼城下做攻城准备。当日 20 时，太行军区司令员李达、太行第三军分区司令员鲁瑞林在下城指挥所发出攻城命令。在统一行动下，决九团从东门发起攻击，9 连助攻，摧毁东南角碉堡，城上射孔也被我机枪压制，战士们奋勇向城头攀登。1 营主力从突破口进入城内，沿街向西进攻，抢占了县“维持会”，打掉了敌团指挥所。此时，9 连也突破南城墙，俘虏了千佛塔内的敌人机枪班。31 团置重兵于西南城角突破，并集中火力压制突破口，2 连仅战斗 10 分钟就全部登城，1 连、3 连投入巷战。当夜，“剿共军”副师长段丙昌带领 40 多个伪军，从城西北角地道潜逃。769 团 2 营在攻占王家垴后，从西门突入城内，与决九团会合。至 27 日，只剩“洪部”孤碉仍在拼死顽抗，直到工兵班炸毁碉堡歼灭残敌，段村全城终于获得解放。这次战斗，歼灭日军 1 个小队、伪二师大部，共 800 余人。

26 日，沁县日军两个中队及伪军一部 1000 余人，沿沁（县）段（村）公路出援，进至八路军设伏阵地前沿，遭 13 团猛烈阻击，只好返回沁县死守孤战。

在段村战斗中，根据地人民以极大的热忱参加了支前工作。武东、武西民兵群众从两头涌向段村前线，一队队支前大军积极投入战斗中。武西县的一、二高小师生都参加了解放段村的战斗，宣传发动群众积极支前。在攻打段村前夕，各村群众就自动组织起来，准备米饭，史家垴村 66 个妇女，两天两夜便磨了 8 石 5 斗白面。攻城开始后，30 里以内村庄的妇女，都冒着炮火往前线送饭。直至 28 日，还有许多村庄给部队送饭、送慰问品。《新华日报》记者李光在《活跃在解放段村战斗中的妇女们》一文中写道：“在这次收复武乡段村的战斗中妇女们起着重大作用。在战场上所表现的勇敢热情及不怕困难的精神，都是出人意想的。”正是由于军民同仇敌忾，并肩战斗，才使敌人盘踞多年的段村镇获得解放。段村战斗是太行部队由分散转入集中的第一仗。延安《解放日报》发表了“武乡人民欢庆全县解放”的胜利消息。

段村是八路军向敌伪进攻中太行区收复的第一座县城。此次战役极大地锻炼了部队的战斗意志，鼓舞了根据地的人民。段村的解放，为上党战役拉开了序幕。这一胜利消息一传开，全县各村敲锣打鼓，昼夜欢庆。武乡军民经过八个年头的浴血奋战，终于迎来了抗战的胜利。

抗日战争是鸦片战争以来中华民族反对帝国主义侵略第一次取得完全胜利的民族解放战争。在中国共产党的领导下，武乡以独特的战略地位，通过全县人民英勇不屈的斗争，做出了巨大的贡献。

第五章　完成土地改革，支援全国解放

1945 年 8 月 15 日，日本天皇广播《终战诏书》，向盟国宣布无条件投降。9 月 2 日，日本天皇和日本政府，以及日本大本营的代表在投降书上签字，中国人民历时十四年的抗日战争，终于赢得了最后的胜利。这是近百年来中国人民反抗外国侵略者所取得的第一次彻底的胜利，是中国共产党联合一切爱国力量结成广泛的统一战线，实行全面的全民抗日路线的实践的伟大胜利。

武乡人民在漫长的十四年抗战中，为了中华民族的解放事业，在党的领导下，前仆后继，浴血奋战，历尽千辛万苦，付出了无法估量的生命和财产的代价，终于取得了胜利。段村解放后，根据上级指示，武乡（东）、武西两县合并，恢复武乡县建制，全县人民欢欣鼓舞，广大青壮年以空前的热忱，争相参军，为解放全中国和安享幸福生活而继续奋斗。但是，一贯消极抗战、积极反共的蒋、阎统治集团，却置国家大局和人民愿望于不顾，顽固坚持独裁、内战的反动方针，妄图抢夺人民的胜利果实，悍然调集军队，向上党地区急进，企图占据上党，控制平汉线，进而夺取华北解放区。为了保卫各个根据地，中共中央领导全国人民，进行了伟大的自卫反击战争。

从此，武乡人民在中国共产党的领导下，一方面为保卫抗战胜利果实而参军参战，支援前线的反内战斗争；一方面在根据地内开展轰轰烈烈的反奸清算和土地革命运动。并继续组织群众发展大生产运动和其他各项经济建设事业，为支援全中国的解放战争做出了很大的贡献。

第一节　为保卫抗战胜利果实而斗争

一、踊跃参军参战，支援上党战役

1945 年 8 月，日本投降后不久，阎锡山即派兵侵入上党地区，枪杀共产党、八路军，抢夺十四年抗战胜利果实。晋冀鲁豫军区司令员刘伯承、政委邓小平从延安返回太行山后，即在刚解放的襄垣城召开了紧急军事会议，部署反击，命令太行、太岳、冀南部队，在人民群众的大力支援下，于 9 月 10 日揭开了上党战役的序幕。

中共武乡县委根据上级指示，在战前就成立了支前指挥部，积极动员全县群众，统一安排和组织、编制参战民兵与自卫队，准备及时开赴上党前线，配合正规军同阎锡山军队决一死战。

8 月 20 日，晋冀鲁豫边区武委会发出了关于参军工作的指示。武乡县委根据上级指示精神，向全县人民广泛进行宣传发动，在“谁种桃树谁吃桃，抗战胜利果实全靠我们自己保”的口号声中，很快掀起了一股争先恐后参军的热潮。武乡关家垴村著名民兵杀敌英雄关二如，带领洪水一区百余民兵，集体入伍；禄村“八路妈妈”暴莲子带头送两个女儿参了军；朱家山村是个只有 30 户人家的小山村，可一次报名参军的人数竟达 42 人。在这次参军热潮中，出现了许多父送子、妻送郎、兄弟争相上战场的感人事迹。仅 7 天时间，全县就有 1820 名青年报名参军，一次补充到 769 团的青年民兵就达到540多人，并且戎装未着，就上了前线。

英雄的武乡民兵，除充实主力部队外，还拿起武器，随军作战。上党战役期间，正是秋收的紧张季节，由于县、区领导积极组织民兵参军参战，又组织群众开展生产互助，使参战人员情绪饱满，无牵无挂，出色地完成了军队交给的任务。名震太行边区的民兵英雄王来法，奉命带领李峪村民兵日夜兼程，到沁县大桥沟执行警戒任务。10月的一天，他们接到有200多阎军向大桥沟方向窜来的情报后，便秘密地把土地雷埋设在白晋路上。当敌人闯入地雷阵后，被炸死70多人，剩下的也在民兵的围歼下当了俘虏。在老爷山和磨盘垴激战中，胡峦岭民兵1个班，俘敌8人，缴获机枪1挺。韩壁村民兵，机智勇敢地击退敌军1个排的偷袭，并抓获俘虏20多人。武乡民兵在随军作战中，先后战斗28次，毙伤敌371人，受到了769团、14团指挥员的表扬。

武乡还动员千余民兵奔赴上党前线，抬担架、扛云梯、送弹药、押俘虏，涌现出了许多支前模范。洪水镇民兵支前队队长宋贵生，在战斗开始后奉命带领民兵冒雨上阵，来到屯留县余吾镇前沿，为给攻打老爷山的部队准备足够的弹药，他们接受了回武乡柳沟兵工厂运输手榴弹的任务。宋贵生带领37名队员，经过一昼夜急行军，跑了150多里山路，赶到柳沟兵工厂，装好弹药，片刻未停，又星夜在疾雨中赶到西营河边。队长宋贵生带头扛起弹药箱，纵身跳入齐腰深的河水中。在他的带领下，民兵们紧跟着蹚过对岸。当他们赶到老爷山下，冒着战火爬到半山腰时，遇到了小股敌兵，宋贵生临危不惧，带领民兵们用手榴弹击退了敌人，顺利地把弹药送到了我军前沿阵地。

在整个上党战役中，武乡支前民工赶着毛驴，抬着担架，肩挑身背，跋山涉水，冒着敌人的炮火，奋勇支前。在支前运动中，全县广大妇女都动员起来，积极帮助参战民兵家属收秋、种麦，使他们安心参战支前。

二、组建县独立团，消灭残余敌人

抗日战争胜利后，随着行政区划的变更和对敌斗争的需要，中共武乡县委遵照上级党委和军分区的指示，将原武乡（东）、武西县两个独立营合并整编，组建了武乡县独立团。1945 年 10 月，武乡县独立团在涌泉镇正式成立，由冉光华任团长，李文清任政委。

武乡县独立团奉上级命令，从组建之日起，便积极开展了对敌斗争。原来驻段村的伪“剿共军”摇身一变，成了阎锡山的省防军，全部退到南沟火车站和沁县县城等地，伺机出来抢粮拉夫，不断对解放区进行骚扰破坏。10 月 6 日，侦察员报告驻南沟之敌准备出动抢粮。团长冉光华迅速率领部队，兵分两路准备打击抢粮之敌。一路由 3 营营长安政国指挥，埋伏于信义、岸北一带，切断敌人向南沟据点的退路；另一路由 2 营营长李军指挥，埋伏于高台寺、邵渠附近，切断敌人向东的逃路。上午 9 时，敌军 100 多人，马车十几辆，窜入故城镇。部队按预定作战方案，从镇东北角攻入镇内。突击连由民兵陈志和带路，突破敌人的警戒线，三营也赶到镇西，整个阵势像敞开着的“口袋”，把敌人诱进了伏击圈。10 时，进攻时机成熟，独立团向敌猛烈开火，打得阎军丢盔弃甲。镇南敌人的两挺机枪阻止了我军部队的冲锋，排长刘景云向敌连甩了两颗手榴弹，敌人的机枪哑了，2 营趁机冲了上去，与敌人展开激战。战斗进行到中午，除了少数敌军向沁县南涅水方向逃跑外，其余全被俘虏，并缴获马车十几辆、步枪百余支。事后，独立团荣获太行第三军分区奖旗一面，并被誉为“老虎团”。

11 月 6 日，武乡独立团接到内线情报，沁县县城之敌 200 余人，定于 9 日晨到长街一带进行奔袭。为迷惑敌人，7 日拂晓，部队迅速向西转移，夜晚又突然折回来，隐蔽在距长街 5 千米的松村一带。9 日凌晨，沁县省防军特务营约 200 人，向长街扑过来。当敌人闯进我军的伏击圈时，担任正面阻击的 7 连指战员立即向敌猛烈开火，敌人遭到重创后，妄图寻找有利地形进行顽抗。埋伏在两翼的3连和9连，迅速对敌构成钳形包围，从两侧向敌群猛射。1连、5连也相继投入战斗。敌人阵容大乱，最后只好投降。我军共缴获机枪两挺，步枪、手枪150支，以及部分军用物资，长街之战取得了彻底胜利。

11月下旬，南沟据点敌人再次向故城一带进行抢粮“扫荡”。为保卫群众利益，武乡独立团派侦察参谋孟来明和排长刘锦荣，到故城一带侦察敌情，掌握了敌人的活动规律，制定了作战方案。24日下午，部队从段村出发，到达蒲池，夜幕降临后按原定部署开始行动。1营由李之光参谋长率领，到达邵渠；3营由冉光华团长率领，经西渠于次日拂晓前抵达槐圪塔。当南沟之伪省防军三团一营营长冯子明率领200余人，向故城进犯时，我部队立即进入战斗状态，营长安政国下达命令，由7连向敌正面发起攻击，8连和9连从东、西两侧迂回包抄，并集中全营机枪，向敌警戒部队猛烈扫射。1营营长杨春奎带领部队，从东南面向敌发起冲击，敌人企图从原路逃跑，不料退路已被9连切断。敌人又向南撤，妄图渡过涅河向牛寺据点靠近，但南逃之敌又遭8连阻击，敌兵一阵混乱。3营不失时机地向敌猛冲，紧缩包围圈，把敌人压缩在涅河北岸的一块凹地里，残敌无法逃脱，只好缴械投降。从南沟出来增援的敌人，刚爬上五峪坪，就遭到1营炮火袭击，只好被迫撤回据点。经过三个半小时的激战，除伪营长逃跑外，其余全部就擒。此战共毙伤敌伪20余人，活捉160人，缴获步枪、马枪140余支和部分弹药及军用物品，打击了抢粮之敌的嚣张气焰，保卫了边区人民的生命财产安全。

故城之战告捷后，武乡独立团于12月24日又进行了白家沟伏击战。凌晨5时，设伏部队秘密进入伏击区，3连、7连埋伏在白家沟东、西两侧，9连为预备连，5连埋伏在白家沟东南一带，以断其后路，阻敌援兵。当时正是数九寒天，战士们顶着寒风的袭击，静静地等候着敌人。没多久，向白家沟突袭的抢粮敌人，闯进了我军的埋伏区，在距前哨敌人只有几十米时，安政国营长一声令下，7 连火器齐发，敌人全部被歼。

武乡独立团在继续扫除白晋线残敌的同时，根据分区首长指示，还参加了太行边区游击战争。

武乡子弟兵灵活机动地战斗在武乡边沿地区，凭借熟悉的地形，主动寻找战机打击来犯之敌，并配合主力部队深入敌占区对敌作战，扩大解放区。经过多次的战斗锻炼，部队的战斗力迅速提高。1946 年，武乡独立团接到太行第二军分区的指示，离县出境，英勇地投入白晋战役。

三、青修惨案的真相及其教训

1946 年 6 月 8 日，晋绥察国际善后救济总署检察官安定远等，由沁县来武乡解放区商谈救济物资运输事宜，国民党特务李庆一趁机以阎锡山联络代表的合法身份，跟随前来，进行侦察和间谍活动。我前方指挥部和区委负责人按照分区指示，在松村、青修等地对安定远等以礼相待，16 日又备马送他们返回沁县。可是特务李庆一在这期间却暗中刺探军情。在李返回沁县后的第二天，青修惨案随即发生。

6 月 18 日凌晨 4 时许，阎伪段丙昌率千余人，从沁县出发，分两路于拂晓前将武乡八区青修、松村、岭上头、曲峪、良庄、南王、长街、倪村、羌营、河泉、五科、王家峪、北坡、东坡、前后庄等 18 个村庄包围，对解放区展开了一场血战。驻良庄、曲峪的武乡四区民兵分两部突围：一部 30 余人由刘家庄、长街间突围，另一部 30 余人走大路向长街突围。半路遇敌，即有 20 余人被杀被俘，其余 40 余人也于羌营遇敌，除几人跑脱外，大部分被敌捕杀。驻松村的爆炸训练队 74 人，哨兵虽然发现了敌人，稍有准备，但由于敌人来势凶猛，爆炸队未发挥爆炸威力，敌已进村。前方指挥部武装干事李书田带队突围时负伤，其余人员从小路突围，当场死亡 2 人，重伤 3 人（内有村干部 4 人）。无比凶残的阎伪段丙昌部，对群众、干部施行了乱刀刺、挖眼睛、割舌头、挖肚肠、宫刑、狼狗咬、木棒穿肛门、割人头等残忍手段。王庄沟民兵指导员马二熬被刺10余刀后，头被割下悬挂树上。这次惨案，敌人共打死村干部20人，民兵6人，群众1人；民兵负重伤20余人；捉去村干部29人，民兵128人，群众110人；劫去步枪150余支，抢走牲口、粮食、财物无数，仅青修合作社损失就达数十万元。专署工作队史占标及政治部生产人员亦都壮烈牺牲。

青修惨案发生之后，县委和县武委会及时总结了这次事件的惨痛教训：（一）担负沁武线警戒任务的前方指挥部，以及各区、村民兵连队党支部不健全，平时对民兵不注重革命警惕性的政治教育，头脑中存在有单纯完成任务的观点；（二）前方指挥部和区领导轻敌麻痹，白晋战役之后，干部、群众盲目乐观，在思想上解除了武装，一度取消了前方指挥部情报、联防、防特、锄奸等自卫组织；（三）平时对轮防民兵军事训练抓得不力，敌人采用大举包围捕捉战术，我方依旧是采用分兵把口、牛抵头的办法，未能摸住敌人行动规律与特点，做出机动灵活的应变策略；（四）对边地反奸情报重视不够，职业特务李庆一这次来武乡活动，曾被我方人员看破，并要求县政府将李逮捕，但因中、上层领导人过分尊重与相信即将运送救济物资的国际善后救济总署，因此我方专员未能采纳群众意见；（五）缺乏基干武装做骨干，民兵武器差，又无战斗经验，在顽伪大兵进攻之下，难于应付突发的军事事件；（六）对附近伪军家属的争取和斗争，没有掌握住分化教育的策略，致使段丙昌部下决心与我方为敌。此次惨案中，伪军将青修等村42户伪属均接到了沁县县城。

在总结沉痛教训的同时，为了揭露敌人，教育群众，7月6日，武乡县参议会、县政府、武委会，工、农、青、妇各群众团体，代表全县15万人民，联合发表《告全太行区军民书》，控诉阎伪段丙昌部在武乡县所犯的滔天罪行，要求太行全区军民动员起来，立即反阎讨逆、解散伪军，拯救沁东线仍在遭受阎伪残害的数万同胞。8日，太行区各界群众团体联合通电，呼吁全国、全世界，声讨武乡“青修惨案”，控诉段丙昌破坏停战协定，拒不执行政协决议，继续与人民为敌的罪行，并要求严惩制造惨案的罪魁祸首。9日，太行版《新华日报》发表题为《紧急动员起来，为“六·一八”死难烈士复仇》的社论。10日，太行军区司令部、政治部发出《答武乡人民书》，决心誓死为“青修惨案”死难者复仇。

7月20日，武乡一、二、三区民兵及群众8000余人，在蟠龙隆重举行追悼“六·一八”青修惨案死难烈士和反内战动员大会。太行区党委、太行军区、太行行署、武委会及各地群众敬赠了挽联。武乡县委书记姜一在会上讲了话，痛斥段丙昌十大罪状。自阎伪段丙昌部侵占段村、蟠龙以来，杀死民兵、群众634人，烧毁房屋12887间，修城筑堡、毁坏耕地2000余亩，消耗民力507666个工，抢杀牲畜、猪羊8838头，其他损失折合冀钞4466692元。

大会期间，向死难烈士举行了公祭，与会民兵举枪宣誓，要化悲痛为力量，誓死向逆贼段丙昌讨还血债。会后，县领导在太行版《新华日报》发表谈话，怒斥敌伪十大罪状，号召太行军民奋起自卫反击。

四、武西边沿地区军民的对敌斗争

日军投降以后，白晋沿线的日军据点由阎军窃据，地处武乡西部的南沟车站据点，就是其中之一。为了抢夺抗战胜利果实，国民党武乡县党部也从孝义迁回南沟，一时该地又成为反动派活动的中心。南沟据点附近的故城、邵渠、茅庄、山交、信义等村镇，都是刚刚开辟的新区，这些地区由于被日伪长期统治，旧的封建势力和可恶的汉奸、恶霸、反动地主，气焰十分嚣张，他们继续与人民为敌。同时，南沟据点的阎伪军，也频繁地对新区进行奔袭，抢粮抓丁，捕杀我地下工作人员，残害我无辜百姓。并与当地汉奸、恶棍相互勾结，妄图卷土重来，还乡复辟。

针对新区这种尖锐复杂的斗争形势，中共武乡县委认为，要搞好新恢复区的工作，必须发动广大群众，开展反奸清算斗争，保护新区人民群众的利益。于是在故城、北涅水、山交沟、信义、高台寺等边沿村庄，首先从救济困难户入手，然后通过宣传党的政策，开展诉苦运动，从中培养积极分子，进而带动广大农民，积极参加反奸清霸的群众诉苦大会。经过耐心细致的工作，广大群众纷纷起来，以血的事实，揭露阶级敌人的反动本质与罪行。通过开展诉苦和控诉阎伪军破坏停战协定等活动，提高了广大群众的阶级觉悟和革命警惕。在群众初步发动起来的基础上，县委又及时将运动由反奸清霸引向减租清债，为贫苦农民从地主恶霸手中收回了土地、耕牛、农具、粮食和衣物等生产与生活资料。通过这一系列的斗争，农民经济生活有所改善，政治地位也有所提高，他们决心永远跟着共产党走。同时，为了对付南沟据点阎伪军的袭扰，县委强调加强民兵武装工作，根据边沿地区敌我斗争犬牙交错的特点，采取了军民联防作战的办法。以县独立营和区游击队为骨干，支持各村民兵组织，做到村与村彼此呼应，相互支援，一方受敌，八方出击，主力军和地方武装密切配合，结成了坚强的警戒线。此时，故城、邵渠和茅庄村民兵十分活跃，组成了联防民兵连，由茅庄村武装主任田二丑任该连连长。他们经常活动于故城、信义、五峪村一带，多次打击了白晋线上阎伪军的袭扰。

1946 年 1 月 13 日停战命令下达后，17 日，我 16 旅驻故城镇，该旅 48 团驻信义村，连同茅庄、阎家庄、东寨底、阳公岭、五峪等村庄的民兵，在部队的支持下，对南沟敌据点加紧了围困斗争。19 日，由 418 团团长、政委和七区区长张国士、武工队领导人白德元，在河底村派人叫出国民党武乡县党部书记姚志远，进行隔河对话。我方向敌方提出三条意见：（一）双方要遵守停战协定，保证不先打响第一枪；（二）停战后不准出兵骚扰村庄；（三）驻原地待命，不准轻举妄动，不准侵扰百姓生产、生活。当天上午，16 旅 49 团全体官兵全副武装到五峪、河底村，向南沟之敌示威一次。可是 23 日我 16 旅调离后，阎伪军于 28 日首先破坏停战协定，向我方开枪。阎军拂晓冲出南沟车站，在五峪坪同联防军民打了一仗。广大军民英勇无畏，将敌人打得落花流水，狼狈逃回据点。此次战斗后不久，南沟之敌又窜至信义村一带，奔袭抢粮，我联防民兵在南岭坡底给敌以迎头痛击，使其仓皇逃回据点。故城联防民兵不怕牺牲，连续作战，打出了威风，但也遭到了反动派的仇视。

经过从1945年冬到1946年春这段反奸清算斗争，大大地削弱了反动势力对新区群众的欺压和残害，边沿区贫苦农民的生活有所好转。由于以民兵武装为首的各种群众组织的建立与强化，进一步巩固了新解放区的基层政权。但是，被斗的恶霸地主，对愈来愈好转的革命形势怀恨在心，特别是对领导群众运动的党员和干部恨之入骨。故城镇一个地主，对人民诉苦清算十分不满，对干部和运动的积极分子极为仇视，于是暗中派其女儿连夜到南沟据点，密告了我方党员、干部名单与联防民兵的军事部署。阎伪军根据地主的密告情报，于1946年6月26日拂晓，在段丙昌的指挥下，一路由南沟伪保警大队长冯子明带一队伪军奔袭、包剿故城联防民兵；另一路由敌伪营长孟廷甫带领5连和迫击炮排，从沁县固义向故城方向进犯。天亮时，两股来敌近千人，将故城干部、党员驻地邵渠村包围。决心突围的民兵与干部，与敌浴血奋战，但终因寡不敌众，故城镇武装主任程亮宏和妇救主任、公安员李馥兰，民兵程兴旺、高来顺、李二赖、胡双贵、吕金林等人被抓到南沟先后遭敌杀害。阎伪军还抢走民兵武器20余件，抓走干部、群众300多人，抢走牲畜20余头。敌人制造“邵渠事件”之后，又偷偷窜至民兵驻地北涅水村，企图将故城联防民兵一网打尽。联防民兵迅速向狮则沟转移，又遇沁县来敌，双方展开了激战，民兵张万月、李三成突围时光荣牺牲。敌军把故城、邵渠等村300多名干部、群众押回南沟火车站，关在协成号院内，进行拷打审讯。在敌人严刑拷打中，故城镇妇救会主任李馥兰，历数阎匪罪行，面对屠刀，毫无惧色，慷慨就义，时年29岁。故城镇人民在李馥兰烈士纪念碑上镌刻了“民族之精英，人民之正气，青年之楷模，妇女之荣耀”的赞语。

“邵渠事件”激起武乡人民的极大愤慨，武乡独立团和故城联防民兵，决心为死难烈士报仇，给南沟之敌以沉重打击。为此，武乡独立团团部和县委前方指挥部抽调一批军事干部，到信义、五峪等地协同联防民兵，了解敌人近况及其活动规律，结合实际制定作战方案，决定在五峪消灭抢粮之敌，打好麦收保卫战。这次战斗，在民兵的配合下，由独立团 9 连打正面，7 连从阳公岭向下压，以断敌退路，1 连和 3 连隐蔽在信义和南岭坡底之间，以切断敌人从河底逃跑之路。上午 7 时许，南沟阎伪省防军中的“黑虎队”约 250 人，向五峪方向扑来，企图抢麦抓丁。当敌进入我伏击圈时，我军先向敌开火，猛烈射击，将敌截为数段。经过 3 个多小时的激战，毙敌 20 多名，活捉 200 余人，缴获步枪 210 余支、子弹 2.3 万多发，为“邵渠事件”中殉难的同胞报了仇。

五、支援白晋战役，武乡全境解放

解放战争初期，对于国民党正规军的违令进攻，共产党与人民军队本着“有理、有利、有节”的原则，给予其以歼灭性的打击。1946 年元月下旬，阎锡山单方面撕毁了国共停战协定，派八个师两万多人，纠合当时盘踞在白晋线的部分收编日军第十四旅团及伪军一部，在赵承绶的指挥下，向坚守在白晋线上的广大军民发动大规模的进攻，妄图打通白晋线，再次侵占晋东南大片解放区。为了痛击阎锡山军队的南犯，晋冀鲁豫军区于 3 月 7 日决定在祁县子洪口到权店之间，发起白晋战役。3 月 11 日，白晋战役全面打响，参加战役的有六纵队主力、16 旅、17 旅、太岳部队及太行部队。人民军队在极端恶劣的环境下，与依托交通线和装备精良的敌人进行了决战，充分显示了其英勇顽强的斗争精神。战役直到 3 月 23 日，军调处太原中心小组第二次到祁县来远时结束。白晋战役的胜利，对保卫太行、太岳解放区起到了决定性的作用。

在战前的 3 月 2 日，武乡县政府、县参议会、县武委会和各群众团体联名写信向北平军调部控诉逆贼段丙昌的罪行，强烈要求归还白晋地区。

在白晋战役中，中共武乡县委动员一切人力、物力，充分发挥地方武装在自卫战争中的作用，号召全县人民踊跃支前参战。战役初期，为了架设关河桥，接通支援白晋战役的运输线，武乡支前民工不顾寒冬水冷，解衣涉水打桩架桥，并到白晋前线拆回铁轨、枕木，昼夜进行抢修。县委书记姜一、县长李玉田、副书记李务滋等亲自参加施工，终于修成了一条以铁轨、枕木为主体的180米长的大铁桥，保证了武东地区粮食、弹药等一切支前物资能按时运往前线。

在白晋战役中，武乡支前民兵、民工分为三支队伍：第一支保卫兵站；第二支运送弹药、抬担架；第三支配合部队作战。当时，太行部队在武乡内义村扎下前方兵站，在山交沟扎下后方兵站，前呼后应接济军粮。武乡动员全县人民，把一批批粮食、弹药送到义门兵站。不仅武西的石盘、东良、故城一带民兵和群众纷纷组织了支前大队，而且武东人民也从200余里远的墨镫、洪水、韩壁等地把公粮送往前线。同时妇女组织了看护组，沿途慰劳部队，烧水煮饭，救护伤病员。战役中，武乡向白晋线运送军粮50万斤，出动参战民兵1400余人、民工6000余人，协同部队破坏铁路、割电线120华里，使阎军交通阻塞，联络中断。县委在组织民工支前的同时，还组织民众召开各种会议，控诉国民党勾结日伪、违令进攻和残害人民的种种罪行，从政治上揭露驳斥国民党破坏停战协定的卑劣行径，并以此教育全县人民，认清美蒋本质，丢掉幻想，坚持斗争。

武乡独立团配合分区主力部队参加了白晋战役。1月25日，武乡独立团3营奉命到白晋铁路两侧执行任务，在子洪口附近与日军小队遭遇。在我兵力占绝对优势的情况下，这小队日军缴械投降了。2月10日，武乡独立团在洞顶山一带打游击。敌人用一个团的兵力，企图在炮火的掩护下，占领洞顶山高地。3营先敌一步占领这一制高点。敌人便开始用八二迫击炮和日式小钢炮向3营阵地轰击。3营7连在正面，8连、9连在两翼，集中火力，交叉向敌群猛射，打退了敌人的第一次进攻。敌人又变换手法，企图用偷袭的伎俩向我阵地接近，我方战士纷纷将手榴弹投向敌人，7 连 1 排长程四货手端机枪向敌人猛扫，终于在 8 连、9 连的有力配合下，敌人第二次进攻又被我击退。这时，敌人又以更多的兵力，集中所有的炮火，向我阵地压来，3 营勇士用刺刀、手榴弹把闯入我阵地的敌人又压了下去。最后，冉光华团长带领 1 营增援到 3 营阵地上来，并向敌人发起反击，迫使敌人后撤。经过三个小时的激战，终于守住了洞顶山高地，极大地鼓舞了参战军民的斗志。

接着，武乡独立团又参加了攻打控制白晋铁路的主要据点刘凹垴的战斗。阎锡山为了加强对这一地区的控制，把其收编的一个日军大队 200 余人部署在这里。据点四周碉堡密布，哨卡重重，构成了一个完整的防御体系。分区首长把攻打刘凹垴的任务，交给了武乡独立团。团首长对战前的各项准备工作非常重视。李文清政委和祁县县委的领导同志，通过各种关系，找来了日军在刘凹垴的几位房东，通过做思想政治工作，他们都自愿为独立团带路。3 月 9 日晚，在向导的带领下，部队巧妙地绕过敌人设置的堡垒和哨所，于 7 日凌晨 4 时许，顺利到达刘凹垴。7 连迅速占领了日军所驻的窑洞顶，8 连占领了窑洞对面的有利地形。敌人几次想从窑洞里冲出来，都被居高临下的 7 连、8 连的火力死死封住，冲了几次都冲不出来，但我方也无法接近，双方相持不下。就在这时，9 连的打援战斗开始了。距刘凹垴 5 华里的某高地，驻有敌人一个营，这股敌人离开据点不远，就被 9 连打了个措手不及，战斗只进行了 20 多分钟，这股敌人即大部被歼，其余溃逃。打援胜利的捷报传到 7 连、8 连的阵地后，大大鼓舞了主力部队的士气，他们又向顽敌发起了攻击，敌人龟缩在窑洞里继续顽抗。在分区政治部干事喊话无效的情况下，冉光华团长指挥分区派来的工兵，将 200 余名顽敌全部炸死。这次战斗，共歼灭阎匪一个日军大队，并缴获部分武器装备，受到了太行军分区的通令嘉奖。

经过半个月的白晋战役，歼敌4000余人，截断了白晋线，终于迫使阎军接受了停战条件。在我军事力量的有力打击和民兵、群众的围困下，盘踞在沁县、南沟、南关等几个孤立据点的阎伪军，于1946年7月24日狼狈溃逃。全县军民载歌载舞，欢庆胜利。

第二节 贯彻《五四指示》，开展土改运动

一、宣传贯彻《五四指示》，妥善处理“柳沟事件”

抗日战争胜利后，国内的阶级关系发生了根本变化，阶级矛盾上升成为主要矛盾。抗战时，为了团结地主阶级共同抗日而实行的减租减息政策，显然已不能满足农民对土地的要求，而实行“耕者有其田”，这是中国革命的根本目的和农民的迫切要求。加之，1946年四五月间，国民党在中国挑起全面内战的危机已十分严重，中国共产党必须充分发动农民，准备进行自卫战争。而解放区在反奸清算和减租减息斗争中，广大农民都一致要求消灭封建剥削制度，彻底解决土地问题。为此，中共中央于1946年5月4日，发出了《中共中央关于清算减租及土地问题的指示》（简称《五四指示》），明确指出：“解决解放区的土地问题，是我党目前最基本的历史任务，是目前一切工作的最基本环节。”

中共武乡县委根据太行区党委的部署，于5月中旬在郝家庄召开了全县三级干部会议，县委书记姜一传达了《五四指示》精神，县长李玉田提出了对区、村干部具体传达、贯彻《五四指示》的要求和有关方针、政策，以在全县普遍深入地开展土地改革运动。就在这个时候，发生了“柳沟事件”。

在武东地区，有一部分地主家的女儿，嫁给了荣退军人，这些荣退军人大都是外籍人，抗日战争时期被安置落户在此地。他们一味地保护地主

家的土地，转移地主家的财产，给当时开展发动群众、宣传群众工作造成很大障碍。二区的上型塘村，由于某一荣退军人转移地主财产，引起群众的不满，最后遭到群众殴打。这个荣退军人不服气，便召集武乡、榆社、左权、黎城、襄垣等5县2000余名荣退军人，聚集到上型塘及附近村庄闹事，甚至把当地的区、村干部都赶走了。二区区委派区委干部王二孩当面去解决，却被闹事的荣退军人扣押。

事件发生后，县委立即派民政科科长段子谟去解决。他走到上型塘村时，正好碰到荣退军人。荣退军人得知段子谟是专门解决殴打荣退军人一事时，他们不容分说，把段子谟推倒在地，使段无法下去开展工作。县委书记姜一得知后，赶紧通知县长李玉田，让他亲自去解决，李玉田到二区后，把荣退军人集中到柳沟兵工厂处理此事。但因该厂一位工会副主席思想意识不好，暗中支持、煽动荣退军人，因此李玉田的工作也无法进行。为此，太行区党委决定让县委书记姜一、八路军14团政委、柳沟兵工厂陈志坚教导员、专署民政科科长等5人一同去柳沟处理问题。姜一来到柳沟兵工厂，首先让二区区政府在这里安灶，然后让荣退军人派代表谈话。可是荣退军人不但不派人谈话，反而冲击专署民政科科长。面对这种严重局势，姜一请示区党委，区党委指示，让荣退军人中的共产党员首先站出来，提高觉悟，并揭发出混在其内部的肇事者。这样，紧张的局势得到缓和。二区群众强烈要求荣退军人释放区委干部王二孩，并交出地主家被转移的财产。为了防止发生意外冲突，县委在柳沟召开了有工人、民兵和荣退军人参加的处理大会。会上，县委书记姜一、柳沟兵工厂陈教导员、八路军14团政委，分别就这次事件的情况讲了话，对王二孩在土改中未严格掌握政策而导致发生群众殴打荣退军人的偏差，进行了严肃批评。王二孩对自己过“左”的做法，也做了自我检讨。荣退军人也交出了3个坏分子，由县长李玉田处理。至于被转移的地主财产，全部交出来，按照政策，由荣退军人和贫雇农一起予以分配。

“柳沟事件”的妥善解决，一方面使广大党员、干部在思想上认识到，在发动群众进行土改运动中，必须严格掌握党的政策，尽量避免因蛮干作风而引起“左”的偏差，发生乱打人的现象；另一方面，使荣退军人在思想上划清了阶级界限，争取和教育广大荣退军人团结在贫苦农民一边，为顺利贯彻执行《五四指示》，开展土地改革起到了积极的推动作用。

二、消灭封建土地制度，实现“耕者有其田”

为了加强政策学习，确保土改运动健康深入地开展，中共武乡县委于1946年6月在枣烟村召开了为期10天的全县扩大干部会议，参加会议的干部有210人，进一步学习了《五四指示》。会上，县委书记姜一结合深入贯彻《五四指示》精神，联系发动群众过程中发生的“柳沟事件”，批评了二区区委干部王二孩在上型塘发动群众时，未严格掌握政策，导致发生群众殴打荣退军人的过“左”做法，告诫各级干部在发动群众中要严格掌握政策，防止类似事件的发生。

为了坚决贯彻执行中共中央《五四指示》，解决农民土地问题，武乡县委于1946年8月在老区和新区进行试点，摸索经验，放手发动群众，宣传党的政策，采取深入群众访贫问苦、找穷根、倒苦水等方法，从解放群众思想入手，启发农民首先从思想上翻身，自觉地向封建势力做斗争，执行中央“一条批准九条照顾”的政策。经过一段运动，大部分农民得到自己的土地。9月，武乡县委在郝家庄举办了有县、区干部和编村支部书记参加的土改骨干训练班，前后共办了三期，培训出一批土改工作干部，为土改运动在全县的铺开，做了进一步的准备。

10月，晋冀鲁豫中央局召开土改工作会议，正式决定实行土地改革政策，消灭封建的土地制度，彻底解决农民的土地问题。全县十几万农民，从中乡、东乡、西乡各地发动起来，其势如暴风骤雨，迅猛异常。好多村庄组织了清算委员会，向地主算账，大部分地主把剥削的财物交了出来。

另外，组织召开规模较大的清算斗争大会，发动群众起来同地主进行说理斗争，到地主家拿东西、挖内财等。赵家庄大地主赵太和死后，其家业由他大嫂、大老婆、儿媳妇三个寡妇执掌。土改时，虽经群众多次斗争，但赵家仍未交代出他家的底财藏在什么地方，后来，经过对赵的儿媳妇进行政策攻心，她才终于交代出底财藏在地窖内的一个暗洞里。群众从这个暗洞里拿出9000多元银圆和大量元宝。又如涌泉村土地改革一开始，区干部即领导发动群众，首先是算地主阶级剥削账，后来召开斗争大会，将全村地主所占有的土地、房屋，除留给其维持生活所用之外，全部退给农民。其中退出房屋180余间、土地1960亩、农具（包括犁、耧、耙等）300余件、牲畜20多头，全村140多户贫农分到了果实。东乡土改试点村韩壁，在土改中首先召开了广大干部与翻身组长会议，使干部头脑清醒，开展了群众性的检查运动；其次召开贫雇农、中农、妇女座谈会，算剥削账，算翻身账，总结10年土地斗争的经验，共有96个新、老积极分子和36位党员、干部开了3天翻身会，从追算地主为何发家，谈到10年翻身斗争经验。在算翻身账的过程中，进行总诉苦，开展群众性的斗争。每个到会群众都认识到，南寨大地主当年是“金线吊葫芦，穷人血汗吸里头”，并提出“不留一个穷朋友，不让一户不翻身”“穷朋友一条心，不让地主投机钻了空”等响亮口号。最后于1947年3月4日，召开了400余人的庆祝土地回家大会，贫雇农分到了应得果实，实现了“耕者有其田”。

土地改革运动，使农村土地关系和阶级关系发生了明显转化，消灭了封建土地所有制，贫苦农民生活得到大大改善。据1947年5月对135个经过6个月土改运动的行政村的统计，农民从地主、富农手中收回土地41903亩、房屋13170间、粮食18766.45石、牲畜894头、衣服41045件、其他物件55996件，以及银圆、元宝、银器等折冀钞44520760元。通过土地改革运动，全县人均获得土地3.8亩，贫、雇、佃农都得到了彻底翻身。

三、纠正“左”倾错误

1947 年 12 月，党中央发出了《关于老区、半老区土改工作的指示》。不久，连续发表了毛泽东《在晋绥干部会议上的讲话》、任弼时有关土改工作的报告、毛泽东《目前的形势和我们的任务》等文章。同时，中共太行区党委也作出了纠正土改中“左”倾偏差的指示。中共武乡县委根据中央领导关于纠偏的有关指示和太行区党委的具体部署，进行了全面的土改复查。

在组织发动群众方面，县委片面地强调“贫雇农路线”：在群众中直接组织贫农团，使他们成为土改复查的唯一的依靠力量和阶级队伍；在党内除一部分属于贫雇农成分的党员外，支部干部和其他党员一般都被列入审查对象。这一错误的做法，导致有些地方再次发生了对地主、富农土地的没收和征收，使其所留土地到了难以维持其最低生活的程度，有的甚至被“扫地出门”。在对待中农的问题上，则从以下三方面严重地侵犯了他们的利益：第一，在政治上，中农被排除在土改复查之外，靠边站，由贫农团主宰一切，“说啥就是啥”，自己把自己孤立起来；第二，在划分阶级成分上的扩大化，严重地危及中农，把过去用过一些短工、季节工，出租少量土地，以及经过查三代把前辈虽是地主、富农，但早已下降为富裕中农或中农水平的农户，也划成了地主、富农，这样，使他们在政治上和经济上都受到损失；第三，在“平均土地”“打乱平分”这一绝对平均主义的分配原则指导下，所实行的“抽肥补瘦，填平补齐”的分配方法，在地富已无肥可抽、无地补平的情况下，就抽到中农身上，使全县约三分之一的中农的利益不同程度地受到侵犯。当时，中农已成为农村的大多数，也是农村生产的主力。所以，上述过“左”的做法，一方面严重地孤立了贫雇农自己，另一方面也挫伤了多数农民发展生产的积极性。

鉴于上述情况，1948 年春，武乡县委根据上级党的一系列指示进行了纠偏工作。县委首先在25个村结合农村整党同时展开纠偏。纠偏的主要方针是：紧紧依靠和通过党支部，教育贫雇农去巩固团结中农，大家团结一致，做好纠偏工作，巩固土改成果。工作的主要内容是：提高觉悟，贯彻中共中央正确的土地政策，恢复党支部的领导，补偿中农受到的损失，妥善安排地主、富农的生活。如纠偏工作组到了大良村，经过发动贫雇农，结合纠偏召开了支部会，启发作风过“左”的党员自觉反省，改正错误。并经支部会同意，选派表现好的党员参加了贫农团、新农会，对个别有问题的党员则让其停职检查，从而使纠偏工作顺利展开。又如五区段村党支部，依靠贫雇农，团结中农，民主选举成立了新农会，选举出9人为正式委员，其中共产党员5人，有2人为农会主任委员，还特地增补了中农张全拴、郝应堂为委员，真正体现了党对中农的政策。

为了纠正放弃支部领导的偏向，五区召开了18个村的支部和党员会议，经过3天整顿，解决了党员中普遍存在的思想问题。会后，规定每个党员参加领导一个互助组，真正起到模范带头作用，并帮助贫雇农解决生产中的困难，纠正错斗中农的倾向，带领群众积极搞好生产。五区在纠偏工作中，召开了各村生产委员会议，除解决贫雇农的生产困难外，还联系实际纠正了王家沟、张家沟等错斗中农134户的错误，向他们进行了道歉，补偿了损失。又如东村纠偏工作组，经过调查，纠正了错斗偏向，给中农退回土地30亩、房屋25间。

为了完善纠偏工作，武乡县委根据晋冀鲁豫中央局发布的关于工商业政策的指示，及时召开工商税务会议，纠正了侵犯工商业的一些“左”倾错误，使广大工商业者解除了顾虑，放心经营，大胆发展。其次，县委还对在开展“挤封建，追三代”斗争时被错误地挤回老家的干部和教员，给予甄别平反，使他们重新分配并返回教育工作岗位。

从1948年春到1949年3月，武乡县配合土改运动结束，完成了纠偏工作。据当时对125个行政村的统计，共抽出土地6625亩，补偿给经济利益受到侵犯的中农和留地过少的地主、富农，并填补给少数分配土地太少的贫农。纠偏后各阶层人均占有土地分别为：地主、富农825户，占全县总户数的2.2%，人口3067人，占全县总人口的2.3%，占有耕地9191亩，占全县耕地总面积的1.6%，人均2.99亩；中农21487户，占全县户数的57.4%，人口77354人，占全县人口的57.4%，占有耕地311360亩，占全县耕地面积的52.5%，人均4.025亩；贫下中农15124户，占全县户数的40.4%，人口54447人，占全县人口的40.3%，占有耕地272237亩，占全县耕地面积的45.9%，人均5亩。

经过土地纠偏，大大安定了人心，稳定了社会秩序。于1949年春，全县颁发了土地房产证。据统计，全县有5万农民共分得土地97362亩，农民不仅分到了土地，也分到了粮食、房屋、衣服等，土地改革取得了伟大胜利，彻底推翻了几千年的封建土地所有制，使广大农民从封建生产关系中解放出来，生产积极性空前高涨。各地翻身农民纷纷组织互助生产，农村经济发生了巨大变化，农民生活普遍改善。

四、全面整顿党组织，提高党的战斗力

1947年6月，县委书记姜一、县武委会主任李尚春，以及区委书记、区级干部等60余人，随军南下，奔赴新区开展工作。太行区党委决定由李务滋任县委代理书记。县委根据区党委的部署，在全县开展了整党工作。

武乡此次整党工作，始终是与土改复查、土地纠偏和结束土改密切结合、同步进行的。大体上分三个阶段进行：第一阶段是从1947年5月到年底，这一阶段是结合土改复查进行整党。虽然没有明确提出是整党，但由于当时对农村党支部组织不纯做了错误估计，认为全县有40%的支部被地富分子所掌握，因而对许多支部采取了不信任态度。这种过“左”的估计，将错误更加扩大化。

由于划分阶级的扩大化，少数干部和党员被错划为地主、富农成分。

再加上把一些干部作风问题严重化，将其定为蜕化变质分子，进而将斗争的锋芒转向了党员、干部。在激发起来的贫雇农的狭隘阶级情绪和“贫雇农坐天下，说啥就是啥”的形势下，一部分党员、干部受到了不应有的批判斗争，部分农村党支部一时陷于混乱和瘫痪。如树辛村党支部书记李马保，是太行区的一等劳动英雄，多次受奖，又是边区参议员，声誉很高。土改时，他在“左”的形势影响下，和村长、治安员、合作社主任等人，不仅在本村土改中多占果实，而且带领一些干部和积极分子，随便到东沟、石板等邻村斗老财，私分地富的内财。地委发现这个问题后，当即委派县委干部王贵生和县委组织部部长陈奇、区委副书记王绑纣组成整党工作组，去处理树辛村的问题。工作组进村后，首先将问题查清，然后根据“洗脸擦黑解疙瘩，团结起来闯革命”的精神，教育李马保等 4 人做了自我检查，并发动群众给他们提意见，最后让他们把私分多占的果实全部退出，并免去李马保党支部书记的职务。

1947 年秋，太行区党委又派出一个由 8 人组成的整党工作组，重新解决树辛村问题。他们这次搞得更“左”。进村后，首先把全村三分之一的农户划分为地主、富农，进行斗争，并组织群众斗争干部，授意贫下中农不仅可以给干部提意见、诉苦，还可以动手打干部。最严重的是在一次斗争会上，整党工作组的同志坐在主席台上，树辛村八大干部（支书、村长、武委会主任、治安主任、农会主席等）在台下跪着。有些人在那里诉苦，诉了苦之后就开始打人。对这种“一脚踢开老组织”的极“左”做法，基层群众和参加会议的区、村干部都非常不满。从解决树辛村问题的过程来看，反映出这段整党工作中的“左”的倾向，伤害了干部和群众的积极性，从而使各项工作受到严重影响。

第二阶段的整党工作，是从 1948 年 2 月开始的。这一段整党工作，是上级领导有计划、有组织地按部署进行的。在整党之前，县委书记李务滋调离，由赵雨亭接任中共武乡县委书记。赵上任后，于 2 月 24 日至 28 日在县城召开了区级以上干部会议，传达贯彻了“冶陶会议”精神。会上，县委书记赵雨亭代表县委，就武乡的土改和整党工作做了总结，重点指出在党员、干部中，不同程度地存在思想不纯、组织不纯、作风不纯的问题，但绝大多数党员和基层干部是好的。要求农村党支部认真执行党的方针政策，纠正偏差，召开党员、干部和群众的谈心会，各自进行自我批评，消除消极因素，共同团结前进。县委副书记、县长王运德指出武乡土改工作中出现的“左”的偏差，主要表现在以下几个方面：一是在划分阶级成分中，许多地方把一些并无封建剥削或者只有轻微剥削的劳动人民，错误地划为地主、富农，无意中扩大了打击面；二是在土改中侵犯了属于地主、富农所有的工商业，在清查经营地主和富农的斗争中，超过了应清查的范围，以及在制定税收政策时，打击了工商业；三是没有能够明确地坚持我党严禁乱打乱杀的方针，以致在某些地方不必要地处死一些地主、富农分子；四是侵犯了中农的利益，扩大了打击面，挫伤了一部分农民生产工作的积极性；五是在分配斗争果实房屋、土地时，有的党员、干部私分斗争果实和多占土地、房产；六是部分党员、干部与地主有牵连，包庇财主，当了地富的“防空洞”。

县委针对各地土改复查工作中出现的问题，对参加会议的干部进行了认真整顿。会议要求认真清查党内思想、作风不纯的问题，并坚决按照打通思想、组织调整、纪律制裁三个原则来进行处理。在会上，全体党员都进行了认真的批评与自我批评，从而端正了思想路线和工作作风，加强了政策观念。会议之后，县、区各级领导，分赴全县农村党支部，全面铺开农村整党工作。县委明确强调农村基层整党，必须依靠党的支部和党员自己来整，采取党内自整为主，辅之以党外群众代表帮助的方法。在整党内容上，重点强调整顿党员干部的思想意识和作风不纯、组织不纯。在整党方法上，开展和风细雨的批评和自我批评。对犯错误的党员，坚持思想教育从严，组织处理从宽的原则，以达到提高思想，治病救人，团结奋进的目的。

为了搞好第二阶段的农村整党，县委派出工作组，在城南、东良、树辛、监漳等村进行了整党试点。如树辛村整党工作组进村后，先通知召开群众座谈会，对问题做了进一步调查了解，对其他干部进行了适当调整，选举了新的党支部成员，通过整顿，树辛村各项工作逐渐走向正轨。

在新区，特别是武西边沿区的农村党支部，党员成分比较复杂，有的村庄虽然没有地主、富农，但政治成分有伪顽人员、反动会道门分子。所以在半老区的整党中，除了解决思想作风不纯的问题，对组织不纯的问题也进行了认真整顿，清除了混入党内的反动分子和其他坏分子。对那些被坏人操纵的极少数党支部，则采取果断措施加以撤换。这就使党的支部，从组织上、思想上更加纯洁。其次，新区党支部党员数量少，于是结合土改整党，在群众中选拔优秀分子，发展了一批新党员，壮大了党的队伍。

第三阶段的整党工作是从 1948 年 8 月开始到 1949 年 3 月，主要是结合土改结束，对基层党员进行总结教育。在这一阶段整党之前，县委书记赵雨亭调离，王平接任县委书记。王平到任后，带领县委一班人抓紧农村整党工作，进行实事求是的分析，认为武乡农村基层党支部经过整顿，各种问题已经基本得到解决，但由于“左”的偏向的影响，许多干部受到过火的批评和错误的处分，有的地方发展得还相当严重。因而，县委于 1948 年 8 月 30 日至 10 月 28 日，集中两个月时间，在柳沟举办了两期农村党员干部培训班，受训的人数达 1253 人，每村平均 7 人，其中大多都是村党支部书记、副书记、支委、村长、农会干部等骨干党员。这次整党培训采用的方法主要是组织党员学习中央有关整党文件，提高认识，分清是非，发扬民主，让大家无保留地陈述自己的缺点和意见。然后调查核实，重新做出结论，部分错了的部分纠正，全部错了的彻底平反。在整党训练班上，县委将区、村干部分为三类：第一类是好干部，其表现是立场稳、斗争坚决、大公无私，深受贫雇农拥护信任；第二类是较好的党员、干部，其表现是思想上、行为上、作风上虽有缺点，但不是投机分子，其错误还未严重到为群众普遍反对的程度，还是可以转变好的；第三类是坏干部，其表现是包庇封建势力，严重贪污，多占果实，压制群众民主，群众对其普遍不满。县委根据上述三种党员、干部的表现，分别给予表扬、鼓励、批评、教育和经群众批判后撤销职务，或开除其党籍。

这次整党培训，总共审查了 1118 名农村党员、干部，其中表扬了 378 名，批评教育了 120 名，撤职 122 名，停职检查 98 名，开除党籍 88 名。另外，县委对犯了错误勇于改正的干部继续给予极大的信任；这些干部，也能从党的事业出发，顾全大局，严格要求自己，不计较个人得失。从而加强了党的团结，密切了干群关系。凡参加学习的党员、干部，人人心情愉快，个个精神振奋，大家焕发了革命朝气，积极带领群众搞好生产。

整党训练结束之后，县委结合结束土改工作，在全县范围内继续整顿农村党组织，重点是调整领导班子，加强农村党组织建设，除了加强政治思想教育外，普遍在支部中建立了三个制度：工作制度、民主制度和学习制度。工作制度，主要是要求党支部经常给党员布置工作，检查党员在群众中的活动与工作任务的完成情况，好的表扬，坏的批评；民主制度，主要是要求定期过组织生活和改选支部委员会，开展批评和自我批评，检查总结工作；学习制度，则规定了关于党纲、党章的教育，也就是革命前途和党的基本知识的教育制度。这些制度的建立，使农村支部逐步走上了比较健全的发展轨道。同时，还制定了群众监督支部的制度，把党支部严格置于群众监督之下。规章制度的健全，使党支部的领导水平有了新的提高，领导作风也有很大改进，党和群众的关系进一步密切了，群众生产积极性提高了。

1949 年春，县委组织了干部审查组，进一步对全县部分干部进行了审查、甄别。审干组由县委组织部部长籍希俭、公安局副局长赵四维、公安一股股长宁跃先、宣传部干事石效唐组成，并请地委派人指导。审干组先后对全县90余名干部进行了审查、甄别和释疑，对查无实据者释放；对说过落后话的，则视为觉悟问题，一律开脱；对历史上有政治问题的，查证落实后再做结论。如七区区长张国士，原被怀疑参加过反动组织，经查证落实作了历史清白的结论。让每一位干部真正做到解脱思想包袱，轻装上阵，积极工作，多数同志担任了区以上领导职务。

武乡土改中的整党工作，前后进行了一年多时间，于1949年3月底全部结束。实践证明：这次整党，成绩是巨大的，全县党组织的思想建设与组织建设大大提高了一步，对进一步动员群众，发展大生产运动，支援全国解放，从思想上和组织上创造了良好的条件，调动了广大农民群众保家保田、参军参战的积极性。

五、全力支援晋中战役

1948年6月19日，各解放大军揭开了晋中战役的序幕。在这次战役中，武乡人民全力以赴支援前线。县委向全县人民发出“打倒蒋阎匪，解放全中国”的号召。并以“一切服从战争，一切为了前线”为指导思想，发动全县民兵和民工，组织了后勤团，由县委书记赵雨亭亲自抓战勤工作。县长王运德亲自率领民工，紧随部队，支前参战。各区支前民工分别为营、连编制，由区委主要负责人领导营、连工作。全县组织了运输、担架、毛驴、牛车、砍柴、炊事、押俘等88个连队。在各个支前连队中，党员、干部和民兵带头，以身作则，带动群众，全力保证部队作战需要。

经过土改运动，分得了土地的群众，保卫家乡、支援前线的革命积极性空前高涨，广大民兵、自卫队队员纷纷到区、村政府报名参战，各级党委都把支前工作放到了首位，青壮年党员更是踊跃参战。他们表示：“部队打到哪里，我们就支援到哪里。”同时，在支前工作中，县委还注重了宣传鼓动，以提高支前民工的信心。宣传鼓动的口号是：“人员保证，服从命令，严阵以待，听从调动”“参战是为咱，保田又保家，坚持到底积极干，人人争戴英雄花”。为了使宣传工作更加深入人心，县委还编印了《参战歌》：“咱们反攻全国大展开，东西南北胜利不断来，最近收复回延安城，蒋介石马上要垮台；参战打仗都是为了咱，一切困难都要踩脚下，坚持到底努力干，完成任务胜利才回家。”歌声传遍全县，响彻太行山。

在县委大张旗鼓的宣传鼓动下，各支前连队涌现出了许多支前模范。担架队三连的郝万泉，在烈日当头时将自己的草帽脱下来，给伤员盖在头上，休息下又给伤号找开水喝。运输连队的李登川、李生尧等 20 多个年轻人，超规定每次多挑粮 25 斤。对这些模范人物，上级都给予了通报表扬。同时，县委对在支前中违犯纪律的民工进行了教育，重者严加处理。这样，保证了前方部队的给养供应。参战中，人民群众和部队紧密配合，坚强勇敢，尤其是韩壁、洪水、故城、东良等地的民兵连成绩更为突出。如洪水民兵，不分昼夜抢运伤员，一次在转运伤员通过敌人封锁线时，遇到三个阎军，为防止意外，班长张黄海命令其中二人同他留下，应付敌人，其余绕道护送。他们把敌人的火力吸引过来，机智地将敌消灭，把伤员安全地护送到后方医院。

为了战役取得胜利，武乡人民在县委的号召下，省衣节食，把粮食、衣物送往前线，有的老年人甚至把自己的寿材也捐出来。南关、故城是前方转运站，仅送往这两个兵站的粮食就有 120 万斤，谷草 50 万斤，食用油 1 万斤，木柴 50 万斤。长期在晋中前线参战的民工有四个连队 526 人，运输连队 38 个、4015 人，担架 326 副、1680 人，毛驴、牛车队 15 个、1410 人，投入运输物资的人数达到 32101 人。此外，参加修筑白晋公路和墨镫到左权公路的民工达到 4414 人。在支援晋中战役中，武乡投入支前的民工共 47112 人。

1948 年 7 月 21 日，晋中战役结束，取得了辉煌的胜利，武乡民兵远征队又随部队奔赴太原城下，参加解放省城的战役。

第三节　根据地各项事业的大发展

一、互助合作生产运动蓬勃开展

1946 年九十月间，中共晋冀鲁豫中央局召开了全区财经会议。会议确定必须继续坚持贯彻党中央所指示的“发展经济，保障供给”的方针，并号召全区军民进一步增产粮食、棉花，扩大生产日用品，达到自给和自足的“耕三余一”。中共武乡县委根据太行区党委传达的指示精神，为了保障军需民用，支援解放战争，弥补因战争引起的劳动力不足的问题，在 1944 年大生产运动的基础上，1946 年冬和 1947 年春开展了组织起来，以农业、纺织业为中心的互助合作生产运动。

农业生产运动的深入开展，出现了新的特点，首先是大力发展互助组，已成为党的中心工作。为此，武乡县委及时发现问题，在原来的基础上，按照民主、自愿和互利的原则，经过深入细致的思想工作，使互助合作组织在生产内容、相互利益关系和内部制度的建立等方面，都得到了充实、协调和加强。到 1946 年年底，据对全县 7 个区的统计，每区平均组织起来的劳动力，比 1945 年增加两倍多。全县 87% 的劳动力已组织起来。县委还针对农村生产互助中出现的消极现象，在全县范围内广泛宣传了互助合作的十大好处，教育和改造了部分思想落后的农民；以现有好的互助组为例，总结出典型经验，在面上进行推广。树辛、蟠龙、苏峪、枣烟、窑上沟等村的互助组，创造了很好的经验，对此县委在全县做了认真推广。县、区干部下乡帮助互助组制订切合实际的生产计划，并在执行中帮助、解决实际困难。县委书记李务滋蹲点段村，解决了互助组的资金问题。同时，县委号召广大党员积极带头，每个党员包干搞好一个互助组。通过耐心细致的工作，全县互助合作运动得到了巩固，涌现出窑上沟、马村、监漳、枣烟、东堡、团松等村的先进互助组。

努力提高农业生产技术，大力推广优良品种，是开展互助生产合作运动的第二个特点。1946 年 1 月，县政府建设科负责人，带领 7 名区建设助理员和 19 名劳动模范，赴长治专署农林局接受生产技术训练，回县后重新制定了生产计划。4 月，全县各村普遍建立健全了农业生产技术委员会，吸收 1357 名技术能手和劳动英雄，参加到各级委员会中，使农业生产技术委员会成为研究、推广新品种，提高单位面积产量的重要部门，在全县开始进行科学试验，先后对“金皇后”玉米、棉花、花生、烟叶、靛蓝等经济作物进行了优种改良，均取得了较大的成绩。互助合作运动的发展，耕作技术的变革与提高，优良品种的推广，使武乡 1947 年的生产取得了好收成，达到了“耕三余一”的目标。

冬季生产形成高潮，是这次互助生产运动的第三个特点。在 1947 年秋末冬初，县委及早动手，布置了全县冬季生产任务，即组织依靠贫下中农为骨干力量，大力掀起冬季副业生产运动。与此同时，各地互助组还办起了油坊、豆腐坊、印染坊等作坊，大大增加了农民的收入。1947 年 12 月，县委在全县推广了三区冬季生产的典型经验，号召全县人民在冬季生产中进一步展开小型合作运动，使冬季副业生产形成了高潮，创造出农副结合的先进经验。据 1947 年统计，全县农业总收入为 2900 万元。

新解放区的互助生产运动，因战争创伤大，存在不少困难。如南沟、故城、分水岭、南关等村，许多农户缺乏劳力、耕畜和口粮。为了克服新区农民的困难，保证春耕按时下种，1948 年春，县委和县政府号召老区群众，积极支援新区。仅一区、二区就支援边沿区种子 6800 多斤，牵牛扛犁去帮助春耕的人不计其数，使新区的互助生产状况大有改观。

土改运动结束后的 1948 年和 1949 年，农民生产情绪更加高涨。县委发出了“组织起来，提高技术，发展生产，发家致富”的指示，并具体抓了三个环节：（一）办好互助组与提高农业技术密切配合，新旧技术互相交流；（二）把组织起来后剩余的劳动力，合理地使用在精耕细作上，把土地全部修整好；（三）农业和副业结合，如窑上沟史富生互助组，在种好地的基础上，又合伙开办了砂锅窑一座，利用农闲烧制砂锅，增加了收入。这样，全县农业生产有了较大幅度的增长。

武乡妇女的纺织运动，从抗日战争一直延续到全国解放，成为在战争中发展生产的一支重要力量。1947 年 1 月，中共太行区党委发出关于 1947 年经济工作的指示，其中之一就是全面开展大生产运动，首先在春季开展纺织运动，达到棉花全面自给，并力争有富余。1947 年冬，太行区党委为大力发展生产，支援前线，又提出“组织妇女开展百日纺织运动”，掀起了第二次纺织运动的高潮。由于武乡境内经过抗日战争，广大农村有一个安定的环境，纺织运动和群众的切身利益结合得更加紧密，所以运动开展得更加广泛。全县 4. 3 万多名妇女，其中 85%参加了这一运动，各村普遍建立了互助合作社，承担购销工作。县、区妇救会坚持举办纺织训练班，改造了织布机，普遍推广了新机织布，大大提高了生产效率。据 1948 年 4 月统计，全县开展“百日纺织运动”以来，共有 18796 名妇女参加，纺棉花 8. 5 万公斤。在生产运动中，涌现出了王桃梅、史兰芳、李书爱、李素梅等一批新的妇女纺织模范，她们已成为带动根据地妇女纺织生产的一支生力军。王桃梅等还光荣地出席了太行区第二届群英大会，被评为全区纺织英雄。

互助合作与妇女纺织运动的不断发展，给大生产运动带来了新的生机，创造了极为有利的先决条件。武乡人民在生产战线上取得了很大的成绩，保证了全县军需民用，还大力支援了全国解放战争。

二、工交财贸事业与合作运动

1945 年 8 月段村解放后，武乡县委、县政府十分重视工业和手工业的发展，积极动员全县人民，响应党中央、毛主席关于“自己动手，丰衣足食”的伟大号召，进一步开展了轰轰烈烈的大生产活动。为了尽快恢复工业生产，县政府于1946年春，组建了“武乡县手工业联合社”。县工联社组建以后，首先抓归队工作，经过调查摸底，把原来的小手工业者全部组织起来，成立了曹村联合农具厂、圪老湾新华草帽厂、城关东街新华印刷厂、中村纸厂、卧龙头陶瓷合作社、泉河编织合作社、涌泉纺绳合作社、洪水皮革合作社等。其次，县政府从多方面支持手工业者发展生产，如提供贷款，组织参观，选拔领导等。对私人经营和集体合股经营的手工业，县政府一律给予保护。1946年，县政府给栗家沟、张庄两家合股经营的造纸厂贷款1万元，帮助他们恢复生产，并征得黎城县造纸厂的同意，给武乡代培了两名技术工人，提高了造纸质量。

1946年12月，太行区召开了第二届群英大会，总结了全区在对敌斗争和经济建设中的经验，大大地推动了太行革命根据地的经济建设。此时，武乡各种形式、不同性质的工业和手工业合作社遍布全县，农民的生产积极性空前高涨，各种工厂纷纷建立和扩大。如县政府在曹村创办了联合农具厂（后改为“武乡县农工器具研究所”），除生产农具外，还增加生产了人力车、纺纱机、织毛巾机、弹花机等。又如新华印刷厂，为确保《武乡战报》和各种契约等按时印刷，从冀南银行购买回印刷机器1台，并请技术工人段守荣指导印刷，工人由原来的3名增加到21名，改善了生产条件，加快了印刷工业的发展。

此外，武乡的小五金加工历史悠久，主要以修配为主。它有两种经营形式：一种是住地生产的铁匠、铜匠、锡匠、小炉匠等匠铺，另一种是流动的钉缸、钉盆、补锅等游乡小担。县政府把五金修配行业列为一项不可缺少的主要手工业，并将城关、故城、故县等地的个体手工业者组织起来，成立了“武乡铁业合作社”，满足了当地人民生活所需。武东山区的小西岭、泉河、熬垴等地制作柳制品的手工业者很多，多数以编织业为主，其产品除供应本县外，还销至左权、黎城、涉县等地。南坪、卧龙头等地的农户，以烧瓷为业者居多，窑上沟的细泥砂锅、砂罐，后沟的瓦罐尤为上品。县政府把这些陶瓷小手工业者组织起来，成立了陶瓷合作社。1947 年是武乡小手工业发展的极盛时期，参加生产的人数之广、产品之多、质量之高，在武乡手工业发展的历史上是空前的。

1948 年 8 月，太行区党委和太行行署联合召开了全区第一次城市工作会议。会议确定了城市工作的方针和任务，即“以恢复与发展工业、手工业、商业经济为主，建设全区大小城镇”，强调要团结一切从事生产的工业、手工业工人及其他劳动者发展生产。为了贯彻这次会议精神，县委加强了对工业、手工业的领导，增设了工业经济委员会。在发展工业、手工业的同时，既充分发挥工人群众的主人翁作用，积极参加工厂管理，又贯彻公私兼顾、劳资两利的政策，调动各方面的积极性，搞好生产，管理好工厂。武乡县农工器具研究所、城关新华印刷厂、柳沟铁厂就是实行公私合营、全面分红的办法，从经济关系上把工人和工厂结合起来，根据群众要求，扩大民主，互相监督，有的厂采取固定工资加奖金的办法，有的厂实行按件计酬，有的厂几种方法结合进行。做法虽有不同，但都促进了生产的发展，提高了经济效益，达到了劳资两利的目的。如武乡四联铁工厂，为农民创制了许多新式的生产、生活用具，受到县政府的奖励。

在大力发展手工业的同时，县委、县政府重点抓了煤炭生产，在墨镫、白和、阳讪、老沙坡等地成立了煤业合作社，组织群众合股采煤。当时，全县小煤窑发展到 25 座，就业工人 2000 余人，年产煤 20 多万吨。为了安全生产，各煤矿积极改善生产条件，加强安全措施，增加工人的劳保福利，提高工人生活待遇，表彰安全作业的好典型，从各方面调动了工人安全生产的积极性。

为了促进工业生产和运输事业的发展，结合解放战争时期的支前运动，县委、县政府组织全县各区、村抽调劳动力，集中修筑了县城到蟠龙、县城到南关的主要公路干线，还拓宽了通往阳讪等东部地区主要煤矿的车马大道，大大改善了交通条件。

武乡的合作事业也在抗战胜利后向前迈进。1945 年 3 月，县政府曾在武乡（东）县合作干部会议上，发出了全县学习烟里合作社的号召，4 月 25 日，太行版《新华日报》登载了韩发如和烟里合作社的模范事迹，为推动太行全区的合作事业树立了榜样。

随着合作事业的蓬勃发展，合作社的业务活动、经营范围不断扩大，使供销合作社发展成为生产、运输、信用等各项事业相结合的联合体。为了更好地组织群众合作生产，各级党组织和政府大规模发动群众入股分红，加入合作社的行列。

1947 年 7 月 23 日，太行区合作会议召开。太行行署主任李一清作了总结报告，并结合当时的经济状况，阐明了合作社的发展方向、合作社的组织领导和全力为度荒服务等问题。在会议精神指引下，武乡的合作事业呈现出大发展势头。据统计，到 1947 年年底，全县各类合作社共发展到 570 多个。在此基础上，县里举办了合作社会计培训班，加强财务人员业务素质的培养，各个合作社都有了一套健全的经济制度，账面日清月结，入股、分红都有具体办法，不仅使社员尝到了甜头，而且有效地发展了生产。

武乡县工交财贸事业与合作运动的发展成绩，都是在党组织的正确方针指导下取得的。它不但以大量的生产、生活用品，保障了军需民用；而且在办厂的过程中，培养了一大批专业干部和技术人才，积累了一定的经济建设经验，为解放后的工业建设奠定了基础。

三、文化教育卫生事业的发展

从 1946 年自卫战争开始，武乡作为太行老解放区腹地，再没有受到过战争的扰乱，武乡人民能够在比较稳定的政治环境中，开展轰轰烈烈的减租清算、土地改革、大生产及支前参战等运动。中共武乡县委抓紧时机，在抗日新文艺运动的基础上，配合新时期的中心工作，把文艺宣传工作提到议事日程上来，把党的方针、政策和中心任务，通过群众喜闻乐见的文艺形式宣传出去，让人民受到教育与鼓舞，以饱满的政治热情积极推动胜利形势的发展。

解放战争时期，广大文艺工作者积极参加了反奸清算和土地改革等群众斗争，深入体验农村生活，经受了锻炼和考验，写出了许多好的文艺作品。首先是广为流传的曲艺作品《地主与长工》《蒋军必败》《参加大生产》等。其中，武乡县盲人宣传队集体创作，由王世荣执笔的《地主与长工》，曾在边区教育厅举办的第一次文艺作品评奖中荣获 5000 元甲等奖。武乡民教馆的鼓书创作也十分活跃，1947 年 4 月，边区文联《文艺杂志》曾向太行艺术界推广了他们关于曲艺的三种创作方法：（一）盲人下乡收集材料自己编，回来大家审查集体修改；（二）民教馆协助，盲人加工润色；（三）集体创作，发挥盲艺人“遇啥编啥唱啥”的优势。其次是戏剧创作繁荣。当时由城关（今故县）剧团演出，赵浚川创作的独幕剧《错打算盘》在边区教育厅举办的作品评奖中，获乙等奖并得奖金 5000 元；高介云与张万一合作编剧的大型歌剧《圈套》和《王贵与李香香》，获太行区立功运动二等奖。1947 年 4 月 1 日，太行文联对文艺创作进行奖励，武乡县高介云、张万一合作编剧的《改变旧作风》获甲等奖。1948 年 7 月初，县委根据华北文艺座谈会精神和区党委宣传部的指示，号召全县各区进一步开展群众性的文艺创作活动，创作出像《新仇旧恨》《一担水桶》等一样的好作品。再次是群众性的民歌创作。专业、业余文艺工作者，以及教师大量谱曲填词，宣传党的方针、政策及群众幸福的生活，如《夫妻种瓜》《就要成立新中国》等，这些剧目和歌曲都反映了军民团结大反攻的英雄气概。

有了自己的剧目、曲目，还需要有表演节目的自己的文艺团体。在武乡，最典型的文艺团体是剧团和盲人曲艺队。抗战胜利后，武乡的“光明剧团”已调往太行行署，后又以原武西“战斗剧团”的演职员及社会艺人组成了县“翻身剧团”。剧团在当时宣传土改、支前等中心工作中起了很大作用。武乡盲宣队，继续发扬抗战时期的艰苦精神，自编自唱新节目 70 余个，仅1946年内，就走遍了长治、榆社、黎城、屯留、太谷等县的1985个村庄，在群众中影响很大，受到太行行署的表扬。1947年1月19日《人民日报》以《太行行署嘉奖武乡盲人宣传队》为题对其作了报道。盲艺人们受到鼓励后，继续发扬吃苦精神，踊跃到外地进行慰问演出。如1947年到武安冶陶为晋冀鲁豫边区政府财经会议作了祝贺演出。同年在阳南头召开的五县曲艺联欢会上，武乡盲宣队集体创作的鼓词《战斗英雄关二如》也获了奖。1948年10月5日，召开了武乡盲人鼓书队会议，曲艺宣传工作又有了新的起色。

武乡的文化工作，一直比较活跃，除有一支强大的专业队伍外，还有一个重要原因，就是农村文化工作有广泛的群众性。当时农村的文化活动小型多样，丰富多彩，通过冬学学习小组、民校和识字班、男女青年训练班等组织形式，开展群众性的文娱活动，活跃了山乡农民文化生活。此外还有“书报阅览室”“写作组”“读报组”“俱乐部”等。县政府还在洪水镇创办了武乡文化合作社，及时向群众发售各种读物，这是当时华北区三大书店之一。而在农民翻身运动基础上开展起来的“群众翻身、自唱自乐”的农村戏剧运动，又成为基层群众性文艺活动的主流。当时武乡农村剧团很多，搞得最有声色的要算东堡村的“解放剧团”，1947年7月17日，《人民日报》曾发表署名华含的《介绍武乡东堡解放剧团》一文，给予该剧团以高度评价。之后，故县解放剧团、汉广剧团也得到了赵树理、陈荒煤、朱穆之等著名文人的书面赞扬。据武乡1949年文教大会统计，仅本县就出现了163个农村业余剧团。并随之出现了一批群众赞颂的名演员，如窑上沟剧团的郑桃英、大有剧团的“满天星”、芝麻角剧团的“麻八旦”、王庄沟剧团的“喊一声”、苑家垴剧团的“一股风”等。武乡农村戏剧运动蓬勃开展的原因是：（一）县委、县政府委托下乡干部帮助组织、整顿、辅导农村剧团；（二）农民刚刚欢庆抗战胜利，又闹土改翻身，分到土地、房屋，群众心情无比喜悦，急于言表，自娱自乐；（三）结合党的中心工作。农民自己的事自己演，既推动了农村各项工作的开展，又使广大群众生活过得欢快舒畅，鼓舞了生产热情，走上了发家致富的康庄大道。

在教育方面，由于初级小学的不断发展和国家对人才的迫切需要，促使高小有所增加。段村解放还不到两个月，就在该镇成立了“解放高小”。全县小学教育开始向新型正规化方向迈进。1946 年 6 月，太行行署发出的《小学转民办的一些办法》，使多数学校不能转向民办而停办，为此在各区、各村进行了大量的思想工作。1947 年是武乡教学改革十分活跃的一年，以改革教学促进教育事业的发展是教育工作的显著特点。

但因受土改中“左”的影响，对地富成分的教师进行了错误的“挤封建”。不少教师因家庭出身不好、历史上有些问题，而被挤回了家。1948 年，县委、县政府纠正了教育界的“左”倾偏向，让不该被清洗的教师重新回到教育系统。1949 年 6 月，华北人民政府召开了小学教育工作会议。县委根据华北人民政府的指示，对全县教师进行了短期培训和政治鉴定，用革命的方法，培养为新民主主义教育事业服务的合格师资，并对全县初级小学进行了一次普遍的整顿。据 1949 年统计：全县小学 387 所、高小 7 所、师范 1 所，教师共 422 名。同时，经过几年来的减租减息和土地改革运动，以及组织假期集训、短期整风等，广大教师的思想水平有所提高，逐步适应了日趋成熟的正规化教育体系。

作为社会教育主要形式之一的冬学，也是在各级党组织的统一领导下，紧密结合党的中心工作进行的。主题教育内容是：爱国自卫战争中的时事教育；土改运动中实现耕者有其田的翻身教育；动员人民搞好生产与支前参战的思想政治教育；破除封建迷信，学习科学知识的文化教育。随着农村冬学运动的开展，农村广播台、业余剧团、读报小组、通讯报道组、青年午学等群众文化组织也应运而生。这些社教工作的开展，对中心工作起了促进作用。同时，各地根据不同的情况，进行了多种形式的教育。当时树辛村是太行区的模范村，在劳动英雄李马保和义务教员陈全中的组织领导下，结合山区特点，采用了冬学等组织形式，收到了良好的效果。与此同时，城关、韩壁、石门、马堡、凤台坪等村的冬学也搞得较为出色。洪水山区还出现了“商人冬学”。这一时期的社会教育配合了伟大的土地改革运动和解放战争。

武乡的医疗卫生事业，是在敌祸与灾荒中，同愚昧、迷信、落后不断地做斗争而逐步发展起来的。段村解放，给人民卫生事业的发展创造了安定的环境，群众的卫生保健条件得以改善。1946 年下半年，医务学校搬至故县西关，改名为武乡大众医院，并附设医务学校，政治指导员白德元，院长王正中，共有职工 15 名，医师为张跃武，医生有李生华、李春午、郝兴五、徐中秀、王中和等。这时的医院属于集股投资民办公助性质，以中医中药为主，兼有少量西药。所有医护人员分为两支医疗队：第一医疗队队长李生华，医生景全春，司药韩斌；第二医疗队队长牛丙文，医生赵永和，司药赵秉公。他们走乡串户，挑药下乡，为群众防病治病。大众医院附设的医务学校增加为两个班，男女学员共 60 余人。1948 年土改后，该院通过政府正式命名为“武乡县大众医院”，下设蟠龙、故城两个医诊所，从此揭开了武乡卫生史上新的一页。同年下半年，由医生张盛轩、助手王希尧第一次给武乡任村一名患者施行了截肢手术。不久，医院增置了简单的医疗器械、换药用具，外科手术开始迈出了可喜的第一步。同时，县委、县政府成立了医务委员会及区分会，将全县的医药人员组织了起来。洪水、蟠龙、大有、圪老湾、涌泉、故城等各区先后成立了区联医药社。私人药铺也相继开业，医务人员初步掌握了用西药治疗疾病的知识。特别是在防病治病工作中，县医务委员会积极发动和组织全县医药卫生人员，深入农村，宣传卫生知识，开展讲卫生活动，为治疗战争年代遗留下来的疟疾、疥疮、梅毒等疾病做出了新的贡献。

在整个解放战争时期，县委根据太行行署关于开展防疫与卫生运动，并训练骨干医生的通知精神，为了提高医疗卫生水平，除开办医务学校外，还开办了助产士训练班、西医训练班等。并通过小学、民校等多种渠道，向学生及群众普及卫生常识。为了做好农村妇幼卫生保健工作，关心妇女、儿童的身心健康，推广新接生法，县委在东村举办了一期新法接生员训练班，时间20天，培养出新法接生员100多人，为全县积极开展妇幼卫生工作和推广新法接生工作打下了初步基础。据1949年统计，全县有医院1座，公私医药机构共60多所，从事医药卫生工作人员180多人。

武乡县各级党组织始终十分重视发展文化教育和卫生事业，帮助广大人民群众逐步摆脱了文化落后的状况，改善了医疗卫生条件，特别是培养了一大批具有各方面知识的有用人才，为新中国成立后武乡各项事业的建设打下了基础。

第四节　党组织的公开与壮大

中国共产党从诞生的那天起，就处于帝国主义和国内反动派的包围之中。为了免遭敌人的破坏和迫害，党组织采取了秘密活动的方式，领导人民进行革命斗争。这对于保存党的力量，有着非常重要的作用。1947年，中国革命形势发生了巨大的变化，解放战争转入了全面的战略进攻阶段，共产党夺取中国政权，已成定局。太行区经过了土地改革运动，彻底消灭了封建土地制度，实现了“耕者有其田”。广大群众热烈拥护中国共产党，要求党组织公开，领导群众进行革命斗争。在这大好形势下，党为了更直接地领导群众，扩大政治影响，同时也使党能直接联系群众，接受群众的监督与帮助，不断克服缺点、错误，培养与提高党员的素质，于1947年5月中旬，太行区党委召开了各地委组织部部长联席会议，为党组织公开做了充分的思想准备，并采取了谨慎的步骤，决定全区区委以上的党委机关先公开。基层支部的公开，则采取先搞试点，逐步进行的办法。

1947年7月1日，太行版《新华日报》刊登了《中共太行区党委为全区党的公开给各级党组织和党员的通告》。《通告》回顾了党组织由过去秘密活动状态到今天组织公开的战斗历程，并对全区党组织与全体党员提出公开后的三点要求：（一）要无限忠诚地从事革命事业，更好地发扬群众路线，不断检查自己的思想和行为，克服存在的缺点和错误。（二）言行一致，不说空话。（三）诚恳坦白，虚心地听取人民的意见，勇于开展批评与自我批评。中共太行区党委还规定：各级党委的书记公开后不再叫政委，改称“书记”，区分委一律更名为区委。关于党支部和党员公开问题，根据各地不同情况，逐步实行。支部公开后，村政治主任改称“支部书记”。同时还宣布要掌握以下原则：一是无任何敌人威胁的地区才可以公开，只要有强敌威胁，哪怕是暂时的也要缓办。二是必须经过土地改革的地方，并且支部必须是经过整顿的。

接着，武乡县委根据太行区党委的通知精神，发布了《中共武乡县委员会告全县人民书》，具体地讲述了武乡党组织领导全县人民从地下斗争、抗日战争到解放战争所走过的艰苦曲折的历程和取得的一个个胜利。用大量的具体事实阐明了武乡党组织是强大的群众性的政党，是与人民生死与共的政党，是有能力公开领导全县人民继续奋斗的政党。最后希望全县人民以真诚的态度向县委、区委、村支部中的党员提出宝贵的批评改进意见；也告诫全县共产党员要虚心接受广大群众的监督，以使武乡党组织更加发展壮大。同时，武乡县政府、救联会、武委会和县联社联合发出《为拥护党委公开向武乡人民的号召》和题为《武乡人民积极组织与行动起来做到当前几件工作，迎接胜利与全国大翻身》的文件，号召全县人民更紧密地团结在党组织周围，以实际行动，战胜一切天灾敌祸，赢得解放战争的最后胜利。为了纪念党的公开，中共武乡县委还编印了《中国共产党成立廿六周年纪念宣传材料》专辑，供大家宣传、学习。同时，武乡县委根据太行区党委的指示精神，还作了几项具体规定：（一）凡在政府中工作，并兼任党委委员的，暂不以党的公开面目出现；有特殊需要的，须经上级党委批准。（二）在各系统中工作的党委委员，在党委委托之下，始得对外、对下代表委员会。（三）支部工作一般仍由专门做党务工作的党委委员管理。（四）公开以后的县委及区委会，有接受群众直接向党的委员会控告党员之义务。（五）各级党委在公开以后的统一名称：县委为“中共太行区武乡县委员会”，区委为“中共太行区武乡县×区委员会”。（六）各系统中党、团、机关支部，均暂不公开；工厂及学校中的党支部需要公开的，必须经地委批准。

为了庆祝党组织公开，武乡各地举行了多种形式的纪念大会和活动，并结合纪念建党 26 周年，县委召开了有万人参加的庆祝党组织公开大会，举行了中共武乡县委及七个区委挂牌办公仪式，党组织由秘密隐蔽活动改为向社会公开挂牌办公。“中国共产党太行区武乡县委员会”的牌子由县委书记李务滋同志亲自挂上，并向群众讲了武乡县党的革命斗争历史，县长王运德代表全县人民致了贺词，各界代表纷纷发言，并向县委赠送了“十四万人民灯塔”金匾，还向县委献旗、献花。偏远山区还发来贺信、祝词等。“十四万人民灯塔”的金字大匾挂在了县委大门上，在群众中产生了很大的影响。大会期间，还组织了文艺演出，各区的文武社火、小花戏、八音会、秧歌队等都到会助兴。县委还举办了连环画展，以画面、图表等形式反映了武乡建党以来的战斗历程与丰功伟绩，使到会的群众受到了很大教益。县委召开党组织公开大会之后，紧接着各区相继召开了党组织公开大会。三区在大有镇召开大会，区委书记魏名扬作了报告，简述了全县和本区峪口等党支部带领人民群众进行革命斗争的事迹。五区、七区的党组织公开大会在魏家窑河滩召开，会议十分隆重，不仅搭建了庄严的主席台，而且还用松柏树枝搭了彩门、牌坊，以示庆贺。当时到会的群众均在万人以上。故城镇还做了上书“领导一元”四个大金字的贺匾，以示纪念。县委主要负责人还亲临到会祝贺。被公开的党员披红挂花，在鼓乐声中登上主席台，公开与群众见面，并发表感想，会场一片欢腾。武乡六区在大良村举行了6000人大会，区委书记武伏丁在会上讲了话，区委副书记白木荣宣布石盘党支部为模范支部，支部书记郝永文在会上介绍了支部工作经验，党员培养对象郝明文登台表了决心。集会群众高呼“共产党万岁”“毛主席万岁”“翻身不忘共产党”等口号，喊声响彻云霄。截至7月底，在全县218个党支部中，有三分之二的支部正式公开；在全县5392名党员中，分期分批先由部分公开逐步到大部分公开的占党员总数的70%以上。有些新区还需要暂缓公开。

党组织的公开，是适应全国即将解放的新形势的一项重要措施，它不仅对于党员密切联系群众有重大影响，而且大大便利了群众对党员的监督，这在新时期是有着深远意义的。公开党组织也是对党员的一次再教育，同时表明了共产党对群众的无限信任，党的威信更加提高。到1949年五六月间，随着豫北和太原的解放，武乡5392名党员全部公开。党组织公开之后，县委组织部十分重视对干部的培养工作，在段村举办了党员训练班，分期对党员进行教育。并从小学、中学教师中选拔干部，安排到县委、县政府工作，如李银尧、马超骏、梁肇唐、李纯仁、马良璧、李文忠、李遇春、李荫香、王政明、王一光、郁学曾等青年知识分子，被选拔到县委工作后，大都成为县级领导。

从此，全县党组织进入一个直接领导群众、进行革命斗争和发展工农业生产，并成为公开的执政党的新阶段，带领全县14万人民，满怀信心地去迎接新的更大的胜利。

第五节　大批干部南下北上随军开辟新区工作

1947年，武乡党组织公开之后，解放战争正打到了国民党统治区。随着全国解放区的迅速扩大，尽快向新解放区输送干部，成了老区党组织责无旁贷的光荣任务。为此，党中央指示，要迅速培养大批干部，支援新解放区。太行区党委根据中央精神，指示各地委要进行干部摸底工作，做好充分准备，坚决完成大批外调干部支援新区的光荣任务。

为了保证外调干部的质量，武乡县委根据上级党委的指示精神，作了严格的规定，所调出的干部必须称职，政治上确实可靠，历史清白，身体健康。妇女干部必须担任区级以上的职务。为了使外调干部能自觉地服从组织调动，到新区工作，各级党委都做了大量的思想工作。除深入进行时事政治和形势教育外，对一些干部所存在的具体问题，都有针对性地进行了耐心的思想工作，并解决了他们的后顾之忧。在动员过程中，绝大多数干部都是比较好的，能自觉自愿报名南下北上，但也有少部分人家庭观念严重，满足于眼前的利益。

针对上述问题，武乡县委做了深入细致的思想工作，同时运用批评与自我批评的武器，对那些斗志松懈、不想继续革命的干部，进行了严肃的批评。对表现积极的，进行了表扬鼓励，以树立正气。对家庭确有困难的，合理加以解决。对少数品质恶劣、对抗组织、经教育批评无效者，给以党纪处分。通过耐心地做思想工作，广大干部思想觉悟迅速提高，他们积极报名，争着随军南下北上，去开辟新解放区工作。

武乡县除 1944 年调李甫堂、李振国、史尚华、胡景春、曹化琦、张青山、段德先、赵林田、董宏等 30 多名干部配合部队去开辟与巩固豫北新区之外，1944 年 12 月，武乡（东）县第一批干部张天林、李兴唐、李玉堂、王晋儒、李振希、郝耀、梁德柱、李伸、巩忠明、李春藩、申子明等由太行分局随彭涛调往冀南开辟新区工作。1947 年 6 月，中共太行区党委书记李雪峰和行署主任李一清，带领太行区党群干部随刘邓大军出征，挺进大别山。武乡县委书记姜一、县武委会主任李尚春，以及区委书记郝松如、乔拴纣、成家英，区长石岗、王玉轩、任水旺、陈水林等 60 多人参加“六梯队”南下。该队走时路经蟠龙镇，又有姚庄、上广志等村十几个党员、干部自愿随军南下。武乡县第三批南下干部由县委宣传部部长李树田带队启程，支援中原。成员多数是区委正、副书记，正、副区长和武委会主任，他们是武镇华、王贵清、王一峰、韩聚全、郝本立、魏文玉、张兴盛、王纯、杜书田、郝永胜、郝成福、姜成宏、马步生、周旺银、王玉盛、石富元、武生堂、王星文、石玉珍、刘成发、李天才、周虎旺、郝希良、李火龙、张志耀、肖甫高、常久通、邢国礼等44人。他们于1947年10月辗转到达河南新区开展工作。同年12月，武乡县第四批干部南下，由副县长李毓秀、财粮科科长史仁澍、民政科科长段子谟、区长王用予等53人组成，其中县级干部23人，区级干部21人，村干部4人，医生、教师等5人。南下队伍从县城出发奔赴湖北、安徽。李景光、魏天云在南下途中作战牺牲，李春庆等10人相继病故。1948年秋，以魏志远、郝德为主，共40余人，全是妇女干部，在太行区党委集中后，分别分配到第一、二、三批武乡南下干部所在地区工作。1949年元月，正是雪花飘飞之际，县政府民政局局长李鸿胜、七区区委书记韩磨锁，以及李铁峰、王金元、杨改兰等12人赴天津市工作。

1949年2月，太行二地委各县均根据上级关于调配干部南下的指示，派出南下干部。武乡县抽出第五批南下干部，听从党中央、毛主席“打过长江去，解放全中国”的号令，义无反顾地打起背包，辞别亲人，踏上了南下的征途。由县委副书记秦定九带领科（局）级、区级领导干部县公安局副局长聂石柱、一区区委书记郝兆文、四区区委书记郑本善、八区副区长王道祥、民政科科长王桂芳、财粮科科长侯同，以及周永旺、赵奋三、杜金贤、段元明、安家秀、阎庶青、任文明、刘书木、赵来春、李玘鸿、李如江、成桂、李林旺、王二孩、梁贞祥、安中秋、梁仲祥、王福秀、关拴劳、关拴纣、段怀旺、白书林、赵恩光、任德贞、徐瑞清、曹改花（女）、李福田、李生有、赵考唐等共35人，赴福建南平开展工作。南下前，在武安县城集中整编学习50余天。太行、太岳两区南下干部4000余人统一编为“中国人民解放军长江支队”，下设大队、中队、小队。武乡、襄垣、昔阳三县干部编为三大队第一中队，原定去 91 人，实去 108 人。第二中队是由和顺、左权、榆社干部组成，其中有武乡籍干部李尚仁、曹由烨等 6 人。由太行四、五地委干部组成的第三中队，有武乡籍干部未力工、张田丁等人。由汲县、淇县干部组成的第四中队，有武乡籍干部陈砚田、白佩珩、赵振旅等人。由辉县、汤阴干部组成的第五中队，有武乡籍干部张存友等。直属中队有武乡籍干部中队长武士诚，队员赵苏健、申步超、李安唐、王尚先等。他们南下后被分配到福建省南平地委及南平县工作。

1949 年夏，上级调刘初晓、任来应、李玉凯、马升堂等 10 名干部到太原市公安局工作，他们先后被提拔为处级、科级干部。

据 1949 年县委组织部统计，由县委组织部经办输送的干部达 5300 余人，若加上太行二中、太行三中、抗日军政大学、北方大学等学校毕业分配工作的武乡籍人在内，总计为中华民族的解放事业，武乡这个太行小县共输送出干部约 6000 人。在先后 4 次外调中，武乡将自己德才兼备的好干部支援了新区，为开辟和巩固新解放区做出了卓越的贡献，在武乡党的光荣历史上留下了灿烂的一页。

第六节　宝贵的经验，伟大的贡献

从武乡党组织的创建，到十四年抗战和三年解放战争，勤劳勇敢的武乡人民在各级党委的领导下，进行了艰苦卓绝的斗争，做出了伟大的贡献和巨大的牺牲，同时，也为后代留下了宝贵的革命经验。在这部简史即将结尾的时候，我们有必要做一番历史的回顾与总结。在太行腹心这块古老的土地上，武乡党组织领导全县人民取得如此辉煌的业绩，主要有以下几个方面的原因。

（一）坚持党的领导，认真贯彻上级党组织的方针政策。武乡作为太行革命老根据地的一部分，在这点上更具有得天独厚的优势。在抗日战争中，中共中央北方局、八路军总司令部、太行第三军分区司令部和抗大、鲁艺、华北新华日报社等党、政、军、财、文重要机关在武乡长期驻扎，不仅领导和指挥了整个华北的抗日战争，也具体指导了武乡的各项工作。武乡党组织不仅能够及时贯彻执行上级党、政、军机关的战略决策，而且可以聆听朱德、彭德怀、左权、刘伯承、邓小平、杨尚昆等八路军首长的直接教诲。武乡抗日根据地之所以能够及早创建与巩固，正是在上级党、政、军机关的直接指导下发展壮大的，因而避免和减少了许多失误和挫折，战胜了重重困难，保证了各项工作的顺利开展，取得了最后的胜利。

（二）解决农民的切身利益，动员农民进行了人民战争。中国革命的根本问题是农民问题。武乡党组织从创建之日起，就领导和发动农民成立“抗债团”，开展了抗租、抗债、抗粮、抗税、抗丁的“五抗”斗争，调动了广大农民奋起革命的积极性。在抗日战争中多次实行减租减息，清理旧债，直至解放战争中的土地改革等一系列政策，使广大农民从中得到实惠。由于解决了农民的实际问题，全县农民在战争中，革命热情空前高涨，和人民子弟兵并肩作战，演出了一场场威武雄壮的人民战争的活剧。从反敌“九路围攻”到震惊中外的“百团大战”，以及上党战役、白晋战役、晋中战役，武乡人民积极支援军队，完成了所担负的一切战勤任务，保证了我军重大战斗和战役的胜利。从战备到生产，从参军到支前，每一项工作都得到全县人民的坚决支持，出现了军、政、民一体，团结抗战的动人局面，创造了可歌可泣的光辉业绩。

（三）团结一切可以团结的力量，结成最广泛的抗日民族统一战线，共同对敌。统一战线是我党一个重要的法宝，从地下党组织的创建到抗日战争和解放战争，武乡各级党组织始终正确掌握与运用了统一战线的政策和策略，团结社会各界人士，有力地促进了党的事业的发展。早在 20 世纪 30 年代，在武乡党组织酝酿筹建的过程中，就得到许多进步人士的帮助。党组织遭到破坏后，党的外围组织和拥护、同情党的人士冒着被抓被杀的危险，秘密帮助党员转移脱险，掩藏党内文件等，使武乡保存了革命的火种。在抗日战争中，武乡党组织始终把抗战工作作为中心环节，多次召开士绅、名流座谈会，动员他们参加到抗日队伍中来。在共产党的宣传影响下，各界人士纷纷自觉地为抗日出力，在1939年囤积公粮运动中，全县共筹集6万石公粮，其中由各地士绅们自动献出的粮食就达85%。在武乡抗日根据地处于极端困难的时候，上级党组织及时调回在武乡知识界影响较大的武光汤、武光清等人担任县党政主要领导，团结了一大批中、小知识分子，避免了中间派向敌人靠拢。在政权建设上，武乡党组织严格执行中央制定的“三三制”政权的组织原则，邀请民主人士参政、议政，为抗战作贡献，武乡（东）的裴会宝、杜青史，武西的郝培兰等士绅名流都被选为边区参议员。通过广泛的统一战线，使共产党赢得了社会各阶层人民的支持，使党的事业蓬勃发展。

（四）密切联系群众，与群众同甘苦、共患难。武乡党组织从创建之日起，就把人民的利益放在首位。在战争年代，武乡党组织和全县人民风雨同舟，同甘共苦。1940年后，在根据地军民处于极端困难的情况下，党员和群众一起吃糠咽菜，一样开荒种地，进行生产劳动；在敌人频繁的“扫荡”中，各级党组织和共产党员总是挺身而出，不顾个人安危，组织民兵协助群众坚壁清野，帮助他们安全转移；在反“扫荡”结束后，党组织又及时为受害群众做好安置工作，帮助他们修复被敌人烧毁的房屋，并对赤贫户给予救济，组织生产自救。1943年，大批冀西、豫北的难民流入武乡，县委、县政府及时进行了妥善安置，使难民有了生息之地。除此之外，县委历来重视拥军优属、拥政爱民工作。各村安排专人给孤寡、残疾人代耕种土地，挑水送煤，治疗疾病。党组织经常召开群众座谈会，听取群众对党和政府的意见与建议；对于荣退军人，则进行妥善安置，帮助他们解决衣食住行等困难。这些措施大大调动了人民群众的革命热情，对于最终取得胜利起了积极作用。

（五）正确地开展批评和自我批评，加强了党员严格的组织纪律性。县委在领导全县人民开展对敌斗争的同时，始终注重自身的组织建设。1940年，根据党内出现的组织不纯等问题，进行了组织整顿，清洗了一些不符合党员标准的人，整顿了各基层支部，逐步建立起党的民主生活制度，定期召开支部会，党员按时交纳党费，服从党的决议，认真开展批评与自我批评，使每个党员都能改正自己的错误，保持了党内的团结统一。1943 年，县委贯彻上级指示精神，不仅使党的战斗堡垒更加坚固，而且使党群关系更为密切，对于发动群众有积极的影响和推进作用。1948 年，县委又结合土改进行了党组织的全面整顿，及时纠正了过“左”的做法，团结了绝大多数群众，使土改工作得以顺利开展，党组织在群众中的威信也有了进一步的提高。

正因为武乡党组织始终与人民一体，真正调动了武乡人民的革命热情，从而使这块英雄的土地爆发出革命生机。从抗日战争到解放战争，武乡人民为中华民族的独立和中国人民的解放事业，立下了不朽的功勋。据不完全统计，从 1937 年到 1947 年 11 年间，武乡先后共参军 14246 人。日本投降后，半个月就有 2300 人自告奋勇参加八路军，为保卫胜利果实，未着戎装，便奔赴上党战场。后来为支援刘邓大军南下，武乡又有 2000 余民兵奋勇参军。在这片古老的土地上，从反击敌人“九路围攻”的长乐村急袭战到关家垴歼灭战，直至围困蟠龙、解放段村等重大战斗，以及人民群众广泛开展的地雷战、麻雀战、破袭战、窑洞战等，共进行了大大小小的战斗 6368 次，参战军民达 41594 人，毙伤日伪和阎军 29330 人，缴获武器 14020 件。武乡人民不仅直接参军参战，更担负了繁重的战勤任务。在 12 年间，从支援本县内的战斗，到支援上党战役、白晋战役、晋中战役，武乡县支前民工达 258 万人（次），折合 3870 万个日工。为支援全国解放，武乡共派出南下、北上干部（包括职工、民工）5000 多人。这些干部、职工驰骋在大江南北、长城内外，为老区争得荣誉。民兵是胜利之本，人民战争的伟大力量来源于广大人民群众。在战争年代，武乡全县215个行政村，共为部队筹集公粮1.75亿公斤，妇女做军鞋49.45万余双。同时，武乡涌现出著名的杀敌英雄和劳动模范共达150余人。这些光辉的革命业绩，将永远载入中国革命的史册。

第七节 革命英烈，浩气长存

从武乡地下共产党组织的创建，到抗日战争和解放战争时期，武乡党组织和全县人民为中国革命付出了巨大的牺牲。在十四年抗战中，武乡这个仅有14万人口的山区小县，在战争中牺牲和致残的县、区、村干部和广大民兵、群众达2.5万多人，新中国成立后被民政部门登记注册、列入英名录的有3200多人。还有3500多名部队指战员，在我县进行的著名战斗中壮烈殉国。

在这3200多名党的优秀儿女中，涌现出了许许多多令人敬仰的光辉典范。

在地下党组织创建时期，有段若宗、段宏绪、魏煜、李晙等烈士。

段若宗出生于茅庄一个佃农家庭。1934年在太原国师上学时，经李雪峰介绍，加入了中国共产党，长期从事学生运动，并为武乡地下党组织的创建与“五抗”运动的开展，做了一定的工作。1935年12月，他代表国民师范等四校抗日学联赴北平出席华北学联筹备大会，为呼吁抗日救亡、制止内战卖国而被捕。临刑前在囚车上怒斥敌人，英勇不屈，就义于太原大南门外。

段宏绪，东村人。1929年在山西省第一中学加入“读书会”等进步团体，后又赴北平参加并领导抗日反帝大同盟工作，寒假返乡后在县城内外进行革命演讲，为武乡反封建斗争的开展与党组织的建立，在舆论上和组织上做了准备。1933年5月，他受地下党组织的委派，赴张家口参加吉鸿昌的抗日同盟军，在察北作战中牺牲于前线。

魏煜，故县人。1932 年入党后，先后在太原青年图书馆和石家庄铁道部扶轮学校以英语教员身份作掩护为党工作。在危急时刻，他设法转告高沐鸿等进步人士外出脱险。1936 年，魏煜奉命到上海从事革命活动时被捕，后被敌人害死在苏州监狱中。

李畯，磨里村人。1931 年春在北平加入中国共产党，从事党领导下的社联工作，曾任“社联”沙滩支部负责人。在此期间，他不断为故乡革命青年邮寄进步书刊和革命传单。1932 年 8 月被捕，后被押送南京国民党中央监狱，受尽酷刑，惨死于狱中。

武华，早在 1932 年就担任中共北平东区区委宣传部部长，后又调任唐山市委委员等职，返乡期间在本县宣传革命，协助雇工武三友等组建武乡段村地下党支部，领导农民开展抗租、抗债斗争。抗战爆发后，在本县组织抗日游击队，配合部队打击敌人。1943 年任武乡（东）敌工站站长时，被日伪抓进蟠龙据点，饱受毒刑，坚贞不屈，变敌人法庭为战场，愤怒控诉日伪罪行后，惨遭杀害，头颅被悬挂示众，尸体被投入枯井中。其悲壮事迹将永远为后人所传颂。

在战火纷飞的抗战岁月里，八路军许多著名将领，长眠在武乡的山水间。

129 师 386 旅 772 团团长叶成焕，河南省光山县人。1938 年 4 月 16 日在长乐村急袭战斗中，带病上阵，挥师杀敌，为粉碎日军“九路围攻”，牺牲在硝烟滚滚的战场上。

决死一纵队 25 团政委凌则之，四川省屏山县人。抗战初期为开辟晋东南、保卫太岳区做出了贡献。1940 年“百团大战”第三阶段，疯狂的日军在报复“扫荡”时，多次向八路军总部驻地砖壁村猛扑。10 月 22 日，凌政委率部坚守温庄防线，同敌人激战 9 小时，击退强敌，保卫了总部首脑机关，然而不幸的是他自己却在阻击战中壮烈殉国。

386旅政治部主任苏精诚，福建省海澄县人。抗战以来，随部队驰骋于太行、太岳之间。1941年1月27日拂晓，在掩护驻地军民突围的韩壁战斗中，为祖国、为人民流尽了最后一滴血。

太行第三军分区司令员郭国言，湖北省黄陂县人。参加敌后抗战以来，为提高决死队的军政素质，倾注了大量的心血。1942年2月19日黎明，在指挥所部阻击蟠龙向大有猛扑的4000多名强敌时，被敌炮弹击中，在西岗头高地上为国捐躯。他和上述诸位将军的光辉英名一样，永远铭刻在太行群峰之上，成为后人学习的楷模。

在战争年代，武乡还有无数奋不顾身参加革命斗争的民兵群众，区、村干部，为捍卫抗日根据地，保卫家乡，保护广大人民群众的生命财产，血洒疆场。他们中有单身力搏数敌的皮烟村民兵王尚元、故城武装主任程坦和武乡（东）二区武委会副主任张德林，他们在弹尽援绝之后，抡起枪杆与敌搏斗，光荣牺牲。有身陷囹圄，坚不吐实，困死在敌人木笼中的南关镇地下情报组组长孙汉英。在段村敌人铡刀下，面不改色，从容就义的共产党员张云九和地下工作者魏子玉（均系故县人）。在南沟火车站阎军刑场上，大义凛然、视死如归的故城女共产党员李馥兰和武装主任程亮宏，以及在反“扫荡”中与敌搏斗壮烈牺牲的武西游击队长安唐。有被敌人绑来妻子、母亲等亲人数次威吓而毫不屈服的地下交通员高宝尉和太行区一等民兵杀敌英雄马应元烈士。有为保卫群众窑洞，掩护路南办事处机关脱险的漆树坡民兵指导员武志芳，在与敌进行白刃格斗中，壮烈牺牲。有不屈的茅庄村武装主任田景云和党员民兵田文秀，在突围中以手榴弹击溃围敌后，誓死不做俘虏，拉响最后一颗手榴弹与敌人同归于尽。还有区分委书记殷士敏和吴夺旗、区委委员赵三孩在带领区基干队和驻地民兵打击“扫荡”之敌时，身先士卒，英勇牺牲。区干部杨晋标大义灭亲，毅然协助游击队活捉了其当汉奸的胞兄杨明德，把敌伪挤出了故城镇，后遭敌人杀害，气贯长虹。还有在烈火中永生的玉品村武装主任李全儿，饿死不吃日军饭的郝爱则，以火棍、菜刀与敌搏斗的冀家垴和南庄村抗日村长徐永胜、张天元，山交沟抗日村长李秀华等烈士，以及为掩护百名学生脱险而牺牲的武西二高教师王兆琪、王成文和临危斗敌的白家庄儿童团长李爱民等先烈。他们用血肉铸成的英雄业绩，充分显示了武乡人民不可侮，太行自有雄魂在。

英雄的武乡人民，在度过峥嵘的战斗岁月之后，即将踏上建设新中国的征程时，发出一个共同的誓言："成千上万的先烈，在我们之前英勇地牺牲了，让我们高举起他们的旗帜，踏着他们的血迹前进吧！"

附录　武乡革命根据地大事年表

1919年5月

北京爆发的五四学生爱国运动波及太原，在省立第一师范上学的武乡籍学生武灵初，参加了这一运动，任学生纠察队队长。

1920年3月

武灵初、高成哲在高君宇的倡导下，开始学习研究马克思学说，并参加了太原社会主义青年团小组，成为山西最早的一批社会主义青年团团员。

1921年夏

武灵初等一批青年学生返回武乡，在县立乙种农校和高小进行宣传，提倡民主与科学，鼓励师生开展反帝反封建的爱国运动。在武灵初等人的影响下，县城各校进步师生展开了轰轰烈烈的学潮，并组织学生会，在县城及段村等镇演讲游行。

1925年4月

武乡县立师范学校在教师籍雨农、学生李逸三等进步青年的领导下，进行了驱逐顽固派校长郝新民的活动，罢课斗争一周。

1926年春

国民革命军北伐攻下武汉，全国欢庆。武乡县立第一高级小学组织“提灯会”，举行了隆重的庆祝活动，人人高唱《打倒列强》等歌曲。

1926 年秋末

李逸三、高沐鸿等武乡留并青年在太原组织“星光社”，出版《星光月刊》，抨击封建势力，宣传民主与科学的思想。

1926 年冬

“星光社”被控告，高沐鸿、杜辅唐等在武乡被捕。武光汤等进步青年奔走营救，在县城发动群众示威请愿，县署迫于压力，将高沐鸿等释放，武乡民主势力初次获胜。

是年

在山西国民师范求学、积极从事革命活动的李逸三，为了寻求革命真理，脱离国民党组织，考入武汉的中央军事政治学校。

1927 年 1 月

李逸三从武汉给国师同学回了信，明确表明拥护共产党，信仰马列主义，进步师生将此信公布在墙报上，扩大了政治影响。

1927 年 5 月

由武乡第一国民小学教师武光汤、第二国民小学教师李誉甫发起，在县城成立了“小学教师联合会”，发动罢教 40 天，增薪一倍，斗争取得了胜利。

1927 年 12 月

李逸三在参加“广州起义”后，加入中国共产党，成为武乡县最早的中国共产党党员。

1928 年 9 月

进步知识分子高沐鸿赴上海，与高长虹共同创办《狂飚》周刊，倡导反帝、反封建、反旧礼教的文艺运动。

1931 年春

县教育会、农会控告贪官张扬祚，留并学生武光汤等积极给以声援，县长张扬祚被驱逐。县教育会、农会领导人民群众捣毁为其树的“勤政爱民”匾和“德政碑”。

1931 年 7 月

赵圭璧从太原山西省立第一中学初中毕业后，偕同段宏绪（东村人）到北平，不久加入了反帝大同盟。此时，武乡籍革命青年武华、魏煜、李畯、李旭华也从太原、石家庄到了北平，参加了党的外围组织——反帝大同盟，进行革命活动。

1932 年 10 月

武汉监狱根据国民党政府颁布的《疏通监狱令》将李逸三释放。李因失去组织联系，返回武乡，在原籍北良侯村以教书为掩护，和雇农李尚文、李华英等人一起筹划组织农民“抗债团”。

1933 年 4 月

李逸三、高沐鸿在县城成立了“武乡流通图书馆”，筹集进步书刊，传播马列主义。

1933 年春

武光汤、李逸三等在县城创办《武乡周报》，进行反帝、反封建宣传。

1933 年夏

武乡在太原求学的进步青年赵益三、魏玉田、魏煜等人，在暑假返乡期间，通过武光汤和县当局协商，在县城举办了“小学教师暑假讲习班”。

1933 年 5 月

在“流通图书馆”成立之后，又成立了武乡通讯社，武光汤为社长，有 3 个交通员，分东、西、中三个区，给乡下送《武乡周报》和进步书籍。

是月

李逸三、史怀璧发起组织了农民“抗债团”，吸收大批农民参加，与地主、富农展开以抗租、抗债、抗税、抗粮、抗丁为中心的“五抗”斗争。

1933 年夏末

在小学教师暑假讲习会结束后，史怀璧、赵瑞璧、赵益三等发起组织了“现代思潮研究会”。

1933 年初秋

武乡农民“抗债团”成立，由李逸三、史怀璧、高沐鸿、武光汤、武三友、武贵同、王锦心、李福元、李尚文等 10 人组成，会上选举武三友为“抗债团”团长，李尚文为副团长。

1933 年 8 月

中共武乡地下党组织成立。县委书记为李逸三，副书记史怀璧（兼宣传委员），组织委员赵瑞璧，县委委员程登瀛（程容）、武三友。

是月

武乡县委建立三个基层党支部，即武乡东区（窑头）支部，书记程登瀛，委员李福元、王马孩、魏名扬；武乡中区（段村）支部，书记武三友；武乡西区（北良侯）支部，书记李华英。

是月

共青团武乡支部在县立师范学校成立，属县委领导，有团员 12 人，书记王锦心。

是月

武乡地下党组织决定编印党内月刊《上党红花》，发往下属支部及党员，出刊第三期后被迫停刊。

是月

在外地求学的青年学生武华、赵圭璧回到武乡，发动组织“抗日反帝大同盟”。

1933 年 12 月 24 日

抗债团员在中心支部的具体部署下，分头行动，一夜之间将革命传单贴遍了从县东到县西 100 余千米的大道两旁。

1934 年春节

武乡县党组织遭到第一次破坏。县委书记李逸三和进步人士武光汤、武骏图被捕，反动当局对高沐鸿、史怀璧下了通缉令，查封了武乡周报社和流通图书馆、印刷合作社。

1934 年 5 月

在严重的白色恐怖下，为了更隐蔽地进行对敌斗争，武乡地下党组织以教武术、赶庙会为掩护，进行“五抗”斗争。

1934 年初秋

武乡县党组织派赵瑞璧（赵向荣）与中共山西工委联系，省委决定由赵瑞璧任中共武乡县委书记，重组县委，恢复党的工作。

1935 年 4 月

农历三月二十四日，武乡县委利用南神山赶庙会的机会，在山上密林中召开党的秘密会议。参加者有赵瑞璧、李丙权、王锦心、魏怀德、李福元、程登瀛、魏名扬、武寿彭 8 人。会议的主要内容是如何转入农村进行党的活动。

1935 年 10 月

武乡县委为保存党的力量，派共产党员魏名扬、李宏胜、王苟臭、姜国珍、王中秀、赵恩全等打入驻县城“防共团”，进行秘密斗争。

1935 年 11 月

奉中共中央指示，地下共青团武乡支部停止活动。

1935 年初冬

武乡地下党组织派魏怀德以警察身份，打入县公安局掌握敌情，并进行分化瓦解工作。

1936 年 2 月

由于个别党员失密，阎锡山山西省防共委员会密令县公安局将武乡地下党组织领导人赵瑞璧和李丙权、魏富锁、魏怀德等抓捕，程登瀛、武三友等逃往外地，党组织第二次遭到破坏。

1936 年 4 月

太原国师学生运动领导者之一、武乡早期革命活动者、共产党员段若宗在太原大南门外英勇就义，年仅 23 岁。

1936 年 10 月

山西牺盟总会派了 10 名临时村政协助员来武乡，发动民众抗日，建立健全县牺盟会基层组织。

1937 年 7 月

中国抗日战争全面爆发。

是月

山西牺盟总会派韩洪宾、姚伯功，后又派张天乙来武乡任牺盟特派员，在县城东关成立了武乡牺盟分会。韩洪宾兼任组织委员，高沐鸿兼任宣传委员。

1937 年 9 月

武乡县抗日武装自卫队铁工厂，在县城东门外瘟神庙创建，厂名定为“鼙山工厂”，负责人为贾志厚、王化南。建厂后由打造大刀、长矛发展为生产地雷、手榴弹等。

是月

武乡县工人抗日救国会（简称工抗会）在县城成立，杜生旺、贾志厚、张玉堂、王化南、常贵生等人被选为工抗会负责人。工抗会的成立带动了全县各区工抗会的建立，发动了工人抗战的积极性。

是月

武乡各地青年学生在县城召开纪念“九一八”大会，会上韩洪宾、杜昕作了《大力开展抗日救亡运动》的报告。会后，成立了“武乡县抗日救国学生联合会”，推选杜昕为学生联合会主席，段英奎、黄岑明、武铭（女）、张桂森为副主席。

1937 年 10 月

中共冀豫晋省委负责人徐子荣带领高沐鸿、王玉堂来武乡恢复党的组织，于本月正式成立中共武乡县临时工作委员会，王玉堂任临时工委书记，韩洪宾任组织委员，公开身份是牺盟会特派员，高沐鸿任宣传委员，公开身份是省理论委员会委员。

1937 年初冬

武乡第一个抗日自卫总队在县城成立，县临时工委书记王玉堂兼任自卫总队大队长。

1937 年 11 月

国民兵军官教导第五团，在贾毓芝、梁膺庸带领下，来到武乡，深入乡村发动群众，组织抗日人民自卫队，进行军训，帮助开辟抗日根据地工作。

11 月 14 日

八路军总部从晋东北向洪洞一带转移，首次进驻武乡，司令部驻东村。

是月

中共武乡县临时工委，在中共冀豫晋省委徐子荣、晋东特委杨树根等领导人的具体指导下，在窑头村举办党员培训班。

是月

由中共武乡县临时工委书记王玉堂主持，杜昕介绍李安唐、史玉麟、李衍授、武铭（女）、王润华（女）、李生旺等人在县城文庙加入了中国共产党，这是抗战以来武乡首批集体入党的党员。

是月

武乡县青年抗日游击队（名扬游击队）在大有泰山庙成立。队长魏名扬。

1937 年冬

通过牺盟会的公开发动和组织，采用民主选举的办法，在县城成立了“武乡县农民抗日救国会”，赵晋臣（窑头村人）任主席。

是年

全县工、农、青、妇等群众救亡团体陆续建立，初步打开了一个动员抗战的局面。魏名扬、杜昕、李衍授、武铭、史玉麟等人于 11 月在大有泰山庙组织了牺盟游击队，魏名扬任大队长，杜昕任政委，李衍授、武铭、史玉麟等任政治工作员。月底，中共武乡县临时工委派杜昕、史玉麟、李衍授、张风銮、史鉴唐、赵硕甫、吕顺、王廷章、常贵生、赵寿彭、赵树仁、李贵兰等 20 多人，赴辽县（今左权县）参加 129 师游击训练班学习，学习政治及游击战术，月余后返回武乡。

1938 年 1 月

八路军 129 师谢（家庆）、张（国传）大队进入武乡，在蟠龙、洪水、韩壁、城关、故城等地组织训练抗日自卫队，发动群众参加抗日斗争。

1938 年 2 月

以共产党员陆清廉为团长的八路军工作团进驻武乡，同武乡县临时工委和县牺盟会密切配合，继续发动各阶层民众抗日。

是月

武乡抗日县政府和县牺盟会在县城三官庙成立了“武乡县青年抗日救国公学”，这是武乡县第一所抗日救亡学校。

是月

武乡县临时工委在县城举办了一期牺盟协助员训练班。

是月

在八路军工作团的帮助下，正式成立了中共武乡县委员会，工作团团长陆清廉任县委书记，王锦心任组织委员，籍薪田任宣传委员。

1938 年 3 月

武乡县委依靠农救会和工救会等群团组织，开展了对“官盐店”的斗争。

1938 年 4 月 10 日

八路军总部由沁县小东岭移驻武乡马牧村；14 日转移义门村；20 日进驻寨上村。

是月

武乡县委在洪水、蟠龙、段村、故城建立了四个区分委。县委机关驻县城附近的寺背后村。

是月

日军对晋东南发动了“九路围攻”，武乡县委机关搬到柳亭郊、海神沟一带。

是月

八路军129师师长刘伯承、政委邓小平、副师长徐向前指挥所属部队，在长乐滩与日军激战一天，歼灭日军一〇八师团一一七联队2200余人。县委发动2000多名自卫队员和民工积极支前，五区区委委员赵三孩在战斗中光荣牺牲。

是月

八路军总部由武乡义门移驻寨上村，在此召开了粉碎日军“九路围攻”祝捷大会，并展览了长乐战斗战利品。

是月

武乡县农救会、工救会、青救会、妇救会组成“抗日救国联合会”（简称“救联会”）。

1938年7月

武乡县委对县自卫队进行整顿和扩编，自卫队员达到700多人，分为10个中队，分别驻在城关、故城、蟠龙、洪水等主要集镇和交通要道口。

1938 年 8 月

县委书记陆清廉到晋冀豫区党委党校学习，武乡县委改为武乡中心县委，刘建勋任县委书记。

1938 年 9 月

武乡县委宣传部派人在马村将游乡说书的 83 名盲艺人组织为“武乡盲人宣传队”，由共产党员张培胜任队长。

1938 年 12 月

武乡县委书记刘建勋指示，以牺盟会出面，在县城召开了“拥蒋抗日大会”，要求县长减薪抗日，建立抗日新政权，县长郭腾蛟离职。

是月

县委为加强抗日宣传，派赵浚川、殷士肤将各游击队留下的儿童演出队改编为武乡县抗日儿童话剧团。

1939 年 1 月

山西省第三行政专署派谭永华任武乡县抗日县长，县、区两级废除“俸给制”，开始实行供给制。

是月

县牺盟会创办《大众力量》周刊，先后由赵竹儒、郭忠、李沛棠任编辑。

1939 年 3 月

武乡县召开县、区干部大会。通过四项工作：（1）慰劳军队；（2）动员新战士；（3）整理民众工作；（4）演习游击战术。

1939 年 4 月

武乡县子弟兵在东沟村成立，裴清河任大队长（亦称“清河子弟兵”）。

是月

八路军总部第六科来柳沟接管了蘷山工厂，改名为“八路军总部柳沟铁厂”。

1939 年 5 月

武乡中心县委在曹村召开大会，开展“红五月”斗争，大力改造旧政权，推行合理负担和减租减息政策，在斗争中发展党组织。

1939 年 7 月

武乡中心县委在县城郝家庄召开中共武乡县第一次党员代表大会。会后，中心县委又改名为武乡县委，并选举产生了新的县委，书记为刘建勋，副书记为魏效泉，委员为武三友、王宗琪、赵悦祥、李国祯。

是月

为适应对敌斗争需要，武乡县政府特设武西办事处。武光清任主任，由武西八路军工作团团长王宗琪任县工委书记，田志锡为工作团秘书，田景方为宣传干事，刘国模为组织干事，到 1940 年 1 月，赵悦祥任组织委员，籍薪田任宣传委员。

7 月 15 日

八路军总司令部进驻砖壁村，野战政治部和中共中央北方局驻烟里村。

是月

武乡县政府举行第一次军政民联席会议，商讨战时一切工作，并成立了武乡县军政民联席会。

1939年8月

武乡东部山区土河编村农民救国会举行全体会议，中心议题是讨论合理负担和改善民生等问题。

是月

东堡编村农民救国会，召开编村村民代表大会，发起拥护三民主义运动，倡议团结一切可以团结的力量，坚持抗战到底。

1939年秋

县农民抗日救国会调整领导机构，设组织部、宣传部、武装部、锄奸部等，武三友接任主席。

1939年9月

中共冀豫晋区党委第一次代表大会，在武乡县东堡村召开，县委选派刘建勋、武三友、赵悦祥、李国祯为代表，参加了这次会议。

是月

武乡、沁县、榆社、襄垣、黎城等七县军、政、民近万人，在长乐村召开了庆祝粉碎日军“九路围攻”的胜利大会。大会决定为在长乐和云竹战斗中牺牲的丁思林、叶成焕二团长立碑建亭，以示永久纪念。

是月

县抗日政府以牺盟会的名义，在八路军总部的支持下，在土河村召开了武乡士绅座谈会，朱总司令到会并讲了话，动员全县士绅为抗日捐献爱国公粮。座谈会由谭永华县长主持，县牺盟会特派员张烈也到会并讲了话。

1939 年 10 月 11 日

八路军总司令部由砖壁移驻王家峪，中共中央北方局驻王家峪，野战政治部驻下合村。

是月

武乡第一次扩大干部会议在大有镇泰山庙召开，到会的有八路军代表陈赓和苏精诚，牺公联合会及各救国团体代表等也参加了大会。

是月

李友九接任武乡县委书记。

1939 年 11 月

武乡县委和抗日县政府，组织民兵自卫队 500 人，配合八路军 772 团向日军南关兵站进行了袭击。

是月

“活庄事件”发生，县委责成公安局配合 129 师锄奸部立即侦察，将 4 名首犯在长乐滩执行枪决。

1939 年冬

牺盟中心区在长乐村主持召开了辽（县）、武（乡）、襄（垣）、黎（城）四县数千人参加的反顽斗争大会，镇压了一批为阎锡山效劳，破坏抗日，反共反人民的顽固分子。武乡县县长谭永华、牺盟特派员张烈在会上讲了话。

1940 年 1 月 1 日

鲁迅艺术学校在武乡下北漳成立，李伯钊任校长，陈铁耕任副校长。

1940 年 2 月 14 日

武乡县各界代表在活庄村举行了宪政座谈会。十八集团军政治部主任傅钟作了《关于宪政问题的报告》，史玉麟代县长从八个方面作了关于武乡宪政问题的报告。会后成立了武乡宪政促进筹备会。

1940 年 2 月 26 日

抗日军政大学总校经晋西北、晋察冀抵达武乡蟠龙镇。

1940 年 2 月 23 日

武东地区发生“马堡事件”，晋绥特工队与反动分子赵晋祥、李振玉等制造反共交通事件，后由县公安局配合，129 师锄奸部破案，并枪决首犯 5 人。

1940 年 3 月 3 日

蟠龙军民联合召开反汪拥蒋大会，并发出通电：“拥护委员长抗战到底，实行真正三民主义。”华北版《新华日报》3 月 9 日为此作了报道。

是月

根据区党委指示，武乡县委开展创建实验县活动，由中共晋冀豫二地委宣传部部长温建平任武乡（实验）县委书记。

是月

县委、县政府在小活庄召开全县春耕大会，提出“减租减息，参军参战，生产自救”三大任务，宣布了党的劳动政策，号召组织变工队。

是月

县委遵照上级指示，在县自卫队、区基干队的基础上，成立了具有相当作战能力、装备较好的脱产地方武装——武乡独立营，营长为史昭青，下辖两个连，共200余人。

1940年4月5日

武乡县委党校开学。

1940年4月15日

抗大总校在蟠龙举行第六期开学典礼，朱总司令和傅钟主任到会并讲了话。

是月

朱总司令在回延安前，给王家峪村抗日小学模范儿童团员赠送题词：“斗争与学习缺一不可。”

是月

县委在姚庄召开了实验县首次活动分子大会，并对今后如何创造实验县作了具体部署。

是月

八路军总部生产部和冀太联办第二办事处生产人员修筑引水渠，在监漳小河上，同群众筑渡水石桥一座，长 20 余米，并挖砌 5 华里引水渠一条。第二办事处主任刘亚雄在渡槽上题了“人力胜天然”石匾。

是月

县委派史玉麟和路东办事处主任陈大东、榆社县县长武光汤一起到晋冀豫区党委特训班学习，聆听杨尚昆书记关于建党、建军、建政和保障人权的报告。

1940 年 5 月 4 日

晋东南万余名青年在蟠龙召开五四纪念大会，并举行火炬晚会，左权副总参谋长在会上讲了话。

1940 年 5 月 5 日

129 师刘伯承、邓小平指挥太行、太岳部队发动了白晋北段破击战，7 日结束。武乡县委、县政府组织了民兵、自卫队 5000 余人投入战斗，运回大批铁轨、枕木等后，转运黄崖洞、柳沟兵工厂。

是月

日军占领段村。为了便于开展对敌斗争，县委决定变更全县行政区划，武乡西的秦王头、西郊等村划归平遥县，并撤销编村制。全县共划为 13 个行政区，215 个行政村。

是月

县委在姚庄召开党的活动分子大会，动员和部署整党工作。之后，县、区相继召开区分委、支部会议，将上级指示传达、贯彻到各基层党组织。

是月

根据对敌斗争形势需要，武乡县委决定划段村一带为特别区（亦称十三区），郑文奎任区分委书记，李玉田任区长。

1940 年 6 月

县委将县自卫队中的青年积极分子组成青年抗日先锋队（简称“青抗先”）。紧接着又在青抗先基础上建立发展民兵游击小组。

是月

武乡县窑上沟青抗先队长张德林和队员张来庆、张寿海等带领 12 名队员组织起民兵“张家班”，大陌村青年妇女冯凤英带领妇女成立了女民兵班。

1940 年 7 月 30 日

县委、县政府召开武乡士绅座谈会，讨论《中共中央对时局的宣言》和政府囤粮法令。

是月

日军侵占东村。为了适应对敌斗争需要，武乡行政区划变更为武乡（东）县、武西县，撤销原十三区（特别区）。武乡（东）县辖 8 个区，武西县辖 4 个区。

是月

武乡（东）、武西县建立了武委会，赵志云、董育宣分别担任武委会主任，两县 215 个行政村都成立了村武委会。

是月

为加强武西游击区对敌斗争，将武乡独立营划为武西独立营，涂学忠任营长，李文清任政委，并统一编制了各区游击队。

1940 年 8 月初

武乡（东）县掀起反顽斗争高潮，县党政军机关部署整党工作。

1940 年 8 月 20 日

“百团大战”开始，武乡（东）组织了民兵支队，史明庆为队长，带领全县 1 万余民兵和群众分赴白晋、正太、榆（社）辽（县）等地，进行支前活动。

是月

李友九任武乡（东）县委书记。

是月

马牧村妇救会秘书郝品峰，动员妇女协助八路军筹集公粮，支援“百团大战”，成绩突出，荣获十八集团军总部奖旗，上书“妇女楷模”。

1940 年 9 月 10 日

武乡（东）县 5000 余民众于蟠龙镇举行了庆祝百团大捷及生产展览会，县长王捷三主持大会，各地音乐团还特地赴会演出。

1940 年 9 月 25 日

中共中央北方局在砖壁村召开了高级干部会议，讨论黎城会议提出的三大建设问题，彭德怀在会上作了《关于根据地政权及农村统一战线问题》

和《财政经济政策》等报告。

1940 年 9 月 29 日

武乡青年抗日先锋队及群众数千人，配合八路军一部主动向榆辽线敌人展开战斗，攻克榆辽线各据点，收复了榆社县城。

1940 年 10 月 30 日

在彭德怀副总司令亲自指挥的关家垴歼灭战中，洪水、东堡、蟠龙、石门 4 个区分委、区政府组织了 70 多个自然村、3200 名群众，参加了送饭、送水、运弹药、抢救伤员等支前工作。

是月

武乡（东）县、武西县交通局成立，主要负责通讯联络和报刊发行工作。

1940 年 12 月 12 日

武西各区分别举行群众武装检阅大会，欢送新战士上前线杀敌。

1940 年 12 月 27 日

武西独立营在故城、茅庄民兵配合下，袭击故城据点日军，活捉汉奸程晋儒、杨明德，捣毁了故城维持会，为民除了两害，鼓舞了敌占区群众的斗志。

是月

武乡（东）县委、县政府和县武委会联合成立了“前方指挥部”，实行党政军一元化领导，有力地领导了频繁而残酷的对敌斗争。

是月

张汉卿受党委托，到游击区武西县胡家垴创建第一抗日高小，开展游击教学，实行教学、生产、战斗相结合，坚持办学5年之久。

1941年1月3日

武西县6000余民兵、自卫队武装大检阅，楼则峪、祁村等村荣获锦旗。

是月

武乡（东）县委提出“继续从斗争中发动群众，改善统战关系”，要求各级党组织深入群众，团结各阶层抗日力量，巩固抗日斗争成果，领导人民群众迎接更加艰苦的对敌斗争。

1941年2月20日

武乡（东）县各界救国会贷款1万元，开展农村纺织业。

1941年3月

武乡（东）县牺牲救国同盟会宣布撤销。

是月

武乡（东）县委、县政府在全县发动“百日纺织”运动。

1941年5月

武乡（东）县农救会、妇救会举行大选举，并号召会员积极参加清理旧债、减租减息运动。

1941年6月

中共晋冀豫区党委书记李雪峰在武乡（东）县东沟村召开襄（垣）、武

（乡）、榆（社）三县县委书记会议。武乡（东）县区长以上领导干部全部列席会议。会议强调调查研究，动员战备，进行秋季反“扫荡”斗争。

是月

武乡（东）县政府在太行第三军分区的领导下，又成立了武乡独立营，营长冉光华，政委张向善，下辖两个连、两个区游击队、一个直属排，共400余人。

1941年7月

武西县委正式成立，王宗琪任县委书记。

是月

晋冀鲁豫边区召开临时参议会，武乡（东）县高沐鸿、高成绚、裴会宝，武西县郝培兰等人出席会议，并被选为边区参议员。

是月

武乡（东）县各级武委会大选举，以加强地方武装建设，开展群众性的游击战争。

1941年8月

武乡（东）县委在狼卧沟天主教堂召开第二次党代会，出席会议的代表100余名。会议听取了县委书记李友九所作的《关于县委一年来的工作报告》。会议选出县委委员：李友九、麻贵书、李衍授、李步云、赵志云、姜一、武书中、殷士敏，县委书记李友九，组织部部长麻贵书，宣传部部长李衍授。

是月

武西县委在榆社县南村召开第一次党代会，出席会议的代表60余人。会议议程：（一）县委书记王宗琪向大会报告县委一年来的工作情况；（二）选举产生了武西县第一届委员会，并布置今后主要工作。大会选出县委委员：王宗琪、杨达、李超周、武三友、董育宣、郭星来、李安唐、王纯、刘文锦、赵悦祥、田志锡，县委书记王宗琪，组织部部长赵悦祥，宣传部部长杨达。

是月

榆武路、蟠武路、沁武路飞行射击爆炸组成立，由董成旺、马应元、霍凤武、李仁义分别负责。

是月

沁县漳东区划归武西县后，武西县政府在山曲村设漳东办事处。

是月

武乡（东）县、武西县成立了贸易局，在抗日县政府的领导下，组织根据地的商业工作，加强对敌经济斗争。

1941年9月

武乡（东）县五区区分委书记兼基干队教导员殷士敏在密顶神山为掩护群众突围，单身与敌搏斗，英勇牺牲，年仅21岁。为悼念殷士敏烈士，将密顶神山改为“士敏山”。

1941年11月

武乡（东）独立营一部，配合八区游击队，设伏兵、埋地雷，袭击东村敌据点。

1941 年 12 月 1 日

武乡（东）县委在武东地区大陌村召开群众大会，县委干部姜一、李衍授，工会干部袁勃光，青抗先大队长王国培等带头参加边区子弟兵和八路军。

1941 年 12 月 29 日

日军 400 余人包围了武西县独立营驻地楼则峪村，营长安政国率部与敌激战，保卫了武西县抗日政府。

是年

武乡（东）县抗日政府取缔了反动会道门组织“同善社”，在锄奸防特斗争中取得了初步胜利。

是年

武西县政府在黄家山创建小型兵工厂，除修理枪支、制造炸弹和地雷外，还加工羊毛毡、织毯子，供军需民用。

1942 年 1 月

麻贵书接任武乡（东）县委书记，贾步彬接任武西县委书记。

1942 年 3 月 16 日

武东民兵掀起“生产、杀敌、爱武器”三项竞赛高潮。

1942 年 3 月 26 日

武乡（东）一区召开全区武装干部会议。表扬在二月反“扫荡”中参加战斗的洪水、苏峪、南台等民兵模范村。

是月

太行军区发出成立武工队的指示，武工队挺进武西游击区开展对敌斗争。

1942 年 4 月

武乡独立营 1 连和六区的游击队配合决九团、决七团在榆武线的白庄附近伏击了日军“观光团”，歼敌 200 余人，击毁汽车 16 辆。

1942 年 5 月 8 日

武乡县抗日政府为扶植农业、牧业，支援抗灾斗争，向农村发放贷款 7000 元。

1942 年 5 月 15 日

武乡（东）县反“蚕食”斗争委员会成立，在武东漆树坡召开了游击工作会议，组织军民进一步开展腹地反“蚕食”斗争。

是月

县委、县政府配合减租减息运动，在全县进行村政权改造，清除了坏人，加强了民主政治建设，各村组成村政委员会（村公所）。

1942 年 6 月

武乡（东）县民兵群众在砖壁参加了总部召开的左权烈士追悼大会。

1942 年 7 月 16 日

全县进行清债换约，10 天清理 1000 余件。

1942年7月23日

太行第三专署为奖励农村纺织业的开展，借贷3万元给武乡等地。武乡（东）县大部村庄成立了妇女纺织生产互助组。

1942年8月17日

《新华日报》（华北版）发表社论《武乡段村事件的实质》，揭露日军暴行。

1942年8月29日

武乡（东）县政府决定建立三道攻心战线：敌占区是第一道；游击区是第二道；根据地边沿区是第三道。

是月

武西县反“蚕食”斗争总结：一个月摧垮敌维持村19个，捕伪人员101名，枪毙汉奸温木林等6人，没收“良民证”2555个，维持分子主动自首178人，发动反动会道门成员自动悔过873人。

是月

武乡（东）县贸易局并入税务局，负责工商业行政、对外贸易等工作，加强对敌贸易斗争，实行对税务征收的统一领导。

1942年9月8日

武乡（东）、襄垣两县妇女互助纺织，团结生产，成立了襄武妇女纺织促进会。

同日

上广志民兵高贵堂三枪击毙三个敌人，被誉为“太行神枪手”“边区杀敌英雄”。

1942 年 9 月 26 日

武乡联防民兵配合决九团一部，拔除段村外围马牧炮楼，活捉汉奸董丰年。

1942 年 9 月 29 日

武乡医学界加强团结，七区成立了医学研究会，推选张模宏为主任委员。

1942 年 10 月 12 日

武乡（东）县下广志民兵 4 人，到洪水伏击撤退之敌，缴获牲畜、枪支、电线等战利品。

1942 年 10 月 20 日

武东民兵配合 129 师 385 旅 14 团 3 营，在李峪到长乐之间的讪湾口，伏击了敌人的抢粮队和运输队。

1942 年 10 月 27 日

《新华日报》（华北版）报道：针对敌人反复进行秋季“清剿”，武乡（东）县各地进行了激烈的反抢粮斗争。

1942 年 10 月 28 日

八路军 14 团 3 营营长钟明锋率部和武乡四区民兵配合，在下型塘打击了日军抢粮队，毙伤敌 100 余名。

秋

八路军385旅司令部在王家峪召开军民联欢会，武乡（东）县党、政、军领导及部分民兵应邀参加大会，胡峦岭民兵队获奖，韩壁村韩国栋荣获“抗战功臣”锦旗一面。

1942年11月21日

《新华日报》（华北版）报道了《武乡军民配合反抢粮》的典型事迹。太行军区还撰写了《三八五旅十四团三营关于怎样和武乡四区民兵在战斗中结合的报告》，总结了军民联防反敌抢粮的主要经验。

1942年11月27日

武乡（东）县政府、救联会召开了全县扩大干部会议，布置了村选工作。

是月

刘少奇由华中回延安，路经武乡时住八路军总部驻地王家峪。在此停留一周，其间，刘少奇对根据地建设、军队地方化等问题作了重要指示，11月20日离武乡到太岳区沁源阎寨。

是月

武乡（东）县工商行政管理部门发出通知，禁止洋布进入市场，提倡以土代洋，抵制敌货倾销。

1942年12月2日

武西县在执行合理负担过程中，开展了反“维持”、反顽敌的群众运动。

1942 年 12 月 21 日

武乡（东）县委召开各救会干部会议，决定集中全县各村工会、农会干部，举办为期 8 天的短训班。参加干部共 150 人，主要学习组织建设与群众运动等内容。

1942 年 12 月 25 日

武乡（东）县政府开展“6 万石囤积公粮”动员，并减免了重灾村及赤贫户的负担。

1942 年 12 月 28 日

武乡（东）县政府邀请全县知识分子 200 余人，举行反法西斯座谈会，组织反法西斯大同盟，还以大会名义发出《告敌占区知识分子书》。

是年

县委、县政府向全县发放贷款 10 万元，扶植农业生产。

是年

武乡（东）县政府在蟠龙镇召开全县第一次劳动英雄大会，会议表彰了李马保、王海成、石榴仙、胡春花等一批发展生产支持抗战的模范人物。

是年

为适应战争环境，坚持劳武结合，在武乡（东）县委和县政府的领导下，窑上沟、韩壁、东堡等村发动群众组织互助组、变工队。

1943 年 2 月 1 日

武乡（东）县救联会向全县会员发出号召，开展普查与讨论合理负担、减租清债，以及婚姻、支差等问题。

1943年2月9日

武乡（东）县全县再次开展村选运动，彻底贯彻临参会的“三三制”精神，选举新的村政权，照顾各阶层利益，团结一切可以团结的力量抗战。

1943年2月11日

武西县涌泉镇召开各救联组织改选会，同时召开地主、佃户座谈会，提出两种减租办法。

1943年3月27日

《新华日报》报道：武乡（东）县先进村村选结束，彻底贯彻了“三三制”精神，各阶层利益均获得保障。

是月

武西县敌工站成立，由谷子秀、梁文先后任分站长。谷子秀负责段村敌工站的工作，梁文负责南沟敌工站的工作。

春

武乡（东）县政府领导黄岩群众挖掘5华里长的自流渠一条。

1943年4月6日

武西县民兵游击队配合决九团1营4连第三次袭击武乡南关站，毙敌100余人，缴获12部电话机、500斤电线。

1943年4月8日

武乡（东）县召开各阶层人士座谈会，武光汤县长致开幕词，共产党代表彭涛在会上作了《六年抗战的坚持，是民众团结的总结》的讲话。

1943 年 4 月 17 日

武乡（东）县政府向生产经营模范暴全珍和曹化炯分别颁发了刻有“生产建国”的金字匾一块。

中旬

武乡（东）县委、县政府召开各界人士座谈会，讨论如何进一步加强各阶层团结，巩固根据地，坚持抗战到底等问题。

1943 年 6 月 6 日

武乡（东）县、区干部 200 余人，开始集体整风学习，太行军分区政委彭涛亲临指导，并就整风意义、民主问题、劳动观念等作了报告。

1943 年 6 月 14 日

日军小林大队指挥伪剿共军第一师侵占蟠龙镇后，对敌斗争更加残酷。根据太行第三专员公署命令，正式设立武乡（东）县路南办事处，李甫堂任办事处主任。

1943 年 6 月 19 日

武乡（东）县民兵配合总部特务团，太行军区三、四、六分区部队及冀南军区部队发动蟠武战役，连克胡峦岭、白家庄等地外围碉堡 10 余座，歼灭日伪 500 余名。

是月

刘子余在砖壁创建武乡（东）县第五抗日高小，组织“工商业余剧团”，坚持战地教学，先后为革命培养干部300余人。

1943年7月7日

七七抗战六周年之际，《新华日报》（华北版）发表题为《万众一心，顽强搏敌》的文章，报道了敌占蟠龙后，武乡人民的抗日战况。

1943年7月13日

驻南关和沁县之敌，捕捉南关及附近村庄干部、民兵群众300余人，以“私通八路罪”杀害了地下敌工组长孙汉英等20余人，制造了“南关惨案”。

1943年7月20日

武乡（东）县漆树坡民兵利用窑洞，抗击日军“围剿”，为“窑洞战”创造了范例。战斗中，民兵指导员武志芳和民兵王磨儿等壮烈牺牲。

是月

武乡（东）县委成立“围困蟠龙指挥部”。

1943年8月1日

武乡（东）县举行万人大会，审判特务汉奸分子。8月13日，《新华日报》（华北版）以《武乡破获国民党特务卖国巨案》为题作了报道。

是月

武乡（东）县委、县政府大批干部下乡组织生产，克服灾荒、瘟疫等。8月21日，《新华日报》（华北版）以《武东干部全体下乡，组织群众克服灾荒》为题，对武乡（东）县委组织干部下乡救灾情况作了报道。

是月

武乡（东）县新三区领导配备武装力量，侦破敌人间谍网点，分别在魏家窑、郝家垴、姜村、曹村、五科、黑峪沟、徐阳等7个点上全面出击，一夜之间打掉了敌人精心建立起来的间谍网点和维持会组织。

1943年9月18日

太行第三军分区在砖壁村召开武装工作会议，提出开展“劳武结合，围困蟠龙”的斗争，全县组织起许多劳武结合互助组。

1943年10月2日

白家庄儿童团团长李爱民，在参加秋季抢收斗争中，为不使群众落入敌手，坚贞不屈，惨遭杀害，年仅13岁，被誉为“太行儿童英雄”。他的事迹已被编入高级小学语文课本。

1943年10月23日

武乡（东）县皮烟村民兵王尚元为掩护群众转移，单身力斗数敌，光荣牺牲。为永远纪念这位民兵英雄，将皮烟村改名“尚元村”。

是月

榆（社）、武（西）、祁（县）三县在榆社桃阳召开杀敌英雄大会，武西县有25名英雄出席会议，武西故城村的程坦荣获“孤胆英雄”光荣称号。

1943年11月19日

武乡（东）县合作事业有新发展，在县政府的支持下，成立了光华纺织联合社。

1943 年 11 月 23 日

武西县政府、各救会发出囤积义仓的号召，最典型的囤粮村为楼则峪村。

1943 年 12 月 27 日

武乡（东）县武光清县长亲自拜访驻地抗属，并指示政府人员下乡检查各区的优抗工作时，要检查优抗政策的落实情况。

是月

武乡（东）县委抽调区委书记以上干部参加中共太行三地委举办的整风集训。

是月

敌占蟠龙后，武乡（东）县政府组织救灾委员会，将敌占区难民 2000 余人安置到洪水、贾豁、东沟、西堡和朱家山一带村庄，并给救济口粮、衣服。

是月

武乡（东）县根据地开始实行边区政府制定的统一累进税制。

是月

县委、县政府在监漳召开劳模大会，表彰了一批发展生产的先进分子，树辛村李马保获上书“英雄富，全村富”奖旗一面。

是月

冀南银行开始发放工业和商业贷款，武乡（东）县抗日政府号召发展根据地工商业。

是月

武西县楼则峪王虎旺联合 8 户农民组织变工队，为武西县第一个互助组。1944 年该村实现“耕一余二”，成为全县各村学习的榜样，被选为生产模范村。

1944 年 1 月 1 日

武乡（东）县召开群众大会，1700 多人出席了会议。太行第三军分区政委彭涛到会讲了话。他强调结合参议选举，开展民主运动，号召村村讲民主，家家讲民主，人人讲民主，建立民主的新社会。

是月

武乡（东）县拥军优属工作达到高潮，各村给抗属、烈属代耕、挑水、担煤，过春节送春联，挂光荣灯；和当地驻军举行“拥军爱民”联欢会，给部队送慰劳品。

1944 年 2 月 27 日

武乡军民配合太行第三军分区部队收复敌占八个半月的蟠龙镇。《新华日报》（太行版）发表《向蟠武线军民致敬》的社论，表彰了蟠武沿线坚持围困斗争的广大军民。

1944 年 3 月 13 日

武乡（东）县委、县政府对蟠龙及蟠武沿线的 17 个受战争创伤深重的行政村制定出春贷办法。

1944 年 3 月 21 日

武乡（东）县武委会在蟠龙召开 4 个区的民兵、自卫队检阅大会。

1944 年 4 月 3 日

武西县召开群英会，程永和等 70 余人出席了大会。

1944 年 5 月 25 日

《新华日报》（太行版）报道了“树辛村各互助组开荒下种，李马保等解决穷户困难”的消息。

是月

武乡（东）县整顿武装组织，民兵和游击队实行合作，每个行政村发枪 10 支。

1944 年 6 月 1 日

石盘、胡庄一带降雹成灾，禾苗受损严重，武西抗日县政府组织群众抗灾自救。

是月

襄（垣）、武（乡）、榆（社）民兵在韩壁村举行大检阅，武乡（东）民兵关二如在打靶赛中荣获状元。

夏

武乡（东）县第一次各界人士代表大会在东沟村召开。出席会议的代表 100 多人。大会民主选举了县长和参议会议长，这是县级政权建设上的一个新纪元。

1944 年 7 月

武乡（东）二区政府召开全区劳动英雄大会，太行第三军分区彭涛政委参加了会议。

1944 年 8 月 9 日

太行第三军分区政治部派人去树辛村采访，决定编《李马保》一剧在全区上演。

1944 年 8 月 17 日

武乡（东）县王家峪互助组首创工票制度，并在全县普遍推广。

是月

赵迪之（女）接任武乡（东）县委书记。

1944 年 9 月 10 日

武西破击小组（邢兰清组）夜袭白晋线，破击南沟地段铁轨。

1944 年 9 月 11 日

武乡（东）县政府通令全县各级干部学习李马保创造的新的领导方法。

1944 年 10 月

武乡（东）县工商管理局与县银行合署办公。

1944 年 11 月 1 日

武乡（东）县委开展生产运动，全县劳动英雄、模范互助组、模范农家、生产技术能手举行集会。会上，县委书记赵迪之阐明了“组织起来”

的重大意义，彭涛政委也参加了大会。

1944 年 11 月 21 日

太行区党委、晋冀豫边区政府、太行军区联合在黎城县南委泉召开首届群英大会，武乡（东）县的李马保、王海成、史成富、石榴仙、王来法、马应元、关二如等光荣出席了大会，并受到表彰和奖励。

是月

中共太行三地委在大陌村主持召开武乡（东）县劳动英雄会，与会英雄有李马保、石榴仙等 50 多人。

是月

武乡（东）县委根据太行区武委会所作的《人民武装整训指示》，在全县范围内开展了以练兵为主的军政训练。

1944 年 12 月

李务滋接任中共武西县委书记。

是月

武乡（东）县政府派人在姚庄成立了第一个县营纺织合作社，织出大量布匹，除供军需外，还到市场销售，满足民用，支援生产。

是月

武乡（东）县政府在蟠龙建立“退伍军人合作社”，经销铁货、黄蜡等。

是月

武乡（东）县委在认真总结 1942 年“双减”运动经验教训的基础上，全县深入开展了减租减息复查运动。

是月

武乡（东）县第一批干部张天林、李兴唐、李玉堂、王晋儒、李振希、郝耀、梁德柱、李伸、巩忠明、李春藩、申子明等由太行分局随彭涛调往冀南开辟新区工作。

1945 年 1 月 10 日

武西县练兵运动以会同村为典型普遍展开。

是月

武乡（东）县政府在洪水镇建立武乡文化合作社。不久，该社被提编为“华北书店”第三分店。

1945 年 2 月上旬

太行区杀敌英雄马应元在段村被敌杀害。

1945 年 2 月 15 日

荣获“孤胆英雄”称号的武西县故城武委会主任程坦只身与敌搏斗，壮烈牺牲，年仅 25 岁。

是月

武西县著名民兵破线英雄乔猴儿，在割线时，触敌地雷，壮烈牺牲，时年 27 岁。

1945 年农历正月十五日

武乡（东）县在禄村召开群众大会，为先后送三个儿子参军的李改花老人送了光荣匾，上刻“岳母遗风”四个大字，以表彰她一家为民族解放事业做出的巨大贡献。

1945 年 4 月 5 日

武乡（东）县党、政、军、民各界代表数千人集会，举行公祭，公祭过去 7 年来在抗日战争中牺牲的 335 名烈士，定蟠龙奶奶凹为烈士岗，《新华日报》（太行版）以《武乡各界 2000 人公祭抗战七年死难烈士》为题作了报道。姜一政委和武光清县长也参加了纪念活动。

是月

姜一接任中共武乡（东）县委书记。

是月

晋冀鲁豫边区文教群英大会召开，武乡（东）县、武西县文教卫生模范韩松林、刘子余、陈金书、郝印斗、刘振华、张汉卿等 7 人出席了大会，并在会上交流了经验。

1945 年 5 月 7 日

武乡（东）县召开县、区干部会议，研究农村家庭副业发展状况，决心做到“耕三余一”。

1945 年 5 月 19 日

武乡（东）县北社村王改兰及龙湍村魏仙兰两个染织组创出新成绩，武光清县长亲自为她们授旗奖励。

1945 年 5 月 26 日

武乡（东）县县级机关在驻地开会，热烈庆祝中国共产党第七次代表大会胜利召开。

1945 年 5 月 29 日

武西县、区干部担水帮助春耕，组织劳力万人支前生产，受到好评。

1945 年 5 月 31 日

武乡（东）县成立剿杀黑婆害虫防旱指挥部，武光清县长亲任总指挥。

1945 年 6 月 1 日

武乡（东）县政府创办“遗族抗属两级小学校”，实行公家供给制，专收烈士后代及军人子女上学。

1945 年 6 月 11 日

《新华日报》（太行版）刊登了麻贵书撰写的《武乡大生产中领导与群众结合的经验》一文。

1945 年 6 月 15 日

武乡（东）县召开第二届参议会，县参议员姜一在会上讲话，反对国民党的伪国民大会，拥护迅速召开人民政治协商会议。会议发电慰问了八路军和新四军全体指战员。

1945 年 6 月 17 日

武西独立营一部与驻地部队袭击了盘踞在五峪的伪绥靖十二集团第一团。

1945年6月19日

武乡（东）县第一届县参议会开幕。县参议员姜一和太行第三专员公署武光汤专员在会上分别讲了话。

1945年6月20日

共产党员张云九和地下工作者魏子玉在段村被日军铡头示众。敌人以此来威吓敌占区人民群众。

1945年6月30日

武西县各界在山曲村举行追悼大会，沉痛悼念在突围中牺牲的模范联合校长武藩。

是月

武西独立营一部在营长安政国率领下，在窑上坡村设伏，生俘伪军30多名，缴获步枪2支。

1945年7月10日

武乡（东）县一区与左权县二、七两区群众，在两县交界处温城南岭岩建起了纪念碑，纪念朱德警卫团赵玉珍副团长。

1945年8月12日

武乡（东）县参议会召开66人参加的各界人士座谈会，会议期间传来日本投降的消息，代表们欣喜若狂，热烈庆祝抗战胜利。会议给陕甘宁边区和毛主席发了贺电，并选出刘亚雄、杜青史为出席解放区人民代表会议代表。

1945 年 8 月 16 日

武西地方武装一部协同主力团 9 连向盘踞沁县的大红山碉堡展开歼灭战。

1945 年 8 月 26 日

太行军区西进部队在李达、鲁瑞林指挥下，攻克武乡段村，歼灭日军一个小队和伪三十七团的 600 余人，解放了段村镇。

1945 年 8 月 27 日

《新华日报》（太行版）报道了“茂树角参军热潮”和“边区民兵一等杀敌英雄关二如参加胜利军”等消息。

1945 年 9 月 2 日

武乡（东）县政府在汉广村创办了在乡知识分子和义务教育培训班，参加训练者 100 余人。

1945 年 9 月 5 日

武乡（东）、武西两县万余群众在段村集会，热烈庆祝段村解放。同时镇压汉奸，公祭英烈。

1945 年 9 月 9 日

武乡（东）县政府为尽快培养大批干部到新区工作，特建立干部学校，培训村长及政治主任等，4 个月办一期，学校附设在第五高小。

1945 年 9 月 22 日

武乡（东）县洪水镇召开农商全体群众大会，边区工商界参议员张贵银阐明了商人在三秋工作中的任务。

是月

武乡敌工分站改为沁武敌工站，由梁文任站长。

是月

武乡（东）县政府成立了医务学校。

1945 年 10 月 23 日

《新华日报》（太行版）报道，武乡已有 129 个互助组、8 个合作社，涌现出劳模 404 个，模范农家 971 个。

1945 年 10 月 28 日

根据晋冀豫边区政府指示，武乡（东）县、武西县合并为武乡县。

是月

姜一接任武乡县委书记。

是月

太行区行政区划变更，原太行第三专署撤销，专署机关由武乡迁至榆社，同原太行第二专署合并，武乡划归晋冀豫边区太行第二专署。

是月

为迅速恢复原敌占区经济建设和文化教育事业，武乡县政府成立了段村供销合作社和段村解放高小。

是月

武乡民兵自卫队1000余人参加了上党战役。

1945年11月16日

武乡独立团在团长冉光华、政委李文清率领下，伏击故城之敌，歼灭60余人，缴获步枪100余支、马车10余辆，并活捉汉奸郝宝瑞、胡维藩。

1945年11月27日

县武委会开始集训各村民兵指导员及正副中队长。同日，县指挥部特令三、十、十二等区组织游击小组，开展对敌武装斗争。

是月

县委着手进行部分机构整顿，增设县财粮小组，负责全县财经工作，整顿调整农救会、妇救会、工救会组织，并在区、村及基层设相应的分会组织。

1945年12月4日

武乡独立团歼灭盘踞南沟、进犯故城之阎伪军70余名。

1945年12月15日

县政府发出指示，号召募捐棉衣支援城关、南庄、连元等新解放区的群众。

冬

武乡县、区领导在枣岭村召开扩军动员大会。这次武乡青年参军一个团。

1946年1月19日

八路军第16旅48团团长、政委在七区区长张国士和武工队白德元等帮助下，在河底村派人叫出国民党武乡县党部书记姚志远，进行隔河谈判，商讨有关遵守“停战协定”事宜。

1946年1月28日

南沟阎伪军破坏“停战协定”，冲出南沟据点，窜至五峪坪、信义等地，奔袭抢粮，遭武西联防民兵痛击。

1946年2月2日

县委、县政府向全县人民发出开展十大建设运动的号召，作为1946年奋斗目标。

是月

县委组织全县民工赶修关河铁桥，决心为运送粮食、弹药，支援白晋战役，打通道路。

1946年3月2日

县政府、参议会、武委会和群众团体联名向北平军调部控诉段丙昌罪行，要求还我白晋地区。

1946年3月5日

县政府召开前方工作队区干部会议，总结群运工作，评出了段村、窑长、青修等反奸模范村。

1946年3月15日

县政府成立了大众医院，并举办医生训练班。

是月

为了克服新区农民缺乏耕畜、种子等困难，保证春耕按时下种，县委和县政府号召老区群众，积极支援新区恢复战争创伤，发展农业生产。

1946 年 4 月 1 日

武乡县、区干部 60 余人，检查与动员春耕生产。

1946 年 4 月 13 日

县政府在连元村召集中西医生 135 人，交流医疗经验，开展医生鉴定工作。

中旬

县委、县政府在全县普遍进行双减复查工作，纠正 1942 年以来减租减息运动中出现的偏差问题。

1946 年 4 月 23 日

武乡县成立简易师范学校，初建于姚家庄，校长刘子余（第二任校长赵蕴泉，第三任校长王爱忠），后搬到故县高小，王新甫任校长。

是月

县委召开全县模范党员会议（也称结束支部整风会议）。对每个党员在肯定革命功劳的前提下，指出其错误缺点，要求立即改正，收效甚大。

1946 年 5 月

县委、县政府在机关驻地郝家庄召开了全县三级干部会议（村支部以上），传达、贯彻中央《五四指示》。

是月

县委在枣烟召开县、区领导干部及各地劳动模范参加的会议，再次贯彻中央《五四指示》，部署土地改革工作。会议通报了二区王二孩蛮干作风引起的“柳沟事件”，教育全县干部以此为鉴，加强对干部、群众和荣退军人的思想教育工作。

1946 年 6 月 26 日

在段丙昌的指使下，南沟之敌将邵渠村包围，杀害民兵 10 余人，抢走武器 20 余件，抓走干部、群众 300 多人，制造了“邵渠事件”。

1946 年 6 月 27 日

在“邵渠事件”中被抓的故城女共产党员李馥兰，在南沟车站英勇就义，时年 29 岁。

1946 年 7 月 6 日

县参议会，县武委会，工、农、青、妇等各群众团体，联合发布《告全区军民书》，控诉阎伪段丙昌部制造“青修惨案”的罪行。

1946 年 7 月 20 日

武乡县一、二、三区民兵及群众 8000 余人，在蟠龙镇举行隆重的追悼“六一八”死难烈士暨反内战大会，太行区党委、武委会等送了挽联。县委书记姜一在会上讲话，怒斥段丙昌制造血案的滔天罪行。

1946 年 8 月 2 日

在武乡县七区安家的 40 余名复员军人组织临时游击队，由程二旺带队，赴沁东线南沟，武装掩护边沿区麦收工作。

1946年8月11日

县委、县政府抽出30余名老区干部组织翻身队，到新解放区帮助当地群众开展反奸清算工作。

1946年8月15日

边区参议员、太行文联主任高沐鸿献出家中土地50亩，县长武光清对此倍加赞许。

1946年8月24日

阎顽残余势力逃离南沟、分水岭、南关等地，武乡全境彻底解放。

1946年9月20日

县政府组织各矿山和小型工厂负责人在中村召开总结会议，表彰在开展50天增产竞赛活动中涌现出的英雄模范。

是月

县委在郝家庄召开区级干部会议，强调纠正土改中的极“左”倾向。并举办由县、区干部及编村支部书记参加的土改训练班，前后共举办了3期。

1946年10月16日

县委召开机关干部及有关单位负责人共160人参加的工作会议，研究查减工作。

是月

县委、县政府领导各地组织以贫农为主体，结合土改运动进行大清仓；

整理区、村财政，把失散的财产收集起来，充分利用，以减轻人民负担，全力支援解放战争。

1946 年 11 月上旬

县委、县政府在监漳召开全县群英大会，县长武光清主持会议。李马保、王海成、王朴孩、韩乃昌、张存林、成汉杰、王虎旺、史成富、王桃梅、史兰贞、李新河等劳动模范受到了表彰。

1946 年 11 月 16 日

县委召开了有五个区及各机关县、区干部共 160 余人参加的扩干会，研讨工作，县委书记姜一报告了查减方针与政策。

1946 年 11 月 30 日

县政府举办了为期一周的义务教员训练班，贯彻“耕者有其田”的翻身教育思想，开展时事教育，许多小学教师也参加了训练。

是月

晋冀豫边区在邯郸召开参议会，武乡县李马保、胡春花、裴会宝、郝培兰等出席了大会。

1946 年 12 月 2 日

参加太行区第二届群英会的武乡劳动英雄韩国栋、李马保、王海成等，与来自豫北博爱的英雄座谈，以互相学习，取长补短。

1946 年 12 月 7 日

县委开始布置全面查减工作。

1946 年 12 月中旬

县委、县政府集中力量，进行翻身大检查，历时两个月。蟠龙、大陌、侯家垴、白家庄等村受日军摧残严重，在填补工作中，从全县翻身果实中对其予以调剂。

1946 年 12 月 25 日

《人民日报》发表《加速土地改革，准备明年大生产运动》的社论。武乡人民对此热烈响应，做到运动、生产两不误。

1946 年 12 月 28 日

为彻底扫除封建残余，消灭赤贫户，完全实现“耕者有其田”，中共太行区党委发出关于老区查减问题的指示，县委及时进行了贯彻学习。

是月

太行区在长治市召开第二届群英会，武乡县李福全、程辰巳、李马保、史成富、王海成、韩国栋、王虎旺、刘来富、郝云书、陈胖孩、李书爱、王桃梅、刘水云等光荣出席大会并受到表彰。

冬

县委、县政府在大有召开区委书记以上领导干部会议。会议批评了土改中一些乱打乱杀的错误倾向和错打参议员杜青史、监漳暴元庆一事。以此为例，教育全体干部，纠正运动过“左”倾向。

是年

县委将原医务学校改为“武乡县大众医院”。

是年

为了宣传以人民翻身为宗旨的土地改革运动，县委决定以魏东生、韩俊宏、王世荣等原武西战斗剧团人员为主，建立武乡“翻身剧团”，仍以唱秧歌戏为主。

1947 年 1 月 22 日

县委召开武乡县各界人士万人集会，庆祝关河大桥竣工。此桥投工7000余个，桥长20余丈，宽2丈，桥基、桥梁全用钢架，桥西头立有石碑，碑联为“太行山上初步建设，武乡人民伟大成就”，以示永久纪念。

1947 年 2 月 5 日

县工具研究所在贾志厚领导下，制造出新式人力车与弹花机。

1947 年 4 月

中共太行区党委调查研究室主任魏效泉，在武乡县韩壁一带调查中央《五四指示》的贯彻情况，本月21日《人民日报》发表了他写的题为《十年斗争翻透身》一文，在太行区影响很大。

是月

县委主办的《武乡战报》创刊。

春

县委、县政府发动全县人民掀起植树运动，李马保领导的树辛村群众栽杨、柳2000余株，植葡萄200余株。

1947 年 5 月

中共太行二地委派王贵生、武乡县委组织部部长陈奇、区委副书记王绑纣组成整党工作组，去树辛村解决问题。

1947年6月7日

武乡县950多个翻身农民参加了胜利军，决心“打倒蒋介石，解放全中国”。

下旬

武乡县许多村庄遭受严重雹灾，县委、县政府迅速采取改种措施，组织群众开展以秋补夏、节约度荒运动。

是月

县委书记姜一、县武委会主任李尚春，以及区委书记郝松如、乔拴纣、成家英等，区长石岗、王玉轩、任水旺、陈林水等60多人参加的“六梯队”，第二批随军南下，开展新区工作。

是月

武乡县三区区委领导组织翻身农民130余人、牲畜20余头，组成运粮队，为部队义务运公粮，一次完成4600公斤。同年6月27日《人民日报》以《武乡翻身农民，热心义务运军粮》为题，作了报道。

夏

晋冀鲁豫中央局召开各县县级领导干部会议。武乡县委书记李务滋、县长李玉田、县委常委姚茂堂等4人出席了大会。会议期间，根据上级意见，武乡代表商定了两件事：第一，县委、县政府及所属机关由旧县城迁至段村镇；第二，定段村为武乡县城。

1947 年 7 月 1 日

武乡县部分党组织和党员公开。公开后的县委全称为“中共太行区武乡县委员会”。同日发布了《中共武乡县委员会告全县人民书》。

1947 年 7 月 27 日

《新华日报》（太行版）发表县长李玉田的文章，题目是《武乡开展大生产运动的三点经验》。

是月

武乡县委第三批南下干部由县委宣传部部长李树田带队，成员 44 人（多数是区委正副书记、武委会主任），开赴新区。

是月

武乡县级机关迁往段村，原县城更名故县村。

1947 年 8 月

以县长武光清为首的南下干部队随军南征，经大别山到达桐柏山区，开展巩固新解放区。

1947 年 9 月 5 日

县委为了贯彻土改政策，开办了村级主要干部（村长、支书）培训班。

1947 年 9 月 19 日

县政府机关全体干部开展了“查阶级、查立场、查思想”的活动。

秋

中共太行区党委又派一个由 8 人组成的整党工作组重新解决树辛村问

题。这种“一脚踢开老组织”的极“左”做法，在土改与整党工作中，伤害了干部和群众的积极性，使各项工作受到严重影响。

1947 年 10 月

《中国土地法大纲》公布后，武乡县大批干部深入农村，整顿土改队伍，掀起空前规模的土地改革群众运动，全县贫苦农民从地主、富家手中夺回土地，人均土地 3 亩 8 分。

1947 年 11 月 7 日

武乡再次开展大规模参军运动。

1947 年 11 月 22 日

县委召开扩大干部会议，总结一年来生产工作，布置冬季生产任务，六区区委书记白木荣和三区区委书记魏名扬结合整地情况分别在会上发了言。

初冬

武乡县有 2106 名青年报名参军，支援刘邓大军挺进大别山区。

1947 年 12 月 25 日

武乡第四批南下干部 53 人，由副县长李毓秀、财粮科科长史仁澍、民政科科长段子谟、区长王用予带队，南下湖北、安徽开展工作。

1948 年 1 月

赵雨亭接任武乡县委书记。

是月

武乡县各区、村干部集中受训后，进行交叉检查，验收土改工作。

月底

武乡县民兵7000多人赴晋中前线参战，2万余群众前往南关、权店运粮50多万公斤。

1948年2月24日

县委、县政府召开区级以上干部会议。会议传达贯彻了“冶陶会议”精神。

是月

县委派出整党工作组，在城南、东良、树辛、监漳等村进行整党试点工作。

1948年4月26日

为纠正土改中放弃支部领导的偏向，五区召开了18个村的支部领导和好党员会议，决定每个党员参加1个互助组。

1948年5月4日

武乡县东村工作组纠正了错斗倾向，给中农退回了土地30亩。

1948年6月10日

武乡七区区委发出“支部通报”，表彰奖励在完成参战和生产两大任务中涌现出的模范党员。

1948 年 7 月 10 日

县委发出“开展妇女锄苗运动”的通知，以加强后方工作，使参战人员安心支前。

上旬

王平接任武乡县委书记。

1948 年 7 月 14 日

县委书记王平主持召开了县级各机关干部会议，贯彻《华北解放区的当前任务》和《中共中央关于 1948 年土改与整党工作的指示》。

是月

县委根据区党委宣传部的指示，在全县各地进一步开展群众性的文艺创作活动。

是月

中共晋冀鲁豫中央局发布关于工商业政策的指示后，县政府及时纠正土改中侵犯工商业的“左”倾错误。广大工商业者解除顾虑，大胆发展，各种物资纷纷投入市场。

1948 年 8 月 14 日

冀南银行武乡支行配合县委纠正土改中的“左”倾偏向，准许兑换银币，大大提高了广大群众的生产积极性。

1948 年 8 月 20 日

县委、县政府召开全县区委书记、区长联席会议，针对某些村干部的单纯任务观点和强迫命令作风，进行检查，号召区级干部要把帮助村干部建立新作风，当作主要工作任务来抓。

中旬

县委召开党员代表会议，总结检查农村组织起来、发展生产的情况，批评检查了一些党的干部存在单纯强调组织手段的命令主义作风，强调注意教育工作。会议作出关于开展秋季大生产的决议。

下旬

县委、县政府开办村级干部、党员训练班，贯彻中共太行区党委8月会议精神，历时月余。会后，选定若干村进行结束土改的实验工作。

是月

全县结束土改，翻身农民领到土地证。政府提出了“搞好互助，发展生产，发家致富”等口号。

1948年9月15日

县委发出“检查种麦，立即准备秋收秋耕”的指示。

1948年9月20日

县委召开县、区扩大会议，布置突击种麦与秋收秋耕工作。

1948年10月7日

县委组成20人的秋收秋耕检查团，分3个组对区、村进行实地检查。

1948年10月28日

县委第三阶段整党工作开始，结合土改结束，对农村基层党组织进行总结教育，受训人数 1253 人。

1948 年 12 月 28 日

武乡结束土改工作总结出三点经验：（一）反复宣传政策，扫除思想障碍；（二）回忆历史，提高觉悟；（三）团结中农，进行思想工作。

1949 年 1 月 4 日

县委召开了全县扩大干部会议，对结束土改与整党宣传教育工作，作了认真总结。

1949 年 2 月

县委抽调科局级、区干部 14 人，一般工作人员 21 人，由县委副书记秦定九（和顺人）带队，南下福建南平地区开展新区工作。

1949 年 3 月 3 日

县委召开公营商店、县区联社经理会议，强调要加强市场管理。会后，成立了县经济委员会。

是月

县委和青委在三个村和三所学校进行建立新民主主义青年团试点工作。

1949 年 5 月

李鹏飞接任中共武乡县委书记。

1949 年 6 月

县委发出指示，要求各村党支部克服盲目自流不良现象，学习段村党支部做法，有计划地领导群众搞好夏收、夏锄工作。

是月

县政府农业科号召全县农民提倡科学种田，在夏季麦收中选择优良品种。县农场派出干部在石科、监漳等18个村发动群众，进行麦田选种达1万余公斤。

1949年7月21日

武乡县进行第二批建立新民主主义青年团工作。

1949年9月17日

县委、县政府召开各区长及分委书记联席会议，对秋季工作作了安排，强调各地组织代耕评产委员会，搞好烈、军、干属代耕户秋收，要求按年成与负担产量评定代耕产量。

1949年9月30日

县政府召开政务会议，具体研究部署召开各界代表会有关事宜。

是月

中国人民银行武乡县支行向农村发放牲畜贷款7万元，并检查落实贷款户购买牲畜情况。

1949年10月1日

中华人民共和国成立的消息传到武乡，县级机关、厂矿及各区、村，分别隆重集会游行，热烈庆祝。

是月

山西省行政区划变更，武乡划归山西省长治行政专员公署。

1949 年 11 月中旬

县委、县政府抽调一批党政干部，进行评丈土地基点实验工作，取得经验后，在全县铺开。《山西日报》以《武乡检查基点评丈实验工作》为题，作了报道。

是月

县政府贯彻代耕政策，在全县进行代耕地评产。

1949 年 12 月

县委、县政府举办文化理论补习班，全县 420 余名县、区干部参加文补校学习。

是月

县委召开全县妇女扩大干部会议，发动广大妇女投入冬季生产，积极参加积肥、积燃、养鸡、喂猪等各项生产活动，以实际行动支援全国解放。

是月

全县行政区划变更，武乡县划为 7 个区、186 个行政村，辖 888 个自然村，人口 141990 人。

附录　武乡党史文献辑补

我所知道的几位早期革命者

任象贤

我于1929年暑假后离开家乡，先后到榆社八中、太原新民中学读书。寒暑假有时返乡一趟，有时就不回来了，因为家中经济困难，靠自己半工半读生活。从1935年到现在还没有回去过，很思念哺育我的家乡，对武乡建党初期和以后情况，知道得很少。经过回忆，只能星星点点地讲一些情况，略表对已经逝世的同志深切的怀念，所写材料仅供参考。

武乡是一个地势崎岖的山区，大部分耕地都在山上，平地很少。解放前阎锡山封建统治了几十年，加以地主残酷剥削，农民生活极苦。20世纪二三十年代，我村（胡家垴）住有三十几户，就有十人是光棍（也就是一辈子也结不了婚），还有几人在外当长工，糠面加土豆，一年吃好几个月，灾年吃糠面时间更长，一身棉衣裤穿好几年，破烂不堪，不便拆洗，来年再穿，棉衣裤里面是汗水加尘土，穿时冰凉如铁。赋税、地租繁重，现在青年们真难以想象。收租用小口大斗，比市场上出售粮食的所谓官斗约大二分之一。看到永旺太牵骡来收租，农民就害怕。灾年收成不好，恳乞缓交几斗，比上天还难。年终还债付息，农民不得不将仅有的口粮来卖。段村万胜源钱铺，就是一家放高利贷的代表。农民为了还债，不得不将自己的土地典出或卖掉；地主低价购进，农民再高租耕种，滚来滚去，地主土地越多，农民土地越少。里、甲长催收田赋银，更是如狼似虎，逼得农民无法生活。官府、豪绅、地主相互勾结，狼狈为奸，向农民进行残酷剥削，形成了十分尖锐的阶级斗争。在这种情况下，农民要求翻身解放，是很迫切的。记得1927年春节过后不久，我在本村教书，太原来信让组织农民协会，抗租抗粮。我将本村一些贫苦农民请来，说明农民协会的好处，来开会的农民高兴得都参加了，后来虽没有做过任何工作，但说明农民的心情是很拥护的。1933年党组织提出“五抗”运动，就是针对农民生活极为贫苦的情况来发动群众，是有深厚的群众基础的。武乡建党较早，这是个基本原因。

五四爱国运动，其影响也波及武乡。北伐战争虽因蒋介石发动了“四·一二”反革命政变而夭折，但其影响对武乡来说，尤其在知识分子中间，唤起了民主革命思想，与当时贪官污吏进行过几次斗争。在这种浪潮中，难免泥沙俱下，混入当时运动中的武誓彭、高子巍等就是最突出的例子。不久，这些家伙就完全暴露了其投机钻营的反动本质，彻头彻尾地站在了反革命一边。高沐鸿、武灵初等始终站在革命进步一边，对革命青年传播了进步思想，起了启发作用，走向了革命道路，对武乡早期建党，不能说没有推动作用。经过反贪官斗争教育了人民，给以后发动群众也有一定影响。

武乡在太原求学的青年（主要是国师）魏煜、赵益三（于林）、魏玉田、段若宗、武华等，他们有的参加党的外围组织，有的参加了党。利用寒暑假返乡机会，传播了革命思想，尤其对一些小知识分子影响更大，为武乡建党起了积极作用。

高沐鸿是革命文学家，思想进步，政治上锐敏，是非分明，性情耿直，镇静细致，非常热爱青年，武光汤、魏煜、魏玉田、史怀璧、赵圭璧和我等人，在他的启发帮助下，或前或后，或早或晚，懂得了革命道理，走上了革命道路，与他的引导是有一定影响的。1934年他离开武乡到北平，暑假武灵初和我去看望他，在谈话中，我将在北京求学的杜炘介绍给他。1936年红军东渡后，太原形势紧张，阎锡山绝望挣扎，搞白色恐怖，大肆逮捕进步革命人士，高沐鸿来到石家庄，住武灵初住处。这时魏煜于此前的1935年冬天已来了石家庄。我们互处在一块，他们经常讲一些革命道理，对我说来，思想上得益匪浅。有一次，我和魏煜在报纸上看到若宗同志被阎匪枪杀的消息后，立即到沐鸿住处神色慌张地告诉了他。当时他正和其他人在一起谈话，听到我们的报告后没有表现任何异常神色，非常镇静。但过后却严肃地批评了我们太冒失，不注意场合，缺乏警惕性。并指出，这种做法会造成严重后果，嘱咐我们今后要特别注意。

石家庄是山西东部的出入要道。1933年武灵初到石家庄扶轮二校当校长，我是该校的事务员，直到1936年底。这期间从山西外出或由外地进入山西的进步人士和党员，不少人在扶小停留。我记得武乡有高沐鸿、魏煜、程容、赵圭壁、武英等，大都因种种原因出进山西，由此经过，一般说当时他们处境都是困难的，武灵初和我在可能条件下，做了一点微薄的帮助。1932年在太原职工学校时，也有过类似的情况。武灵初思想进步，在赞助、掩护方面还是尽力的。在太原时，曾利用合法手段，举办青年图书馆，购买了一些进步书籍，对一些青年也起到了好作用，我曾负责过这个图书馆的工作。

1935年冬，太原笼罩着一片白色恐怖气氛，魏煜来石家庄后和我住在一起，一张床上挤着睡，真是无话不说（党的机密除外）。按当时情况，近期还不能返太原，从安全考虑，经武灵初安排，给扶小高年级学生讲授英语和其他课程。化名张先生，利用代课职务之便，在一些学生中传播进步思想。学生们对他的印象也很好，很钦佩他年轻有为，有些学生在课余也找他谈话。1936年夏，魏煜返太原接受党组织指派去上海，不幸被捕，被国民党残害于苏州监狱。我认识魏煜同志是在1928年，我和魏玉田于寒假返家，武光汤和我几个人，因为都是青年，相处得很好，称我们叫“五挚友”。沐鸿经常给我们讲些革命道理，骂国民党一些人是党官、党棍，给我们的印象很深刻，使我们逐步受到进步思想的熏陶。1931 年我转学太原，接触机会更多了，我的思想逐渐进步，得益魏煜的推动不少。魏煜同志革命热情很炽盛，对同志诚挚，很诚恳。1936 年我和他谈到杜炘情况，他就几次给杜写信，对杜思想进步，起了一定影响。

武华在武乡进行革命活动，据记忆是 1931 年开始，1932 年冬，或 1933 年春，曾由家乡来太原，住在正太路职工学校我的住处，晚上和我睡在一起，我问他来太原何事，他说是来太原联系的（当时社会上，一般是不用联系二字的）。从武三友同志回忆材料中说，武华等同志 1931 年在段村组织抗日反帝大同盟支部，1933 年由武华、李逸三介绍他入党。武骏图回忆，武华 1933 年在北京被捕。据一位老乡告我说，抗日战争期间，他组织游击队，后来被日寇杀害。武华性情很倔强，反抗精神突出，他对家庭不满，给我谈过多次。从革命史料中，记述武华的活动不多，不知对否？提出来供参考。

杜炘虽出身在小官僚家庭，但思想追求进步。他在新民中学学习时，对武乡一些地主子弟很反感，不愿与他们接近。1931 年九一八事变后，我们都参加太原学生抗日爱国宣传。寒假回县，杜炘也参加了县里的宣传活动。沐鸿、魏煜对他都有过帮助。魏煜曾写信让他反对封建家庭，闹革命，对他大有启发。1937 年回太原后他曾提过往事，对他是有帮助的。杜炘同志抗战时任襄垣和河南辉县县委书记，逝世前任安徽省委农村工作部部长。

1933 年我寒假回家，即到县城找李逸三同志，逸三说穷人抗债团要印发宣传品，你给刻印吧，你不在县，在外边，字迹他们查不出来。我就照起草的稿子刻印了，具体散发情况我不知道。逸三曾讲到筹经费事。假后回石家庄，逸三又来信，具体提出筹措办法。我和武灵初商量过，考虑到当时环境情况，做不好会出问题，此事就作罢了。

地下青运史片段

张桂森

1933年夏，我高小毕业后考入武乡县简易师范。暑期后开学时就到学校上课。师范学校原校址因驻扎有阎冯倒蒋失败后退驻武乡的庞炳勋部队，师范学校就暂住在城东门外约两华里的天启庙里。开学后不久，校长王敏政（思想比较进步）就请李逸三同志来给我们作报告。李在报告开始时，先在黑板上用粉笔画了一个人的头像，并在眼、耳的位置上画了“？”和“！”两个符号。他画完后就问大家这是什么符号，大家回答后他就说，这就像你们青年学生一样，在现实社会中碰到的很多现象，感到疑问和惊奇。他举例讲了我县城东乡赵家庄大地主赵太和已是五十多岁的人，为什么能强娶城南乡小店村的女学生、贫农女儿徐永明为妾呢？这就是现在社会制度不平等所致。他又讲了当时群众抗日情况。他举例说，当时驻扎在我县的军阀部队，到处欺压人民，横行乡里，为什么不开赴前线去打日本呢？他说就是因旧政府和军队都是惧怕外国人，欺压人民的，也就是他们喊的“攘外必先安内”的卖国口号和“宁赠外邦，不予家奴”反动本质的表现。他接着指出青年学生的责任就是认识社会，改造社会，当前就是动员民众起来抗日救国。他给大家介绍了县流通图书馆有很多关于社会问题的书籍，让大家去借阅。李逸三同志作报告后的一个星期天，王锦心、高迪廷、张超和我就一起到县图书馆（当时女高小院子里）找到程登瀛同志借了各自爱好的书籍，并都登记了自己的姓名。大家把借的书看完后，就送回去再借新书。我借阅的第一本书《法纲》，第二本是《苏联集体农庄概况》，第三本书是《辩证法三原则》。还第三本书时程登瀛同志要我简要谈谈读书体会。我谈后程和我谈了一个多小时。他谈的内容主要是共产党的抗日救国主张。他谈完后问我的看法，我表示同意他谈的内容。

1933 年农历十二月初，我们县师范就从城东门外天启庙搬到老文庙新改建的校址去住（和第一高小隔墙）。十二月中旬的一天，王锦心喊我一起到李逸三同志在县城的住处开会。我两人从学校出来走到女高小门口时，史怀璧同志已在那里等候我们。他带领我们一起到了女高小前面不远的一个巷子里（李逸三同志住地）。为了避免引人注意，我们三人是分开先后进大门的，进了大门就到李逸三同志住的西屋了。这时，已有李逸三、武光汤、武骏图、程登瀛四人在屋里，加上我们三个共七人。当李逸三同志宣布开会时，他爱人就从炕上下来到门外放哨去了。李逸三同志讲了全国人民抗日形势，红军反“围剿”胜利，讲了武乡当时土豪劣绅剥削穷苦人民的状况，特别点明不久前豪绅地主们在城内合伙开的裕民当，就是压榨人民的机构。还布置了发动群众进行抗债、抗税活动。会后，王锦心和我回校宣传和联络了师范学校的高迪廷、李效纲，高小的李衍授等人。我们几个人书写了标语十条，内容大致是：打倒日本帝国主义！反对豪绅地主不抗日！打倒地主！开展抗债抗租活动！火烧裕民当！等等，写好后，夜深人静时我们几个人从学校后院翻墙出去，到街上张贴。当我们走到县政府大门口时，碰到王锦心同志的舅舅（他在县公安局当警察，正巧在县衙门前站岗）。王锦心向他说明情况后，他还给了我们一个手电筒，让我们照路。因有王锦心同志的舅舅作掩护，我们一直把标语贴到县太爷审案的大堂上和县太爷的房门口，这一行动虽没有起到发动群众的作用，却惊吓了武乡的反动势力。这次行动几天以后，又在李逸三同志家中召开第二次会议，参加会议的仍是前次的七个人。李逸三同志说，你们学生们这次贴标语的行动，虽没有直接打击敌人，却起了震慑敌人的作用。并说，连阎锡山在太原的反动政府，都注意到了武乡共产党的活动，把武乡划为山西省赤化县份之一。他提醒大家要提高警惕性。布置了要我们趁学校放寒假机会，深入农村进行抗债抗租等发动群众的工作，注意发展贫苦农民加入抗债团。在我们学校快放寒假前的某一天，李逸三同志又在高沐鸿家的东屋里，召集王锦心、张桂森、高迪廷三人开会。李逸三同志向我们介绍了魏玉田同志，他说玉田同志从太原放寒假回来了，以后你们学生们就由他领导了，有事要和他联系。魏玉田同志交代我们说，学校放寒假前你们要多联系一些同学，趁寒假期间到魏家窑我家里开会。我会后联系了师范的李旭，高小的史继贤、杨发昌等三同学，并通知了他们到魏玉田家开会的时间。王锦心联系了高小的魏效泉、李衍授同学，也通知了他们到魏玉田家开会的时间。

农历十二月中旬或下旬，我们都按约定好的时间各自到魏家窑村魏玉田家中开会。我提前一天到了县城，在图书馆内找到了李逸三同志，他们几个人正在给武三友同志照相。我向李逸三同志简要地讲了一下我在我们村里发展的抗债团员张东（我本家爷爷，贫农，负债较多）和姚守先（下中农，因家中遭事负债也较多）的情况。李说，你明天到玉田家开会时再给他详细谈谈。第二天上午我和王锦心、高迪廷、魏效泉、李衍授、杨发昌、史继贤（现名史亚夫）、李旭等先后到了玉田同志家中。开会时玉田同志的爱人高成绚也在座，并不断到门边看望外面动静。玉田同志宣布开会后讲了全国各地红军反“围剿”胜利情况，布置了开展“五抗”（抗债、抗税、抗租、抗粮、抗丁）活动，布置了在农村和各地学校宣传抗日活动。当时指定了王锦心同志是我们八人的组长，张桂森同志是副组长，并说这一决定是李逸三等同志同意的。还指定王锦心领导城西的高迪廷、魏效泉，李衍授、张桂森领导城东乡的史继贤、杨发昌、李旭。还要求我们要深入农村进行宣传活动，不要在城里搞，要接受上次在县城贴标语的教训。会议是在玉田同志家西窑里开的，开完会在玉田家东窑吃的午饭。我们八人在魏玉田家开完会，下午就一起到魏效泉同志家住的村子去了。我们八人边走边议论怎样开展活动，到了效泉家天已黑了。吃过晚饭，就住在他家中。第二天早饭后我们在村子里写好、贴了一些革命标语后，又一起出发到了王家垴村。中午饭在赵润生同志（后改名赵蕴泉）家中吃的。因赵是我和锦心高小时的同班同学，我们三人又是换帖朋友。我们除向赵谈了一些发动抗日和开展“五抗”活动的问题外，又在村里书写和张贴了一些标语。傍晚我们八人又从王家垴村赶往郑峪村赵流泉同学家中。赵是我和锦心高小同年级不同班的同学，也是换帖朋友。1933 年全县四个高小学生会考他获得第一名，《武乡周报》上曾发表过他会考时写的作文。高小毕业后他报考了长治省立四中。此时放寒假他正在家中。当晚，我们三人除良赵流泉同学宣传了玉田同志会议讲的内容外，次日上午又在郑峪村书写和张贴了革命标语，另外还找了高小时同学赵寿彭进行了个别宣传。当天上午我们八人就从郑峪村分手了。高迪廷、魏效泉、李衍授三人向西回各自家乡去了，王锦心就是郑峪附近人，也回家了，我和杨发昌、史继贤、李旭四人也向东各自回家。我们四人走到里庄沟口，杨发昌回了他古台村。剩我们三人又走到峪口村，李旭从长乐到蟠龙回他老家，我和史继贤一起到了俺姚庄村。史在我家住了一宿，我们两人又商量各自在本村宣传抗日和开展“五抗”活动的事。上述情况就是我们 1933 年从秋到冬在地下党领导的学生运动中进行革命活动的简略情况。

寒假中我们各自在家过了春节后，于农历正月十七，我和张超（因我两人是同村）从家中一起到县立师范报到上学。这时大部分学生已先后到了校，预定二月初一开课。正月二十八上午就听说《武乡周报》社被查封，武乡县流通图书馆被查抄。李逸三、武光汤、武骏图三人被捕，史怀璧、程登瀛二人脱险外逃，当时锦心和我就引起了警惕。二十八日晚，原师范老住地的庙上唱戏，我校学生大部分去看夜戏了。我和锦心两人因怕出事，在家未去。原高小时我们的老师高成均（思想同情进步学生活动）到我住的宿舍和锦心我们三人分析当时形势，预测可能出现公安局来学校搜捕学生的情况，商讨锦心和我如何躲避等事。没多久夜戏散了，看戏的学生们陆续回校了。这时我校校役名叫堆金的，从王校长他们住的院子上到学生宿舍院里喊叫张超，说公安局有人找他去一趟。当时我估计可能是因为他父亲是村长，公安局找他是有公事让他代办，根本没想到张超会出别的事儿。我和锦心因心中考虑，故久等张超消息未睡，一直等到半夜十二点钟以后还未见张超回来。锦心和我说，可能出了事，咱两人分别躲到高小同学们宿舍休息，以防公安局来我校搜捕。我就到高小同学郝钊几人住的宿舍去睡觉了（郝钊是我县上北漳村豪绅地主郝竹庭的子弟，但在学校我们两人个人感情很好，也是换帖朋友，故我躲到他们宿舍了）。当晚因心中有事，一宿不能成眠。第二天天刚亮我就起床从伙夫叫兴邦的宿舍后缺口处爬上城墙，从城墙边走到东门城楼守门警察曹国梁（我高小时同学）处打听消息。因曹外出执勤不在家，什么也没打听到。我又从东城楼返往女高小东南面一水井处，看到堆金来打水。这时公安局炊事员名叫全忠的也来打水（全忠和堆金原来都是我上高小时的校役，他两人熟悉，他们也和我认识）。堆金问全忠说："我校学生张超昨晚被叫去公安局为什么一宿未回校？"全忠答道："他已和李逸三他们关在一起了，听说他也是政治犯。"我在一旁听了，就明白张超被捕了。我马上回校告诉王敏政校长，并提出我也要离校躲避一段，校长让我回去后把张超被捕的消息告诉他家中，并同意我离校避嫌，还催我快走。我从校长室出来见到王锦心，也告诉他张超被捕的消息。锦心说，他舅舅已告诉他了，我们两人各自说咱们都回家乡到山沟亲戚家去躲藏一段。之后，我们就分手了。我约上午八时离开学校，出了东门，到离城七华里的马庄小街的饭店吃了点早饭，又继续沿山边大路向我家方向走去。当时我因怕有人跟踪追捕，走一段就坐到路旁山坡上向来路方向观察一阵，如发现有人追踪就准备拐山沟抄小路跑往亲戚家去。但始终未发现可疑迹象。因此从县城到我村三十华里路程，竟走了七八个钟头，直到下午三点多，才回到我村。到村后先到张超家中通知他父母张超被捕消息，然后才回到我家。回家后我父亲把我送到本家排行老三名叫张全的伯父家后院里，暂时躲避，晚上又把我送往东沟村我本家一位姑母家。让我和三表兄王贵生住在一起（后来他改名叫王传明，也参加了我们党）。王怕我烦闷，他除了每天和我谈论书的事外，专门找一部梁启超著的《饮冰室》书让我看书解闷。他们规定我每天除解手外，不准出大门。开头一周还能坚持，一周后就不行了，我常借解手机会偷偷跑到村里和村外溜达，几天之后东沟村的人看到我这个年轻的外来陌生人，就议论开了。有的猜测我是王家请来的东沟教书的先生，但看到我是十五六岁的娃娃，又不像教书先生；也有的议论猜测是不是县城抓共产党躲到这里的共产党。这一议论，很快传到了我村，我父亲听说后，某一天夜晚又来东沟让我转移一个地方躲藏。于是当晚又让我大表兄王贵义送我到砖壁我父亲四舅家隐藏。到我四舅家的第二天吃中午饭时，我老舅母就问我说："孩子，你在城里念书，听说没听说城里抓共产党?"我说没听说。她说共产党要共人家的产，多坏，还不多抓几个杀掉。我听了没表态，但内心里想，我躲到你家，如有人来抓我，你这个地主婆（我四老舅家是地主）还不出卖我吗?暗想，此地不可久留。第三天早饭后我借口到蟠龙找同学有事，就离开砖壁到蟠龙镇去了。在蟠龙碰上了史继贤，我俩一起到奶奶洼第三高小熟悉的同学郝本初、史如鉴等人处玩了一会，吃过晚饭就又到蟠龙镇看夜戏。当夜我和史住在客栈里，我俩睡大炕的靠墙的一边，听到同炕的住店客人，议论城里抓共产党的事。第二天早饭后史送我出了蟠龙街东头去我家的山坡下。嘱咐我千万要小心。我说不要紧，我会注意的。我们两人就分手了。我回到我村正是煮午饭的时候，我抄小路绕到对面山坡上仔细观察了我家左右的动静，未发现异常迹象，才下坡回了家。我父亲一看见我，就很生气地骂道，你是不是非要挨抓不可？为什么刚送走你没几天，又跑回来干啥？我把砖壁我四老舅母说的话告诉了父亲，他吃过午饭才又把我送到我张全大爷家后院暂躲，当晚派人把我送到牛家岭我岳父安福银家躲藏。我岳父母怕我又往外乱跑，就让我妻子和妻弟两人守候我，并拿来一大本经书限五天给他抄完，说他要急用。过了五六天，我父亲派我家牧羊人王二堂喊我，说张超已放回来了，城里抓共产党也停止了。我当晚就回家了，第二天张超到我家来看我，我向他询问了情况，他说，李逸三已解送太原了，武光汤、武骏图和他都释放了。我问张超，公安局问过你什么？他说问过两次，什么也没问出来，又因他当时年龄仅十五岁，故释放了。我还问张超，我参加活动的情况他说了没有，张超说，你们的活动具体情节我确实不知道，就是知道一些也不能吐露半点儿真情。听他这一说，我才放心了，过了五六天，我俩又一同回校上课去了。学习两个来月之后，学校又放暑假了。暑期我们二人商量，认为 1934 年春武乡抓共产党一案虽已结案，但不少情况已存在公安局有案可查，如果再有什么动静，我们还会有被捕的危险，觉得为了革命离开武乡县去外地读书为好。因此，我们在暑假招生中，一起到榆社省立第八中学投考，均被录取。1934 年秋我们两人就到榆社上初中了。从此就和其他同学们分别开了。1937 年我初中毕业考入山西省立第一高级师范后，就发生了七七事变，我和张超、杜炘（活庄人，当时是北大学生，我们上初小时同学）一起从太原返回武乡。我回武乡后就和杜炘一起到县牺盟会工作。十月初在从家到县城牺盟会的路上碰到 115 师蔡文福同志带领的八路军工作组，我就参加了八路军，不久就离开了武乡，随军队转战山东等地。

1958 年 3 月 30 日于南宁

难忘的往事

张　超

1933 年，时值全国反共高潮之际，我在武乡县立师范上学。大概是秋天的时候了，有李楷（李逸三）同志到学校来讲演。他首先在黑板上画了一个人的大脑袋，然后在脑袋里又画一个大问号，开始讲世界形势、马列主义革命道理，启发青年人对于一切事物要问个为什么，不要盲从。这是我初次接受马列主义的教育。

当时，高沐鸿等同志办有《武乡周报》，还有流通图书馆，大量传播马列主义。我和好多同学经常去那里看看书，读读报，确实想了一些社会问题。像什么穷人、富人、剥削、斗争等，对“攘外必先安内”“中日亲善”之类的东西产生了怀疑。

是年冬，武乡地下党组织领导的工农革命活动在群众中造成了一种广泛的影响。某日下午，学校团组织由王锦心等同志发动、我们书写的“打倒土豪劣绅”“打倒官盐店”“抗租抗债”等标语。深夜仍由王锦心、张桂森、李衍授等多人参加，跑到县城大街到处张贴。我是和王一路到县衙张贴的。这次宣传由于声势较大，震动了全城和全县，群众私相传告，大大地扩大了党的影响。

党的活动的开展，使反动统治者惊慌不安。1934 年春，学校开学后的一个夜晚，校长王芦琴叫我到他那里。去后，见有两名警察。警察对我说：“公安局局长请你有事，跟我们走一趟。”到了公安局，一位助理员说：“县长请你有事。”就把我带到县衙西侧老巡缉队住过的一个独院里监禁起来。

我和武光汤、武骏图关在一起，李楷（即逸三）上有刑具，关在另一间。我明白是地下党被破坏。光汤和骏图同志做我的工作，说首先要胆壮，砍头好似风吹帽，坐牢如同逛花园，英雄豪杰牺牲了千千万，没有什么可怕。我们商量了对付审讯的策略。一问三不知，一推了事，就说我去年在家害病，有医生证明，城里的事一概不知。我担心他们追查的《第二次世界大战》这本书的下落，第二天早上送饭老人魏磨发告我说一切已烧毁，便决心硬顶。当时我只有十六岁，武光汤和武骏图告诉我要准备挨打受刑，到时大哭大叫，耍小孩儿脾气。一天审问时，我全部按照编造的口供回答。三次审讯供词完全一致。我父亲也颇有点儿势力，各方奔走为我开脱。二十多天后一个晚上，承审员告我："放你回家，你父有保状，以后要安分守己。"

这次被捕，在武光汤等同志教育下，不但壮了胆，而且加深了对党和同志们的革命感情。蒋介石，阎锡山宣传什么共产党如何可怕，我倒觉得国民党可恶，共产党可亲。武光汤、武骏图等同志对我的帮助，我至今深为感激！

武乡地下党、团组织破坏后，1934 年 5 月，我和张桂森同志考入山西省立第八中学读书。我们和北京大学进步学生杜衍同志取得联系。他经常寄《民铎》等刊物给我，鼓励我们积极参加抗日救国活动。1937 年春，我考入太原云山高中，又和张松如等人参加了牺盟会的活动。同年"七七事变"后，我和杜炘等人返武乡，先在蟠龙等地搞抗日学生救国活动，后来进城与张天乙等同志共同组织牺盟会、自卫队等。1938 年我离开了武乡。

打入“防共团”的斗争

魏名扬

一

1935 年 10 月，毛主席领导的中央红军胜利到达陕北，革命声浪很快波及山西，统治山西的土皇帝阎锡山对此十分恐慌，深感“晋陕毗连，陕北红军之活跃，实威胁山西之安全”。为阻挠红军东渡，他一面派兵过河进剿红军，一面在山西境内积极筹备防共，提出不少防共反共的办法，有“军事防共”“政治防共”“经济防共”“思想防共”和“民众防共”等等。“防共保卫团”这个反动组织就是在这样的背景下成立的。阎锡山说：“‘剿共’必须七分政治，三分军事；而‘防共’更应该是九分政治，一分军事。”阎将全省划为十二个防共保卫区，提出了“练民军、设兵备、靠枪杆、以防共”的主张，对革命人民和共产党人进行武装镇压。

武乡防共团成立于 1935 年 11 月。大队长由阎派来的上校李培湖担任，副大队长由武乡旧政府县长薛习兼任。一个大队，辖十二个中队，三十六个小队，约八百多人。大队部设在县城（今故县）三官庙。除一、七中队驻扎在县城外，其余均分布在洪水、蟠龙、东堡、监漳、大有、涌泉、故城等集镇和较大村庄。每天进行军事训练投弹、打枪，学习阎锡山“防共应先知共”“按劳分配”等言论，学唱“防共歌”。他们严密检查行人，大肆捕杀共产党人，开展杀人竞赛，多杀者有赏，少杀者必罚。通令捕杀共产党一人，赏银圆一百元，侦察不力者撤职查办。

当时，凡在武乡境内来往的讨饭人和小商贩，身上都得有本县印制的通行证，否则不能行走。防共团为了邀功请赏，宁可错杀一千，也不放掉一个，对来往行人和外地商贩，只要从身上搜出特殊记号，就按形迹可疑逮捕杀害。如遇有腰系红裤带或身上有一两枚铜钱，几条红线，几根火柴，都被认为是共产党的标志，立即扣捕。太谷县有一个卖大烟的叫李奇福，被防共团抓住，硬说是共产党的嫌疑，押到东门上枪杀。防共团所到之处，鸡犬不得安宁。一次到了赵家庄的小饭店里，店掌柜一时慢待，就被诬陷为窝藏共匪，大加搜查，掌柜和客人均遭毒打。通行大道布置岗哨，东庄到西庄也要路条，探亲访友不准住宿。十户人家要互相担保，一家出事，九家受累，谁不连环，谁就被指责为坏人。闹得人心惶惶，熟人见面都不敢随便谈论，以致商旅绝迹，路断人稀，逃荒要饭者被杀害十几人，整个武乡造成极为广泛的恐怖气氛。

二

与此同时，武乡党组织迅速采取了一系列措施。南神山会议后，东区区委书记程登瀛（程容）同志在峪口河神庙和我谈话，说敌人防共搞得很厉害，今后要注意隐蔽，保存实力。为了掩护党的活动，要挑选一些机智勇敢的党员参加防共团，打入敌人的心脏，及时地探听敌人消息掌握敌人武装，保护群众利益。回去以后，我首先将所有的党内文件都装在洋铁筒里埋入地下。当时防共团的发展原则是：富人当兵，穷人出钱，家里有五十亩以上土地者才能加入。地主、富农都不愿当兵，便以户按地亩摊派，三个月用三十元钱，十五斤白面，十五斤小米，三元零花钱雇人顶替。于是我便根据程登瀛同志的指示，利用这个机会，分别到贾豁、窑上沟等地进行串联活动，选择可靠党员主动顶替地主、富农打进防共团，见机行事，灵活机动，取得敌人信任，想方设法通风报信，运用各种形式，同敌人进行斗争。他们是：李宏胜（李峪垴人）、王狗臭（峪口人）、姜国珍（李峪垴人）、王中秀（窑上沟人）、王守珍（灵水坪人）、梁云林（贾豁人）。原来知道梁蛮孩（窑上沟人）、王邦劳（窑上沟人）、刘毛孩（海神沟人）也顶替进了防共团。其中王中秀、王邦劳、梁蛮孩在四中队，王守珍、梁云林、刘毛孩在五中队，其余都和我在一中队，住在县城八大庙。我们这些人，大都喜爱拿枪弄棒，耍拳闹武，大家以混朋友结弟兄为掩护，很快就和防共团里的人混熟了，我开始在防共团员中物色对象，准备发展组织。

三

一个多月以后，敌白中队长派我带王邦纣到峪口村去抓共产党员王马孩，派李宏胜、马金水到赵家庄搜查巩满堂。路上边走边谈，我看出王邦纣可以作为党员对象培养，后来还介绍郝书珍（龙湍人）、米金水（马庄人）、杜存周（富庄人）加入中国共产党。我们先到了赵恩泉家里（赵是我的入党介绍人），让他通知王马孩逃走。然后才到王家搜查，一无所获，就让闾长写上保状，让村长魏磨锁、副村长赵根林、公道团长姜一（共产党员）盖上章，以仇人诬告结了案。1936 年 2 月的一天，防共团到禄村抓人，路经墁坡村，我悄悄告诉程登瀛的姐姐，有坏人告密，敌人很快要来搜捕，让她迅速转告程登瀛同志和赵瑞璧同志转移。程得到消息，及时离开了家乡。回去以后我主动向白中队长汇报了密告程、赵的防共团员魏书珍（马汉堷人），下乡接受贿赂，走漏了风声，致使共产党逃脱，白对其大加训斥，不准他再外出。当时和我经常联系的是东区支部的李福元。每隔一段，他总要到县城赶集、卖炭，和我秘密接头，我向他汇报敌人的动向。3 月某日，我们正在河滩出操，突然通知紧急集合，到许家垴村抓李应元，路上谁也不准交头接耳。我知道李的父亲李海生是党员，当时心情很紧张，但我仍不露声色，暗中想着办法。队伍快到型村时，我看到白中队长走得又饥又渴，请示让牛金厚回村备饭，征得白同意，我用力推了牛金厚一把，他立刻明白了。牛金厚回村，赶忙让弟弟牛贵生去报信。等我们赶到许家垴，李应元早已不知去向。小队长刘志玉谎说和李应元是同学，向李母询问李应元去了哪里，李母说去了西岗头。我让李木锁老先生把白中队长请到家里休息。刘志玉带我们几个连夜赶往西岗头。走到甘草背时，我暗示村里的党支部书记张锁则请刘抽大烟，刘烟瘾大发，让我们去抓。经了解，这次搜捕是国民党赵五孩引起的。我们便以共党嫌疑逮捕了赵五孩。这次行动受到了大队长李培湖的表扬，从而进一步得到敌人信任。

4 月初，防共团一中队部，派小队长刘志玉，带领我和邦纣、猴儿等人进驻峪口，设哨立卡。我让姜一转告同志们提高警惕，我们则利用敌人的内部矛盾，采取各个击破的办法，分化瓦解敌人。小队长刘志玉与旧警察赵 ×× 争风吃醋，赵遭到了刘的毒打。在我们的鼓动下，赵请人写了状子，并私刻了村公所和公道团的印章盖上，向防共保卫团总指挥部（驻辽县）负责人杨爱源揭发刘整天起来吃喝嫖赌，不务正业。杨派专人前来调查，打了刘志玉三百手板，撤了峪口哨卡，群众无不拍手称快。5 月，防共团举行所谓毕业仪式，同时招考、集中小队长，在三官庙培训。我和一些党员便各自回到村里继续进行地下斗争。此时，防共团大队长李培湖霸占西关一民女。一天夜里，已被录取为小队长的李宏胜、王邦纣化装进去，与房东张老太太痛打李培湖。李臭名远扬，感到无脸见人，从此一蹶不振。李宏胜等则在暗中散布舆论，说红军就要过来了，有人说在东部王家峪一带共产党开会，纸烟头拾了半箩头。有人说还见到他们都穿着胶鞋向黎城去了。防共团军心涣散，处于瘫痪状态。

随着红军东渡抗日，抗日民主运动高涨，全国形势发生了很大变化，阎锡山只得把防共的一套收起。武乡防共团于 1936 年 6 月集中，准备补充阎的军队。我们采取顶、跑、躲的办法，拒不返队。7 月，防共团改为保安团，调往洪洞一带。回忆当年同防共团的斗争，想到很多。最主要的有这样三点体会：①我们所做的工作，都是上级领导的结果。只有听党话，才能取得胜利。②东区党组织的活动，靠的是群众的掩护。什么时候都不能离开群众。③当时提出打入防共团的主张是正确的。同敌人做斗争不讲方式方法不行。

整顿恢复武乡党组织简忆

王玉堂

1937 年 7 月“芦沟桥事变”后，日寇大举进犯华北，占领平、津，又直扑娘子关，威胁省城太原，山西形势发生了急剧的变化。当时，中共山西省委根据上级指示精神，有计划地抽调一批干部到晋西北、晋东北、晋东南发动民众抗日，发展与建立农村根据地。徐子荣（以后任晋冀豫区党委宣传部部长）同志受省委委托带了高沐鸿与王玉堂到晋东南开辟工作。

我们三人先到我家乡故城镇暂歇后，很快到了县城（今故县）。这时，牺盟特派员韩鸿宾同志已经来到了武乡县。由于他是以牺盟会特派员身份来武乡的，未与当地发生组织关系。后来我们通过组织介绍与他取得联系后，在高沐鸿家开了会，徐子荣同志让我们三人组成中共武乡县临时工作委员会。王玉堂任临时工委书记，韩鸿宾任组织委员，高沐鸿任宣传委员，随即开始进行调查研究工作，全面了解抗战前武乡地下党组织的基本情况。

我们知道武乡党组织历来就有基础。1933 年李逸三从武汉出狱回来搞过地下建党工作，后来经过两次破坏，许多领导同志被捕或出走他乡，党的工作基本处于瘫痪状态。韩鸿宾同志初来武乡就作过全面调查，了解到 1936 年前窑头发展过不少地下共产党员，党的基础较好，离县城也近点，可以作为我们整顿恢复武乡地下党组织的基点，也便于我们开展工作。我们首先在段村、故城、大有、洪水、蟠龙等地，设法恢复健全党的组织。积极宣传抗日救国的革命道理，通过扩大牺盟会组织，发现了一大批进步青年，如武光清、杜炘、李旭、李衍授、武铭、王润华、李安唐、史玉麟、李生旺等。他们的抗日情绪挺高，经过培养、教育，到 11 月，党组织及时吸收他们加入了中国共产党，以牺盟会干部名义分配到武乡较大的村镇工作。武华当时党籍问题尚未恢复，但知道其人早年参加革命斗争，思想进步，工作积极，就派他到故城一带宣传发动抗日救亡工作。抗战前发展的党员武三友、魏名扬由于党组织遭到破坏失去了联系，我们尽快地为他们恢复了组织关系。那时候党未公开，我们做党的组织工作要与各个抗日团体的工作结合起来搞。为了便于工作，我们都有公开身份作掩护，高沐鸿同志为省理论委员会委员，韩鸿宾为牺盟会武乡特派员，王玉堂任县抗日自卫队大队长，我们共同的任务都是发动群众抗日，建立群众团体，秘密地发展工农青妇各救国会中的积极分子入党。我们刚刚把武乡抗日工作抓出个眉目来，11 月高沐鸿同志调榆社县任抗日县长，武光清同志也调榆社任公安局局长。牺盟中心区派张天乙来武乡公开担任公道团团长，他入党后接任了临时工委会高沐鸿原任的宣传委员工作。

在高沐鸿未走之前，我们就准备撤换旧县长、旧公安局局长。旧职官中也有人看到他们干不了这新的抗日工作，主动客气地让出位子。牺盟中心区派来个县长叫朱理，公开算是抗日县长，实质是阎锡山的亲信。不过当时为了统一战线，也协助他搞抗日动员工作。到 11 月，我们成立抗战战地动员委员会时，县政府、牺盟会、公道团、自卫队是主要领导，是县里的权力机关。接着我们在全县发动抗日运动的同时，为了对骨干分子进行思想政治教育，开始搞短期训练班。记得徐子荣和韩鸿宾在窑头搞过政治训练班。参加训练班的，有的成了党员，大都是党的积极分子。自卫队的军事训练，分别在段村、故城、蟠龙、洪水、大有等各大村镇进行。牺盟会、公道团也举办了许多训练班，训练出一批各抗日团体急需的干部，逐步撤换了一些消极抗日的干部。同时，全县各级工救会、农救会、妇救会、青救会等群众团体也都壮大起来了。这些群众团体属牺盟会领导。到 1938 年秋，牺盟会、公道团又合并为牺公联委会，牺盟会的协助员分配到各个区，以后与各区自卫队队部一起成立了分队部。这样我们在党的工作方面有临时工委领导，公开工作，成立了动委会。从此，我们的抗日工作就热火朝天地开展起来了。

1938 年春，八路军工作团来到武乡（以后的正式县委），他们的公开身份是八路军工作团，负责人陆清廉，住在旧城寺背后，实际管党的工作。动委会开会时八路军工作团也可以参加，临时工委也归了工作团领导。张天乙、韩鸿宾和王玉堂主要抓抗战动员工作。这时候，我们已经培训出一大批抗日干部，建立了各级群众团体与地方武装，各区配备了抗日区长，各村也开始改造旧村政权，除在原有地下党的村庄作了恢复工作外，又在全县各抗日编村建立了党的基层组织，公开以农会出面。各区负责党的工作的同志公开身份以《中国人报》和《新华日报》发行员出现。1938 年我县就发展党员一千五百多名，总的来讲，初步做了以下几项工作：

一、召开抗日动员大会，实行合理负担，号召全县各阶层人民，有钱出钱，有力出力，有粮出粮，有人出人。屯粮工作不实行均摊，是根据地主、富农家底来摊派，重点是四大家、八小家，仅 1939 年秋季就完成了六万七千多石公粮囤积任务。

二、在教五团协助下，共同发展地方武装。通过宣传发动，许多青壮年踊跃参加了各个抗日武装。全县先后成立了武乡游击队、牺盟游击队、武华游击队、名扬游击队等，各区还有基干队等。也有的青年农民直接参加了八路军、决死队。在 1938 年七八月间，我县一次就输送四百余位青年参加了决死队。

三、1938 年 4 月间，敌人对晋东南发动了“九路围攻”，县委、县政府搬到柳亭郊、海神沟一带。我们虽然未直接上战场，但动员群众坚壁清野，搞运输、抬担架、打扫战场，在县政府撤离县城时组织群众破坏城墙，做了大量的工作. 这次我们工作存在的问题是，没有提防敌人在从县城到李峪一路杀了许多老百姓，吃了败仗返回时又烧了我千年的古县城。

四、在抗日教育上办了青校、民校等许多短期学校，培训了大批抗日青少年，他们后来大都成为抗日领导干部。我们与县政府的关系开始合作得不好，粉碎“九路围攻”后，因为县长朱理是国民党员，他吸收了不少国民党顽固派参加工作，安插到县府财政、教育、动委会里边，我们坚决反对，矛盾就多起来了。但也没有发生过大的武装冲突。按当时山西形势，武乡属三专署，我们到沁县三专署与薄一波同志商量把朱理调离武乡。1938年张天乙同志回到沁县牺盟中心区工作，韩鸿宾同志也去了榆、武、祁中心县委工作。我在三专署办了短期工人、农民训练班，后又去办民族革命第三中学。

总之，我们回到武乡一年多时间，恢复和发展了各级党的组织，培养了一批党的抗日干部，广泛宣传发动群众，建立健全了各个抗日团体与地方武装，初步打开了一个动员全民抗战的新局面。

改造旧政权的斗争

李春方

武乡地处晋东南北部，太行山西麓，沟壑纵横，山丘起伏，是抗日战争初期开创太行山革命根据地工作中最活跃的一个县。

日寇吞并了我东北三省之后，加紧策划“华北五省自治”，中华民族处于生死存亡的严重关头。独霸山西20多年的老军阀阎锡山的统治地位也受到了严重的威胁。为了保住他在山西的“独立王国”，阎锡山部分地接受了我党建立统一战线的主张，并在我党的帮助推动下，组织了“牺牲救国同盟会”等抗日救亡团体。1937年下半年，“卢沟桥事变”爆发后，局势急转直下，在占领了北平、天津、保定等地之后，日寇以二十个师团的兵力沿平绥路、正太路疯狂西进，直扑山西，进逼太原。在这种情况下，阎锡山进而接受了我党的建议，组成了一支新的武装部队——山西新军，并委派薄一波同志担任第三行政专员公署专员，率领一部分新军和“牺盟会”干部到晋东南地区开创太行、太岳革命根据地。这就为晋东南区，尤其是为武乡工作提供了极为有利的条件。

国民兵军官教导第五团在武乡

抗日战争初期，武乡抗日工作的开辟与山西新军、青年抗敌决死队、国民兵军官教导第五团进驻武乡有着重要的关系。第五团共辖三个营，于1937年11月由团部率领两个营进驻武乡。团长贾毓芝、政治部主任李一清。该团的政治素质较好，士兵都是士官生。这个团进驻武乡后，只把团部一小部分人留在县城帮助县“牺盟会”筹建各个群众抗日救亡团体等工作，将大多数人员派到全县各区和较大村镇，向人民群众宣传抗日救国的道理，组织群众参加抗日救国保卫家乡的各种工作。

记得，被派到我的家乡吴村工作的共七人。那时，我刚从太原失业后回家不久。士官生的到来，使吴村这个偏僻山村的人民，感到新奇和疑惧，抱着一种观望的态度。在村公所的协助下，召开了群众大会，士官生向乡亲们介绍了卢沟桥事变后中华民族面临的亡国危局，讲解了只有动员全国民众行动起来才能保家卫国的道理。他们之中有两人是从东北流亡到山西的学生。我还清楚地记得，当这两个人讲到东北人民在日寇的铁蹄下过着亡国奴生活的悲惨情景，以及他们远离家乡亲人流亡内地的痛苦经历时，两人义愤填膺，声泪俱下，使与会群众受到了深刻的教育。许多人都是第一次听到这样激动人心的演讲，使爱国热情从他们的心底迸发了出来。这次大会后，人们对这七位士官生的态度不同了，敢同他们接近了，不少人常常向他们打听时局变化的消息。很多人称赞他们是有志气的爱国青年，演讲的内容句句都是为国为民的道理。群众的态度转变后，士官生们的工作也更深入了，他们常常走门串户，与老年人拉家常了解情况，与青年人谈心交朋友，积极发展“牺盟会”和“农会”会员，物色抗日干部。那时，我很愿意和他们接触，从他们那里我学到了不少抗日救国的道理。有几个士官生也常找我谈话，我们很快就成了知心朋友。他们知道我家庭贫苦，是从太原失业的返乡青年，对时局的看法与他们的观点比较接近，因此他们进村后不久，就让我担任村“牺盟会”和“村农会”的干部，在组织村自卫队时，又让我担任村自卫队的队长。在他们的帮助下，村“牺盟会”和“村农会”等群众团体很快就组织起来了，吴村的工作出现了一个新的局面。

七位士官生在吴村的工作简况，也可以说是决死一纵队的国民兵军官教导第五团在武乡农村工作的一个缩影。教导五团在武乡的时间虽然不长，但是他们的工作不仅对抗战初期全县群众的宣传、教育和组织工作具有开创性意义，而且也对后来太行山区抗日革命根据地的建立，产生了积极的影响。

和反动顽固势力的几次较量

1937 年 12 月，我经士官生推荐，找到了隐蔽在城关附近农村的中共武乡县委书记陆清廉同志，开始在原“牺盟会”等待分配，1938 年初，被分配到县农会工作。县农会主席是赵晋臣同志，常委除我之外还有赵天恩、程高升、武志文等几位同志。

当时，全县的群众在抗日救亡的号召下，已基本上发动起来，各级群众组织也逐步建立和完善了，群众运动风起云涌，革命形势发展飞快。但是另一方面，武乡以阎锡山委派的县长朱理（1938 年夏由郭腾蛟接替）为代表的反动顽固势力盘根错节，仍然相当强大。他们不仅把持着县、区、村以及公安局等政权机构，而且在地方上也有一帮地主恶霸为他们帮凶，国民党县党部的活动也十分猖獗。这些人对我们党领导的群众运动非常害怕，极端仇视，千方百计加以阻挠和破坏。随着群众运动的发展，抗日革命力量和反动顽固势力之间的矛盾变得愈来愈尖锐。斗争在酝酿、发展，双方之间的一场大的较量已变得不可避免了。

我们党始终站在领导群众向反动顽固势力进行斗争的第一线。当时武乡共产党组织虽然还处于秘密活动状态，但党的力量比抗战前已有很大的发展。我到县农会工作不久，就被吸收加入了中国共产党。除了抗战前的老党员和新发展的党员外，从太原各工厂遣散回乡的工人及因战乱返乡的青年学生中的党员也充实到武乡党的队伍中来了。特别是上级“牺盟会”派来的干部中，不少人是共产党员。这些同志的到来，不仅壮大了党的队伍，而且使武乡党组织的政治质量也有了很大的提高。不少党员都有公开合法的掩护身份。各级“牺盟会”“农会”“工会”“青年救国会”“妇女救国会”的县区主要负责人以及“战地总动员委员会”（简称动委会）县的主要负责人都是共产党员。有些党员还打进了由反动顽固派控制的县政府和县公安局等重要机构。有些原来被反动顽固派控制的组织，如县“主张公道团”，经过党的工作和斗争，实际上也成为我们党领导的进步组织。当时“公道团”团长张天乙、副团长王锦心等几个同志都是共产党员。此外，武乡党组织还掌握着一支完全属于自己的武装力量——武华游击队，活跃在武西和武东一带。总之，党的力量的发展和壮大，使武乡县的工作出现了一个崭新的局面。

1938 年前半年，武乡县的党组织，为了进一步贯彻抗日民族统一战线政策，发展革命力量，团结中间势力，打击反动顽固势力，决定从解决广大群众生活疾苦的具体问题入手去发动民众，开展工作。我们认真分析了当时的形势和全县情况，选择了几个为群众深恶痛绝的反动目标，有计划地组织群众向反动势力发动了多次斗争，其中较大的有赶走侯委员、封闭“官盐店”、取缔“秤牙行”、检查“差徭局”等。

赶走侯委员。侯委员是薄一波同志被阎锡山任命为晋东南第三行政专员公署专员后来到武乡的。他是阎锡山的一个亲信，据说是山西省政府的一个委员，他名义上是到这个地区巡视工作，实际上是阎锡山派到这一地区监视薄一波同志和我党工作的耳目。我们党所做的工作凡不合其意的，都要向阎锡山密报，使我们党的工作的开展受到很大的限制。此人 1937 年 12 月左右到武乡后，既不与县政府、公安局住在一起，也不与“牺盟会”等群众团体住在一起，而单独到城东关找了一个院落住了下来，联系地方上的反动顽固势力进行秘密活动。武乡县委负责同志认为，不把此人设法轰走，对我们工作的开展是很不利的。经过一段时间的调查，得知此人的生活极端腐化，与附近的一个女人有不正当关系。于是决定用捉奸的办法把他轰走。一天晚上，我们派了几个工人同志将他当场捕获，使他大出其丑。消息传开后，这位委员被搞得声名狼藉，臭不可闻，他自觉无脸再在武乡待下去，因此很快就不辞而别了。我们顺利地拔掉了这个大“钉子”。

封闭“官盐店”。所谓“官盐店”，实际上是我家所在的那个村——吴村一家官僚地主所经营的盐业总店和各个镇的分店或代销店。总经理李久华是武乡有名的大地主。群众说的“四大家”“八小家”，指的就是武乡县最大的地主、恶霸。李久华属八小家之列。李久华不仅有钱，而且有势，其长兄李久荣是清朝举人，那时在山西省民政厅做官。李久华所以能够经营全县的盐业，就是靠他长兄在省里的势力。全县的盐业由他一家垄断，不许其他私商贩运或买卖，一经查获就要被没收甚至送交官府查办。这样，他就可以随意抬高市价，缺斤少两，掺假出售，牟取暴利，成为武乡的“盐霸”。群众谈起“官盐店”盘剥欺骗手段时，无不切齿痛恨，但对这样一个势大钱多的“盐霸”又无可奈何。于是我们就从这个关系到广大群众切身利益的问题入手，开展了对“官盐店”的斗争。这个斗争是由县工会与县农会出面负责组织和领导的。我们首先组织了几十个群众去“官盐店”买盐，买到盐后认为斤两不足，要求重新过秤。这一下便激怒了盐店掌柜，他怒气冲冲地说：“秤公平无误，盐斤两不差。”他的这种回答，同样激怒了在场群众，立即借来几家商店的秤，有人自己也带来了秤，并请工会农会干部重新过秤。过秤的结果证明，所有在场人买到的盐，没有一份是够分量的。立时群情激忿，都说“官盐店”的秤有鬼，要求工会、农会干部当场检查。盐店拒不交秤，双方争持不下，过路群众也都闻讯赶来，把盐店围得水泄不通。群众一拥而进闯入“官盐店”，将盐店的秤折为两截。工会、农会干部当即找经理李久华讲理。李久华闻讯后，慌作一团，悄悄地从后门溜走了。事后，据说李久华曾四处活动找过不少人，还找过县长，想让这些人为他说情，向工会、农会办交涉，企图重新开张营业。但因“官盐店”在这次事件中理屈词穷，平时在广大群众中名声太臭；这些人也慑于工会、农会的声威，没有一个人敢替他说情。后经县政府同意，终于把“官盐店”的库存食盐查封了。分布在全县各地的“官盐”分店和代销店，也相继关闭停业。

取缔“秤牙行”。在封闭“官盐店”的斗争取得胜利后不久，工会、农会又部署了对“秤牙行”的斗争。武乡县城内的“秤牙行”，又是一些榨取劳动人民血汗的地痞。由于武乡县城离煤矿远，城里人烧的煤炭，是要东南乡煤矿区的穷人用车拉、牲口驮、肩挑等方式运到城里来卖。但他们必须由“秤牙行”经手过秤，才能卖给买主。“秤牙行”中不少人是城市里的地痞、无赖、不务正业的人。他们运用这种手段剥削运煤的老百姓，抬高煤价，从中渔利，非常不得人心。我们工会、农会便向“秤牙行”发出口头警告，要他们立即停止这种买空卖空从中渔利的勾当。在“官盐店”被封闭的形势下，他们自知抵挡不住，乖乖地接受了我们的要求，没有经过多少周折，“秤牙行”就被顺利地取缔了。从此以后，到县城卖煤卖炭的群众再不受“秤牙行”的中间剥削之苦了。

检查“差徭局”。所谓“差徭局”，是为了向驻扎在武乡的我八路军和国民党军队供应和摊派粮草、差役而设立的一个机构。“差徭局”局长由国民党武乡县党部书记长兼任。“差徭局”利用他们可以无偿地向人民征粮、派款、摊派差役的权力，贪赃枉法，营私舞弊，大肆搜刮民脂民膏。他们在向各村征收粮秣柴草的时候，不仅明显地使用大秤收进，并且态度十分蛮横。群众提起“差徭局”没有一个不痛恨的。不仅如此，“差徭局”还有意与我们党所领导的群众团体作对，当时武乡县政府各机关和群众团体各单位所吃的粮食都是由“差徭局”拨给的。但在很长一段时间里，拨给我们各群众团体的米面及各种粮食都是陈旧的，有时甚至有霉烂的。我们曾去质问过，他们回答说：“中央军不好对付，新粮食都拨给军队了，县里各机关只好拨给一些陈旧粮食。”而据我们同志的调查，拨给县政府等一些机关的却是新米面。我们根据广大群众的反映和调查，认为“差徭局”肯定是有问题的，决定拔这个“钉子”。在一次“动委会”的会议上，我们提出了派代表去检查“差徭局”的账簿和仓库，这一动议通过了，不少单位都派代表参加了检查。这一突如其来的行动，打乱了“差徭局”的阵脚，他们事先没有准备，显得十分慌乱。检查中发现，他们的管理制度和各种手段漏洞百出，账目混乱，物资不清，问题成堆，甚至还在柴草中和其他地方发现因为私藏而无人敢领的现大洋。这次检查，给了反共顽固派当头一棒，打掉了他们的反动气焰，为老百姓出了一口气。群众听到后，无不拍手称快。此后不久，这位国民党武乡县党部书记长兼“差徭局”局长，在国民党军队离开武乡和晋东南地区时，他也跟随着国民党军队偷偷摸摸地逃跑了。

总之，通过与反动顽固派的这一系列反复较量和斗争，为民除了害，大大提高了党在广大群众中的威望，大大密切了党与群众的血肉关系，大大增强了群众斗争的信心和勇气。同时给了反动顽固势力以沉重的打击，为全面夺取武乡县政权奠定了基础。

全面夺取武乡县政权

抗日战争初期，夺取武乡县政权的斗争是围绕着人民对国家的负担政策而展开的。是实行原来的按地亩摊派，还是实行“有钱出钱，有粮出粮，有力出力”的合理负担政策，这是武乡抗日战争初期争论最大、拖得时间最长、斗争最激烈的一个重大问题。实行“有钱出钱，有粮出粮，有力出力”的合理负担政策是我党提出来的，是符合群众的利益，有利于动员全民参加抗日的，也是被阎锡山政权承认了的。在我参加工作以后，向群众宣传抗日救国的同时，都要把实行合理负担政策作为一项重要的内容进行宣传。我们认为，只有实行合理负担政策，才能把各阶级、各阶层的人民动员起来参加抗日。而以旧县长一伙为首的顽固派，则站在地主阶级的立场上执意维护原来那种按地亩摊派的不合理的负担政策。为了解决这个问题，“牺盟会”县特派员、八路军工作团驻武乡办事处主任（实为我党的县委书记）、县农会主席等负责同志曾亲自与旧县长谈过多次，但这位县长总是找出各种借口推诿、搪塞或无理拒绝。后来，“动委会”曾多次召集会议讨论此问题，我参加过两次。会上，争论十分激烈，两条阵线、两种意见针锋相对，互不相让。我在这两次会议上都发了言，列举了吴村的事例，指出按地亩摊派是一种维护富人利益、不管穷人死活的不合理负担政策。所谓按地亩摊派，并没有真正按照实有的地亩数摊派，而是按照与实际情况出入很大的地亩账摊派。这样，地主富人通过种种手段隐瞒不报的大量“黑地”就可以逃避负担。如我们吴村的大地主李久华就是这样干的。另外，土地的好坏不同，产量悬殊，有的相差几倍。因而这种不按土地的好坏、产量的高低，采取平均摊派办法，表面上似乎公平，实际上有利于占有大量好地的富人，不利于基本上都是坏地的广大农民。在抗日战争期间继续实行这种政策，对抗战是不利的。这对山西省政府所同意实行的合理负担政策也是一种怠工或者抗拒。在会上，我们这些为穷人说话的人，义正词严，以大量的事实驳斥了主张按地亩摊派的错误意见，揭露了这种错误政策的实质。以县长为首的那些人，理屈词穷，拿不出什么像样的理由，便又使出他们的故技，采取拖延的战术。说什么“要经过细致的研究，等待上级有了具体实施的办法才能实行呀”“有钱出钱，有粮出粮就是要富人多负担，要听取他们的意见呀”“现在事情多，抽不出时间和人力搞这个工作”等等。我们提议要他们向专员公署、向薄一波专员反映群众和我们的意见与要求，他们表面上虽不敢公然拒绝，实际上就是拖着不办。几次会议就这样结束了。在这种情况下，武乡党组织认识到，只有搬掉这块绊脚石，才能打赢这一仗，否则，党的工作就难以继续向前推进。于是决定在1938 年 12 月 12 日以“拥蒋抗日”的名义召开全县人民代表大会，来个智斗旧县长，逼迫这个死顽固下台。

为了开好这次大会，在县委的统一领导下，作了大量深入细致的准备工作。我们很多人被分配到农村和工人中，向群众宣传“有钱出钱，有粮出粮，有力出力”的合理负担政策，进一步提高他们对这政策的认识。

12月12日，晴空万里，阳光灿烂。全县各区、村镇的代表几千人，一早就来到了县城南边漳河畔沙滩上临时布置的会场上。这次大会是在我们党的领导下，以“牺盟会”的名义组织召开的。会场的主席台是临时搭的，横幅上写着“拥护蒋委员长抗日救国大会”几个大字。三百多名有组织的工人，安排在主席台下的最前面，这支队伍是群众的骨干，会场上需要向主席台提出的问题，首先由他们提出，口号也是由他们领呼，会场的秩序由大会纠察队维持。我在这次大会上的任务是负责联络，向我们所联系的村代表和干部传达指挥部的指示。大会开始后，我方的“牺盟会”特派员等负责同志先后讲了话，他们号召人民“坚持团结，反对分裂；坚持进步，反对倒退；坚持抗战，反对投降”。同时指出，要动员全民抗日，就要坚决实行“有钱出钱，有粮出粮，有力出力”的合理负担政策。他们的讲话激起了与会群众一阵阵的热烈掌声和口号声。旧县长也在会上讲了话，他虽然也不得不假惺惺地重复阎锡山提出的“国共合作，联合抗日”“困难当头，匹夫有责”“军民一起，共赴国难”之类的老调，但对实行合理负担政策却只字不提。于是坐在会场最前面的工人同志带头，和其他群众代表接二连三地站起来，高声质问他：“为什么在武乡至今不实行合理负担政策?”“你为什么主张在武乡要继续实行按地亩摊派的负担政策?”“你为什么不向专员公署反映我们的意见和要求?”“你为什么不向薄一波专员请示在武乡实行合理负担的问题?”群众提出的这一连串问题，一针见血地击中了这位县长的要害。在这突如其来、会场情绪极端紧张的情况下，这位县长大人惊恐万状，开始时对群众提出的问题支吾搪塞，不触及问题的实质和要害。后来被群众问得张口结舌，恼羞成怒，索性拒绝回答群众提出的问题。群众看到他的态度如此顽固、蛮横，怒不可遏，全场立时爆发出了一片愤怒的口号声：“拥护好官好绅好人，打倒坏官坏绅坏人!”旧县长顿时狼狈不堪，脸变得青一阵白一阵，最后他见势头不对，只好逃离了会场。这次斗争之后，这位顽固到底的县长，跑到薄一波专员的第三行政专员公署去告状。但专员公署趁势顺水推舟，没有再让他回到武乡。派来了我们党的一位老红军、老干部谭永华同志到武乡担任县长。这样，我们党便胜利地将武乡县政权从反动顽固派手里彻底夺回到人民的手中。

1938年12月12日“拥蒋抗日大会”斗争的胜利，在太行山革命根据地开创的初期，在武乡的革命斗争史上，是一件具有重大意义的事件，标志着我们党在武乡夺取政权斗争的初步胜利。从此，武乡的党、政、军（县自卫队、公安警察）、群众团体就都置于我们党的统一领导之下，武乡县的工作进入了一个新的发展阶段。

谭永华同志到任后，面临的重要任务就是继续改造旧政权，巩固抗日民主新政权，以巩固和发展武乡改造旧政权工作的胜利。首先，对县政权和各区政权的机构与人员进行了统一的调整，在一些重要部门和重要岗位都安排了党员干部或进步人士，把那些与我们党不一心的人，从这些部门和岗位调出去。其次，由县级机关各单位抽出干部组织巡视团，到各区检查村政权的工作。我被抽出参加二区巡视团的工作。经过调查研究，改组了那些有问题的村政权，撤换了那些群众意见大、政治上与我们党不一致的人，从而巩固了基层政权。之后，在全县统一丈量了土地，清查出那些地亩账上没有登记的“黑地”，评定了好坏地的不同产量，在全县实行了“有钱出钱，有粮出粮，有力出力”的合理负担政策，使广大群众抗日热情空前高涨，纷纷向来到晋东南地区的八路军和决死队运送军粮和各种军需品。

武乡是太行山革命根据地抗日工作开辟较早、工作进展较快的一个县。在抗日战争初期进行的斗争，对根据地的创建与逐步巩固、发展具有极其重要的历史意义。为后来试办实验县和支援进驻我县的八路军总部、中共中央北方局等党政机关和野战部队的一切供给，打下了坚实的基础。

1983年5月写于北京中央民族学院

抗战前夜的县级政权

段德堂

1927 年，阎锡山为了进一步榨取武乡人民的血汗，巩固其统治地位，派来他亲信走卒张扬祚来武乡担任县长。张扬祚为人狡猾诡诈。到任以后，即勾结本县地方土豪劣绅范丹初等多人成立差务处和建设局。大肆搜刮群众粮钱，动用全县劳力，支持军阀混战，修建武乡城垣。而他们则从中渔利，进行贪污，需款之多，仅费数万。苛捐杂税，名目繁多。例如：群众家中安盘小磨，还得每年征收四元银洋。每年粮银由一元三角增至三元五角。在这种情况下，群众生活日益困难，卖儿卖女，十室九空，流离失所，民不聊生。此种悲惨景象，到处可以看到，如有的穷苦农户，因过兵支差，受到很大损失，有由武乡一直支到邯郸的、支到太谷的，一次支差三四个月不能回来，有的就丢了牲口空人回来了。正经发了财的，则是当时那些土豪、恶霸，他们有的当村长，有的当差务局局长，光张扬祚一个人就带有家属 20 余人，每日过着花天酒地的生活。张扬祚任命他侄儿张汉北，为武乡巡缉队队长。每天带领匪徒下乡催粮、催款，利用职权勒索民财；他本人也颠倒黑白，贪赃枉法，扶强灭弱。例如：有一姓王的当村长贪污了人民的钱被老百姓联合起来把这个村长告下了，这件案子人证物证，千真万确，按理这个村长就该输了，不料这个村长却搬动了劣绅范丹初，买通了贪官张扬祚先把这些原告传来，当堂把他们每人打了一千手板。打得一个一个都不敢作证了。只有一个姓窦的老汉仍然不屈服，但因在当时黑暗统治下，也不顶事。这一场理由十足、证据确凿的官司就这样子结案了。

真是旧社会衙门朝南开，有理无钱难进来。

张扬祚为了支援军阀混战，给各村村长下令，叫各村每月往差务处缴纳小米、白面、干草、花料，他让下边差务人员专门制造不符合市场标准的大称，他们支出时相反的又使用低于市场标准的小称。入大出小，从中贪污很多东西，就这样子做了三年贪官。这个贪官在武乡共住了三年多，武乡人民受他的灾害却非常之大。

贪官张扬祚逃走了，接着而来的是白连三，这个县长也是阎锡山亲信，虽然名誉上换了一个县长，但旧政府的一切组织机构、行政设施均无改变。只不过更换了几个随员和亲信，对人民的剥削和压迫仍然是有加无减，真正是换汤不换药。因为这个县长在武乡住得时间不很长，我对他的具体事实不太了解，到 1931 年就调走了，只住了一年时间。

1931 年秋天，阎锡山派来了县长吕日新，到任之后，仍以剥削人民巩固统治为主，进行各种暴政。那年冬天吕日新以加强冬防为借口，除了原来设的军警、卡哨以外，还另外设了许多卡哨，增用了许多警士，到处敲诈勒索，吸取民财。不仅如此，更下令各村每村雇佣壮丁 2 至 4 人长住村公所，每日进行巡逻放哨，美其名曰保境安民，实际上是给人民群众增加了不少负担。再加上 1930 年、1931 年连年遭灾，人民生活更加痛苦了。到 1934 年这个县长在阎锡山的安排下，又离开我武乡。

一个走了又来一个，继之而来的是县长徐永信，这个人是本省五台县人，是一个清朝光绪年间举人。因为他中举的那年岁次壬寅，所以人称他为壬寅科举人。据说他和我村举人段雨田是同年举人，所以互称同年。这个伪县长身材高大，白发苍苍，当时已有七十岁左右。因为他年纪较老，迷信思想较为浓厚，可遇那年天旱无雨，已到阴历五月中旬，还没有下过透雨，禾苗快要枯死，眼看要遭旱灾，老百姓惶惶不安。徐永信为了取得群众对他的信任和适应一部分群众的落后思想，进一步宣传迷信落后思想，愚昧群众。于阴历六月上旬，将白龙洞庙的白龙王请来，设坛祈雨，整整地过了两个月，才把龙王送走。他这种做法完全是一种迷信做法，对下雨不下雨是没有什么作用的。但因当时人民群众思想落后，都认为县长做得对。不到一年这个徐永信县长被调走了。

1935 年阎锡山又派来一个姓薛名习的人，来武乡做县长，这个人阴险狡诈，做事毒辣，是阎锡山的忠实走狗，是人民的公敌。他到任时，正是阎锡山大闹防共时期。他就配合阎锡山防共大队长李培湖、公道团团长王直生、公安局长王锡丹，积极推行阎锡山残杀人民的毒计。

1. **强拉乡间壮丁成立武乡县防共保卫团。**1935 年阎锡山为了摧残革命力量，残害革命志士，命令武乡县成立防共保卫团。全县成立了一个大队，由李培湖（本省繁峙县人）担任大队长，下设 12 个中队（每中队约 120 人），分住在本县各个较大村镇和险要地带，如段村、故城、蟠龙、洪水、涌泉、东堡、贾豁等地及旧县城三官庙等，其中，大、中、小三级队长都是由阎锡山直接派来担任，下边士兵完全是各村按闾一个个强迫来的。

县里的大队长和武乡县长、公安局局长、县公道团团长配合起来推行恶毒的防共政策，凡遇有带红线的、洋火的、铜制钱的穷苦人就进行抓捕，特别是乞丐捉住以后用酷刑拷打逼问，逼下口供即行处死，他们好得到大量的奖金，大发其财，仅 1935 年一年武乡县就枪杀了 20 余人，大都是些乞丐和卖艺的人。后来消息一天比一天紧张了，县里为了集中武装力量巩固县城防务，就下令将分驻在乡下村镇的十个中队的兵力，全部集中到县城驻防，并为全部军政人员囤积三个月的食粮，准备三月不开城门。这一下可给一些贪官污吏们造下了发财的机会，他们制造不符合市面的大小秤，大入小出从中发财。成立粮草局，大量向下层各村各闾派收粮草，如有不按期如数交纳的即派大批军警前往催收如期集中。当时人心惶惶不安，乡间有一些有钱的富户在乡下住着就害怕，纷纷逃进城。逃进城内的人员也日夜不得安身，农村中也是很乱。阎锡山的这次大举防共，给人民造下了很大的损失。

2. **动用农村民力增修县城城垣加紧戒备。**县级首脑唯恐性命不安。1935年春他们听说红军东渡来到山西很是害怕，赶快把武乡县城垣，大加修理。城墙周围筑了两丈多宽的城壕，城墙上把城垛加高，并且安放了许多土炮、抬枪、砖块、石头、破茶壶等旧式武器，城门上置放了许多沙袋准备关住城门守城。

3. **囤积粮草物资，集中乡村武装计划三个月不开城门。**1935年春县政府下令，让住在乡下的十个防共团中队全部集中县城。并令城内各个机关学校等单位准备够3个月的吃用。另一方面让武装军警下乡催收米面、干草、菜物，屯集城内。

4. **收容乡间地主、士绅携带衣服钱进城躲藏。**有些乡下地主士绅害怕共产党来了，砍他们的头，纷纷进城逃避和乡间隔绝往来，乡下农民进城时，必须佩戴通行证。如没有通行证，不仅不能进城，就是在乡间也不能行动。

5. **大肆捕捉革命志士和无辜群众，进行拷打，审问监禁杀害。**薛习和他的部下，为了执行蒋阎的命令“宁叫错杀一千，不叫漏网一个”的阴险政策，便下令叫乡下村长和防共团兵丁，大量捕捉他们认为有嫌疑的人。他们在乡村道口随便检查过往行人，凡是从身上检查出红线、洋火柴、铜制钱、小镜子等物，即进行捕捉送到县政府或防共团大队部，进行酷刑审问，强行逼口供，屈打成招。直到处死他们，可向上级领取奖金，大发其财。这种图财害命惨无人性的勾当就不知害了多少人，仅武乡在1935年就杀死了22人之多。并在村口道旁书写“禁止乞丐进村，有人给乞丐饭，罚洋一元”的禁约，这样一来把穷苦人逼得走投无路，没法生存，有的冻死、有的饿死，还有的跑到沁源山里吊死。

以上都是薛习在武乡所做的反动事实，直到1936年冬天，这一个反人民的县长被调走了，后来又派来一个代理县长，叫万维恒。前后大概住了半年时间。1937年春天又调来一个县长叫张百忍，听说是从榆社县调来的。

他来的时候，正是阎锡山大闹禁烟禁毒的时候。表面上禁烟实际上卖烟，表面上禁毒实际上贩毒，从中赚取很多钱。6月3日，还在县城公共体育场，召开群众性的禁毒大会，但是会后也不实际行动。阎让卖的官药、药饼等于毒物，也仍然畅销于市场之中。为了进一步剥削人民的血汗，又把食盐统管起来。不让私人贩运和销售，由县政府加税设官盐店。由地主士绅包卖，提高盐价，垄断市场，再加盐商剥削，老百姓吃一斤盐就更贵了。引起了群众的愤恨，一致起来把官盐店就打砸了。直到抗战开始武乡新生力量有了发展，武乡人民在共产党的领导下组织了牺盟会、动委会，人民逐渐觉醒起来了，纷纷成立游击队、自卫队等抗日武装。这种情况下，这任县长因很难控制这个革命局势而溜走了。

1938年2月，因为日本鬼子强占了华北各大城市，太原、榆次、太谷以及正太、同蒲两条铁路沿线也都先后沦陷，白晋线和上党晋东南也朝不保夕，很可能被敌人侵占。当时我们武乡也经常听到敌人的大炮，不断遭到敌机的轰炸，乡下群众惶惶不安，境内不断有军队来来往往，有的是从上面逃窜下来的国民党军队，有的是阎锡山训练出来的教五团，到处有逃兵、散兵。正在这个时候八路军也来了，到处张贴抗日救国的标语和布告，八路军115师344旅在旅长徐海东率领下，也开来了武乡，全部住在东村、段村、故县、下城、魏家窑等村。旅部住在东村，八路军朱德总司令也住在东村，这时候武乡县长是阎锡山委任的朱理。

在这个时期，国民党反动派军队朱怀冰也来到武乡，但住了不久就向南撤退走了。朱理为人狡猾阴谋，对抗日工作不积极实干，到了农历三月十二，日本帝国主义调动大军，向我抗日根据地分九路进攻到武乡来了，从沁县至武乡长乐村的大路上，到处被日寇抢占，他们焚烧杀掠无所不为，沿路各村群众扶老携幼纷纷逃难。到三月十七、十八，在我八路军打击之下，日寇打了败仗，仅里庄滩一地鬼子就死伤四千余名，残余部分也逃跑了。这次被日寇进攻过去之后，沁武沿线损失很大，仅我村就被日寇杀死群众三四人，烧了房屋40余间，财物、衣、被、家具也遭到很大损失。此次战事过后，抗日政府组织工作队、慰问团进行战后救济和慰问，从其他地区调来很多耕牛、农具、种子等来支援灾区农民进行春耕下种。对那些因日本鬼子焚烧抢掠后无衣无食的人民进行了衣食救济，特别是在战争中失去了儿女的老年人和失去了父母的孤儿进行了生活安置和必要的照顾和教育。这种做法使广大人民对抗日政府信任起了非常大的作用。由于敌人的大举进攻，大村小庄遭到很大的灾难，使我全县人民亲眼看到了日本鬼子的滔天罪行，积极地掀起了抗日救亡运动的高潮，纷纷参加了抗日工作，我县的人民武装自卫队、自卫队大队在任连保、姜晓旭等人的领导下也正式成立起来了。由于广大群众总结了“九路围攻”的经验和教训，因而也积极加紧备战，到处进行空室清野工作，埋粮食的、填水井的、刨城垣的、破公路的比比皆是。儿童们站岗放哨，盘查来往行人。此时，村公所也给群众发出了出入“通行证”，如果没有“通行证”，任何人不得通行，使得汉奸敌特不能到处活动，从而狠狠打击了敌人的嚣张气焰，这对保护人民生命财产的安全起了很大作用。为了开展抗日教育工作，1938年6月武乡县成立起“民族革命两级学校”（简称民校），由武光清同志负责领导，以下各编村普遍成立起民族革命初级小学。全县48个编村，共有学校三百余所，每个编村设有校长，专门负责领导各村各校教学工作，教育内容完全以抗日救国为主。当时全县各村真是生机勃勃，歌声四起，人心非常振奋。1938年朱理县长已调走了，阎锡山政府又调来一个郭腾蛟来武乡担任县长。郭县长一到任即和牺公联委会、县工会、农会、妇女会等各救亡团体到处发动群众进行减租减息运动，办理合理负担等改善人民生活的工作。当时武乡人民在八路军工作团的领导下向贪官污吏、劣绅土豪进行了斗争。

1938年农历十二月，郭腾蛟在武乡进步力量和群众的反对之下被调离开了武乡。接着而来的县长是从八路军部队上派来的一个同志谭永华（1939年1月上任），有三十六七岁，是四川人。谭县长上任的时候正是

“九路围攻”以后，全县人遭受了战争损失，生活非常痛苦，再加上敌人不断来“扫荡”，群众每天处在备战逃难的环境中。谭县长一到任即根据武乡当时的实际情况，采取了改善人民生活的四项措施，即 1. 囤积六万石公粮；2. 实行减租减息；3. 实行合理负担；4. 改组政府机构，节约开支。因此得到全县人民的支持和拥护，到处都轰轰烈烈地开展了减租运动，佃户、雇农和长工也都自动起来向地主、富农进行了清算，有许多债户直接向剥削他们的雇主清算了剥削他们的利钱，并把原来的文书契约撤去进行了焚烧。政府还领导人民组织了焚烧契纸大会，把从地主、富农手中撤出来的纸约，有的糊成纸人、有的做成纸驾抬到大会上，对着广大群众当面焚烧，以绝后患。这样，农民的积极性更加提高了，抗日政府在人民群众中的威信也更加巩固了。接着各编村也在抗日政府的领导下实行有钱出钱，合理负担，根据家资大小分等摊派粮款，把全编村富户划为十等，每等评有负担分数，按分起粮起款，这样对农民和穷人的负担就大大减轻了，做到负担合理了，对地富的势力也来了个大大削弱。因此，人民生活得到了改善，接着就改组旧政府机构，减少了各级行政人员，减轻了经费开支，节约了钱财。这对后来的土地改革、反奸除恶打下了牢固的基础。以上这都是 1939 年以前的事。

一个试点村建党工作小记

史　云

1939年6月，组织上决定派我到土河村任党支部书记，以牺盟会协助员身份进行工作。在发展与壮大牺盟会组织力量同时，以农、青、妇救会为基础发展党的组织。这个时期，十八集团军、总政的民运部、总后的新昌政治部、华北《新华日报》等单位，都驻在土河编村的各自然村。他们与当地群众有着密切的联系，特别是八路军部队的工作作风，能深入群众，联系群众，大力宣传共产党的主张，受到当地人民群众的极大好评。这为发展党的组织工作创造了极为有利的条件，奠定了良好的基础。我们从组织农会工作入手，发动全体农会会员，讨论合理负担，实行减租减息，有钱的出钱，有力的出力，团结各阶层群众共同抗日，并不断商讨改善民生等问题。从实际工作中发现积极分子，培养入党对象。6月初，总政民运部派出以浦安修同志为组长的十多个同志来土河村协助地方工作，开展民众运动。武乡县牺盟特派员张烈和李立同志也来这里蹲点。为了坚持抗战，发展进步势力，争取中间力量，张烈同志还请来开明士绅李祖寿，参与发动群众工作。李祖寿是西堡村人，他在武东一带是颇有名望的士绅，为了争取中间势力，壮大抗战力量，他参与群运，是有一定影响的。当时总部与县领导来参与工作，对促进土河民主运动的发展，起到了很大的推动作用。但因居民住户分散，除土河自然村外，最大的村庄，也不过有30户人家。小村庄特别多，如松岭、苏岭、槐树湾这些不到10户居民的，就有10多个村庄，给开辟山区工作、发动群众带来不少困难。浦安修同志要求在两个月内发展党员60人。当时研究要完成这个数字，困难很大。以土河为中心，南北两条大沟，共有自然村23个，而且空白点多，当时党又是地下组织，党员不能公开，对党员身份和党的组织必须绝对保密。在发展党员中，特别要照顾到贫困落后地带，既不能公开号召，又不能草率发展，而且发展的对象必须具备入党条件。能为共产主义事业奋斗终生的人，必须服从党纲党章，才能作为选择对象。可是这个编村地处山区，不少有志的青年，如石汝麟、石岗、石岩、武镇华、史志贤等同志，都已离开家乡外出参加了革命。按照浦安修同志提出的发展党员奋斗目标，确有困难。当时我这个支部书记，身份又不能公开，全编村只有党员7人，靠这7个人去进行工作是很吃力的。发展任务确定后，虽有总部民运部派来的同志大力宣传进行组织发动，但这些同志多为南方人，说话群众听不懂。浦安修同志是江苏人，她为了接近群众，从中物色对象，自己掏钱买了西瓜请大家吃，利用这种场合，宣传共产党是如何为人民服务，如何为人民谋福利的。这样做虽能提高群众对党的认识和拥护，但要求群众自觉自愿参加共产党的组织尚有距离。在这个基础上，还必须从实际工作入手，通过实践，看谁对党真诚热爱和坚决拥护，从农会中挑选积极分子和骨干，在实行减租清债中与其利益切身相关的人，敢作敢为，不怕天变，勇往直前（当时在群众中，有的人怕共产党走了，地主阶级反攻倒算，吃大亏），能认识到只有共产党才是他的真正靠山，也只有共产党才能拯救他的命运，这些人才是我们的发展对象。经过两个多月的艰苦努力，完成了原定计划的70%，发展新党员40人。这年9月，建立了土河、南河坡、蚜蚄庙、大小坪、小岭山等5个党支部，为巩固农民抗日救国会组织奠定了基础。为抗日战争，动员新战士上前线增添了力量。在吸收进步力量的同时，争取中间势力，也取得较好的成绩。如土河村几家中小地主，都能自动捐粮献款。在开明士绅李祖寿参与工作的影响下，土河村比较大的地主申姓，一次捐粮70石。特派员张烈同志在总后杨立三部长支持下，以牺盟会名义发起召开了榆社、武乡士绅座谈会，由武乡县县长主持，到会发言的最积极分子士绅李祖寿、杜青史等人，对八路军抗战到底的决心表示真诚拥护。朱彭总、副司令到会祝贺，并以总部名义大宴宾客。这次大会是由总后发起，会议中的食宿招待都是总后负责的。会议对发动全民抗战，征集合理负担，保证部队供给发挥了积极作用。会后不久，我到白和编村开展征集粮食任务时，南台村史玉麟父亲一次就捐献粮食 500 石。同时会议为建立抗日根据地的三三制政权提供了人选。开明士绅杜青史 1941 年为晋冀鲁豫边区政府高等法院副院长。有一次，在涉县边区政府驻地，杜还谈到当时在土河召开的座谈会盛况，对促进他的抗日决心和信心很大。他告诉我说："如果不是那次会议的推动，我是不会来这地方工作的。"现在我深有体会，那时候的工作，真是一日千里，我们的党无比伟大、正确。

我在武乡工作时间很短，仅仅两年多一些时间，工作任务主要是组织群众进行抗日斗争，而且跑的地方多，不固定，工作范围只是一个编村的地带。我所工作过的村庄有东堡、涌泉、东庄、洪水、上司村、王家峪、土河、白和等 8 个编村。1939 年 12 月，我到武乡二区石门工作，仅两个月后就离开了武乡，到抗大总校学习。从 1940 年 2 月起，直到现在与家乡联系很少，所以对工作经验，很难提出意见。

一年来转变武乡工作的经验教训

——在武乡县委扩大会议上的报告（节选）

彭 涛

转变历史的简单回顾（艰苦转变的一年）

去年红五月实验县开始时，提出转变武乡工作方针在于克服行政命令。克服过“左”的工作方式是转变的中心关键，并指出左的根源在于成分，所以要从教育改造与整理支部中来转变，同时传达了新政策。颁布了保障人权，5 至 7 月这个时期的工作特点是关门整党，对政权、群众团体工作放弃。保障人权引起干部的强烈不满，行政命令只是形式上被克服，新政策并未深入干部，深入群众，工作开始（实际上）下降。

七月会议提出没有取得决定的转变。转变的关键在于把新政策当作武器，深入干部与深入群众，而转变的中心一环，又首在于党内干部观念的转变，提法比实验开始时进一步明确，指出要从政策上转变。这时期的特点是动员性任务连续而来（屯粮、购粮、合理负担、动员破路）。县委未能掌握革命要求与群众要求的矛盾，对政策教育掌握不紧，在领导上批评责备多于耐心的教育，对客观困难环境估计不够，工作和工作干部的弱点更加暴露，又给顽固分子以可乘的机会，下层干部便在繁重任务下，党的批评责备下，和顽固分子的进攻下垮台了，造成干部情绪苦闷，低沉，干部孤立，与群众脱离，甚至与群众对立。

9 月，决定深入检查，发现问题关键，但接着是敌人三次“扫荡”，检查任务并未完成，检查本身仍是着重批判性的。在“扫荡”后群众干部悲观失望，工作表现垮台，11 月会议虽然转变干部情绪起了些作用，但很快又被年关“扫荡”打垮了。

10 月，区委研究了武乡工作，提出：继续从斗争中发动群众，改善统战关系，关键在于克服中农意识，克服中农意识是政策教育的具体化，提出政策的阶级性、斗争性，这比以前的提法又具体了一些。

不过这时却决定了为了发动群众，一定要把屯粮、减租减息和解决土地问题做彻底，这些工作上的成绩已在春耕工作作了总结。今年春耕建立在群众自动性与群众生产积极性上，春耕胜利就是政策胜利，这方面的收获，奠定了武乡工作转变的基础。

一直到 3 月田庄发生事件，才明确地提出反顽固分子斗争。武乡工作的转变才真正开始，从斗争中发动群众的内容才充实起来，转变的关键才在更完善的意义上被掌握。

转变的检讨（从领导上来检讨）

在整个转变过程中，我们应该研究，在指导上有什么缺点呢？在三次“扫荡”以前我们确定的“深入教育，转变支部”基本上是正确的，但在 9 月以后当作转变的关键来掌握是不完善的。因为我们只着重党内的转变，而忽视了对外部顽固分子做斗争，只掌握了政策的批判性方面，而忽视了政策的斗争性方面。因此，在实际执行中着重了自我批评与自我责备（这种精神是必要的），而忽视了顽固分子利用我们干部的弱点予以猛烈的进攻，上级责备，在群众中孤立，我们的干部处在情势下，陷于长期的苦闷消沉。过去我们着重在会议上转变干部，从斗争实践中转变显然做得不够，然而产生这些缺点的主要原因何在呢？

第一，由于我们对武乡顽固分子的估计与认识不足。当东堡事件发生友党已“转为进攻”（打击我们下层）的时候，我们并未及时地发现与提高警觉，未能具体地掌握环节，把民主斗争抽象化。

第二，对武乡群众斗争的历史与斗争性估计不足，甚至因为怕“左”而不敢斗争。不斗争，并不能克服过“左”的倾向，只有正确地运用民主斗争，才能克服错误的斗争，有斗争历史的群众，长期的抑制不斗争，是必然走向消沉的。群众的消沉，增加了党转变的困难，我们未能从斗争中说服干部和群众。

在三次“扫荡”后，抓紧屯粮，减租减息与土地问题（解决群众切身利益）是正确的，开展反中农意识的斗争也是正确的，这些准备了武乡的转变。

这时期的缺点何在呢？

第一，从斗争中发动群众，依然停留在口号阶段，没有意识到反顽固分子的必要，实际上，顽固派早就向我们进攻了。

第二，屯粮、减租减息与土地问题，虽然对群众运动起了很大的推动作用，但当时作法完全是自上而下的，并没有造成有力的群众运动，在组织上的收获，几乎是没有的。不然我们的收获会更大，我们的转变也不会这样迟缓无力。

第三，在这整个时期中，对敌斗争是完全忽视了。（从党、政、军、民来看）武装工作无成绩，表现了严重的退却，普遍地滋长着右倾情绪。

正因为存在着这些缺点，因此武乡虽然开始了转变，但这种转变是迟缓的、被动的、不平衡的。我们要指出，七、八区不但谈不到转变，而且对敌斗争是失败的。如果对这些认识不够，就是麻痹自己。

继续转变是深入武乡工作的关键

今天应该估计，屯粮、减租减息、土地问题基本上执行了党的政策，武乡工作已经有了初步的转变，基本地区的工作是上升的，这表现在：政策已经开始获得各阶层的拥护，中间力量开始转向我们，干部情绪高涨，沉默一年来的群众运动已经开始昂头了，但尚未取得决定性的转变。因此，希望在红五月（一直到6月中）能够取得决定的转变。决定转变的主要标志是：群众运动的普遍高涨，与武装任务的彻底完成，但从今天看来决定转变的取得，还需要我们拼命地努力（群众运动的自动性还非常弱；武装任务无成绩）。今后继续转变与深入武乡工作的关键何在呢？

根据武乡环境与工作发展特点，根据武乡×××的特点，根据一年来转变武乡工作的经验教训，我们今天可以得出正确的结论了！

一、转变的关键是掌握民主斗争。

民主斗争是民主政治下的政治斗争，是统一战线政策下的阶级斗争，是为实现党的政策而斗争的群众斗争。

1.民主斗争是武器。因为民主斗争是孤立顽固势力，争取中间势力，加强统一战线的有力武器。我们应了解武乡的国民党在我们的斗争下，将促成其内部的分化，但最顽固的一部分，必然更加秘密起来，继续找寻空隙，打击我们的下层，或以进步的面貌来参加我们的工作。

我们认为国民党打垮了，或希望打垮他们，这都是不对的，它是有组织，有领导，而且有政治经验的。因此，民主斗争，不但是目前转变，武乡工作的关键，而且是掌握武乡工作的基本关键。在每个中心工作中，在每个政策执行中，特别在将来村选运动中，我们都应掌握这个武器。

2.民主斗争不只表现在反顽固分子的群众斗争上和为实现政策而斗争的群众斗争，还表现在政权三三制的执行上，表现在群众团体二一制及三一制的执行上。民主斗争是开展与巩固统战工作的主要方式之一。民主斗争将锻炼我们的政权，成为真正民主的三三制政权。民主斗争将锻炼我们的群众运动，成为强有力的群众运动。民主斗争将锻炼我们干部和每个下层组织与党员。

3.民主斗争绝不是一个抽象的口号，我们要把具体的斗争经验，总结起来，作为民主斗争的指导，即孤立少数争取多数；斗争的目的是为了团结，团结一致对付敌人，实现三三制，从政治上组织上巩固起来；得有理有利有节，要懂得一打一拉又打又拉的艺术。这种斗争是复杂的，在指导上我们必须充分估计到武乡的恶劣传统和群众中左的情绪，目前领导的几个斗争，都是有缺点的。

4. 在党政军民的本身改造与建设，则是着重在内部的民主运动与民主生活。

5. 必须教育全党，学习民主斗争，同时又必须和党内的中农意识和一切落后意识（报复性，狭隘性）作无情的斗争。（所谓两面作战）因为，不克服党内不正确的思想，要掌握民主斗争的武器是困难的，但又必须从民主斗争的实践的教育中，使同志们易于了解封建落后意识的错误和民主斗争的重要。

学习民主斗争不只是一般斗争原则的教育，必须及时地、具体地总结斗争的经验，把斗争经验丰富起来，使同志们懂得策略的具体运用，使同志们认识政策就是力量。

学习民主斗争首先要求每个干部加强政治和理论学习，掌握党报和马列主义。

二、掌握武装是关键。

民主斗争是关键，但关起门来搞民主斗争是不行的，因为我们当前的强大敌人是日本帝国主义，它威胁着我们的生存。因此，武装斗争不仅是对敌斗争的关键问题，而且是生死问题，没有对敌斗争的胜利，转变是谈不上的，我们对敌人是不能讲民主斗争的。

从去年四次“扫荡”以来，我们看到，武乡是敌我争夺战的中心地区，东山则更是敌我争夺战的中心点，今后战争的发展会日益严重，东村城墙修成后，六、七、八区的“扫荡”“清剿”“奔袭”，会更加频繁，如果不了解敌我斗争的残酷局面，便会麻木不仁。

敌我斗争的中心问题是武装，过去我们在这方面吃了大亏。今天武装工作仍然是最薄弱的一环，我们最大的缺点是同志们在发展武装与掌握武装方面，尚未有足够的认识和作拼命地努力，党在这方面，表现无力。

深入武装政策的宣传，是完成武装任务的首要条件。要相信政策的力量，同时必须重新号召党员军事化，掌握武装，我们将以武装工作作为检查武乡工作第一个标准，任务是：7 月半上 3000 民兵（有组织，有制度，能打仗），300 营兵（区基干算内）。各级党委要把掌握武装放在第一位。全党各系统，必须树立对敌斗争的观念（反对右倾或麻木不仁）。总之，武乡工作的两个关键是掌握民主，掌握武装。

我在武乡工作的时候

李友九

1939 年 10 月至 1942 年 1 月，我在武乡县委工作，其中实验县时期任副书记，协助书记温建平同志。这两年 3 个月时间，党和武乡人民给我许多教育，其中使我初步懂得发动农民减租减息，才能建设好党，才能团结地主抗日的，教育最为深刻。对我这未经高租重利盘剥的知识分子，这教育太重要了。《史稿》正在这种思想启发之后写出来的。

我在武乡工作的时候，可以分四段回忆。因已有《史稿》，且限于篇幅，只说个轮廓。

第一段是反顽斗争。我 10 月中旬就职，6 万担屯粮已完成。向副书记武锡九、组织部长魏效泉了解情况后，即去砖壁找总部民运部长、区党委委员王卓如（不久调渤海）。他嘱咐整顿好党，准备击退反共势力进攻，与地委指示一致。下去调查，感到党发展得很大但有点儿乱，个别支部连党员确切人数都说不清，作风有行政命令脱离群众现象。因形势紧，全力投入反顽斗争，只通知停止发展党员。反顽胜利，但有“左”的偏差。因敌工团从事暗杀而将 12 人全部处决，错误对待杜生旺三同志，选武二友为农会主席正确，但对赵晋臣未适当安排，等等。此时洪水区委书记李天机叛变，记得当年春我在晋东地委党校讲《论新阶段》，他曾提问既坚持统一战线，为何又抓阶级斗争。我按主席原意答复：阶级斗争是客观存在，只能调节以利抗日而不能取消，讨论中他仍不服。其叛变影响很小。

确实整顿党是在实验县时期，建平同志抓骨干训练，我在下面跑组织清理，认识水平和组织状况有不少改善。原来中农骨干较多，因为党是在改造政权、合理负担斗争中发展起来的，自然从中农涌现先进分子较多。此时大量提拔雇贫农骨干是正确的。保障人权亦使行政命令作风大有转变，虽然发生地主趁机打击干部，但总的干群关系密切了，此时减租清债未深入开展，抗日根据地缺乏坚强的群众基础，是最大弱点。

这个弱点到第三段暴露出来了。百团大战后，日寇进行三次报复“扫荡”和一次年关“扫荡”，群众生命财产损失很大，虽对敌更仇恨，但对我党埋怨和悲观情绪产生，一些干部垮台不干，维持区扩大，工作遇到严重困难。石门区委书记王琼，在房屋被烧光、家属严重埋怨下，动摇回家，我到他家动员亦不归队。但基本骨干尚能坚定而耐心地说服群众，恢复正常工作秩序，虽很艰苦，但逐步地推进了。此时区党委要求从斗争中发动群众。县委执行这一方针，抓紧关系农民切身利益的问题：一是当年屯粮的合理负担；二是减租。这为转变准备了条件。

第四段是困难局面的转变，从 1941 年 3 月底反维持开始，接着以“两面作战”（一面干部自我批评，一面揭露顽固派）击退田庄等村国民党向我的进攻。反维持、反顽固的胜利鼓舞了群众。发动群众的经济内容，根据群众要求又加清债。此时农村已借不出钱，反高利贷不再是减息而是清债。按年利 1 分（10%），一本一利的规定清债，不少可改回抵押土地自耕，贫苦农民盼望已久，群众斗争初战胜利。5 月初，彭涛同志总结经验，指出“关键是掌握民主斗争”，即“民主政治下的政治斗争”和“统一战线政策下的阶级斗争”，其形式应是说理斗争。党员干部一致拥护，有的同志认为“只要叫斗争，工作就有办法”，从此到 1942 年 1 月我走，局面逐步转变，虽未形成强有力的群众运动，已有一定的群众基础。2 月，日寇连续 20 天“清剿”，敌人比三次报复“扫荡”和年关“扫荡”还多，国民党亦极力散布悲观情绪，但群众无激烈波动，干部有消极而无垮台，均与上次不同。

武乡群众运动的蓬勃兴起，是在麻贵书主持工作时。1942 年初，党中央总结各地五年来发动农民的经验，做出《关于抗日根据地土地政策的决定》和《关于执行土地政策决定的策略的指示》，指出“联合地主抗日”“必须采取先打后拉”，先“确立群众力量的优势”后“说服农民争取地主”。武乡减租清债斗争的有力发展，及随着引起群众性游击战争的开展与参军的踊跃，使我认识到以前不敢加强党的领导、放手发动群众的局限。

武乡创造实验县工作回顾

温建平

1937年底，我跟随刘少奇同志工作，并与彭德怀副总司令一道从革命中心延安来到了山西，参加了中共运城河东特委工作。不久，临汾失守，同蒲路被日寇打通，奉命将汾西部分并入晋西南。我们上了中条山，到达夏县，后与晋豫区合并，我任中共晋豫特委委员兼任中共夏县中心县委书记。于1939年7月1日，我调到太行山抗日根据地。在这里，就我在武乡搞实验县试点期间的情况作一简忆。

组建中共武乡实验县县委

1939年秋，我被调至晋冀豫区委党校工作。同年9月10日，中共晋冀豫区党委在武乡东堡村举行了第一次区党代表大会。那时，我以区委党校代表的身份参加了会议。那是我第一次到武乡。会上，为了更好地贯彻执行党的方针政策，并应付日益严重的可能发生的突然事变，区党委把武乡确定为实验县，以便培养典型、创造经验，推动全区各县工作的深入开展。

当时，三地委书记是侯富山（阳泉人），刘建勋任组织部长，谷景生任民运部长，我任宣传部长。中共晋冀豫区党委民运部长彭涛同志，为摸索典型示范经验，多次给我们传达有关武乡工作的指示，并着重分析了在武乡创造实验县的重要战略意义。从军事斗争上讲，武乡是三分区的门户，直接控制白晋路，是对敌斗争的前卫屏障，是与太岳根据地联系的重要纽带；从经济上讲，武乡资源丰富，产煤出铁，粮食产量丰饶，是太行根据地物质生产的重要基地；从政治上讲，武乡建党早，政治基础好，群众经过斗争锻炼，革命觉悟高。特别是八路军总部、中共中央北方局等许多首脑机关长期驻扎在这里，可以直接聆听上级首长对武乡工作的指导。这些得天独厚的条件，对武乡创造实验县都十分有利。

于是，1940 年 3 月，为了加强实验县领导力量，地委派我去武乡蹲点工作，并兼任中共武乡实验县县委书记，李友九同志任县委副书记，组织部长为陈舜英，宣传部长是王宗琪。在武乡，我到任后面临的局势是：由于敌人的频繁“扫荡”，干部队伍中出现了一些消沉现象；群众工作难以展开，顽固派又乘机兴风作浪；对各级干部的政策教育抓得不力，错误地理解了“保障人权”政策，束缚了广大干部的手脚。在工作作风上，领导对基层干部批评多于耐心教育和实际帮助。尤其是在敌人“扫荡”后，干部、群众产生了悲观失望的情绪。针对这种困难局面，县委为了扭转形势，打开工作消沉的状态，彻底改变干部的生硬作风，认真总结了经验教训，从囤积公粮、减租减息、解决土地问题等方面入手，用算账对比的方法发动群众，并把调动起来的群众积极性投入到了当时的大搞春耕生产中去。同时抓好群众的武装斗争工作，号召党员军事化、战斗化，并对顽固分子进行了坚决的斗争。

1940 年 7 月 4 日，日军占领段村一带，中共武乡实验县县委对武西地区的领导工作受到极大的阻碍。县委根据上级党委指示，决定先设武西办事处，后不久正式分为武乡（东）、武西两县。原来实验县县委的宣传部长王宗琪调配到武西任中共武西首任县委书记。此时，虽分为两县，但实验县试点还是武乡（东）、武西统一搞。分县后，我以地委领导名义继续指导武乡（东）、武西的全面试点工作。

中共武乡实验县县委党校的创办

1940 年 4 月，我初到武乡不久，中共武乡实验县县委为了整顿各级党的组织，转变党的工作作风，在创造实验县的同时，创办了实验县委党校。校址先后迁居于武乡盐土凹、姚庄、大有、横岭等地。我的夫人苏光同志任校党委书记，陈平同志任校长。党校教员有从区党委党校派来的吴江涛、吴锋、彭淦等，区党委还特地派陈光华同志（朝鲜人）来武乡协助创办党校工作。党校先后举办过 3 期基层党员培训班，共约 1500 余名。主要培训对象是区村干部，每期 30 人左右。培训内容是党的基础知识、党风问题与战争动员等。

中共武乡实验县县委党校的创办，大大提高了党员素质，增强了武乡党的战斗力，对转变工作作风，完成武乡当时各项生产、战斗任务，都起了一定的推动作用。

之后不久，中共武乡实验县委党校改建为地委党校，仍由苏光、陈平同志负责，继续在武乡开办。

武乡实验县首次活动分子动员大会

经过一系列的工作，县委于 1940 年 4 月召开了武乡实验县首次活动分子动员大会，我代表中共武乡实验县县委在会上作了总结报告。

当时的报告共分两部分。第一部分是贯彻政治动员的原则，深入发动全党为创造实验县而奋斗。报告开头重点从军事、经济、政治、党建等方面分析了在武乡创建实验县的优越性与必要性。还阐明了武乡有区党委、地委的直接帮助与领导，有我党我军总政治部、总部及民运部的指导与影响，并有了辽县、榆社等县为我们提供创造实验县的宝贵经验，所以，武乡的实验县前途光明。通过实验县试点，可望成为全区的模范县。报告在分析了当时党内外存在的强迫命令代替民主、工作方法简单极左等不良作风后，要求与会党员多学习，增加学问，就会有办法。

第二部分是经过春耕运动，继续整党，深入创设实验支部。这部分讲述了要向群众谈已得胜利；为群众解决实际困难；贯彻县委整党计划，动员全体党员进行实验工作竞赛；制定出内容充实的工作标准；根据各地具体情况分类型进行改造。强调了克服行政命令过“左”等不民主的领导方式，是转变武乡工作的关键所在。

大会最后向全县参与实验县工作的2500多名党员发出号召：人人争当实验县的实际创造者与领导者，争当劳动模范和战斗英雄，在伟大的斗争中锻炼提高自己，真正使武乡实验县的工作局面有彻底改观。

动员民众参加白晋北段破击战

1940年5月初，正当实验县的工作刚刚开始布置，还未及全面开展工作的时候，县委就接到了立即动员大量群众去配合白晋路一带的部队执行作战破路的任务。

为了在极短的时间里动员大量民众上阵又不至于中途涣散，彻底完成支援前线任务，我召集实验县委的其他同志一道，商量了兵源问题。当时大家一致认为：不能把这一次战争动员的工作同实验县的工作对立起来，相反的，应通过这次战争动员来奠定实验县工作进展的基础。支援这次白晋北段破路战役，只是在特殊情况与特殊条件下，用特殊的方式推进实验县工作；同时通过这次动员工作，可检阅一下武乡实验县党与群众的组织力量。在提高对敌斗争觉悟的口号下，提高群众对敌斗争的信心，进一步推动战争准备的各项工作，整顿与健全群众组织。这就是当时县委在动员工作中所认识与把握的指导思想。

首先，实验县委制定出了动员参战人员的标准与方式。在动员方式上，大大改变了过去强迫命令的作风，而采取了说服教育的政治动员方式。动员的步骤是，先动员县区干部，然后将干部立即分散下乡，到各村间召开干部动员会，再让村干部挨户进行动员，或在民革室召集村民大会，布置征兵任务。当时提出的动员口号是“为保卫春耕而参战”“干部带头参军”等等。我记得当时较大的动员有过两次。第一次是在5月3日，在武乡（包括武西）动员了6100多人。第二次是5月9日给的任务。这次仅在武东一、二、三区和四、五各半个区，就征得民兵与民工4000人以上，而且群众的情绪较上次更好。总计两次共动员民众达10000多人次。

上万人被动员起来了，必须有很好的组织。当时，我们的组织规定是，60人为一个分队，先在村上集合，再在区上集合并编成大队（每个大队1000人），并在出发前制定了严格的行军纪律。同时，组织妇女、儿童备水沿村欢送。当时，县委特别注意到，党的保证与领导是决定性的一环。党员都参加到了群众中去，在村干部动员之后，即召集广大党员开会，在党内提出保证，在进行群众编队的同时有计划地分配党员到各班组去，班长由党员担任，分队长是村农会秘书，指导员由村党支部书记兼任。这样就组成了强有力的作战阵容。

5月5日，战斗打响后，武乡共出动10000余民兵和民工，配合各路部队，向白晋路北段的大小车站、据点进发，展开了破击战役。仅用了两昼夜激战，就把敌人经营一年之久的白晋铁路破坏了100多华里，摧毁大小桥梁50余座，有力地支援了即将到来的百团大战。同时，武乡作为区党委的实验县，在战争动员以及后来的正式作战中，真正起到了先锋模范作用。

1941年1月，我调离武乡，返地委工作。

艰难关头扩军工作纪实

王国培

1939年6月，我从襄垣县牺盟会调回武乡工作。初回武乡时，在大有编村担任牺盟会秘书。到年底，党组织派我到晋东南干校学习理论和党的政策。与我同去的有史雅清（史怀璧的弟弟）和王奎文。学习约2个月后训练结束。1940年年初，我回县政府任武装科科长。当时的形势是敌占段村，为了适应对敌斗争的形势，县委决定成立新八区，开展敌占区和游击区的军政工作，并特地派我去加强对敌斗争工作，组建“三三制”政权。当时区公所驻地在漆树坡（不过也常流动）。县委书记是李友九，他常来八区指导工作，主要指导的内容是：发动群众反对顽固势力，武装群众对敌斗争，还有统一战线问题、合理负担以及三三制政权。八区的区长是李效中，区委书记是李务滋。我们经常在一块研究问题，区上的一些公开的活动，要靠牺盟会出面。在八区，牺盟会的活动非常活跃，诸如：宣传群众、教育群众、搞民兵武装建设、反顽反霸、镇压汉奸特务、实行合理负担等。

日军占据段村后，南沟之敌在其周围搞“维持村”，致使斗争的形势愈来愈恶劣了。一些在地下活动的特务汉奸和顽固分子，便蠢蠢欲动，对共产党和我抗日军民施行残酷政策。如我村的李龙龙，煽动群众搞“维持”，公开与人民为敌，王白烟村的李福元造共产党的谣言，说抗日政府的坏话等。为此，根据县委决议，我将王、李这两个坏家伙逮捕，后又将他们镇压。这样，大大打击了敌人的嚣张气焰，迫使敌人猖狂的活动有所收敛。

将这两个坏人枪决之后，引起党内的不同争论。一种意见，认为手续不完善，未经联办审批，草菅人命，破坏了统一战线，是种过“左”的做法。专员刘亚雄就持这种意见，因此她撤销了我的行政职务。另一种意见认为，枪决之后，安定了民心，打击了敌人，树立了抗日军民的威信。地委的温建平（后兼武乡县委书记）就持这种意见，他还在党内表扬了我。

我被撤职之后，调二区办，任二区办县武委会副主任，兼县青抗先大队长。这一时期，斗争形势更加恶化，我主力部队伤亡严重，加之敌人反复“扫荡”，群众中出现了悲观动摇情绪。面临这种困难局面，参军工作十分被动，为了扭转这一形势，源源不断地补充我方兵员，县委扎扎实实地做了工作：

一、开展优秀分子动员工作。明确掌握本年（即 1941 年）参军的特点，广泛宣传发动，号召干部党员带头。动员的内容是：没有边区子弟兵就没有边区，没有边区子弟兵就没有老百姓的民主与自由。并批判了“参加军队是革命，在地方工作也是革命，何必当兵”等错误言论。在动员中各团体都提出了号召，号召优秀的党员（各团体包括会员）踊跃报名参加八路军。在第一次动员参军的报名会上，全县 90 余名干部中就有 55 人报了名。各区村干部中，最少的报名达 40 人，多的超过 100 名。其中四区的报名最多。总计，报名参军的党员 725 名，占全县党员的 26%强。有的最初不坚决，经动员后就坚决了。

这个动员会是个很好的方式，不过运用得好，会形成参军热潮，运用得不好，会就造成党员与干部的恐惧。为了避免出现这种恐惧心理，我们在动员中抓了三个环节：首先召开活动分子会议，给所有党员算了一笔账，通过算账，得出了结论，雇工党员升为中农约占 53%，贫农党员升为中农的占 35%，以算账来鼓舞大家的革命热情，这是第一环节。第二环节是，初步动员后，抓紧时机，巩固情绪。党支部不但讨论了“左”的问题，还讨论了参军走后的优抚问题。这对参军对象是个很大的鼓励，所以当批准以后，大家就毫无后顾之忧，都能服从调动。第三个环节是，打破阻力，造成舆论，解决实际问题。过去的优抚不彻底是这次参军动员工作的最大阻力，连我们干部都不相信真能优抚。如一区农会主席胡国良，上级批准他参军，他就装病了。原因是不相信优抚政策。县委根据这种情况，将各村的公地分配给了军属，并且名副其实地落实了代耕政策，这样一来，推动了参军工作的顺利进行。总之，参军本身是个动员过程，同时，动员者要有高度的革命热情，并能大刀阔斧地使用所有的力量。例如，四区连小学教员都发挥了力量。还有一点值得要说明的是：动员是基本的，但不排除个别动员和组织说服。五区东沟是实验支部，但对参军都没决心。武委会主任王振吉报名参军后又后悔了。支部就轮流做他的思想工作，最后他终于高高兴兴走上了前线。其次是做好新战士的迎送工作。参军的新战士，县武委会将他们训练 3 天，并分成 7 个大队到各区去宣传：有的去看家属，开座谈会：新战士讲他们参军的自愿经过，来感动参军对象及他们的家属；社会人士，村干部提出保证优抚，让战士们安心打日本。这样的座谈会效果很好。

二、在党内普遍进行党性教育。在参军的过程中，县区每个扩大干部会都组织了党员，进行增强党性的教育。这样的会开得很多。两个月中，只二区就开了 18 个村基干会 81 次，活动分子会 58 次，小组会 67 次，党支部会 64 次。通过增强党性的教育，党员起到了模范带头作用：一区墨镫村支委李二孩带领 5 个党员参了军。二区温庄村安国堂等 3 个青年党员带领 13 个群众一块参了军。他们在动员中，跟踪对象，最终达到了他们的目的。四区老凹村岳成珠同志，本来快娶老婆了，他坚决要去参军。他说：“娶老婆是一件小事，参军是一件大事。”杨桃沟党支书已 40 余岁，为了参军把胡子也剃了，临走时还说：“老将黄忠 83，打起仗来心喜欢。”五区寨庄党支书王振华，参军时他老婆拉后腿，哭了三天不吃饭。振华耐心地解释说：“你也是个党员，怎能拉我的后腿？”党员起了带头作用，参军运动很快形成热潮。据四区统计，19 个党员带领 51 人参了军。

在这次参军运动中，一些投机入党分子也充分暴露出来。这些人大多是富农成分。针对这种情况，县委一方面采取批评教育，另一方面采取了开除党籍的措施，保证了参军工作的顺利进行。

通过党员踊跃带头参军，带动了大片群众，干群关系也密切了。如王庄沟过去干群对立，关系不好，这次参军村长去了。群众称赞他说，疾风知劲草，还是干部算。这样，支部在参军工作中起了决定性的作用。

总的来讲，这次参军突破了关键，任务基本完成，干部的工作信心提高了，进一步密切了各阶层特别是基本群众与子弟兵的血肉关系，党员对党的观念加强了。通过这次动员参军工作的总结，县委得出以下的经验：掌握关键，掌握政策，区的实际任务是掌握村干部的情绪，掌握对象在力量使用上，政府主要是保证优抚，群众团体主要是广泛动员，党的任务是负责组织任务完成。在方式上，大规模的动员要与有基点的深入相结合。没有大规模的动员并与各种阻力做斗争，就不能造成舆论，就不能打开局面，就不会使这个运动形成高潮。

1941 年 10 月，我与县委宣传部长李衍授、县农会主席姜一、县工会主席原朴光等一道，离开了武乡，随八路军 772 团奔赴抗日前线。

深入联系群众的麻书记

郭　忠

麻贵书同志虽然离开了我们，但我脑海中常常闪现着他的光点。他的言谈笑貌，刚正的性格，时常涌现，读书，想事，梦中，不知怎样总会突然出现。“他死了，再不会相见了！”这种念头，时时让我心窒。我远眺双塔，仰视浮云，觉得，金石易得，知音难逢啊！

记得，1941年春，我俩认识于武乡。一个20余岁的青年，面目清秀，身材清瘦，少言寡语，经介绍他是新来的县委组织部长。那时的武乡，频繁的日伪“扫荡”，连年的自然灾荒，兵连祸结，疾病丛生，反动派造谣惑众，人心不稳，工作局面是危急的，生活是艰苦的，头绪是繁杂的。但是，他以一种求知的热情，探索的精神，去发现事物的客观真理。

记得，1942年，他任了武乡县委书记。一年后，日军就占领了蟠龙。蟠龙曾经是抗大校部的驻地，附近又驻过八路军总部、北方局、柳沟兵工厂，周围距离不远的20多个大村，一万余人。蟠龙到段村，敌人还有一条30公里的运输线，蟠龙的驻敌约3000余人需要围困打击；敌人30公里长的运输线，运动的敌人需要阻击，疏散出来的难民需要安置；根据地中经过了减租清债、反奸反霸后初步翻身的农民，需要组织互助的合作，生产度荒，改善他们的生活；干部和群众党员中的不正确的思想作风需要教育……任务复杂，千头万绪，就落在了这个年轻的书记身上，但他团结了党政军民的各种力量，创造性地完成了战争、生产、时事教育、整风等等历史任务。在战争问题上，他请教陈锡联、鲁瑞林司令员，具体工作由赵志云、冉光华办理；在生产问题上，由县长武光清等同志出谋划策，充分发挥各级政府部门的作用；在创造典型经验，解决群众中的思想问题、实际问题方面，他充分发挥工农青妇群众团体的作用。在整风、时势教育和协调各部门之间的关系上，他亲自和县委一班人去办。所以，能及时解决干部群众中的糊涂思想，克服不良倾向。比如：反对党员特殊化的种种表现；群众中穷光荣、等救济的依赖思想；干部中的本位主义的种种表现，时局问题上的悲观失望；等等。由于他善于团结党内外、军政民的各种力量，妥善地布置工作，及时地发现典型，解决实际工作中的种种问题，充分发挥了干部群众的战争和生产积极性，并有机地组织起来，胜利地完成了围困蟠龙驻敌的任务。生产自救，度过灾荒等等任务也完成得很出色，几个月后蟠龙敌人被迫撤退了。名震太行的劳动英雄李马保、纺线英雄石榴仙也登上了历史舞台。

1943 年秋天，我俩出席太行区党委召开的党支部工作座谈会。会议开了一个多月，阴雨连绵，秋风簌簌，白天以 6 两小米加野菜充饥，入夜在楼上铺着草席入睡，衣单被薄，半夜冻醒，肚内饿得咕咕直叫，忍受着饥寒交迫的折磨。这时，我们漫谈，谈到豫北新解放区尸体遍地的悲惨景象；谈到武乡军民忍着饥饿，秋雨淋，秋风吹，还要冒着枪林弹雨的危险；想到抗战胜利后社会主义的前景，一种幸福感驱退了困苦，倦意才将我们引入睡乡。一阵又冻醒了，他说：“用被子蒙住头，哈几口热气出来，就不冷了……”白天开会照旧发言，尤其是学习邓小平政委《论中国之命运》时，他那兴奋的如获至宝的神态，简直令人难以忘怀。在这极为艰难的时刻，他一页页地翻阅会议的笔记和同志们谈话的记录，反反复复地对照毛主席的著作和上级的文件，沉思着不懂的问题。每天学到夜阑人静。他忍受了苦难，付出了艰辛的劳动，这是他留给我，留给人民的图像。

1948 年，我在“左”的错误影响下，被错定为“阶级异己分子”，党籍被开除，还被投入了监狱，我爱人被逼着提出了离婚。在我处于险恶的处境之中，他给我爱人写了信，要她相信党，相信“左”的错误是可以纠正的。天热了，他派人将换季的衣服送往监狱，使我尝受到阳光般的温暖，也给我带来了生的希望。不久，反“左”纠偏时，他就积极地为我平了反，恢复了党籍。

故人已逝，记忆犹新。贵书同志的优良品质，求知、探索追求真理的精神和作为，我们是永远不会忘记的。

一往深情忆武乡

赵迪之

在战火纷飞的年代，我先后担任过中共武乡县委的宣传部长、副书记、书记等职共达5年之久。在中华民族生死攸关的时刻与武东群众白天黑夜滚战在一起，结下了如山似海的革命情谊。我虽身为县委的一个领导人，武东群众却把我作为自己行列里的一员。人们不称我的职务和名字，都亲切地叫我赵大姐。久而久之，赵大姐3个字取代了我的真实名字。那时，在武东山区，一提赵大姐，群众无人不知，可是一说赵迪之，连一些村干部也不大清楚是指谁。关于当时县委的全面工作许多老领导都谈得不少了，现在我着重回忆一下我在武乡工作时期的妇女运动。

抗日战争初期，我在太行区党委宣传部工作。1940年冬季，为了深入基层，同广大区、村干部一起粉碎日本帝国主义的野蛮“扫荡”，太行区党委组织工作队去武乡。我作为这支工作队中的一员，奔赴太行山丘陵地带的武东县。当时，武东山区刚经过百团大战，敌人对根据地的腹心地区加紧治安强化，进行经济封锁，不断地举行连续“扫荡”，企图压缩根据地，消灭我抗战军民。这时，充分发动群众，加强军民团结，努力克服经济上的困难，巩固抗日根据地成为首要任务。妇女群众是一支不可忽视的力量。可是在所有的村庄里发现武乡的妇女有两种少见的陋习：一是普遍不参加农业生产劳动；二是生了小孩儿后不吃饭，一月才喝几合米的米汤。动员全民抗日，开展生产运动，男女都应参加。特别在当时中年男人参加“自卫队”，经常出去参战；青年男子组织“青抗先”送公粮，有的去参加八路军，游击队。在家种地的男人不太多，妇女理应成为发展生产和支援战争的主力军，可是妇女不但不参加农业生产，生了小孩儿还不吃东西，坐一个月子像生一场大病，躺在炕上好长时间恢复不了健康。有不少妇女坐月子把男人拖在家里伺候。这样不仅损害妇女儿童的健康，而且直接影响了生产和抗日救亡运动。我们经过研究，决定帮助妇女革坐月子不肯多吃饭和缠脚的命。如现在办这两件事恐怕不会费多大劲，可在那时候呀，还很不容易。要挨家逐户去宣传坐月子吃点鸡蛋、白面条、小米捞饭等会对身体有好处，身体会复原得快，对母子都有利。可是她们却说：我们不能比你们（女八路干部）。你们是侉子，你们那里水土软，吃了好的能克化掉，我们这里水土硬，吃了好的消化不了，会得月子病。让她们把缠脚布放开，她们不敢，一怕别人笑话，二怕闺女大了嫁不出去。后来，各区村的妇女干部广泛向妇女和农民开展宣传工作。当时，农村里的封建夫权思想还很严重，做妇女工作还必须做好男人的思想工作，让男人克服大男子主义，提倡男女平等和睦幸福家庭，但武东地区封建思想很浓厚，人们对这种提法并不认同。于是我们大讲武东的“四大家、八小家、七十二个圪撑家”对农民的束缚剥削，农民的土地不仅属于封建地主，甚至娶媳妇的头一夜也属封建地主霸占。通过耐心细致的宣传教育，妇女们逐渐认识了封建的可恶性，逐步鼓足勇气同欺压妇女和农民的各种封建残余势力做斗争。

在帮助妇女争取自由获得解放中，有两件事我还记得比较清楚。一是组织妇女上识字班。妇女不上地，有时间，每天下午各村的妇女骨干召集妇女到一起认字、扫盲。学习抗日政府有关抗日运动的号召和规定。这些妇女骨干大部分是三四十岁上下的中年妇女，她们工作很积极，事迹也很感人。那时他们到一块儿开会、识字，不称名道姓。认为叫名字难为情，而是互相叫对方男人的姓名，比如你是那个男人的爱人，就称你是谁家谁家。到人家串门，首先问家里有人吗，假若男人不在，就回答家里没人，好像女人不算人，由此可见，封建思想是多么根深蒂固。办妇女识字班的目的，就是让妇女从文化上获得解放。妇女识了字就容易明白许多革命道理，可以使头脑清醒起来，能进一步认清封建主义给妇女带来的罪恶。当时，武东的妇女大部分都到识字班扫过盲。有的人识了不少字。有的人虽然没认下多少字，可经常听下乡抗日干部到识字班讲抗日运动，思想认识有很大提高。对推翻封建主义、解放妇女、发动妇女参加抗日救亡运动起了很大作用。

二是教育妇女做安家计划。什么是安家计划？比如一个家庭种有多少亩地，一亩地能打多少粮，能收入多少钱，这些粮和钱如何开销，等等，让妇女做安家计划，让妇女参加家庭的经营管理。过去一个家里总是男人说了算，妇女仅仅是个做饭、养孩子的人。妇女做了安家计划，能学会如何管理家庭，各样东西该如何开销，学会节约过日子。男人见妇女把家里的事管理好了，就逐渐看得起妇女来了。男女平等的问题，就可逐渐得到解决。同时，男人可以减少牵挂，出去能安心当兵，安心工作。留在家里的也能集中精力搞生产。在发动妇女做安家计划的同时，特别注意发动妇女参加生产。要让妇女在政治上得到解放，首先必须让妇女在经济上获得解放。妇女也像男人一样上地参加生产，在农业生产上创造出财富来，在经济上才有发言权，才能使在政治上获得的解放有可靠的基础。当时，由于不断发生战争，大部分男同志离开村子去打日本鬼子。从支援战争和维护群众生活出发，也迫切要求妇女走出家门上地生产。妇女从一个长期闭塞、封建主义严重统治下的家门往出走是很困难的。首先会遇到家里公婆和丈夫的反对。这说明反封建不单要在妇女中进行，还需要在全体群众中进行。为了普遍提高人们的思想觉悟，我们不光组织妇女上识字班，学文化、学政治，还利用晚上时间组织男同志一起上识字班，学习政治。经过做这些工作，男同志的思想搞通了，还积极支持妇女上地参加生产。对于个别顽固不化，不让妇女参加生产和抗日救亡工作又打骂妇女的男人，村里的妇救会召集妇女开会，对其进行必要斗争。别小看这些终年不出大门的妇女，一经发动起来还真厉害呢。那些有打骂妇女行为的男人，一开始还盛气凌人，不把妇女放在眼里。可一上会，让他往妇女中间一站，再经妇女们七嘴八舌地斗争一场，骄横劲就不见了，脑门上还出汗呢。我印象最深的是武乡群众特别好。拥军、爱干、爱国家，只要干部下去发动，不论什么工作，拥军、优抚、合理负担、变工、互助……只要对抗日有利的工作一经布置，马上就会搞起来，而且搞得都不错，妇女工作也是这样。那时候，咱们八路军在太行山的人数很多，军队做衣服的厂子不多，规模也小，满足不了军队的需要。因此，军鞋主要靠根据地的妇女做。武乡的妇女每年要给军队做大量的鞋，每人每年平均做五六双，还给军队绣米袋、做炒面等。到 1944 年，在姚庄成立了第一个县办纺织合作社。这个合作社全部是女同志主持，锻炼了妇女的组织能力。织出的布一是供军队用，二是卖。1945 年，我离开武乡的时候，这个合作社还专门织了一个褥面子给我，是黑、红、绿、白等几种颜色线以条形织成，美观、自然，很好看。从那时到现在 40 来年了我还一直铺着它，每年夏天我拿出去晒。这是件珍贵的纪念品，我怎么也舍不得丢掉。它是在战争年代养育过我的那块根据地的妇女用手一针一线织成的，它上面凝结着老区人民深厚的阶级情谊。

在抗日救亡运动中，武乡的群众是做出了很大贡献的，为八路军支援了几百万石公粮，有成千上万名青年人参加了决死队和八路军。这也和妇女的积极支持分不开。就妇女本身而言，在抗日运动中曾涌现了许多先进模范人物，窑湾的胡春花，马牧的郝菊花，马堡的石榴仙等。

在武乡工作的年代，县委机关住在农民家里。武东的各个村庄差不多都去过，不论去哪里，都和群众一起吃，早上吃煮圪塔，中午和晚上喝浆水稀饭。天黑了就睡在一个土炕上。老乡像亲人一样对待我们，至今我还惦记着那些忠厚、朴实、亲切的人们。

提起那时的妇女工作，我自己做得太少。对那一段的妇女工作只能谈个大概情况。具体工作由当时的县妇救会主席范承秀同志做，她对那段的妇女工作是作出了显著成绩的。

在前方对敌斗争的艰险岁月中

姜　一

1941年，在国民党政府消极抗战、积极反共的形势下，出现了对日寇妥协投降的风气，日本侵略军停止了对蒋管区正面进攻，回师华北，发动了“治安强化运动”。沁县、段村之敌加紧了向内地袭击包围我区乡政府，捕捉我抗日干部，实行治安强化，以经济掠夺“蚕食”我根据地，扩大维持村，北至古台、型村，南至高岭、上司、沁东一带，都已变成维持村，建立了伪组织，扩大了敌占区，妄图分割我抗日根据地，形势十分严峻。武乡人民在党的领导下，坚决贯彻党中央的“坚持抗战，反对投降；坚持团结，反对内战；坚持进步，反对倒退”的方针，在极端恶劣的环境下坚持抗日武装斗争，针对敌人的“治安强化运动”中的经济掠夺，武乡军民在反“蚕食”、打“维持”的斗争中取得了初步胜利。到1942年春季打垮了一部分村的维持，这些村的民兵开始恢复组织起来。正当斗争处于紧张阶段时，突然区委书记李毓秀、区长铁英被敌人袭击捕捉了。两位区的领导被敌捕后，区村干部群众自然受到一定影响，情绪有些低落。领导无首，有些干部不敢工作，有的自动回家，对敌斗争很受影响。这时我正由386旅772团因病来到太岳区留驻三军分区。此时，地委要我回地方，组织部长王谦同志亲自找我谈话决定我仍回武乡县委。县委经研究要我到前方工作，先代理区委书记，并派武镇华同志任区长。我即随李务滋同志到了三区。我们面临的首要工作是先稳定干部情绪，克服悲观思想。5月中旬在漆树坡召开了干部会议，传达研究了县委反“蚕食”打“维持”的精神，布置了继续开展反“蚕食”打“维持”工作。为了更好地组织民兵配合主力加强武装斗争，县委决定县武委会副主任李尚春同志也到前方工作，进行了一段武装出击，打“维持”，捉汉奸，开展政治攻势。把反“维持”的斗争局面推到了魏家窑、马庄、南亭、檀山一带，使形势大有好转。为了进一步展开尖锐复杂的对敌经济斗争，同时开展反奸反霸斗争，加强敌占区工作，县政府成立“路南办事处”，李甫堂同志任主任，充实加强了三区干部队伍。并调王庭章同志任区委书记，申怀珠、梧光任副书记，王用予任组织委员，常久通、王哲任宣传委员，魏兆槐、张贵成任副区长（他俩做敌区工作，不公开身份）。武委会主任王占鳌，副主任崔进光、王尚贤，农会主席常子荣，青救会董宏、王兆宇、张怀瑾，妇联主任段梨萍，公安助理是刘汝昌、阎福旺，粮食助理员张国方，财政助理员侯通，工商管理员赵林田。为了对敌斗争，县委决定“前方指挥部”由李尚春、李甫堂、王庭章、武镇华和我等五人组成。在县委领导下前方工委加强了统一领导，更有力地开展了对敌斗争。

对敌开展经济斗争的首要任务是武装斗争，依靠根据地的民兵游击队配合。主力部队不断出击，打击敌人“蚕食”、掠夺等，支持发展民兵武装，建立民兵联防岗哨和民兵游击小组，实行劳武结合，监视打击小股伪军汉奸抢粮活动。在宣传、发动、组织群众的同时，积极开展武装斗争，组织民兵爆炸组和游击队，对敌伪展开针锋相对的斗争。1942 年秋，区游击队摧毁敌伪据点一处，打死了伪班长，活捉伪军 10 余人，缴获步枪 10 余支。同年冬，在段柳攻打踏地日本据点，抢回日寇洋马十匹，军用物资一批。1943 年，由梧光等人组织带领民兵，利用清明节上坟之机，将日伪便衣、大汉奸米来锁智歼于李庄。

坚决打击死心塌地的汉奸，保护群众利益，争取群众支持抗日工作。一方面积极开展武装斗争，同时开展了反奸反霸斗争，组织统一行动。在段村、县敌占区及时抓获了一批作恶多端、危害人民的维持会长、敌伪情报员，如石鼻村的王龙龙、阳城村的小五则、沁县的韩小旦、蒋家庄的魏金生和日寇便衣。罪大恶极的大汉奸曹村贾毛团等都是统一行动抓获的。另一方面是组织公审大会，对罪大恶极的汉奸、恶霸、死心塌地的维持会长进行了公开审判。在佛爷顶召开了万人公审大会，将涉腰村的汉奸连安云、山阳垴村汉奸张银旺、沁县汉奸特务武凹孩当场镇压。接着第二次在圪老湾又公开镇压了兴盛垴维持会长武二臭、南亭村维持会长武保孩、暴家峪村维持会长李永旺。两次大会共镇压大汉奸6名。同时在沁县的杨家庄也召开了公审大会，将大汉奸赵金生、赵同喜等4人镇压，打击了敌人的气焰，鼓舞了群众对敌斗争。从此以后，反“维持”斗争就打开了局面，并建立了抗日民主政权。从武乡到沁县的游击区，我们都派了抗日村长，如魏家窑赵庭水、松庄村武先云（后是姚自新）、曹村武更保、代照岭村武成俊、沁县白家沟李然平、小东岭村王满囤等。为了对敌斗争的需要，在敌占维持村还利用两面政权，打掉死心塌地“维持”敌人的维持会，换成明里“维持”敌人，暗里为我办事的两面政权，要求他们能给我送情报，保证我抗日干部的安全，不掠夺群众财物，不办坏事，如富庄的段仲旺、沁县的史来销就是两面派维持会长。

对敌经济斗争的中心问题是粮食问题。在粮食斗争中，随着打“维持”斗争的推进，逐步加强了商业贸易，在圪老湾设立了粮店，实行统制贸易，取消了私人粮店，使我们根据地的冀南钞票和农村社会商品流通了。既稳定了粮价，吸收了维持村人民来圪老湾粮站卖粮，又稳定了冀南钞票价值，扩大了冀南钞票的流通，挤掉了伪钞。敌伪人员出来强征粮食时，我独立营配合民兵坚决打击。在维持村秘密发动群众，以合法形式和维持会配合，诉苦哀求减免。为了争取伪敌人员，曾经采取以明捉暗放征购人员，明送暗夺被征的粮食，设法打乱敌人征粮计划。在夏收、秋收季节全力动员军民进行激烈的粮食争夺战，组织武装力量保卫秋收，打击敌人抢粮、强征。动员帮助群众突击收割，实行快打快藏，使敌人治安强化的抢粮征粮的计划破产。

在反“蚕食”、打“维持”和对敌经济斗争的同时，针对敌人实施奴化政策，我们由近到远地开展政治攻势。根据区党委宣传指示，军队、干部、民兵统一行动，互相配合。军队掩护，白天在接敌区，晚上到维持村，向广大群众和伪政人员家属进行宣传苏联红军的胜利，世界反法西斯胜利，一年打败希特勒，两年打败小日本；宣传我军在各个战场的胜利和反“扫荡”中歼灭敌人的消息；宣传抗日斗争持久战三阶段，现在已进入最后阶段，抗日快要胜利了，日本帝国主义兔子尾巴不长了；等等，使群众看清形势，要他们告诉伪军人员也要看清形势，不当死心塌地的汉奸，要人在曹营心在汉，争取解放留后路。通过这一政治宣传攻势，段村、沁县、段柳周围等维持村很多群众逐步和我们接近联系起来，一些抗日积极分子不断给我们反映情况，转送情报和伪军人员的消息，维持会伪村长的态度逐步有了变化，有些伪军家属也愿意和抗日干部接头谈话，大大有利于我们对敌斗争中利用伪村维持会的两面政权，不断争取一些抗日积极分子。

为了深入开展敌占区工作，加强党在游击区的领导，在条件成熟的地方，区委在维持区增设了小分委委员，武乡段村方面前方小分委委员有富庄村张贵珍、高家庄高德全、新庄村刘朴则、阳城村李新春；沁县方面有踏地王晋生、梁村李付银、小东岭阎福旺、阎秃孩及荆村史保银。游击区的小分委，如南亭李梦松、李振中，阳城村张存旺。经过了解，原先可靠的党员逐步恢复建立了新的党支部和小组，秘密地开展工作，发现一些积极分子就作为党员发展对象，通过他们了解伪军家属及伪军人员的情况。

在打“维持”，镇压汉奸，开展政治宣传攻势的情况下，又开始了做伪军人员的工作。通过他们家属摸清其态度，针对他们的情况，先宣传抗战快要胜利，日本帝国主义必然失败，使伪军人员和敌占区人民了解抗战胜利的形势。先做好伪军家属工作，通过他们和得力亲戚、上层人士做伪军人员的工作，争取伪军的主要对象是警戒队和伪政人员，使群众干部少受损失．要他们了解一年打败希特勒、两年打败小日本的道理，认清形势不要做坏事，在可能情况下给我们通风报信，敌人重大行动给送个情报，同时我们也保护他们的家属，并向他们讲明我们对伪军的政策，只要反戈一击就可以不咎既往。经过一段时间的工作，有一些伪军通过家属和我们建立了一些不固定的关系。如曹村西沟一警戒队副小队长王某某、魏家窑魏人潘的侄子魏某某、松庄籍某某，五龙头阎某某等，这些人中有的也起过一些作用，如李毓秀就是通过他们的关系得以越狱的。敌占蟠龙以后1943年12月份，地委分区在苏峪沟开过一次城市工作会议，当时老麻、赵大姐去区党委整风。我去参加了，记得是王一伦、车敏焦二同志主持的会议，重点是争取群众，做伪军政人员工作。通过各种方式掌握敌人动态情况，分化瓦解敌人内部，争取拉出来，打进去，为对敌斗争创造有利条件，从内部攻破。武乡县城工部负责人是武光清同志，因他是段村人，又是县长，有影响。联络城市工作的，南有武清华，北有郑文魁。从此以后，加强了城市工作，争取过一些伪军人员：段村警戒队小队长某某某、魏人横的侄子、沁县敌人红部翻译官某某某，段柳伪军宋某某也起一定作用。当时曾通过李竹山旧故找魏人潘营救出王兆宇同志，还通过史家口维持会找魏将李梦松同志保出来，并通过翻译官杀掉投降的王世杰。警戒队小队长王某送过一次重要情报（1944年5月“扫荡”情报）。当时刘、邓首长和雪峰同志来到漆树坡时说这次情报很重要，应予表扬。

抗战最后阶段，日寇更加垂死挣扎，进一步实施治安强化占我蟠龙，向我心脏地区插进一把尖刀，妄图分割我根据地，更加疯狂地袭击“扫荡”，寻找捕捉我区、村干部，不断突袭性地在夜间包围村庄，妄想摧毁我区、村政权，歼灭我军队和民兵武装，掠夺群众财产、抢粮食，破坏生产。我广大干部群众和民兵武装为了坚持对敌斗争，避免损失和牺牲，都在野外打下明的、暗的窑洞，组织民兵白天夜间站岗放哨，劳武结合，夜间民兵游击小组活动。这些地区的群众晚上经常到窑洞里睡，窑洞成了对敌斗争的阵地，也成为群众生活的依托，窑洞越打越高级，明窑洞也打成暗窑洞，有的村窑洞打到村外野沟里，即便敌人发现包围了，也能转移走，就是所说的窑洞是“楼上楼，拐三关，熏不进，走得脱”。接敌区群众经常在窑洞睡觉，不少人发了疥疮病，尽管生活非常艰苦，但他们不甘忍受日寇奸淫掳掠，坚持斗争越战越强。军队依靠群众，群众热爱军队，军民团结，亲如一家。干部关心群众，群众拥护干部，干群关系非常密切，都抱着一个抗战必胜的信念。

1943 年 6 月，敌占蟠龙以后，路南前方指挥部住地的高岭、漆树坡、上司村一带成为段村、蟠龙、沁县三股敌人合击“扫荡”的中心，一个多月袭击合围十来次，合围的目标是“前方指挥部”。敌人每次拂晓合击包围村子，找不到干部又返回段村、蟠龙、沁县了。敌人每次出发到达我联防地区，我们都能接到情报，天不亮群众就进洞，我们和民兵部队就转移到敌人合围外线，到接敌区附近。有一次合围，部队已经转移到外线，我们与民兵转移到兰家口时，敌人发现了，追不上我们，就用炮击，打伤了李甫堂同志的左膀，我腿上也受了伤。我们一直转到南亭。又有一次，敌人合击包围高岭、漆树坡、上司、小店村一带，魏兆魁同志受伤被捉去，敌人把我们一直追到襄垣龙王堂以南。大概是第七次合击包围漆村坡时，发生了惊天动地的窑洞战。敌人用大炮打开窑洞，支部书记、民兵指导员武志芳同志和民兵群众 15 人壮烈牺牲。最后一次我们向东转移，刘汝昌同志被敌人打成重伤，抢救无效牺牲于杨桃沟，当天漆树坡民兵队长武全木带领民兵在二十里铺阻击敌人时，被敌人打伤，不幸牺牲于高地。在这段斗争中，由于我们缺乏机动灵活，转移的地方又不够远，没有把敌人引开，使这些村庄遭到很大损失。

为了粉碎敌人对这一地区的袭击合围，有力打击段村至蟠龙交通线的敌人，围困蟠龙之敌，区党委、军分区决定以襄垣县委为中心，以 769 团为主力成立这一地区的游击集团，郑国仲团长为司令，襄垣县委书记杜野平任政委，并把前方工委和三、七两区暂划为襄垣县委领导。我就这样暂时参加了襄垣县委。这样，有力地打击歼灭了来袭击“扫荡”之敌，巩固了这块根据地。由于我游击集团主力不断出击段村至蟠龙补给线上的来往之敌，也就更有利于孤立、围困蟠龙之敌。到 10 月份，形势逐步稳定，我们就回归武乡了。冬季，老麻和赵大姐去地委整风，我即调回县委主持工作。

战斗在游击区的坚强堡垒

——抗战时期茅庄党支部对敌斗争纪实

李志宽　白德元　白木荣

抗日战争时期，地处武西对敌斗争前哨的茅庄村，是一个英勇不屈的英雄村。这里人民勤劳彪悍，不畏强暴，他们能在频繁而残酷的对敌斗争中，前仆后继，百折不挠，取得一次又一次的胜利，就是因为有一个坚强的党支部和一支以共产党员为骨干的民兵队伍。当时尽管该村三面临敌，不断遭到日伪顽的包剿和突袭，但他们在武西县委和前方区指挥部的直接领导下，紧密地配合八路军、武工队，在激烈的反“蚕食”、打“维持”斗争中，始终没有向敌人屈服。在熊熊的游击战争烈火中，这个英雄村成为一道摧不毁、打不烂的使强敌不可逾越的屏障。

建党建政　发动群众

茅庄村位于沁武交界的烂柯山下、涅水东岸，东经涌泉可下段村镇，西经故城镇可出白晋线，北枕黄土丘陵可通山后的石盘、石北等地，南过涅水可达沁州城。抗日战争之前，这里有 72 户人家，270 多口人，耕种着 1400 多亩土地。地主、官府敲诈勒索，残酷地盘剥着劳动人民。地主、富农虽然占农户的 5%左右，可他们拥有土地面积却在全村土地总面积的 39%以上。农民为了养家糊口，不得不高价租种地主的土地。地主除靠出租土地剥削乡民之外，还通过放高利贷等手段鱼肉村民。但该村人民勤劳节俭，性情强悍，家家重视武术，人人具有尚武精神，历来具有反抗恶势力的斗争传统。

地富为了巩固他们的统治剥削地位，把持了村里的政治权力。从村长、闾长以至邻长多数是有权有势之人充任。他们主宰了全村的政治、经济、执法、教育等方面的权力，然后利用手中的权力肆意欺压百姓。阶级矛盾的不断发展和激化，为穷人奋起革命奠定了客观的阶级基础。

日本帝国主义于 1931 年 9 月 18 日侵占了我国东北三省，蒋介石采取不抵抗政策，使中华民族的危机日益加深，全国的抗日民主运动在人民心中酝酿滋生着。这时，茅庄村的一些青壮年也都投入了进步运动的行列。如段若宗、郭鸿宾、白佩珩、田志锡、殷士敏等正在故城四高上学的青年学生，回村向群众宣传抗日救亡的道理，告诉人民如果不抗日，就得当亡国奴。在他们的宣传鼓动之下，大家的爱国热情有了一定程度的提高。特别是到了太原国民师范上学的段若宗，出身于佃农家庭，1934 年，由李雪峰介绍加入中国共产党，成为山西著名的学生运动领袖之一。他常利用假期回村在贫苦农民、青少年中传播马列主义的革命思想，并提出好些问题，启发人们的思考。如“为什么同样是人，会出现穷的穷，富的富不平等现象?”等等，并指出咱穷人要想过上好日子，必须团结起来闹革命。还告诉人们陕北已有了一支革命队伍，这支队伍叫红军，是由毛泽东、朱德、徐海东等人领导，他们是为咱穷人求解放打天下的军队。他的宣传和鼓动，唤起了茅庄村的贫苦农民、进步青少年的革命热情，提高了大家的阶级觉悟，又为在茅庄村开展革命斗争奠定了思想基础。1936 年 4 月初，段若宗因发动太原学生呼吁停止内战一致抗日被判处死刑。临终前，他大义凛然站在刑车上，高呼革命口号。广大群众聚集在柳巷口钟楼街一带，对这位不屈的英雄表示了无限的敬仰，烈士的鲜血染红大南门外的荒土，点燃了人民心中的革命怒火。噩耗传回村中，若宗同志的父母、兄弟，包括茅庄全村人都流着眼泪，无不悲痛惋惜这位年轻而杰出的无产阶级先锋战士。他生前播下的革命火种，正在茅庄一带生根发芽。

1937 年 11 月 8 日太原沦陷后，日寇大肆烧杀抢掠，茅庄村人民群众也和全省人民一样，对日军的一切暴行十分仇恨。正值此时，我党领导的山西国民兵军官教导第五团开来武乡县故城镇。不久团部派教官张万富、王崇山二同志来到茅庄，一面宣传抗日救国的道理，一面组织发动群众准备武装自卫。为了开展游击战争的需要，对全村适龄青壮年进行了为期3个多月的军事训练，使大家的思想觉悟和身体素质都有了明显的提高，为茅庄村抗日武装的建立创造了良好的前提。

1938年4月10日，八路军129师一个团进村驻扎，这是茅庄村人民第一次亲眼看到共产党领导下的八路军。开始群众对军队有些惧怕，后来看到这支队伍和以前见过的大烟兵大不一样。他们对人民群众态度和善，买油买菜立即付款，公平合理，借东西总是开口大爷，闭口大娘，个个和颜悦色，还主动帮助群众担水扫院。在他们一言一行感动下，群众的恐惧心理消除了，积极地腾出好房让同志们住，并为部队打柴煮饭，送菜洗衣，相处得亲如一家。部队召集村民宣讲抗日救国的政策，在街头巷尾刷写抗日标语口号。离村时组织专人逐户检查，看是否打扫干净住房，所借东西是否如数归还，丢失损坏了东西是否作价赔偿。他们艰苦的精神，严明的纪律给茅庄村人民留下了深刻的印象，使全村人真正感受到共产党领导的八路军是人民的军队，只有跟着共产党八路军闹革命，劳苦大众才能翻身得解放。茅庄村的部分青年首先觉醒了。他们一心想加入共产党，但是究竟到哪里去找共产党呢？大伙正在渴望进步之际，恰巧在外地参加革命的共产党员李贵福同志回到了村里。他给村中年轻人讲了许多抗日革命道理，不少进步青年都主动和他接近。家境贫寒的白德元要求他指点参加革命寻找共产党的途径。李贵福同志告诉他，故城三区牺盟会区秘书史玉麟同志就是咱区上革命领路人。在他的指点与暗示下，白德元于1938年7月多次到故城区上找史玉麟和区农会主席武三友同志联系，进一步受到了马列主义思想教育，也懂得了更多的无产阶级革命的道理。白德元在提高阶级觉悟的基础上，1938年7月由史玉麟、武三友介绍光荣地加入了中国共产党。

白德元入党后，即遵照区分委的指示精神，在村中慎重地开始了发展党员工作。到 11 月上旬，他在村中先后发展了白木荣、孙翠林、白效文、郭成珠、白福贵、白任唐、田景云、程俗通、白莲香、白秀清等 11 名青年光荣地加入了中国共产党，他们是茅庄村的第一批入党的共产党员。武乡三区分委根据白德元的几次汇报情况，请示了武乡县委批准茅庄村成立党支部。11 月 15 日召开了全体党员大会。区分委书记史玉麟和组织委员武三友同志参加了这次会议。会上史玉麟首先讲述了茅庄党组织经过德元同志和大家一道努力工作，党员人数已发展到 11 名。经过请示县委和区分委研究，决定成立茅庄村党支部。大家提名表决，选举产生了支部委员会。具体分工是，白德元任支部书记，白木荣任组织委员，白效文任宣传委员，分设两个党的小组。经过全体党员热烈讨论，支部做出了下列决议：

（一）发展党的组织，迅速开展抗日工作，壮大党的力量；（二）尽快改造村政权，将印把子掌握在支部的手中；（三）深入发动群众，建立和健全工、农、青、妇、武等群众性的抗日团体；（四）加强抗日宣传，贯彻二五减租，分半减息，实行有钱出钱、有粮出粮的合理负担政策，改善人民生活。把全村群众团结在党支部的周围，配合部队开展抗日游击战争。

到了 1939 年 2 月间，党支部又发展了一批新党员，他们是郭锦文、白诗新、白洁川、白丕成、冯月仙、武兰花等 6 位同志。这时支部共有党员 17 人，其中男 13 人，女 4 人。县委为了选拔培养抗日干部，2 月中旬调白德元同志到辽县晋东特委党校学习，茅庄村党支部书记由白木荣同志担任。随着党支部的发展壮大，各抗日群众团体的工作轰轰烈烈地开展起来。党支部初步掌握了村政权，并依据抗日民族统一战线的原则，进一步改造和完善村政权。

抗日村公所建立后，由党员白效文任村长，实行了合理负担和减租减息、改善民生等政策，丈量了土地，纠正有粮无地、有地无粮的不合理现象。抗日群众团体的牌子都挂在了村中大庙的门口。同时党支部掌握着抗日人民自卫队，由党员田景云担任队长，抓紧军事训练。党员郭成珠是铁匠，给村上自卫队打造了40把大刀。妇救会开办了妇女识字班，宣传抗日救国、男女平等、婚姻自由等抗日新法令。有不少妇女剪了发，并积极地给前方抗日战士做军鞋。儿童团在路口站岗、放哨、盘查来往行人。响亮的抗日歌声在村中、田野随处都能听到。男女老少的抗日情绪十分高涨。愁眉不展的贫苦农民都变得扬眉吐气，因为有党支部给他们撑腰做主了。群众在党支部和党员的组织带动下，团结一致，共同战斗，把各项抗日救亡工作搞得热火朝天。因此，武乡县委在全县党支部分布要图上给茅庄村党支部标上了“活动大力”四个大字进行表扬。

1939年3月至4月上旬，党支部又发展了白忠旺、白福林、白佩琚、白清泉、王春花、李凤英、范银贵、李香兰等8位同志入党，这样支部党员扩大到25人（男17人，女8人）。

1939年4月8日，日寇一〇九师团5000余人，从太谷、平遥分两路向白晋公路权店及子洪口方向进犯。炸毁许多民房，2人死亡，20余人受伤。10日下午区分委通知茅庄党支部，日寇已在子洪口同友军作战，另一路敌军已占了平遥二郎庙。要求党支部迅速组织群众备战。当晚，党支部召开了党员大会，讨论了区分委指示，做出了下列决议：（一）空室清野，动员全村群众将粮食财物除自用外一律埋藏到安全地方，使敌人找不到一粒粮食；（二）由自卫队负责破坏铁路，填塞水井，阻止敌人前进；（三）动员并组织群众，投亲访友向后方山村庄转移；（四）党员干部、自卫队员在村中坚持斗争，日夜加强岗哨，保卫乡亲们的生命财产。

以上决议由村公所召开村民大会进行动员。因时局紧急，号召群众连夜准备，做好各方面空室清野工作。11日，敌人在白晋公路分水岭的虎头山，北良侯村北的黑寨垴山与我军展开了激战。12日，日寇进占故城、岸北、石盘三个村庄，驻故城之敌，游动哨几乎设到邵渠村，距茅庄村仅仅一公里，只隔一条河，情况十分危急了。

在党支部的领导下，村中群众都做好了空室清野、破坏道路等工作，大部群众都转移到了后方山庄，留下的少数人员都安排到村后事先打好的备战窑洞里。支部派干部、自卫队在村中坚守岗位，日夜巡逻、放哨、隔河观望、监视日寇。由于我方军民对敌开展了顽强的斗争，日寇于4月15日全部撤出子洪口外。茅庄人民没有受到大的损失，战斗的实践锻炼了党，考验了党，也锻炼了群众。从此党支部在群众中的威信大大提高了。

除奸防特　打垮“维持”

1939年4月下旬，武乡县三区区公所由故城迁到信义村，区分委书记由区长籍新田兼任，组织委员武三友，宣传委员白德元（公开身份新华日报分销处干部）共同主持区分委工作。6月初，日寇侵占权店以后，村自卫队长田景云等人曾多次到五峪、河底等村侦察敌情，张贴瓦解敌伪标语，散发抗日传单，他们返回村时还在五峪村大庙后，捡回友军退却时扔掉的两整箱手榴弹。从此，茅庄村自卫队员都挂上了手榴弹。侵占权店的日寇四处抓人抢修炮台、岗楼、工事，7月上旬山交沟村的李捷生跑去权店投敌当了维持会会长，并以维持会名义通知各村限期到敌据点开会，办维持“皇军”的手续，并威胁说：“哪村过期不到，即派‘皇军’到哪村烧尽杀绝，鸡犬不留。”这样搅得各村人心惶惶，生怕鬼子来村烧杀，不少老幼妇女都转移到山后去了。鉴于此种险恶情况，村党支部又做出下列决定：（一）村政权立即召开村民会议，动员大家做好备战，提高警惕，没有上级指示不随便去维持日寇；（二）加强对人民自卫队的领导，日夜加强岗哨、巡逻，保证群众白天安心生产，晚上向外疏散；（三）党员干部以身作则，日夜在村中坚持斗争。广大村民对上述规定经过酝酿讨论，都异口同声地说：“敌人距咱村20里，只要村中加强警戒，敌人来了咱就跑，他走了咱就回村，白天生产晚上分散，怕他个啥？坚决不维持敌人，决不当亡国奴！”后来发现村上地主白瑞生偷偷到权店参加了日寇会议，他回村私下恫吓群众，遭到了多数村民的斥责。党支部得知这个情况向上级作了汇报，抗日县政府做出决定，将白瑞生立即扣捕，后在涌泉镇召开了万人除奸大会，镇压了白瑞生与信义村的程文炳。这样，不只对稳定武西局势坚持反“维持”斗争起了极大作用，而且更把边沿区各村的投敌维持风也煞住了。在这次反维持斗争中，党支部领导人民群众取得了除奸胜利，团结教育了多数群众。到了1939年7月中旬，日寇将祁县东观至潞安的白晋线全部占领，并在南沟车站和故城镇扎下了据点。武西接敌区形势更加恶化，一些恶霸地主蠢蠢欲动，妄图为虎作伥。高台寺村地主苗朴则、流氓杨明德也到故城投敌，苗做了日寇的维持会长，东寨底地主程福荣当了副会长，成员中有汉奸冯子明、疤赵谦等，杨明德当上了日寇的便衣密探。日寇驻故城的松井中队长是一个杀人不眨眼的魔王，满脸大黑胡子，人称“毛太君”。日寇为了威胁各村尽快维持，就将在奔袭大良村时抓来的7名无辜群众用东洋刀砍头示众。敌人步步逼近，情况十分险恶，茅庄离故城只有7华里，敌人一抬腿就可到达，在四周不少村庄维持敌人的情况下，故城“维持会”单独给茅庄村下了最后通牒令：“限三日内到故城接头维持，否则把茅庄烧光杀尽。”当全村群众处于惊恐不安的时刻，三区区分委给茅庄党支部下了紧急指示：“即茅庄党支部处于斗争前哨，为了与日伪作长期斗争，必须长期隐蔽，积蓄力量，坚持斗争，打击敌人。”为此，党支部根据上级指示讨论决定：（一）今后只开支委会、党小组会，一般不再开党员大会。党员必须熟记党的保密规定：“开会见面准时到，地点记号要记牢，应付办法准备好，党内文件阅后烧。”每个党员必须有进行长期残酷斗争的思想准备。（二）一切抗日工作由公开转为秘密进行，不再召开抗日群众大会，有事依靠群众，各抗日团体个别转告收集反映，村中日夜建立秘密岗哨，监视敌人动向。（三）为了保卫人民的生命财产，为了与日寇作长期的斗争，明里也可以暂时应付敌人，将非法斗争与合法斗争结合起来。为此，抗日区政府根据我方斗争需要，将茅庄、狮则沟、北涅水划为一个编村，白效文为编村村长，白福贵为财粮主任，田景云为自卫队大队长。为了便利工作，支部决定让白效文、白福贵在南头书房院开设了一座小型染布房，实际上就是抗日村公所。为了应酬敌方，经过群众研究讨论一致认为，田泽丰同志为人忠厚、诚实可靠，他的儿子田志锡又在武西县委机关担任秘书，因此推选他为村中应付敌人的伪副长（实际上是茅庄村的抗日副村长），他每次到故城敌据点开会回来都要先向抗日村长白效文同志汇报敌情。敌人来村他就出面应付，抗日政府征粮收款也靠他来完成。日寇搞治安强化以扩大其维持区，不断到根据地“讨伐扫荡”，经常遭我八路军和地方武装的沉重打击。敌人在一次奔袭茅庄时将党员白秀清抓到故城，强迫其到伪新民小学当了教师。经领导研究让白利用合法身份为党搞内情，白不断地向党支部报告敌情，配合武西县敌工站在敌据点内做了不少工作，还瓦解出在敌宣抚班任办事员的赵晋山，帮助其逃出虎口，回武东与家人团聚。敌宣抚班规定每日各维持村要送一次情报，我方为了统一各种口径指定专人负责写，所以一次也没有给敌人报告过真实情祝。敌人若到村中要民夫筑碉堡、修铁道，就给派些老人小孩去磨洋工。若向村中要粮货、木柴，尽量拖延不送。催得紧了怕村中出事，就少送些掺砂带土的粮食和烂木柴，有时谎报敌人说所送粮、柴在路上叫八路截走了。有一次敌人无奈，只好亲自带着民夫来茅庄砍树修路，田景云等同志在窑垴上打了几颗手榴弹，吓得民夫四散逃奔，日寇胡乱放了几枪就溜回了故城。茅庄人民在党支部的领导下就这样巧妙顽强地与敌伪周旋斗争。

茅庄人民响应抗日政府的号召，为了支援抗日，他们交送公粮都是好粮，收粮地点一般离村较远，20 里至 50 里之多，且多为山径，崎岖不平，十分难走，为了避开敌人只好在晚上送粮。一得到可靠准确的情报，就连夜派交通员送出。自卫队不断配合我军出击。1939 年 11 月中旬的一天下午，邵渠村教员武升堂（共产党员）跑来茅庄向区委白德元汇报说，汉奸赵昆山正在召集伪村公所调查我方情报。白德元接到报告后，当即与支书白木荣、武升堂研究了擒拿汉奸计划。天黑了，赵昆山仍在邵渠村大庙上伪村公所，有几个装着十分“热情”的自卫队员，又让他抽烟喝茶，又让他饮酒吃菜。赵汉奸得意忘形地正准备吃面条时，突然由门外冲进室内数人，将他抓住就拖走。过了茅庄河，我们怕故城敌人追来，立即将河上的桥板推到水中。为了避免追敌将赵截回，就由村长白效文、自卫队长田景云、白福贵、孙翠林和白德元等5人，将大汉奸赵昆山从邵渠村带到十几里以外的常家垴村，经检查从赵戴的礼帽内层中搜出潞安日军司令部用中日文字混合给他发的通行证。次日拂晓果然故城之敌出发追来常家垴夺救赵昆山，我平汉游击纵队与追踪之敌在常家垴和马家峪一带激战7小时将敌击溃。事后抗日县政府给茅庄村自卫队发来表扬信，武西县委也表扬了茅庄村党支部。

1940年3月，故城敌据点日伪活动十分猖狂，日寇大队出动去“扫荡”我们的根据地。维持会正在执行日寇的第一次治安强化，强迫各村百姓到据点照相，领取“良民证”。为了加强武装斗争，县委书记来村检查接敌区各党支部工作。根据茅庄党支部已经成长为一个坚强的战斗堡垒，又有较好的地理条件，也是日寇奔袭我武西后方机关的出入门户，县委决定优先发给茅庄党支部两支步枪和弹药。有了武器后，茅庄建立了秘密游击小组，自卫队长田景云经常在夜间带领队员到故城据点周围袭扰敌伪。3月中旬的一天深夜，我386旅老二团3连的王连长带着全连战士在自卫队长田景云和党员白福贵、孙翠林配合下，对故城敌据点进行了突然袭击。部队到了故城村口，留下一个排作为预备队，一个排由白福贵带领攻打驻土门的鬼子，另一个排由田景云、孙翠林带领袭击鬼子的宣抚班和维持会。他们悄悄避开鬼子的岗哨摸进镇中。田景云领着一排从后院搭人梯爬上房顶，悄悄地包围了宣抚班和维持会。此时维持会长苗朴则正和敌自警团团长杨明德、汉奸冯子明、副会长程福荣一起打麻将。在旁边看热闹的有汉奸李香山和疤赵谦。这时只听一声“打”的喊声，四下枪声大作，汉奸们将灯熄灭，慌作一团。伪自警团团长杨明德手提驳壳枪正要看个究竟，一开门就被田景云扔来的手榴弹炸了回去，他捂着被炸伤的脑袋连喊带叫，钻入桌子底下，会长苗朴则钻到炉灰坑内。这时从窗外射来一颗子弹，正好打在苗朴则的小腹部（此后苗在到太原治疗中死去），程福荣等汉奸爬在墙根不敢出气。

与此同时，宣抚班小林班长指挥鬼子冲出院内，被我方手榴弹打倒数人，缩回屋内顽抗。土门的鬼子听到枪声冲出街来，由于街道狭窄有我军机枪封锁，打得鬼子死伤大半。这次夜袭成功，毙伤日寇 30 多名，维持会汉奸 3 人挨揍。

1940 年 6 月，日寇对我根据地实施所谓的“囚笼政策”。6 月 29 日，日寇进占武乡段村镇（今县城）修筑城堡，组织了伪县政府，汉奸郝泉香（系南沟村的大地主）任维持会长。同时，鬼子修筑了沁武与榆武公路，使武西县处于四面包围之中。鬼子不是袭击我县、区机关，就是抓捕我抗日干部和群众。由于敌人四处骚扰，兵力分散，驻故城的敌人由 300 多人减至 100 多人。狡诈的敌人怕我方乘虚而攻，便都集结到西街城隍庙驻扎。宣抚班迁到南沟据点，伪自警团住东街“利和当”院内，维持会也搬到了东街中心路南“义合泉”酒房后院，日伪狼狈为奸非常嚣张。他们常到附近村庄残害人民群众。尤其是伪自警团团长杨明德，是一个大流氓，抗战前当过阎锡山的“在乡军”。他投敌当了便衣汉奸以后，经常引日军奔袭我村庄，奸淫烧杀，为所欲为。将从我大良、陈村、东良等村抓来的干部群众杀死 10 多人，山交村干部刘夺魁就是其中的一个。日寇“毛太君”和宣抚班班长小林还赞赏他干得好，提升其当了自警团团长。杨为了巩固他的团长宝座，以他为首组织流氓打手 10 大弟兄，自警团兵源都是从各维持村强迫抽来的壮丁，共有 200 余人，成为日寇的开路先锋。另一个地头蛇汉奸程进儒是东寨底村人，是故城伪新民小学校长。这家伙阴险毒辣，除死心塌踏地地效忠日寇外，还给杨明德当“参谋”，出了许多坏主意，曾唆使杨明德和程福荣带领鬼子抓捕我故城党支部书记程守一和我地下工作人员（伪新民小学教师）张连升等人。上述3个大汉奸实际上威胁着我故城支部党员的安全与附近各村抗日工作的开展，各村人民无不对这伙汉奸恨之入骨。

1940年7月，武西县划为九、十、十一、十二四个区。为了打击敌伪的猖狂进攻，彻底地为民除害，十一区区委指示茅庄党支部组织民兵袭击故城伪自警团，捣毁维持会，抓捕铲除程福荣、杨明德、程进儒3个死心塌地的汉奸。区委从高仁、陈村抽出了四支长枪支援茅庄，指令故城党员高来友、阎发贵为领导，十区武委会主任贾书林同志又给借来县公安局的冲锋枪、步枪各一支。这样，茅庄党支部和民兵队共有步枪7支、冲锋枪1支、驳壳枪3支和一些手榴弹。7月中旬的一个夜晚，由区委白德元、区武委会贾书林主任、支部书记白木荣负责召开紧急会议。白德元代表区委向大家进行了战斗动员，贾主任下达了行动计划，划分了3个作战小组，交代了各组的具体任务，规定了口令和集合地点。12时后，一支14人的小分队依次摸进了故城据点分头行动。贾主任带领第一组田景云、程俗通等人摸掉东街口和十字街自警团的哨兵后，为了预防日寇从城隍庙冲出，封锁伪自警团的大门，伪自警团副团长程道达（我方内线工作人员）听到响动后，佯装张皇失措地指派他们1连连长常秃儿、2连连长吕富昌慌忙抓起一支步枪开门抵抗。常秃儿心惊胆战地刚开了半扇大门，手中的枪就被田景云一把抓住，常秃儿狗急跳墙扣动了扳机，然后“啊呀”一声扔了枪，就和吕富昌等人抱头逃窜。忽然“轰隆”一声巨响，田景云扔进院内的手榴弹爆炸了，伪自警团的人吓得龟缩在房内，一动也不敢动。鬼子因摸不着我方兵力，只是在防区内胡乱放枪。第二组白福贵负责，由高来友带领孙翠林、武升堂等人翻墙跳入酒房后院，抓住了维持会长程福荣，捣毁了维持会的办公室。当大家押着汉奸程福荣到达故城东南村口时，怕日伪军追上来，立即将程福荣打死，并在他的尸体上放了一个纸条，警告汉奸们如继续作恶，就是同样下场。第三组是白效文负责，由阎发贵带领白任唐、白德元等从大云寺背后翻墙跳入伪新民小学院内，打开门窗只有一个伙夫，原来程进儒听到枪声躲藏到院内柴草堆里因而未被抓获。大伙气愤地砸毁了程进儒的办公室。故城大街上到处撒着抗日和瓦解敌伪军的标语传单，维持会与自警团门口挂的牌子都被砸烂扔在大街上，日寇所设俱乐部（赌场）门上插的旗子也被拔掉。各组的同志们完成任务后到达集合地点隍西堰，当大家返回茅庄时，鬼子的机枪还在响着。第二天，周围各村纷纷传说，昨夜有八路军大部队在故城袭击敌人。鬼子也说八路大大的有。鬼子“毛太君”和汉奸杨明德为了收买人心，笼络左右，亲自到东寨底给他的忠实干将程福荣吊丧。故城据点之敌伪经过这次打击后，很长一段时间不敢外出扰乱群众，只是固守据点。汉奸杨明德、程进儒的反动气焰也有所收敛，有的还想方设法和我方联系要求给他们留条后路。四周各村的人民都拍手称快，抗日工作也活跃起来。茅庄党支部不仅经受了战斗的考验和锻炼，还从敌人手中缴获了一批枪支弹药。

缴敌要图　斩敌魔爪

1940 年 8 月 20 日，我八路军总部发动了举世瞩目的百团大战，对敌展开了华北交通总破击战。百团大战给了日寇致命的打击，因而敌人对我根据地军民恨之入骨，妄图进行报复“扫荡”。

1940 年 9 月 16 日，茅庄党支部派党员白效文、白福贵混在给南沟敌据点送木柴粮食的民工中去侦察敌情。他们深入虎穴，冒着生命危险，在内线人员的协助下，搞到了一卷日军军事地图，拿回村上，区委白德元和支书白木荣打开细看，其中有南关、分水岭、勋欢、南沟、故城、牛寺、漳源镇、固亦、沁县城、大桥沟、良庄、松村、段村、东村十四张地图。图上方标着“板井地区警备队阵地强化要图”字样。图中描绘着每个敌据点的岗楼、地堡、壕沟、吊桥等详细设施部位及火力点、对外射击交叉封锁方位。有一张图中写满敌探、便衣向日寇报告的情报，标注着洪水某地驻我 772 团、某村驻我 769 团、蟠龙附近驻我决死队、砖壁等村驻八路军总部等等。还有一张较大的地图是日寇 20 日对我根据地发起报复“扫荡”的部署图，其中详细绘制着这次“扫荡”之各路敌兵的出发点、兵力、兵种、武器配备，某路某日到达某地，某日某时合击某地等情况。经反复研究，大家认为猎获的敌方这些军用地图非常重要，因为离日寇展开“扫荡”的日子只有 3 天时间，决定火速送交县委急转八路军总部，使我方及早掌握敌情，粉碎日寇报复“扫荡”的阴谋。因此，支部决定让交通员程俗通和白任唐去完成这一紧急任务。他俩带着图卷连夜跑到楼则峪村，方知县委机关已转移了。他们不怕劳累，又跑到圪嘴头村，将这批要图交到了县委手中。

日寇在丢失要图的当天下午，就在南沟据点内外和周围各村戒严，逐户搜查了 3 天毫无结果。鬼子哪里知道要图已传到我八路军总部。1 月 20 日，敌寇果真对我根据地开始了分进合击的报复“扫荡”，企图吃掉我总部首脑机关。但是我总部已按日寇进犯合击路线设下了罗网，使其合击落空，还到处挨打，我方采取截击、伏击、阻击、围歼等多种办法，打得鬼子寸步难行。10 月 30 日，彭总亲自指挥的关家垴歼灭战，消灭了日寇三十六师团冈崎大队，彻底粉碎了日寇的报复“扫荡”。使八路军总部安全地转移到辽县麻田、武军寺一带。

1940 年 6 月，驻故城的日军宣抚班迁回南沟车站郝家祠堂内，又调来林木班长这个杀人不眨眼的刽子手。一个名叫满庆祥的东北人给他当翻译，这个姓满的很坏。他叫谁死，谁就得死在林木的屠刀之下。一次在召开各村维持会长的会议上，林木用洋刀砍死了五峪伪村长李润。林木来时，还随身带来一个贼眉贼眼的恶小伙，声称是他的干儿子。据说林木在某地“讨伐”时抓住我军 7 名战士，杀死 6 人，只有一个叩头求降，发誓赌咒要为“皇军”效犬马之劳，林木便把他认作干儿子，起名“圪达捞”，用中国话讲意指“杀不了”。汉奸圪达捞感激他“洋爸爸”的不杀之恩，经常带敌四出杀人、放火、奸淫、抢掠，干尽了坏事。这个认贼作父的民族败类，就当上了伪“先锋队”的队长，腰中也挂上了东洋刀。他们住守在祠堂内院林木对门的厢房，成了林木的看门狗。

1940年10月上旬，敌人为了集中防区，将驻故城日军全部撤回南沟据点，伪自警团住进城隍庙中。10月底，在故城党支部书记程守一和党员村长阎发贵、程道达等人的配合下，武西独立营巧定“赴宴计”，利用胡维成举行婚礼之机，一举抓获了大汉奸杨明德、程进儒，并在楼则峪由县委、县政府主持召开了公审大会，彻底处决了这两条祸根。副团长程道达（我内线人员）当夜宣布解散了伪自警团。从此，故城就变成了敌我斗争的游击区。但是，伪先锋队仍然到各村扰乱，队长圪达捞经常带着二十多个打手到故城、邵渠、茅庄、北涅水等地扰乱，捕杀我抗日干部和无辜群众，各村人民对其恨之入骨，都盼望八路军能早日铲除这个祸首。为了满足群众愿望，打击敌人的嚣张气焰，党支部多次研究要铲除汉奸“圪达捞”。11月初的一天，支部书记白木荣向我决九团邱参谋汇报了南沟敌伪活动的规律，并提出要求他们支持民兵抓捕坏蛋“圪达捞”，邱参谋同意后立即研究了行动方案。第二天，故城镇正逢大集，上午十时由武装主任田景云、村长白效文和白福贵领着民兵和部队侦察员们向故城镇进发。他们人人暗带武器，乔装成赶集的、走亲戚的、卖粮食的，有的提竹篮佯装买东西的，混在群众中进入镇内。侦察班长老刘布置好岗哨后，手提竹篮和田景云向南街走。刚走到粮市大门口，看见“圪达捞”在门外借口检查群众的良民证抢夺百姓钱财。有两个伪军在粮市人群中贼眉鼠眼地游窜，另外三个伪军哼着淫词滥调逛街。这时，刘班长回头给田景云使了一个眼色，他们靠近了“圪达捞”。正巧这家伙要看刘、田二人的“良民证”，可是刘班长从篮子里露出来的不是“良民证”，而是一支二把盒子枪和一支手枪，两支短枪突然对准了圪达捞的胸膛，并命令他举起双手。“圪达捞”被这出其不意的突袭吓坏了，慌忙扔掉手中的洋刀，扭头就跑。刘、田怕伤害群众，向空中放了几枪，急急追赶。“圪达捞”刚跑到南阁儿坡就被民兵白福贵和另一名侦察员截住了，前后四支驳壳枪将“圪达捞”顶在中间，他乖乖地束手就擒。这个作恶多端、万人仇恨的先锋队长“圪达捞”，就这样被我茅庄民兵和三名部队侦察员活捉了。

“圪达捞”被我们抓捕后，鬼子林木气得暴跳如雷，责骂了队员们一场，但谁也不知道他干儿子的去向。事后，日寇从段村大据点伪县警备队和南沟车站抽来一个排，接替原伪先锋队的防区，并确保敌宣抚班和伪区公所的安全。从此，伪先锋队也溃散了。当时南沟火车站的防卫主要靠郝家祠堂西北的寨子山制高点，上面设有日军的岗楼、地堡、外壕等防卫工事。靠祠堂东是日军的营房。东、北、西三道城门上日夜有数名伪军把守。宣抚班和伪区公所住在中间似乎十分安全。为了获取日寇的准确情报，经武西县委批准，区委派故城党员程道达和程坦打入日军红部便衣队中，他们利用合法身份给我方不断提供情况。

1941 年 3 月初的一天傍晚，武西县独立营赵玉书连长领着部队来茅庄与党支部联系，要袭击南沟据点宣抚班和伪警备队。武装主任田景云自告奋勇带领民兵配合部队出击，赵连长向民兵和战士们进行了政治动员，具体部署了偷袭敌伪的行动计划。当夜 12 时许，田景云和民兵们领着部队经东寨底直奔磨儿村方向，他们神速地摸过铁道，到达南沟据点南面的阎家沟。赵连长安排了一个排在土梁上策应，其他战士由民兵领着进入据点。他们在街头路口设下掩护哨，就悄悄地靠近了宣抚班的房子。敌人万万没有料到深更半夜会有人来袭击他们。他们正在做着美梦，却被一阵枪弹声惊醒，有的还没弄清楚是怎么回事，就见了阎王。敌伪人员在黑暗中慌作一团，连连呼救，有部分伪军在排长的强迫下冲出院中，马上被我机枪、手榴弹打得退回房内。林木气急败坏地嚎叫了几声，逼着鬼子出院交战。外院伪区公所人员更是丧魂落魄，趴在地上或桌子底下，一动也不敢动。当救援寨子山的鬼子赶到时，我民兵、战士早已无影无踪了。敌人遭到这突然袭击，吓得很长一段时间不敢轻易来故城、信义一带扰乱了。

1941 年 4 月至 7 月，武西县委为了便利领导，把会同、高仁、陈村、茅庄等划为一个前方区委所辖区，由白德元、段德先、王尚文、白木荣负责这块儿工作。4 月下旬，被我抓获的敌先锋队长“圪达捞”逃回大据点段村，又转道返回南沟据点，他向日军林木班长报告了被抓经过，并密告茅庄、山交两村私通八路，因而林木决计对这两个村子进行大报复。

次日拂晓，宣抚班的鬼子和伪县警备队由“圪达捞”带领偷袭了茅庄村。他们悄悄绕过岗哨，封锁了村口要道，摸进了村，村中人民听到狗的狂吠，出门一看，街上已布满了日伪军，无法走脱。敌伪人员将村民赶到西头十字街中，找来了伪村副殷富兰（也是我抗日副村长），并将田景云、白效文从人群中拖出来，威胁他 3 人承认“私通八路”，这 3 位同志昂首挺胸不理睬敌人。“圪达捞”气势汹汹地说：“你们没私通八路？为什么去年八路军在你村换了捆我的绳子?”说着把他 3 人按跪在地上。敌伪在路旁的碾盘上磨刀霍霍，摆出杀人的架势。这时村民们一拥而上，齐声说：“他们都是俺村的好人，不能杀害他们!”敌伪驱散围拢过来的群众，林木正要举刀砍这 3 位同志的脑袋，“圪达捞”上前对他洋爸爸林木说：“等将山交村的土八路抓来一起再杀。”林木才收回了手中的刀。敌人在茅庄村并未放一枪，原因是怕惊脱了山交村的抗日干部。天色大亮，“圪达捞”带领着 10 余名伪军绕杨家湾、刘家峪直奔界花村，迎面抓住了走来的杜保金，敌伪问他：“你村的抗日干部周敦仁在哪里?”保金回答说：“不知道!”惨无人道的“圪达捞”用木棒打断了杜保金的左腿骨。他们进了山交村，周敦仁听到情况走脱了，但是他的爱人和 3 岁的男孩被围在家中。“圪达捞”拷打、审问她，她什么也不说，惨无人道的“圪达捞”命令伪军将周敦仁三间楼房放了火，周的妻子、男孩都被活活烧死在瓦砾之中。“圪达捞”返回茅庄村，见村北圪梁上八路军枪声打响了，敌哨兵返回急报：“八路大大的有……”吓得鬼子林木让“圪达捞”带了殷富兰、田景云、白效文，慌忙撤回南沟火车站。

田景云等3人被带回据点后，经过几次严刑拷打审讯，副村长殷富兰英勇不屈，一口咬定田、白二人是“良民”，说八路军经过村边要绳子老百姓也没有办法。田景云、白效文也谎称他们是在地里种田，回村后才听说“圪达捞”被抓一事。敌人再三审问也得不到别的情况，只好将3人扣押在祠堂外院伪区公所一间牢房中。

1941年6月初，鬼子林木调走，新任宣抚班长叫横田，这横田矮小肥胖，随身带来一个翻译姓徐，敌人便衣都叫他徐老爷，横田来后日寇又搞了第二次治安强化，除奔袭“扫荡”我后方根据地外，又扩大其占领区，强迫各维持村百姓到郝家祠堂外院照相，领取居住证。区委白德元曾混入照相的人群中进入敌据点，他趁院中人多照相忙乱，经我内线引路去牢房探望田景云等同志，从墙上留着的小窗口，看见潮湿的地上铺着一些谷草。田景云等3人看到白德元，都一齐挤到小窗口，亲人见面都流下了激动的眼泪，白小声对他们说你们吃苦了，要顶住！我们正设法营救你们，多保重！白又到伪合作社找到本村伪人员白士良对他说：“咱村被扣的这3人，你必须设法营救出来，不然你今后别想再回来。”数日后，在我敌工站的大力协助下，由白士良出面担保，村长白效文和武装主任田景云、副村长殷富兰才安然脱出虎口。

截击粮车　断敌运输

1941年7月，武西县又划为四个区。县委为了加强对前方的领导，在原来区辖不变的前提下，将茅庄、邵渠、故城、信义、南涅水、川沟等八个支部划为对敌斗争的前方区，由白德元任书记，白木荣为委员（半脱产）兼茅庄村支部书记。相比之下茅庄村离敌据点8公里，所以上述各个支部，敌区的地下工作人员，不断来村领取任务，汇报情况，茅庄村成为对敌斗争的中心点了。当时县委主要领导人如赵悦祥、杨达等同志也不断来村传达指示，布置工作。前方区建立以后，在对敌斗争中各支部步调更加一致，同时能及时获得情报，迅速地传递给后方党政军部门，使上级领导能较准确地分析敌情，研究对付敌人的办法。1941 年 8 月中旬，民兵奉命到榆社云竹集中，配合我军对白晋线北段进行大破击。在攻占北关敌据点战斗中毙伤敌伪 200 余人，缴获大批军用物资，使日寇数十日交通中断；9 月份全村民兵又随军参加了分水岭至南沟据点段的破击战。这次茅庄民兵共割回电线 300 余斤，道钉夹板 100 余斤。11 月又配合县独立营完成了护送我由太行返延安准备参加七大的首长横跨白晋封锁线的任务。1942 年 1 月 23 日，南沟之敌奔袭高台寺村，残杀我民兵群众 20 余人。因此，茅庄民兵提高了警惕，进一步加强了岗哨，白天靠瞭望哨观察报告敌情，夜间还派出流动哨，到北涅水、故城坪进行巡逻，发现敌情，立即打响报警，使后方军民争得主动做好对付敌人的准备。

1942 年 3 月，党支部将秘密游击小组使用的 3 支长枪公开出来，（因处敌区，除部分党员外，民兵武器无人知道），村中群众自动捐米十几石，买了带刺刀步枪 4 支，土炮 1 门。县武委会又给发了不少手榴弹和地雷，不久又从武西长谐修械所买回镢把子手枪 5 支，正式组成了两个骨干民兵班。这样茅庄民兵就由秘密武装斗争转为公开对敌斗争了。后来不仅能发现敌人，立即打响掩护群众转移，而且可以抢占有利地形，与敌进行战斗。多次打得敌人过不了河，进不了村。党支部经过斗争的实践考验，又在民兵和群众中发展了一批青年党员：白银维、白海金、白佩山、田文秀、白来生、白汝贵、白土生等。山交村又转来女党员李素花。至此，茅庄党支部共有党员 33 人，男 24 人，女 9 人。当时在维持区来说，茅庄村党组织和民兵队就算够强大的了。1942 年夏季，日寇对我太行根据地进行“铁壁合围”。同时，段村、南沟之敌也对我武西县党政机关常驻的圪嘴头、楼则峪、园则沟、大良村不断奔袭包围，敌人为进一步“蚕食”我根据地，将维持村改名为“爱护村。”当时武西县大部分村庄都成了迷惑人心的“爱护村”了。

这年 5 月，武西县成立了反“蚕食”斗争委员会，提出了“打垮维持会，扩大根据地，缩小敌占区”的响亮口号。在县委的领导下，组织独立营、武工队、各区游击队、各村民兵全力配合，主动出击，展开了艰苦搏斗。四区在区武委会主任贾书林亲自带领下，抽调各村骨干民兵组成一个民兵加强排，分头深入南沟敌据点的周围村庄，带领群众开展斗争，将故城、信义、南岭坡底、里庄、南涅水等村的维持会全部摧垮，将维持会成员带到我后方进行集训，对暗地维持敌伪的人员，查清后除给予罚款处分外，还镇压了疤赵谦、苗保庆、红部便衣李春楼等罪大恶极的汉奸、恶霸。并在上述村中重新建立起抗日民主政权，委派了抗日村干部，如南涅水村冯生元、故城的程坦、信义的石银维、南岭坡底程虎春等同志都分别担任了村武装主任。经过这次反维持斗争敌占区大大缩小，抗日根据地进一步巩固并迅速扩大。但是敌人也在拼命反击，并抓捕我抗日干部和民兵，如邵渠村村长李振林、东寨底武装主任张余庆、故城民兵宋中书、王庆书等同志都是在这次反“蚕食”斗争中被敌人杀害的。武西广大民兵化悲痛为力量，决心以新的战斗行动为烈士报仇。

1942 年 7 月 12 日下午，我前方区委得到一份紧急情报，获悉南沟敌人要在次日拂晓包围我县政府驻地泉子头村。区委立即派党员白任堂和党员程俗通，跑步将这份情报送到高仁村，交给县委组织部长赵悦祥。由于情报及时，致使第二天敌奔袭泉子头扑了空，避免了县政府重大损失。但他们在返回途中，忽遇倾盆大雨，程俗通不幸失足滑下深谷，将腰椎跌断。回村后他对来看望他的党员和群众说：“我要力争活下去，继续和日伪斗争到底，即便我残废了，也要为党工作。”（见《漳西战报》以《我残废了，也要为党工作》一文）他这种热爱党热爱人民，决心和日伪军斗争到底的豪言壮语使在场的同志都感动得流下了眼泪。后因伤势严重，15 日上午，年仅 21 岁的青年党员程俗通同志为党为人民献出了自己宝贵的生命，他的革命斗争精神将鼓舞着茅庄人民继续前进。

1942 年秋季，为粉碎敌人的抢粮计划，我决九团在故城坪与敌人展开战斗，经过一小时激战，共毙伤敌伪 30 余人，生俘伪军 19 人，缴获步枪 38 支。我茅庄、故城民兵也参加了这次战斗。

因敌占区大大缩小，敌伪口粮极端紧张，所以不断到我方进行抢粮活动。11 月 29 日，南沟据点的日伪军 90 余人，在宣抚班日军头目横田和日伪区长程晋的带领下，由五峪、河底等村强拉民夫赶着 24 辆牛车急奔我茅庄编村狮则沟自然村进行抢粮。敌人进村后，只在南山制高点上设了个班哨，其余都进村中奸淫妇女，毒打群众，抢夺粮食。当敌人向教书先生李栖鹏要粮时，李先生义正词严地说："我是外村人，哪里有粮我不知道。"敌伪人员在他住处搜出一些粮食，汉奸区长程晋便气急败坏地在老先生脸上打了两个耳光，李先生气愤成疾，不久便离开了人世。

茅庄民兵发现敌情后，马上派白任唐跑到山交沟向我决九团 4 连连长张国斌同志报告了情况，张连长命令部队火速集合，赶到茅庄对地形进行了观察，并布置了歼敌方案。这时蔡剑桥政委带着武工队战士从高台寺也急急赶来。经过研究，由武装主任田景云和大队民兵随 4 连运动到北涅水村东的霸陵桥高地设伏，三挺机枪对准狮则沟村出口。又有民兵白海金等人带领武工队到茅庄南坪上高地设伏，决九团战士兰喜堂、曹曾元的机枪也对准敌人必经之路。上午 9 时左右，有拉粮牛车在敌兵前后掩护下过了大南河，进入了我军火力射程之内，张连长一声令下，我战士民兵一齐向敌伪开火，打得敌人抬不起头来。这时武工队战士嫌离敌人较远，也运动到霸陵桥高地和 4 连并肩打击敌人，敌抢粮队此时乱作一团，扔下拉粮车，回头向东寨底方向夺路逃跑。我军边打边追，一直打到东寨底村西，战斗才告结束。战斗打响后，拉粮的部分牛车还是原路向故城方向行走，白任唐和我增援部队发现后，立即派民兵将 24 辆牛车全部截回茅庄，后由部队带回山交沟，进行处理。这次截粮战斗毙伤日伪军 30 余人，截回粮食 18000 多斤。我军民无一伤亡。茅庄民兵缴获了步枪一支，子弹百余发。数日后，南沟敌人集中了500余人，向我山交沟村进行报复奔袭，将山交沟抗日村长李秀华等20人杀死，造成了骇人听闻的“山交沟惨案”。

1943年4月，前方区的党支部工作仍归四区区委领导。区委书记张存友，委员有白德元、李跃春、王尚文、张辰兴、白木荣（上调县委机关工作）。这时敌伪在我反“蚕食”、反抢粮、反“扫荡”等连续打击下，处境日趋困难。敌伪梦想把占领区恢复到反“蚕食”斗争前的局面。因此，集中了潞安、沁县、南沟之敌1500余人，妄图先控制我武西县二区、四区军民活动的地域。于8月上旬一天早上，敌人从南沟出发进入我故城、邵渠之间的大道上。茅庄民兵岗哨发现这一情况后，迅速集中队伍，并呼喊群众向后撤退，武装主任田景云带领民兵占据西窑凹高地观察敌情，发现敌兵先头部队已进入了邵渠村，有数十名便衣正向茅庄高地张望探索。这时村中群众还未全部撤出，县战斗剧团正在温家沟村演出。他们为了群众的安全转移，并给后方人民争得时间，支部决定先打阻击战。

田景云把民兵分成两组，在敌军露头时，民兵集中火力突然射击，敌人便衣受到突然打击，未敢弄明情况，慌忙缩回了邵渠村。过了一会，便衣队又出来张望，民兵们一齐打排子枪，便衣又缩回去了。这时，敌人大队人马在邵渠村停下来。战斗坚持了20分钟，敌人弄清我方是一支小股部队才集中数挺轻机枪，掩护大批队伍向茅庄冲了过来。敌人抢占高地时，民兵早已转移到另一高地了。由于敌人怕中了我大部队的埋伏，不敢快速前进，行至中午才走了8华里，占据了我二区山曲村。

日伪进村后，立即在山曲村西、茅庄村南烂柯山顶上，驻下一营兵力，架山炮两门等重火器控制这一高地。敌人在此打下临时据点之后，不断奔袭我涌泉、常家垴村，并杀害了我大沿沟村民兵指导员范海明同志。敌伪每天用十数头骡子经北涅水、四窑湾往山曲驮运粮食弹药。茅庄民兵队每天利用大河北岸青纱帐和树林子作掩护，打击南岸敌人运输队。开始有决九团4连派一个班共同和民兵一起战斗，数日后，部队外出执行任务后，就是茅庄民兵单独作战。连日打得敌人驮骡乱奔乱跑，粮弹供给无法保证。敌伪无奈，又改由坡底上烂柯山的小路运输，这条山径小路，运到山曲，比走原路延长3个多小时。民兵针对敌人运输改道的情况，也转到茅庄南坪上高地继续袭击敌人。在坚持半个多月的战斗中，先后打死打伤敌伪数十人，打伤骡子数十头。这样，驻山曲之敌在我军民连续打击困扰下，粮弹补给始终难以保证，硬着头皮支撑了半个多月就仓皇逃走了。

前仆后继　浩气长存

茅庄民兵在党的领导下，经过几年的斗争锻炼，已成为一支机动灵活、英勇善战的群众武装力量，成为保卫武西县党政机关和人民生命财产的前哨尖兵，也成为敌伪奔袭出扰的一大障碍。因此敌伪对茅庄民兵恨之入骨，千方百计要把我方这座战斗堡垒摧毁。

1943年10月15日夜间，南沟日寇平山中队长调集了沁县敌伪300余人于16日拂晓，以较大的迂回隐蔽的路线分两股子向茅庄袭来。一路占据了村东的制高点，并派一个班哨占领了茅庄与温家沟之间名曰“天上”高地，另一路由阎家庄过来占了茅庄村北桥岭高地。这天晚上决九团4连在康家沿驻防，派一个班战士和民兵一起警戒敌情。拂晓时，村西民兵听到北边高地上有犬吠声，田景云派民兵白土生和白福荣前往探听。土生在前面走着，突然扑来数名敌兵将他抓住，边打边问八路军民兵住在何处，土生连说不知道，敌伪让洋狗上来咬他，这时敌人听到北面有动静都转向北望，土生急中生智，就地滚下数丈高的山坡。福荣见土生被抓，每速跑回岗哨告急，民兵和战士迅速突出东南敌人的包围圈。

这天晚上，白德元和白福贵是在圪垯上白荣成家住的，听到狗叫声，出院向杏树堖细看，发现有人走动，还拉着狗。知道这是敌人，他们趴到窑堖上与敌人答话，敌人不回话，持枪冲了过来，白德元用手枪打了两响，敌人也开枪射击，这时群众才听到枪声，速向村外突围。敌军迅速封锁村口要道，突围中妇救秘书白莲香腹部受重伤，白虎威妻子和白喜虎脚部受了轻伤，40余名群众被俘。敌兵将村中牲畜财物抢劫一空。

决九团4连听到枪声后，速向茅庄村方向运动，这时茅庄民兵也都转回来了。张连长听了情况后，决定追击敌人，抢救群众。由民兵领路，迅速将部队拉到茅庄村北山梁上设伏，等待打击从茅庄向邵渠撤走之敌。敌伪从茅庄过河向邵渠前进，前面是群众拉着25头牲口，背抬着被敌人抢来的衣物已进邵渠村了，敌伪在后面押着。敌人进入我伏击地时，张连长一声令下，战士和民兵一齐向敌人开火，不少敌兵应声倒地。敌平山中队长镇静之后，马上组织敌伪160余人，涉水过河向我伏击地冲杀。当敌人冲到山下时，顿时手榴弹爆炸声在敌群中响成一片，敌伪再也无法前进，只好连滚带爬地过河潜入邵渠村中，利用院墙向我还击，掩护大批敌人向故城逃走了。

在战斗进行的同时，被抓的群众拉着牲口向故城方向急跑，到了故城村东，大伙一看并无敌兵跟着，白长在老人和白虎威等人，就带领人马绕南涅水赶着25头牲口，背着衣物，从南涅水返回茅庄村了。日伪这次偷袭，被我军民毙伤40余人外，什么也没捞到。

日伪军偷袭茅庄村失利后，平山中队长气急败坏，咬牙切齿地说："茅庄人大大的坏，茅庄民兵大大的厉害，那里的八路大大的有。我的今夜再去茅庄杀他个回马枪。"所以日寇又纠集其他据点敌兵共700余人，17日凌晨从南沟出发再次杀向茅庄。另外，从牛寺据点来的日寇奔袭我二区山曲村，共同约定在烂柯山顶设哨截击，妄想将茅庄人民和民兵一口吞掉。

茅庄村干部在敌败退后，召集群众认领各自的衣物，牵走各家牲畜。并请来4连的卫生员给受伤的群众治疗。妇救秘书白莲香因伤重流血过多而牺牲。后来妇救工作由冯月仙同志接任。下午由白木荣召集支委会，分析研究敌情。德元同志指出，今天敌人包围我村吃了苦头，明天再来报复是很可能的，近来沁县之敌对我二区就有先例，我们万万不可粗心大意。经过研究认为应提高警惕，有备无患。最后作出以下决定：

1. 今晚通知群众全部撤出野外；

2. 牲畜、衣物、粮食随人带走，准备长期游击；

3. 民兵逐户检查后，用地雷封锁道口，晚上也撤出村外观察敌情，掩护乡亲。

上述任务由武装主任田景云负责落实，民兵到南坪上集中，监视敌人，准备战斗。

这天凌晨三时，日寇和伪军还和前天一样，先抢占了村北和村东高地，天明后才进村突袭。群众白银敖走到圪塔坡上被敌抓住，敌人对他一阵毒打，问他八路民兵有多少，统统在哪里？他说："不知道！"敌人再三拷打，他还是说"不知道"，凶残的敌人用路旁的一块大磨盘石，活活地将他压死在路上。敌人在进村的路口踏响了民兵埋下的地雷，在爆炸声中数人倒下。天大亮，敌伪才全部进村搜索，鬼子一看到是一座空村子，气得嗷嗷乱叫，干瞪眼。

当撤到南坪上的民兵听到地雷爆炸声后，也看到杏树垴的敌人岗哨正在游动。田景云坚持还是过河上山监视敌人，当民兵快到半山腰时，发现了山顶上敌人的岗哨，敌伪也发现了民兵，这时德元和景云指挥民兵向山下撤，山顶敌兵 20 余人持枪向山下迎击，除白海金、白福贵二人已过了山腰难以撤回，只好从另一个山沟向狮则沟方向撤走外，其余民兵全部撤到山下。敌伪下到山腰，占领一个高地，向山下民兵开枪射击，民兵们且战且退利用梯田地堰掩护，迅速撤到安全地带。日伪军直到上午 10 时才无精打采地撤回南沟据点。

日寇几次对茅庄偷袭扑空，实在难解心头之恨。1944 年春，又从段村调来伪师长段炳昌伪剿共军 500 余人，准备再次洗劫茅庄。这年 4 月，南沟日军平山中队长，调集日伪军 300 余人，事前到牛寺敌据点集中，因前几次从南沟出发，我方都能得到情报。所以平山绞尽脑汁，经过策划，于 4 月

15 日夜，日伪军从牛寺据点出发，绕南涅水、狮则沟河滩，凌晨 3 点偷偷摸进茅庄村。当晚民兵统一集中在西头殷海维院内，值班岗哨发现敌人后，急喊民兵冲出，并向窑顶打响手榴弹，然后急向西窑凹沟内撤走了。民兵们冲出院中，敌人已将大小两道门围住了。党员白海金大喊一声冲出小门，有 3 个鬼子冲上来与他展开搏斗，他用尽全身力气刺倒两个鬼子后，终因寡不敌众倒在血泊之中。在白海金与敌搏斗的时候，武装主任田景云利用时间组织民兵突围，用手榴弹炸散门口敌人，大部分民兵冲了出去，只有党员田景云、白忠旺、白荣福等 3 人掩护大家突围没赶上突出去。无奈他们 3 人又撤回后院窑洞中，与冲进来的敌人进行搏斗，在打死打伤敌伪数十人之后，他们仍利用窑洞坚持对射，敌人向窑洞连冲两次被他们击退。在弹药打光后，他们一起又冲出院外，与敌人打上白刃战，又杀伤日伪数人后，才被敌军所俘。凶恶的敌人将殷士肤家的 3 间场房、2 间草楼放火烧毁。日军把田景云等 3 人带到压官圪达上，残酷进行毒打审问，但这 3 位民族英雄，都是义愤填膺，怒骂敌伪。他们顶得敌人无计可施，3 人被带到松树园中。在他们高呼“打倒日本帝国主义！中国共产党万岁！”的口号声中，被敌人残杀了。他们为党为人民流尽了最后一滴血，但他们坚贞不屈的英雄形象，却像园中劲松，万古长青。

年近 40 岁的群众殷七斤，看到敌人在村中杀人放火，忍无可忍，他不顾个人生死，在白水源门口与敌人展开搏斗，夺了敌兵步枪一支，转身就朝村南跑了。敌兵数十人随后追他，在将要过河时被敌击中牺牲于河边。群众殷富明也被捉到牛寺村边杀害了。“四一五”事件，是茅庄人民永远难忘的日子，是数年来与敌人斗争中损失最大的一次，失去了坚强的民兵武装领导人田景云和一些英勇不屈的民兵群众。在当天下午，群众将自己的最好棺木献了出来，对英雄烈士进行了掩埋。几日后又任命原武装副主任白银维担任主任，经过整顿民兵组织，又踏着烈士们的足迹，继续与敌人展开了不屈不挠的斗争。

事后，由武西县委和政府派员来村召开了有周围各村干部民兵和群众代表参加的“四一五”事件民兵烈士追悼大会。大会收到晋冀鲁豫边区政府奖给田景云烈士的上书“舍身取义”四个金色大字的光荣匾。

1944 年武西县的工作由县委书记李务滋和县长王子清主持。“四一五”事件后，不屈的茅庄人民不但没有被吓倒，反而更加激起对敌人的深仇大恨。白银维任武装主任，田二丑任副主任，领导民兵工作。在总结前段民兵斗争事迹的基础上，大大提高了斗志，人人表示要为田景云等烈士报仇雪恨。这年夏秋之间，当地瘟疫流行，村中病故 10 多人。村长白效文同志积劳成疾，又感染瘟疫不幸死去。干部群众为了免遭敌人突袭包围，一到夜间都到窑洞或田间休息，所以又不断地遭到野狼的袭击，冯月仙的婆婆、殷士肤的妻子等十数人都被野狼咬伤。群众中流行这样一个口号：“前门拒敌，后门防狼。”真是天灾敌祸齐头而来。到了 9 月，南沟之敌又对高仁、大良村进行“扫荡”，在这次“扫荡”中，茅庄民兵殷印维、白如兰、程来贵等人被敌开枪打死。白佩衍的前妻抱着儿子忠堂在逃跑中也被敌人枪杀在南河北岸，在民兵的掩护下，白佩璜潜水过河将小忠堂抢救回来。这年 10 月武装主任白银维病故，田二丑接任村武装主任。1945 年 2 月 5 日，南沟伪军 30 余人，从东寨底窜到北涅水村抢拆民房。茅庄民兵了解敌情后，由田二丑主任带领民兵经邵渠村火神庙赶到北涅水村北，用排子枪加土炮向敌人突然射击。打得伪军从房上滚了下来，拼命逃回据点。当时只要是小股敌人白天休想进入茅庄村。有一次敌人武装便衣队 20 余人，从邵渠村窜到茅庄河边，遭到民兵阻击后，缩到河渠中，寸步难行。敌伪向民兵喊话：“我们有子弹你们下来拿吧。”民兵们大声答道：“好小子，你们有胆量过河来试试!”这样，对峙两个小时后，敌人溜跑了。

1945 年 2 月 12 日凌晨 5 点，南沟日伪军百余人，偷偷绕过民兵岗哨，将上东院民兵队部包围了。在武装主任田二丑的指挥下，组织突围，敌伪先抢占东楼后高地作掩护，封锁了南大门的出路，民兵们经过勇猛冲杀，大部从东面杀开血路朝小洞沟冲了出去，只有党员民兵班长田文秀、民兵白佩山、白生金等3人，为了转移敌人的视线，掩护多数人突围，直向南大门冲出，白生金被敌击中，当场牺牲在门外石坡下。白佩山背部受伤冲出包围，后送我榆社军医院抢救无效死亡。田文秀在冲锋时脚部受伤冲到村东关帝庙因行动不便，又利用地形对敌还击，子弹打完后，他将枪摔烂。这时一群敌兵向他冲过来，他朝敌群扔出两颗手榴弹，炸死炸伤敌兵数人，接着又一群日伪军向他冲过来，大叫："抓活的!"田文秀同志毅然拉响最后一颗手榴弹，扑向敌群，紧紧抱住一个鬼子。只听轰隆一声巨响，他与敌人同时倒在血泊之中。在这次突围中不少群众被敌残杀，如白二则被流弹打伤头部，数日后死去。白春贵6岁的男孩也被敌人打死。敌伪突袭约20分钟，慌张撤回据点。田文秀在上午10时苏醒过来。当村中的党员群众以及邻家大嫂大娘们去看望他时，只见他腹部炸开7寸长的口子，内脏突出体外，痛苦难忍。人们喂他水喝。他忍痛与同志们握手话别："我不行了，希望同志们继续战斗……"在场的人们都悲痛地流下了泪水。当日三区区委书记郝如明同志亲自为田文秀等为民牺牲的同志安排了后事。"二一二"事件中又失去了民兵队中3名优秀的共产党员，这是茅庄人民的又一次重大损失，但英雄的人民并没有被吓倒，他们把悲痛化为力量，激发出对敌斗争的更大的勇气。

人民翻身　欢庆胜利

1945年"二一二"（农历）事件后，郭锦文接任支部书记，白来生接任村长、田二丑任武装主任。他们总结了"二一二"事件的教训，整顿扩大了民兵组织，与敌伪继续进行斗争，保卫了村中人民的安全与生产。

同年8月初，苏联红军出兵我国东北，消灭日寇关东军100多万人，日本侵略军无条件投降，从此中国人民抗战取得了最后胜利。茅庄人民也和全国人民一样，欢天喜地庆祝胜利。这时日寇数日不出据点，并将驻五峪村前哨全部撤回南沟据点。连日阴雨绵绵。26 日下午在田二丑指挥的联防民兵掩护下，我三区区长张国士、武工队白德元等人带领民工进入五峪村打开日伪粮库，抢运出谷子 400 多麻袋。8 月 27 日在我军攻打段村镇的战斗中，茅庄人民制作了登城云梯和烙饼等食物派员送往前线。26 日晚决九团 4 连来到村中，当夜茅庄民兵除留岗哨外，全部配合 4 连到邵渠村西官道设伏，待打南沟增援段村之敌。坚守一夜，完成了打援任务，支援了段村解放。

日本投降后，人民的胜利果实由山西的土皇帝阎锡山劫夺，白晋沿线的日寇据点全由阎军取代统治。日军武乡县维持会长郝泉香又变为武乡伪县长，国民党武乡县党部又从孝义迁回南沟，姚志远任县党部书记兼阎锡山部队军警联合稽查处处长，从事反革命内战活动。我光复段村时的伪营长冯子明任伪警察局局长。这些死心塌地效忠日寇，残杀武乡抗日人民的刽子手，摇身一变倒成为“抗日大员”了。他们假借杀汉奸为名，把我地下工作人员郝庆和（南沟人）、我地下共产党员李木小（西良侯村人）杀害于南沟火车站。段炳昌残部与南沟据点伪军不断奔袭我武西各村，捕捉我村干部，残杀掠夺比日寇有过之而无不及。茅庄民兵这时同联防各村民兵经常活跃在故城、信义一带，打击出扰之阎伪军。1945 年 10 月上旬，我军发动了对白晋线之敌全面进攻。“南围长治，北指太原”，我晋冀鲁豫部队在刘伯承司令员和邓小平政治委员亲自指挥下，在老爷山战斗中，将阎军增援长治之敌全部歼灭。从此沁县以南至长治白晋沿线一段全部解放。

1946 年 1 月 13 日，停战命令下达后，17 日由我军 16 旅开来故城驻扎，48 团驻信义村。茅庄民兵和各村民兵在主力部队配合下，由五峪进至河底村围困南沟敌人。19 日我 48 团李团长、刘政委和武乡七区区长张国士，还有武工队党支部书记白德元，在河底村派员叫出据点内国民党县党部书记姚志远隔河对话。我向敌方提出三条：一、双方要遵守停战协定，都不能先打响第一枪；二、不准出城到处骚扰各村人民；三、驻原地待命。当天上午我49团全副武装到五峪、河底村向敌人示威一次。还有日本反战同盟三位朋友，向据点内日军喊话送信，做了瓦解工作，劝日军向八路军缴枪投降。23日16旅调离。28日阎伪破坏停战协定，拂晓冲出南沟车站，在五峪村和我民兵部队打了一仗。此后，茅庄民兵仍不断配合我军打击出扰之敌。茅庄民兵后来又参加了联防民兵连，由田二丑任连长。他们活动于故城、信义村一带，打击阎伪军。在我军不断打击围困下，阎伪军于7月24日全部逃走。武乡全境得到解放。武西县委、县、区政府在南沟村召开庆祝全县解放胜利大会。会后茅庄白来生调任南沟编村村长。遵照县委指示，着手开辟新区工作，建立人民政权，安定新区民心。

坚强不屈的茅庄人民，在党的领导下经过10多年的浴血奋战，终于从日寇、阎伪的铁蹄下解放出来了。这时村中白任堂任党支部书记，郭锦文任茅庄编村村长。1946年8月，在上级指示下，村中成立了清债委员会，发动群众进行清理旧债。经过一番斗争，将人民欠地主债务的文约、租种地等各种文书契约当众烧毁，佃户和地主按四、六分成，（地主6成，佃户4成）改为倒四、六分成（一石粮食地主分4斗佃户分6斗）。外村佃户如界花村哑巴父子和小南沟刘臭小父子等人都领到应领的粮食。本村佃户白富锁、白贵锁、白长在、胡春林等10多人，地主无粮都用土地赔偿。上东院、翁和堂、槐树院3户地主都清算出来偿还了佃户。通过这次清债运动，村中贫苦农民都有了自己的土地，解除了多年来交重租粮、还高利贷的剥削，真正开始了经营自己土地的幸福生活。

1947年，茅庄党支部遵照太行行署《土地改革条例》在村中发动群众，领导人民进行了土改运动，没收了地主的全部房产土地和财物，征出了富农的多余土地房屋。分配给村中的无地少地的农民，实现了党的“耕者有其田”的政策。如，佃户白贵锁分到了上东院西楼三间，著名烈士段若宗的弟弟段秃小分到小槐树院的西楼5间，军属老人白治国分到正楼3间，雇工胡春林分到房屋5间，翁和堂的房屋给郭锦文、白来生等进行了分配，调整了住房。经过土地改革，茅庄人民人人有地种，家家有房住，都在政治和经济生活上来了个大翻身，旧社会受剥削、受压迫、少吃无穿受冻挨饿、讨吃要饭的惨景一扫而光。在这火热的清债、土改斗争中，茅庄人民的政治觉悟大大提高，在斗争中涌现出许多积极分子，基本群众都发动起来了。在此基础上党支部召开了全村群众大会，总结宣布了土改运动成果，并教育农民懂得“翻身不忘共产党，吃水不忘打井人。没有毛主席党中央的领导就不会有我们今天的好时光”。群众自发地为死难烈士树立了石碑，永远纪念他们革命的丰功伟绩。党支部还向群众讲明，我们解放翻了身，可是还有千千万万的人民在蒋阎匪帮统治下受苦受难，我们要加强生产，参军参战，支援全国解放，将革命进行到底。会上广大群众情绪高涨，口号声响成一片。当场就有白贵生、白仲春、白富全、白水源、白成元、白林生 6 名青年自愿报名参加了胜利军，奔赴全国解放战场。

茅庄人民在党的领导下，10 多年来在极端恶劣的环境下，坚持了尖锐复杂的对敌斗争。尤其是民兵武装在村党支部的直接领导下，前仆后继，不怕牺牲，坚强勇敢，给日寇与阎伪重大打击，取得了一次又一次的胜利。茅庄人民在 10 年斗争中，交送军粮 28 万斤，妇女做军鞋 1500 余双。给党输送干部 29 名，参军青年 21 名，革命烈士 25 名。茅庄民兵在 10 年多的时间内对日伪阎顽开展了麻雀战、夜袭战、围困战、地雷战，配合军队或独立作战，进行了大小战斗 190 余次。许多烈士在牺牲前高呼革命口号，从容就义，表现了共产党员坚贞不屈的高尚民族气节。一个 70 多户、不足 300 口人的小村庄，对中国人民的革命事业做出了不朽贡献。在革命斗争中茅庄党支部、民兵、人民曾得到武乡县委、武西县委、县政府的多次表扬，晋冀鲁豫边区政府赠来木质大匾永作纪念，茅庄村不愧是武西县的模范村、模范党支部、模范民兵队。茅庄人民在土地改革后都积极参加生产，组织互助组。群众还在故城东街集资开办了合作社，还在村中开办了纺织厂。男女老幼团结奋战，为建立独立自由繁荣富强的新中国而努力奋斗。

武乡第一批干部调到冀南区的情况

李兴唐

武乡第一批革命干部调到冀南区工作，是在抗日战争后期。1944 年农历十二月，县委把我们集中在一个村庄开会，欢送大家，会后都回家准备。在春节期间分头出发下山，组成豫北大队，住地淇阳城集中会合。1945 年 3 月 16 日出发连夜渡过卫河、平汉路、道清路，行军一百多里，到了濮阳附近住下休息几天后，除有部分同志先到南宫外，其余都到冀鲁豫边区分局招待所住下，最后于 5 月 12 日，同彭涛同志一路行军到了南宫市。由区党委和南宫地委为大家安排了工作，张天林同志到了党山县，我到了隆平县工作。

当时南宫市刚解放一个多月，许多县城都还有敌人（日本鬼子）占领（如隆平、党山县），因为是新区，党组织就把彭涛同志从太行三地委书记的岗位上（住武东）调任冀南区党委书记，由他带来这一批太行武乡老区的革命干部，以便于开展新区工作。

这一批到冀南（河北省南部）的干部，我记得约有 20 多人，张天林当时任县农会主席，耿万庆任工会主席（和顺县人），李兴唐任二区区委书记，田鸣任一区区委书记，王敬儒也在县里一个单位负责工作。还有梁德柱、李振希、李伸、李子会、武建华、李二孩、李善筹、李春藩、巩中明、郝协、段莲仙（女）、王国英（女）、史二焕（女）、马银秀（女）、张金菊（女）、张兰英（女）、史云花（女）、赵存兰（女）。我们这批干部，到冀南地区工作，有的是新解放区，还有的是游击区，开始都很艰苦，经过几个月工作，到 1945 年日本投降后，各地的日伪军才逃走，整个都成了解放区。

在以后近两年中，大家都参加了土改工作，发动群众等等，于 1947 年 10 月，冀南区组织了随军南征干部支队，其中许多同志都参加了。从冀南出发，过黄河、陇海铁路，直奔大别山，随即西渡平汉路，军队和干部都分配到桐柏军区各县，这时正遇上武乡的第三批南下干部到了桐柏县，把我也分到了桐柏县和武乡的同志们在一起工作。其中有任了一段县长的武光清同志，还有李树田、董宏等数十名同志。在我到桐柏县时，张天林同志也于 1947 年 12 月分配到湖北省枣阳县工作。我到桐柏县工作一年多，当时该县工作环境艰苦，土匪较多，有的同志在与土匪斗争中受伤甚至牺牲。

我离休后，到南阳旅游时，曾和当年南下的老同志王贵清、王一峰、韩聚全等回忆这段历史，故友重逢，倍感亲切。

随军南下大别山

姜　一

一

1947年6月中旬，我将县委工作移交后，特地赶回家向父母亲及全家人告别，然后就和李尚春同志带着干部队伍动身出发了。县委为我配备了一匹骡子，还有一名马夫。我们在途经蟠龙镇时，姚庄和上广志等村又来了10多名干部自愿随我们一道南下。从此，我就离开了可爱的家乡——武乡。

6月30日，南下干部队到达太行区党委所在地涉县赤岸集中。在“七一”党的生日这天，南下干部队实行了整编，并取名为“天池支队”。来自太行三分区的干部编为第二中队，由李尚春同志任队长，崔廷智为副队长，姜一、任爱生、张奇为指导员。在这支南下队伍里，武乡籍干部就有60多名。

7月3日，我们从区党委驻地出发，前往中共中央晋冀鲁豫中央局所在地——野头。在那里，刘伯承司令员为我们作了关于战争形势的报告。他说，我们这次南下是一次大的战略行动，是由战略防御开始转入战略进攻，把战争引向蒋管区，打乱敌人重点进攻解放区的企图，以便我各解放区各个歼灭敌人的有生力量。接着，刘子厚同志向我们介绍了大别山地区的概况和群众的风俗习惯，强调到达大别山后要注意同当地群众搞好关系。

7月6日，我们从野头动身下太行山，直达山东省阳谷县，在那里休整了两个星期。此时，我刘邓大军发起了“羊山战役”，歼灭国民党军队2.3

万人。战役结束后，部队原准备在这里休整一段时间，但党中央来电命令部队迅速南下，以打破蒋介石重点进攻解放区的企图。我们接到通知就立即向黄河边进发，开始了千里跃进大别山的里程。到了黄河岸边，因敌机干扰，要等到晚上才能过河。天黑以后，我们上了一条大木船，我还牵着一匹骡子。上船后没多大一会儿，我就感到头晕得厉害，站也站不稳，坐也坐不住，大家只好腾出一块地方让我躺下。我的那匹骡子可能也是没上过船，船一摇晃，它就站不稳，前仰后退，一下掉进了河里。饲养员紧拉着缰绳不放，骡子就随船游过了黄河。

过了黄河就是山东省郓城县。上岸后，我们在靠山的一座庙里边休息边等部队。部队都过去后，我们正准备动身时，突然发现有一股敌军从山上向我们扑来。我们赶紧跑步跟上部队，没与敌人纠缠。由于敌机轰炸，为避免伤亡，我们由白天行军改为晚上行军，从山东经由濮阳地区进入河南。过汝河时，我一、二、三纵队已从不同地段渡过了汝河，只有中原局、野战军领导机关、南下干部队及担任掩护的六纵还没有过河。而敌军已先我抢占了渡口，拦住了我军的去路，尾追我军的敌3个师正接踵而至，形势万分危急。就在这时，刘伯承司令员、邓小平政委赶来，当即命令部队要以“狭路相逢勇者胜”的精神迅速过河，不能犹豫。六纵队首长指挥部队立即开始搭浮桥，先过去一个旅，为大部队南下打开了一个缺口。我们在上有敌机轰炸、扫射，下有河水暴涨的困难情况下，连夜强渡汝河。渡过汝河后，我们又跑了20多里路，有不少同志掉了队，还有的同志鞋也跑掉了，只好光着脚走。我骑着骡子走了一段路，因敌人的机枪疯狂扫射，子弹不时地从头顶上飞过，只好弃骡步行。刘建勋同志的马被敌人的机枪射中打死了，也只好步行。当部队到达离开封不远的陇海铁路时，上级命令我们干部支队二中队跟随三纵队由东线向南挺进。我们通过陇海铁路线时比较顺利，过淮河时是脱了衣服涉水过去的。一过了淮河，我们就进入了河南省东部的潢川县，胜利到达了大别山地区。

二

我们到达大别山后，在潢川县休息了两天。后又跟随三纵队转战皖西的陆安地区，在叶家集打了一仗，歼灭敌军两个团，解放了一座县城。三纵8旅旅长马忠全接收了一个粮店，给我们干部队分配了一些白面和食盐，还给了些伙食费。三纵队政委彭涛指示我们干部队就地分配，立即赴皖西各县开展工作。但我们还未正式分配，就接到中原局指示，要我们去中原局重新分配工作。于是，马忠全旅长派了一个营将我们干部队护送到中原局驻地——安徽省的金寨县。

我们到达金寨县后，原太行区委组织部长何英才对大家说："刘邓大军到达大别山后，已解放了十几座县城，形势对我们十分有利。大家一路上很辛苦，先住下来休息几天，然后到附近的村庄做些宣传党的政策工作。"我们住下后，杜润生、李友九、孔祥贞等同志，还有金寨县县长白涛等，都过来看望我们。

我们住在金家寨，与部队一起搭伙吃饭。事务长到街上买食油，因听不懂本地话买回了桐油，结果食用后全干部队的人都拉肚子。金家寨在土地革命战争时期是红四方面军的老根据地，当地群众对我们很热情，知道我们吃错了油，特地给我们送来了菜籽油，并说他们村的老革命很多，陈绍禹（王明）、陈一新就是金寨人。我们外出做宣传时，还特意到王明的家乡看了看。过了几天，何英才同志领着我们来到金寨县一个名叫吴家店的村子，何英才、杜润生、李友九等同志就住在这个村子里，我们则住在杜府堂村，与他们相距很近。我们住下后，就组织一些干部到村子里访贫问苦，调查情况。

这时，中原局通知南下干部队到鄂豫区党委机关所在地湖北省罗田县滕家堡报到。我们在何英才、李友九等同志的带领下，经松子关于中秋节的那天到达罗田县的滕家堡，在那里我们见到了区党委书记段君毅、副书记刘子厚等领导同志，他们招待我们过了中秋节。鄂豫区党委经过研究，决定由我和李尚春带领一部分干部去罗田县工作，任爱生带领一部分同志到麻东县，张奇带一部分同志到黄冈县，崔廷智带一些人到浠水县。

当我们赶到罗田县委机关所在地李家楼村时，罗田已组成了县委领导机关，县委书记是刘敏，县长廖鹏，他们都是原新四军五师留下来坚持斗争的干部，我任县委副书记。我带去的一些同志到大别山后，因没有蚊帐受蚊虫叮咬，很多人感染上了疟疾，只好先让他们留在滕家堡的兰石河村休息治病。县委决定我先暂时留在兰石河村照顾干部治病，并帮助滕家堡区开展工作，具体分工要等鄂豫区党委指示后再安排。10 月，成立了滕家堡区委、区政府，张敬先任区委书记，曹剑影（从部队来的）任区长。刘敏同志与我正在研究干部的工作分配时，正好又来了一批北方大学干部队的同志，于是县委将他们与原先的南下干部队部分同志一起组成了 7 个区的干部框架：成家英任僧塔寺区书记，陈林水任副书记，由部队来的刘景禄同志任区长；从北方大学来的韩瑞田任八迪河区委书记，赵惠文任区长；武英才任长塘坳区委书记，汪斌（后陈靖）任区长；王玉轩任肖家坳区委书记，樊玉任区长；部队来的一位同志任石桥铺区区长，郝茂云任副区长；李尚春任骆驼坳区委书记，任水旺留在滕家堡区任副区长。干部分配完后，我们又接着研究下步的工作，认为目前的主要任务是宣传党在新区的工作政策，安定人心，利用国民党统治时期建立的保甲制度，稳定社会秩序。

1947 年 10 月，中共鄂豫四地委、四专署和第四军分区在黄冈大崎山以东的三解元（今属罗田县）正式成立，辖黄冈、新洲（也称冈麻）、麻城、麻东、罗田、浠水等县，李友九任地委书记兼军分区政委，王克文任专员，张体学任军分区司令员。这时，地委将我与刘敏同志的工作作了调换，我任县委书记，刘敏任副书记，县长廖鹏，县大队军事指挥长郑铎。工作安排妥当后，上面要求各县推广麻东工委杨殿奎同志打土豪分浮财的经验，县委及时将这一工作布置下去，很快就在罗田各地开展起来了。我们在工作中抓住贫苦农民的迫切要求，发动群众打土豪分浮财，同时我们在打土豪中也没收了一些粮物，解决了部分财政供应。但是由于我们的宣传工作刚刚开始，当地群众对我党的政策还不太了解，在打土豪分浮财的运动中，除有些积极分子参加外，而真正的贫雇农民并没有发动起来。地委经过研究，提出开展清匪反霸，把斗争目标搞准，缩小打击面，这样运动才能开展起来。滕家堡区经过一段时间的发动群众工作，贫农都组织起来了，积极分子也出现了，区干队得到了发展，基层政权初步形成，并逐渐打开了局面。

我和李尚春同志把工作的重点放在罗田县南部。51 团（原属六纵队，1947 年 11 月划归四分区）在罗田县南部的叶家嘴一带剿匪，这对我们在那里开展工作极为有利。我与李尚春带着几名干部和县大队一个排，其中有武乡来的张希清同志，前往叶家嘴。走到城关附近的复船山，天就黑了，我们在此住下了，并留下了一个工作组，但没有留部队。第二天，我们几个人带着县大队的那个排赶到了叶家嘴，和 51 团政委宋焕文一起商量剿匪和成立区公所事宜。随后，在叶家嘴召开部分群众大会，成立了区政府，由李尚春同志任书记兼区长。区政府和 51 团住在一个村子里。我把工作安排好后就回县委机关。当走到浠水至罗田的公路上，迎面碰上了一支从浠水来的国民党正规军，51 团和敌人打了一仗。之后，51 团迅速转移了地方。部队一走，李尚春带的区政府干部无法在叶家嘴立足，只好撤回来与我们会合，一起向罗田北部转移。走到复船山时，留在那里的工作队员告诉我们说，我们走后，国民党自卫队袭击了该村，张希清同志牺牲了。他是我们到达大别山后第一个牺牲的南下干部。我把县大队一个排留在那里配合他们剿匪，然后就回到县委机关所在地李家楼村。

这时，上级传来了刘少奇同志和朱总司令的指示精神，要求我们在大别山半年，剿匪，发动群众，站稳脚跟。接着，鄂豫边区党委在黄冈三解元召开会议，区党委书记段君毅、副书记刘子厚、军区司令员王树声等领导同志传达了华北土地改革会议精神和邓小平同志的指示："争取时间进行土改。"根据这一指示，我们在所控制的地区作了土改部署，又从部队调来了一批连级干部对各区干队进行了充实和加强。土改运动在滕家堡、河铺、八迪河、李家楼、牌形地等地很快就开展起来了。我们这些干部都是从老区、老根据地来的，采用老的土改工作方法，依靠运动中涌现出来的一些积极分子，先发动贫雇农组织贫农团，然后开展清匪反霸，斗争地主，再进行丈量土地，实行分田。由于我们在土改中采用老一套的工作方法，因此，在有些地方出现了乱打乱杀的错误做法。李家楼地区的一个部队干部把已争取回来的一个工商业主打了一顿，结果使许多工商业主都跑了。来自北方大学的学生、时任滕家堡区土改工作队长的王学治，捉到12名土匪，其中有的并不是土匪头子，他未经县委的同意，借口形势紧张、土匪不服看管，把他们全给枪毙了。县长廖鹏提出要将王学治逮捕法办。县委经研究，决定先让他停职反省，把被枪毙的土匪查清后再作处理。正在这时，国民党的地方土匪武装开始向我军进行反扑，麻东国民党自卫队头目郑家贤纠集上千土匪组织武装暴动，并派人到罗田滕家堡给一个土匪头子送信。这个送信的土匪恰巧被王学治同志抓获。我们知道这一情况后，立即将滕家堡的那个土匪头子逮捕了。麻东的那次土匪暴动，共残杀我土改工作队员50多人，其中10多人是南下干部。因王学治抓获了送信的土匪，使我们及时平息了叛乱，避免了更大牺牲。王学治同志因功赎罪，所以没有再对他进行任何处分。

这年的冬天来临时，形势逐渐紧张起来，城镇、乡村里的一些工商户开始纷纷外逃。寒冷时节，部队发下来的不是棉衣，而是棉花和布匹。县里打算组织裁缝先剪出棉衣的样式，然后发给每个干部自己找老百姓做，但找不到裁缝。到10月份了还穿不上棉衣，我们只好自己动手做，做出来的棉衣五花八门，不成样子. 但那时谁也顾不上讲究，只要穿上不冷就行了。在棉衣还未做好之前，在外面开会时有的同志冷得实在受不了，就把棉被裹在身上，有的人直到12月份才穿上棉衣。这时，县长廖鹏得了重病，不能继续工作，因他是罗田人，我们就派人把他送回家里治病。地委决定把任行署工商局长的梁百朴同志调来任罗田县县长。

临近年关时，为了防止敌人袭击，县委机关就从李家楼搬到了大鸟山一个湾子里。1948年春节过后，县委决定留刘敏同志在家主持机关工作，我和县长梁百朴、县大队军事指挥长郑铎等一起分头带些部队到各区检查清匪反霸的工作情况，看看各区干部春节过得怎样，有什么困难和问题。当我们离开县委驻地后，因留守的警卫部队不多，土匪和乡保队乘机在夜间突然袭击了县委机关，留守机关的同志们与敌人展开激战，打退了敌人的进攻，我们没受什么损失，只伤了一个同志。我们闻讯赶了回来，经了解，得知国民党已开始组织还乡团和乡保队，并向我们进攻。县委立即通知各区干部提高警惕，并向地委、分区和鄂豫区党委、军区作了汇报。没过几天，鄂豫区党委副书记、六纵队副政委鲍先志和四地委书记李友九同志来罗田县，为我们传达了刘少奇同志、朱总司令关于争取在大别山半年站住脚跟的指示，要求三个月搞完土改，既要坚持武装斗争，又要搞好急性土改。并派来了一个营的部队增强县大队力量，同时调51团政委傅甲三同志兼任罗田县委书记，我和刘敏同志为副书记。傅甲三同志主要负责武装剿匪、保卫土改的工作，其他同志全力以赴地发动群众，实行土地改革。

鲍先志、李友九等领导同志走后，我们开始了三个月的急性土改。县委召开了各区委书记、工作队员会议，会上干部们反映：现在形势很紧张，群众还未充分发动起来，有的农民还不敢要分给他的土改斗争果实，因而使分田会出现了夹生饭的场面。这主要是群众思想上有顾虑，阶级觉悟还未提高，不能真正站起来理直气壮地斗倒地主，害怕以后会变天。虽然反映的这些情况都是当时的实际问题，但傅甲三同志在会上强调说："要在大别山站住脚跟，还是得执行上级指示，这一点不能动摇，只有充分发动群众，把贫雇农民组织起来了，斗倒地主恶霸，实行了土改分田，创建巩固的基层政权，建立起一块根据地，我们就一定能在大别山坚持下来，站住脚跟！”

会议结束后，大家分头下去，发动贫雇农民，组织农会，开展斗地主、分田地的群众运动。经过一个多月的努力工作，尽管在一些地方组织起了农会，出现了一批积极分子，打开了一些局面，但由于土匪未肃清，政局又不稳，农民群众的顾虑大，因此分了田地也不敢要，有的白天分了地主的财产，晚上又给地主家送去；有的名义上是分了田，实际是还向地主交租。所以，那时搞的急性土改脱离了当地的实际，是很不成功的。

就在这时，三纵队 9 旅参谋长孟警宇（他是我在华北党校时的同学）带领部队从五分区过来，路经罗田，我招待他们吃了顿便饭。饭后，我送他们走，部队已下坡了，孟参谋长又返回来对我说：“老姜，你们要准备吃苦啊！”

我一听他说这话，心想是不是形势又有了新的变化，于是忙拉着他的手问。他秘密地告诉我说：“刘邓大军要北上打仗，我们就要走了。大军一走，只留下少数武装部队，国民党军一定会来大别山围剿、扫荡你们，你们要准备吃苦了。”他还嘱咐我，这是军事秘密，让我千万不要外传。

我又问他：“大军什么时候离开大别山？”他说他也不知道。孟参谋长他们走后，我向傅政委、梁县长通报了情况。为避免引起干部们的思想紧张，我们决定先给大家打招呼，就说听从武汉回来的同志讲，国民党军队要来大别山围剿，我们要随时提高警惕。

不久的一天，我们正在梳家山开土改工作碰头会时，一位同志突然跑来报告，说一支国民党的正规部队和自卫队正从浠水往罗田开来，离我们只有四五里路了。我们刚一散会，就望见敌人从南面过来了。这时，县大队派了一个连的部队来到梳家山，连长立即指挥部队拦击敌军，掩护我们撤退。我们经槐树店撤到滕家堡，分区司令员张体学还在滕家堡，我马上向他汇报了情况，并问他大军是否要北上。他说："还未接到命令，不过你们要有思想准备，谨防敌人来袭击。"

我回到县委机关，形势变得越来越紧张了。李友九同志给我来信说：傅甲三政委已调回部队，由你任县委书记。我与梁百朴、刘敏等同志商量，决定把县政府搬到罗田县北部的滕家堡区，并通知各区夜晚加强岗哨，领导干部要值班查哨。

三

1948 年农历二月十五，我们接到情报，说国民党数万大军要来围剿大别山。县长梁百朴领着县政府、区机关的一批人连夜上了薄刀峰东山，我与李尚春同志带领县委一些干部上了西面山。天亮时，我用望远镜看到敌人从滕家堡往东山分路对我们进行清剿。土改工作队的同志带着土改积极分子也上山来了。我们一天没有吃饭，直到晚上才下山在村子里吃了点饭。夜间又到敌人已清剿过的山上隐蔽。这样坚持了两三天后，我们又撤到金寨县的南部，浠水县的崔廷智、新洲县的张若谷带着一部分同志也都撤到了这里。崔廷智同志看到我们也来到这里，怕人多目标大，于是带着一部分人又向北撤退，正好碰上了鄂豫军区司令员王树声。王司令员批评他说："你们怎么能离开湖北呢?"要他马上回去，并向崔廷智转达了鄂豫区党委的指示，要就地坚持斗争，开展游击战。崔廷智同志转回来，向我们传达了军区王司令员的指示。根据鄂豫区党委的指示，我带着干部只好又返回罗田。

有一天，我带着贫农团几个积极分子在一个村子里做饭吃，被敌人发现了，把我们从山上赶到山下。在转移的途中，我把脚扭伤了，疼得不能走路。为了摆脱敌人的追踪，李尚春和其他几个同志把我藏在一处石崖下面，又找来石头挡住，他们就走了。我在里面躺着，敌人路过时没发现。晚上，等敌人下山后，李尚春他们才架着我来到一个湾子里，找一户群众家住下养伤。两天后，我的脚伤好些了，又转移到别处。我们转到罗田黄家湾一带，找到了王存旺和从李家楼区撤出来的武英才、成家英、王玉轩围在一起烤衣服时，在村口放哨的同志突然跑来报告说有敌情。他话还没说完，村外就响起了枪声，其中还有机枪的声音。李尚春同志见状朝敌人甩了两颗手榴弹，随后带着几个人冲出去抢占一处高地，掩护我们突围。王嘉禾同志第一个冲出门口，刚一出去就被敌人的机枪打中胸部，倒在地上。我上去扶他，他吃力地对我说："我不行了，你们快走吧……"说完，从身上拿出仅剩的两块银圆交给我。我含着眼泪放下王嘉禾，带着其他同志朝村口冲去。这时，李尚春同志带着几个人在村北面山坡上，用手榴弹打退了敌人的进攻，我们全部冲出来了，并跑过了两河口大沟。这时，敌自卫队又从南面向我们进攻，李尚春他们边打边往北面撤去，我和吉治邦、王存旺、王学治等过河后往东面走去，又和大家失去了联系。

我们走到金寨县的一个村子里，正好金寨县委副书记和县长带着部分干部在这个村子里休息，另外还碰上了麻东县的赵亦龙、王尔斌两同志，他们都是山西左权县人。我们几个人在金寨县转了三天，后听说四分区的部队在河南省商城县一带活动，于是我们决定到商城去寻找我们的部队。我们一行 5 人走到板竹园一座山上，看见山下河边一个山铺子里坐着 20 多个人。吉治邦同志走到前头一看，说："他们不像是老百姓，肯定是土匪。"他机灵地高声向后喊道："报告团长，这里没有情况！"土匪以为后面有大部队，没有敢动。我们很快过了河，往西面的山上走去。当我们爬到半山腰时，这伙土匪见后面没有大部队，才知中计，就赶紧跑过来追我们，并一边打枪一边高喊拦住我们。我们几个人一口气爬过了山，甩掉了敌人。我们走了一下午，也没打听到四分区部队的下落。走到河边一个村子时，天已经黑了，又下着雨，我们便找到老百姓家里，用一块银圆买了一顿饭吃。这时河水涨得很大，这里离敌人又近，如果被敌人发现前来围剿，我们只 5 个人，是怎么也对付不了的。这家老乡还告诉我们说："不远的地方有他们的人（指国民党军队）。”我们决定过河去。走到河边，我先下去探水，看水有多深，赵亦龙同志也下去试了一下，水有齐腰深，可以过去。赵亦龙同志往返几次，把我们 4 人都扶过了河。

过河后，我们爬过西面的一座小山梁，发现前面有部队，因天黑，看不清到底是我们的人还是敌人。他们也发现了我们，以为我们是敌人，就撤往西面的一个村子。我们在山梁上望到村子里有灯光，还发现有人在烧火，因摸不清情况不敢下去。我们往北面走了好远，看到那儿有几户人家，低声把门叫开，一问才知道，白天有解放军从这里经过。我们估计山下那个村子住的可能是我们的部队。

于是，又返回再次爬上那座小山梁，派王存旺同志到村子里侦察情况。王存旺进村一了解，果然是解放军第二纵队后勤政治部带的一个警卫营和运输队的 11 匹牲口，负责人是二纵政治部的黄副主任。我们一听，就赶紧下山找到黄主任，向他介绍我们是湖北罗田、麻城的南下干部，并把我们这段时间来遭敌人袭击、干部们被冲散、我们 5 人与大伙失去联系等情况向黄主任作了汇报。黄主任听了我们的情况后说：“我们二纵司令员陈再道就是你们湖北麻城人。”他热情地招待我们吃饭，当得知我们好多天没能睡好觉时，便让我们暂时跟他们一起行动，还给了我们几床被子（在突围时我们的被子弄丢了）。黄主任的关怀使我们非常感动。就这样，我们几个人随二纵后勤政治部一起行动。和他们一起吃饭，晚上也可以放心地脱衣服睡觉了。

过了七八天后，黄主任对我们说：“接到侦察员的报告，鄂豫四分区的部队离这里不远，如果你们想回四分区去，我就派人送你们去。”我们一听四分区部队离这里不远，就想马上找他们去。黄主任便派了一个排的战士护送我们，找到了四分区的部队，见到了分区副司令员王毓淮同志。我们向他详细汇报了与县大队分开活动后，同几个区的干部就地坚持斗争，遭敌包围两次，我们几个人与其他同志如何失去联系、后又如何碰上二纵后勤政治部等情况。王毓淮副司令员安慰我们说："你们吃苦了！现在你们找到了分区部队，就在这里好好休息几天。"他也谈到了鄂豫区党委制定的县不离县、区不离区的斗争策略确实有问题，并说："我们四分区不死守地区就不行了吗?"他还告诉我们："地委书记、分区政委李友九同志在麻东火石坳与顽匪郑家贤部的战斗中，被土匪的冷枪打伤，经治疗现已经好了，他现在和张体学同志在一起活动，与你们失去联系的李尚春、王玉轩等人已经和李政委、张司令员的部队会合在一起了。"听到这个消息后，我们也就放心了。

几天之后，我们随四分区的部队转到麻东的独杨树村，同李友九、张体学率领的部队以及罗田、麻城的干部队会合了，48 团也在这里。在独杨树地委、分区召开了干部会议，共开了两天。会议分析了全国战争的形势，认为全国的形势很好，我各路野战军粉碎了国民党蒋介石重点进攻解放区的阴谋，歼灭了大批敌军的有生力量，我军已由战略防御转入了战略进攻，迫使国民党军队全线收缩兵力，大别山斗争的形势不久将会好转。这使与会的同志受到很大鼓舞。在谈到坚持大别山的斗争时，与会同志认为，在斗争形势紧张、群众还未深入发动、根据地还未形成的情况下，就搞急性土改，脱离了群众。刘邓大军转出大别山后，只留下地方部队分散活动，在这种情况下提出县不离县、区不离区的斗争口号不合乎实际条件，是错误的，使地方干部和部队受到了不应有的损失。根据当前的实际条件，必须把部队和干部适当集中起来，开展大范围的游击战争。由于国民党张淦兵团还驻扎在滕家堡，坚持大别山的斗争只能以军事斗争为主，同时配合以政治宣传。为了轻装上阵，经报鄂豫区党委批准，地委决定把一些有病和身体不好的同志集中起来，由部队将他们送往安徽阜阳根据地休养，留下身体健壮的同志坚持大别山的斗争。

有一次，我们转移到麻东的宋家冲时，天已经黑了，大家便到山下的一个湾子里吃了晚饭。我们怕麻城的敌人来袭击，饭后又走了十多里路，上到山上。我们分成三个小组：我与李尚春同志带着滕家堡区的干部隐蔽在对面的一个山凹里，王玉轩同志带着肖家坳区的干部在东面山上，八迪河区委书记韩瑞田和县财粮科长吉治邦在南面山上的一个小湾子里，相距有二三里远。拂晓时，敌人从西南方向朝我们扑来。我们这个组后半夜放哨的是个土改积极分子，名叫苏俄尔。他发现敌人偷袭，来不及上山向我们报告，就朝敌人开了一枪。敌人一个连很快就冲到我们住的湾子附近的山顶上，用机关枪火力把我们压到山凹下面。天亮后，我们发现围剿我们的敌人是正规军和土匪。我们立即向北面小山梁突围。在突围时，我的警卫员王怀珍中弹扑倒在地，我去拉他，发现他已经牺牲了。危急关头，王存旺同志扶我爬上陡坡越过了山梁。李尚春同志带的另一组干部因上不来，则从山下朝另一方向撤走了。这时，又有一股敌军全力围攻东面山上的同志，用机枪猛烈扫射，把王玉轩他们压倒山的侧面。突围中，我与王存旺同志和大家跑散了，敌军追了我们七八里路，把我们赶进大山里，直到天快黑了，他们才撤走。

等敌人走后，我和王存旺同志回到宋家冲，在老乡家里吃了点饭。老乡告诉我们：围剿我们的是国民党广西军和麻城县自卫队，他们认识其中的一个姓楚的排长。敌人还打死了我们的三个同志，敌军走后，群众把牺牲的同志掩埋了，其中有一个还穿着一双新鞋。我一听才知道，李尚春同志的警卫员小高也牺牲了。乡亲们还说，我们的同志都朝东面的罗田县罗关方向走了。我们俩人连夜赶往罗田，寻找其他同志。当我们俩走到罗田县关山南面时，碰上了县财粮科长吉治邦，他告诉我们：“敌人包围了我们住的村子，我用长枪打死了一名敌人才冲了出来。八迪河区委书记韩瑞田和王金生负伤被捕了，现在生死不明，其他同志都突围出来了。”

我们三人一起商量下一步到哪里去。吉治邦同志说：“听从罗田来的人说，敌人还在斗枝山扫荡，那里不能去。”我们决定往北到安徽省金寨县去寻找我们的部队。走到商城、金寨两县交界的一个村子里，遇到了李尚春、王玉轩、县政府秘书王嘉禾等人。我们几人开了个碰头会，根据当前形势的需要，决定把带了武器的同志组成一个班，同敌人展开武装斗争，由高青标同志任班长，李尚春同志负责指挥。其他没有带枪的同志组成一个小组，在罗田、麻城交界的大山里与敌人兜圈子、打游击。我们转了几天还比较安全。

为了适应斗争形势的需要，1948 年 5 月，地委决定将罗田、麻东两个县委合并组成罗麻工委，统一指挥罗田、麻东两县的斗争，两县的县大队改编为第十团，由四分区副司令员杨劲兼罗麻工委书记，我与任爱生、张若谷为工委副书记，原在新洲县工作的同志也撤回到罗田、麻东地区。这两个县的县、区干部组成政治工作队，配合武工队开展政治攻势，打击土顽。从此，武英才、张凤岐两同志就跟着我一起行动，武英才同志任罗麻工委干事，张凤岐实际上是我的警卫员。分区供给处还给了我们两套被子。

我们跟随分区部队同敌人展开游击战争，从湖北打到安徽的皖西，见到了三纵队政委彭涛同志，他给我们作了一次报告，说我们不该把在华北搞土改的作法带到新区来，在新区搞急性土改，受了不少损失，教训是很深刻的，我们要牢牢记住。在安徽陆安地区与敌人打了一仗，温连三同志掉队牺牲了。后来，我们又转回到五分区黄梅、蕲春一带，遇到五地委书记刘仰峤、分区司令员张国传，他们向我们谈了坚持对敌斗争的战略方针，也是遇到敌主力部队绕道走，对分散的小股敌人实行歼灭，这正合我们的意图。转到英山县东西岭、石头嘴一带时，碰上了率领英山县大队的五地委副书记易鹏同志，我们在一起交换了意见。他们开展游击战，没有受到什么损失，干部战士都穿上了新军装。与易鹏他们分手后，我们回到罗田县北部大地坳一带，歼灭了敌区公所的一个乡保队。

这一年，由于我军在全国各大战场取得了重大胜利，歼灭了大量国民党军队，驻罗田县滕家堡的国民党张淦兵团第八十八师被迫于 5 月撤回到罗田县城。我们四分区就驻扎在滕家堡对面的麻东县梅庄区。从这以后，罗

（田）麻（东）两县开始了剿匪、恢复基层组织建设的工作。

四

1948 年 6 月中旬，我们获悉敌八十八师的一个团和罗田县自卫大队要来进犯罗田北部地区，打头阵的是罗田自卫大队和广西军的一个营。分区司令员张体学、政委李友九和副司令员王毓淮三位同志分析了敌情，决定歼灭这股敌军。具体战斗部署是：以 51 团打援，48 团、10 团担任主攻。当敌军进到滕家堡时，张司令员下达了攻击命令，全体指战员迅速地朝敌人扑了过去。这一仗，我们歼灭了敌军一个营和自卫大队大部，敌大队长徐国维被击毙，只有少数敌军逃回了罗田县城。战斗结束后，李友九同志让我为被打死的徐国维弄了一副棺材，为他穿好衣服，派当地的民夫送到罗田县城。我们这一做法，对宣传滕家堡战役的胜利，扩大我军的政治影响，起了重要作用。接着，我分区 48 团和 10 团又端掉了僧塔寺敌区公所，歼灭敌自卫大队副大队长陈新民一伙。回头来，又攻占了平湖敌区公所，消灭了一部分乡保队，活捉了麻东土匪头子徐庆南。从此，我们控制了滕家堡和罗麻北部一带，拥有了一块比较稳定的解放区，生活上相对得到了改善。

我任罗麻工委副书记这段时间，除了结合军事斗争打击国民党地方武装、开展剿匪反霸外，还组织区、县干部开展政治工作，宣传我军在华北战场上的胜利。我们工委的几位同志，还研究总结了在大别山新区实行急性土改时的经验教训。大家一致认为，在新区军事斗争环境恶劣、政权不巩固的情况下，只能采取减租减息的政策，进行清匪反霸的斗争，这样才能更好地发动群众，孤立和打击国民党反动派。

8 月底 9 月初，鄂豫区党委、鄂豫军区来到四地委，在麻东县祠堂铺召开了四、五两地委干部扩大会议。我们罗麻工委的同志也都参加了会议。区党委书记段君毅在大会上作了形势报告，他说：“目前全国解放战争的形势很好，我野战军在各大战场上歼灭了敌人大量的有生力量，特别是辽沈战役歼灭敌人60多万，形势大好，大别山斗争的环境已有所好转，我们将由被动的游击战转为主动地打击敌人，我们已经站稳了脚跟。”在谈到坚持大别山斗争的经验教训时，段君毅同志指出：“在游击战争的环境下实行急性土改，是极其错误的，教训确实深刻。我们坚持大别山的斗争，主要是粉碎国民党反动派对我们的军事进攻，急性土改打击了所有的地主、富农和上层人士，打击面太宽，使我们在政治上陷入孤立，脱离了人民群众，军事上失利，政权不能巩固，干部、群众受到了损失。我们要吸取教训，振作精神，坚持斗争，发展大好形势。”

接着，鄂豫军区司令员王树声向大家介绍了辽沈战役的情况，然后对下一步的军事工作作了部署。他指出：“我们要集中兵力打击和歼灭敌军主力，各分区部队、县大队要加紧打击、消灭乡保队武装，并在发动群众的基础上，发展民兵武装和游击队，巩固和发展解放区。”

最后，区党委副书记刘子厚讲了话。他提出今后的工作任务是：深入发动群众，宣传我党政策，开展双减清匪反霸工作；暂不搞土改，争取外逃的地主、富农、上层人士回家；保护工商业；对乡保队员要区别对待。刘子厚同志还要求各级干部要运用各种形式，宣传党的政策，说服群众，建立起正常的工作秩序。他还传达了邓小平同志的指示：土改中的一切错误不追究任何同志，主要责任由他一人承担。这就给广大干部卸了担子，使到会干部很受鼓舞。

麻东祠堂铺干部扩大会议结束后，罗麻工委撤销，我又回到罗田县工作。在分区部队和第十团的配合下，我们不断出击，摧毁了敌区、乡政权，消灭或解散了敌乡保队武装，重新配备了各区干部，逐步恢复和组建了基层人民政权，打开了新的局面。由于我们加强了群众工作，不断发现、培养积极分子，还召开了上层、教育界的人士会议，广泛宣传减租减息、清匪反霸政策，从而稳定了各阶层人士的情绪，争取了一部分外逃的地主、富农回乡，在罗田形成了一块比较稳定的根据地。我因长期的艰苦环境和游击生活，感染了疾病，加上又无条件医治，以致病情逐渐加重，吃不下饭，行军坐担架，一段时间里不能开展工作。

这年的10月，四地委把我调回地委任干部科长，实际上是让我养病，武英才同志也调来任干部科干事，张凤岐同志仍跟着我任警卫员。地委、分区转移时，还给我留下了一匹马。到了12月份，我的身体更差了，不能吃饭，腿也肿了，骑马坐不住。分区部队活动到黄冈时，把我送到贾庙区杜皮乡一户农民家里养病，并为我请了一位老中医替我看病，武英才和张凤岐两同志留在那里照顾我。经过30多天的吃药治疗，我的病情才逐渐好转，腿肿消了，也能吃饭了。杜皮乡过去是老革命根据地，这里的干部、群众对我们很热情，县委书记漆少川、县长孙侠夫、副县长漆先庭等同志经常来看我。

1949年初，黄冈县委在杜皮乡的李家大湾举行会餐，邀请我们三人去吃饭，我因病刚好，本不想去，但盛情难却，只好去了。中午吃饭时有汪进先（新洲县委书记）、漆先庭、漆少川、孙侠夫、李本松、林少怀等同志，大家见面后很高兴。我们吃完饭刚到后面湾子里坐下说话，侦察员就来报告说，从新洲方向来了一股敌人往贾庙打来了。黄冈县委的同志对我说："敌人是来袭击贾庙的，你不能再回那老乡家里了，应马上转移。"武英才、张凤岐两同志赶忙回去取来了行李。我们刚动身，敌人就已打到了村边。我们三人和县委的同志一起从村子后面朝西面山上转移，汪进先、漆先庭和县大队的同志走在前面，已经下了山。我因病刚好，跑不动，武英才和张凤岐就架着我跑，我们和漆少川、周南仙他们刚爬到半山腰，敌人的机枪就朝我们打来。我在县大队的掩护下，终于翻过了山，转移到天险山的一个小湾子里，黄冈县委的同志把我们三人安排在一个村干部家里，然后他们就走了。这个村干部家是中农，吃住条件都比较好，他怕有情况，晚上就把我们藏在野外山洞里。住了三天后，他听说又有了情况，便送我们到魏家冲村林祥德同志家里隐蔽。我们在那里住了一个星期，在山洞里睡了两个晚上，直到分区部队从新洲过来剿匪时，我才随部队回到了四地委，驻扎在麻东河西大湾。这时我的病已基本痊愈，已经能开始工作了。

辽沈、平津、淮海三大战役的胜利，歼灭了大量国民党军队的有生力量，使大别山的形势发生了根本性的变化，国民党军队一败涂地，到处都在传说我们将要举行大反攻了，国民党蒋介石集团就要完蛋了。鄂豫区党委、军区电令各地委和分区，要求紧急动员全体干部和各部队，乘胜扩大解放区，准备迎接大军南下渡江。1949 年 3 月 4 日，四地委根据区党委的指示精神和战争形势发展的需要，将麻西和麻东两县合并为麻城县，调我到麻城县任县委书记兼 11 团政委，并要我马上作好准备，春节前就赶到麻城县阎家河。我路过麻城福田河时，11 团团长于振河、副政委任定一把我接到团部，我在那里认识了副团长白宪文、参谋长刘振海、政治处主任侯占太，并同各营、连干部见了面，同他们谈了一下工作情况。之后，我就来到麻城县委驻地——阎家河的一个大湾子里，见到了原县委书记郭欠恒、副书记郭庆年、县长张振兴、组织部长廉希圣（他是由麻东合并来的）、宣传部长温英、县委秘书王汝才等同志。他们向我介绍了麻城县的干部情况和目前的工作，郭欠恒同志向我移交了县委工作后，不久就调到地委去了。

1949 年春节过后，我们召开了县委扩大会议，我在会上传达了鄂豫区党委、军区和地委、分区的指示，并根据上级的指示精神，提出了当前的任务：解放麻城县城，准备迎接大军南下，支援解放军渡江作战，解放全中国。几天之后，鄂豫军区独立师由河南商城南下来到了福田河，要我们 11 团配合他们攻打麻城。3 月初，我们随同部队移驻长岭岗，并在那里召开军事会议。当时的战斗部署是：由独立师主力分别从西北和东面攻城，11 团担任打援。由于当时的形势对我军十分有利，攻城战斗开始后，还没有大打，敌人就从西门逃跑，跑到城外山岗上，被我军消灭一部分，其余残部和县自卫队逃到了宋埠。3 月 11 日，我军攻占了麻城县城。

我们一进城，就见到麻城中学校长吴伯厚先生、郝掌柜等前来欢迎我们。我随吴校长来到麻城中学，召开了教师座谈会，并与吴校长进行了交谈，请他张贴安民布告，稳定市民们的情绪，组织各界人士支持人民政府的工作。吴校长表示，一定协助我们做好工作。两天之后，独立师接到鄂豫军区的命令，撤离麻城，留下 11 团驻守县城。我们考虑到敌人主力和麻城自卫队尚未被消灭，仍盘踞在宋埠镇，山上还有土匪，如果敌人反扑回来，我们一个团的兵力难以守住县城，为了减少损失，还是主动撤退为好。第三天，我召集吴伯厚等人商议，并把我们撤离后的事宜作了安排。当天晚上，我们出东门跨过举河，沿河经长岗又撤回到四道河。到了夜里，我患感冒发高烧，于团长叫了一副担架将我抬到黄土岗。我在那里休息、治疗了几天后病好了，又随部队到老苏区乘马岗、王福店等地活动。

1949 年 3 月 20 日，我回到福田河时，县长张振兴已调走，由梁百朴同志接任麻城县长。我同他曾经在一起工作过，早就认识。这时，我们接到四地委的通知：刘邓大军四兵团南下，即将到达鄂东地区，要我们务必于 3 天之内在福田河、黄土岗这两个区筹集 5 万斤粮食。我们连夜通知各区负责同志来县委开会，动员和布置各村征集粮食。大家感到 5 万斤粮食虽然不多，但要在 3 天之内完成，任务的确十分艰巨。我们经过商量，认为还是得依靠老区人民的力量。我们县委主要干部分头深入这两个区作动员工作，向苏区群众宣传我解放大军南下渡江作战、解放全中国的道理，讲明解放军就是当年的红军，部队里很可能就有麻城人。老百姓一听是红军回来了，全国就要解放了，20 多年的苦难就要到头了，都纷纷献出粮食。不到三天的时间，我们就超额完成了征粮任务。我们县委干部分两摊迎接南下大军：梁百朴、任定一驻福田河区，我同于振河在黄土岗区。

3月24日晚睡到半夜时，我听到外面说话的人口音很熟，起来一问，原来是陈赓兵团第13军40团的管理员王守先。40团就是原来的武乡独立团，王守先是武乡县长乐村人。他见到我十分高兴，并告诉我："我们第13军军长周希汉就是麻城人。"

第二天，周希汉军长率第1师的40、41团经黄土岗南下，我们随他一道行动。他指挥一个团沿五老山到麻西的陡坡山截断麻城敌军的退路；另一个团经阎家河围剿麻城之敌。我们随大部队到达麻城县城郊外，敌军听闻我大军到达，不战自溃，慌忙从西门逃跑，在陡坡山被我军截住，歼灭了一部分敌人，剩下的逃回宋埠。因我军即将举行渡江作战，并未穷追残敌。麻城县城再次解放，我解放大军举行了声势浩大的入城仪式。进城后，我们组织县委干部广泛宣传三大战役歼敌100多万的巨大胜利，宣传解放东北、华北、北平、天津的伟大胜利，人民群众听后欢欣鼓舞。我们驻进了旧麻城县政府，挂起了人民政府的牌子，11团住在正大街维持社会治安，第13军军部住在南门街。群众听了我们的宣传，又看到解放军再也不撤走了，都纷纷向我们反映情况。吴伯厚先生及一些当地名人绅士也来和我们座谈。

当天下午，在县城广场召开了群众大会，周希汉军长、梁百朴县长在会上讲了话，吴伯厚先生代表群众也在会上发言表示欢迎解放大军，拥护人民政府。会后，周军长带着部队驻扎在乘马岗区，并顺便回家看看。由于没有防备，在回家的路上被土匪打了冷枪，一名战士负伤。驻扎在五老山的解放军一个营，中午休息时放松了警惕，结果从西山上下来了一小股土匪，袭击了正在睡觉的部队，打伤了几名战士。受伤的战士立即被送到麻城军部卫生队治疗。

3月25日这天，陈赓司令员来到了麻城，我们立即通知全县各区干部和11团领导到麻城县城开会。陈司令员给全体干部作了报告，讲了解放战争胜利的大好形势，揭露了国民党蒋介石集团假和谈、真反共的阴谋，传达了党中央、毛主席的指示，向江南进军，将革命进行到底。我们现在的任务是，准备渡江作战，打倒蒋介石，解放全中国。最后，陈赓司令员代表党中央，向我们坚持大别山斗争的干部、战士表示亲切慰问。陈司令员的一番话，使我们感动得热泪盈眶。

他看到我们县委同志和11团的干部战士的衣服很破旧，就问我们有什么困难和要求。我说："现在解放了，什么困难都能解决。"但他还是让参谋长刘有光为我们送来了一批棉被和手枪，给了11团一部分枪支和弹药。散会后，他又召集我们县委和11团的领导同志谈了话。因我在386旅772团当过指导员，陈司令员认识我，就问我离开部队后都在哪里工作，什么时候到的麻城，何时来到11团的，我向陈司令员一一作了汇报。

当天，麻城县委和11团在刘保兴饭店请陈赓司令员和第13军军部首长吃饭，吃的是锅贴饺子。正在吃的时候，来了几位师长，因事先没有准备那么多的饭，来的人多了，有的同志还没吃饱。梁县长要饭店老板重新再做，陈司令员说："算了！你们打游击刚进城，政权还没有建立起来，有不少的困难。我们没吃饱可以回部队再吃。"他还对部队的领导同志说："他们目前还很困难，你们不要向他们要粮食，有伤员自己组织人抬着走。"

梁县长一听，连忙说："有伤员我们可以组织民工运送。"

陈司令员说："不用了，你们要做的事多着呢！"然后，他又笑着对周希汉军长说："你打了一路胜仗，回到你老家却打了败仗（指在五老山遭土匪袭击，伤了几名战士）。你给我们解放军丢人。明天你开个大会，向群众作检讨。"

当天晚上，陈赓司令员住在县城内。第二天，兵团司令部移驻白果镇。我们送走陈司令员后，周军长说："陈司令员的话是开玩笑的。但我真要开个大会作检讨，同时也是个动员群众的大会。"

于是，我就陪周军长在县城里召开了群众大会，他在会上讲了当前的形势和任务后，又讲了他在回家的路上被土匪打了冷枪，在五老山剿匪的部队中午休息时麻痹大意，没设哨兵，被土匪袭击，伤了几名战士。他说：“我们是胜利大军，却遭小股土匪袭击，实在不应该。我作为军长，警惕性不强，我向大家作检讨!”说完，全场大笑并报以热烈的掌声。吴伯厚先生也在会上讲了话，并对周军长表示感谢。

陈赓司令员离开麻城时，我们到白果镇去送他。他对我们说：“我们离开麻城后，你们不要再撤了。麻城已解放了，不能再让敌人来残害老百姓。”并说他马上电令鄂豫军区独立师赶到麻城。

第 13 军走后，留下一个师驻守麻城，直到独立师来麻城后，那个师才撤走。接着，陈赓兵团的第 14 军、第 15 军相继经麻城南下渡江。第 14 军政委李成芳也是麻城人。独立师进驻麻城后，率领我 11 团进山剿匪，并协助我县开展工作。

五

麻城县于 1949 年 3 月 25 日解放后，县委当时的工作重点是：一方面开展乡村工作，另一方面征集粮食支援大军南下渡江作战。我们在开展乡村工作的过程中，注意发现和选拔乡村积极分子担任干部。

为了帮助宋埠镇开展工作，1949 年 4 月，县委决定成立第二区委（辖宋埠、岐亭、高迎)，由宣传部长温英兼任第二区委书记。黄土岗区有个青年学生名叫库流正，他动员了一批青年学生到县委要求参加工作，当时我们正缺人，便安排他们担任财粮干部，同时在农村选拔了一批积极分子任财粮员。为了安排好过境南下渡江部队的吃住，四地委、行署派了一批干部来麻城宋埠镇，负责接待部队的工作。鄂豫区党委从河南调往四地委工作的原世泽、韩大刚等同志带了 20 多名干部，路经麻城时，我见当时的接待任务繁重，就把他们暂时留在了麻城帮助工作，等任务完成后再让他们回地委。在全县干部、群众的齐心协力下，我们胜利完成了接待大军过境、南下渡江作战的支前任务。

最后从麻城过境的一支部队是第四野战军某师，部队中有不少战士说话不好懂，闹了一场误会。有一天晚上，我们从驿区回县城，他们把我们拦住问口号，因听不懂话，我们答不上来，他们就不让我们进城，我们只好给他们写字，说我们是县里的领导干部，这样战士们才很客气地把我们引到师部。见到师首长，才知道他们部队里有许多朝鲜族的人。

大军过江后没几天，也就是1949年5月16日，武汉三镇解放。5月20日，中共湖北省委、省人民政府、湖北省军区在孝感县花园镇正式成立，李先念同志任湖北省委书记、省政府主席、省军区司令员兼政治委员。同月21日，四地委、四专署和五地委、五专署合并为黄冈地委和黄冈专署。新成立的黄冈地委在浠水县召开会议，我与11团团长于振河带一个班的部队去浠水开会，途经夫子河至黄麻坳一带时，因天黑我们便在一个村子里住宿。夜间忽然来了一伙土匪偷袭，我们一还击，敌人就跑了。第二天，我们经团陂到了浠水。

会上，宣布了新的黄冈地委领导，地委书记是李友九，副书记兼专员是赵辛初，副专员胡广恩，组织部长汪进先，宣传部长王树成。会议还布置了下阶段的剿匪工作，要求在新解放的乡村迅速建立基层人民政权，加强城镇工作等。会议结束后，我坐上部队的车（这是我有生以来第一次乘坐汽车）回到麻城。我将黄冈地委会议的精神向县委作了传达。为了搞好麻城的清匪反霸工作，县委经研究决定：县委干部先分头下乡开展调查研究，摸清农村的阶级状况。我带两位同志走访了宋埠、铁门、白果、夫子河等新解放的乡村，作了一个多月的调查研究，为下一步开展清匪反霸工作做准备。

1949年8月13日至27日，中共湖北省委第一次党代表会议在武昌召开，我参加了这次会议。会议由省委书记李先念主持，华中局第一书记、华中军区司令员林彪在会上讲了话。他传达了中共中央和华中局关于进城后党的工作重心由乡村转移到城市，当前以农村为重点，同时兼顾城市工作的方针。会议决定，农村工作以剿匪反霸、发动群众为一定时期的中心任务，为彻底消灭封建恶霸势力打好基础；城市工作以发展生产、沟通城乡关系为主。会议要求，要精减机构，厉行节约，克服目前的财政困难。会议还特别传达了毛主席关于我们党的干部在进城以后，要警惕资产阶级糖衣炮弹的腐蚀，保持共产党人的纯洁性的重要指示。会后，省委调麻城县委副书记郭庆年到英山县任县委书记。

省第一次党代会结束后，麻城县的主要任务，是集中力量配合鄂豫军区独立第三师在大别山剿匪，在农村发动群众，开展清匪反霸工作。为此，县委组织了以公安局局长马次堂同志为首的清匪领导小组，内查外调，捉拿匪首。同时，还举办全县青年训练班，培养区、乡两级干部。麻城县委、县政府的主要领导也进行了分工，县长梁百朴主持政府工作，抓财政和城镇生产建设，县委其他几位成员则分头下乡抓试点，发动群众开展清匪反霸斗争。我选择老苏区乘马岗蹲点。我一到那里，就到几个湾子转了一趟，每走到一家，一面慰问，一面了解群众的生产、生活情况。老区群众对我们非常热情，他们不是请我们喝茶，就是炒花生。第二天开群众大会时，来的人很多。当区干部向大家介绍我就是麻城县委书记时，人们热烈鼓掌。我在会上讲了当前全国解放战争的形势，大军南下渡江就是要彻底打倒以蒋介石为首的国民党反动派，解放全中国。我讲到这里，群众情绪高昂，报以热烈的掌声。当说到要动员起来开展清匪反霸斗争时，大家非常高兴。因我讲话的口音他们不是很懂，大会结束后有不少老同志找我，问我清匪反霸有什么政策，要不要组织农会，等等。我向他们一一作了解答。第三天，大河铺村的一些贫农积极分子就自发地组织起来，成立了农会。到9月底，麻城各点的清匪反霸斗争已经全面开展起来了，群众纷纷起来斗恶霸、抓土匪，全县搞得轰轰烈烈。

10月1日，中华人民共和国成立。这天，麻城县组织了声势浩大的庆祝活动。我的心情十分激动和高兴，经过多年的艰苦斗争和浴血奋战，我们终于迎来了这一天。

（本文选自2008年8月《姜一回忆录》）

第三大队（太行三地委）入闽历程

申步超

开辟新区　选调干部

随着解放战争的胜利发展，中共中央决定从晋冀鲁豫等老解放区调配大批干部随军南下。

1948 年 10 月 20 日，中共中央华北局指示太行区党委，为了全国解放，开辟新区工作，调干部支援南方，要准备南下干部 2650 人，组成一个区党委班子。12 月初，华北局按照中央的战略部署，召开会议，决定由太行、太岳选调一批得力干部，组建一个中共南下区党委（包括党、政、军、民）的成套班子。区党委基本上由太行调，其中组织部由太岳调，行署基本上由太岳调，其中财政、金融由太行调；军区司令部（包括警卫连）由太行调，政治部由太岳调。中共南下区党委辖六个地委成套班子，由太行区调三个（编为一、三、五地委），由太岳区调三个（编为二、四、六地委）。每个地委辖五个县委成套班子，每个县委辖五个至九个区委成套班子，县的编制为 120 名。整个南下区党委成套班子干部 3000 多名，加上通讯、警卫、后勤人员共编制 4000 余名。为保证南下干部的质量，华北局规定南下干部的条件是：党性强，政治觉悟高，组织观念强，有斗争经验，有领导水平，身体好，自愿出征。

1949 年 1 月间，中共太行区党委召开常委扩大会议，研究决定南下区党委成套班子的组建问题。由冷楚主持会议，陶鲁笳、赵时真出席会议，周壁、王廉、张慧如、贾久民等同志参加会议。会议遵照中央的要求，确定南下区党委成套班子中有关太行区的人员配备。

会议确定了太行区调配的三个地委是：由太行区冀西一、六地委组成南下区党委的一地委，由太行区晋东南的二、三地委和豫北的四地委一部分，组成南下区党委的三地委，由太行区豫北的四、五地委、新乡市委组成南下区党委的五地委。其中三地委的领导成员是：地委书记、军分区政委贾久民（原任四地委书记、军分区政委），专员侯国英（原任三、六专区专员），宣传部长刘健夫，组织部长陈玉山（以上为地委常委），社会部长、公安处长赵仲田，人武部副部长刘玉更，军分区副司令员王亚朴（以上为地委委员），军分区司令部参谋长胡定疑，政治部主任陈琅。

1949 年 1 月中旬，太行区二、三地委各县，均根据上级关于调配干部南下的指示，对全体干部进行动员，组织干部学习毛主席《将革命进行到底》的新年献辞，在提高干部政治觉悟的基础上，在全国胜利形势的鼓舞下，干部踊跃报名南下，各县均超过了应调的任务。三地委长治市和长治、平顺、黎城、潞城、壶关县调出的干部，于 2 月 12 日到地委集中、学习、编组，编成三个县和二十三个区领导班子，共 340 余人。

2 月 20 日地委举行了欢送大会，24 日离开长治向武安县城集中，路经潞城、黎城，均受到当地党政领导欢送。26 日步行到涉县城后坐了一段小火车，27 日到达武安县城。

集中整训　待命出发

太行区各地、县抽调的干部，到达武安县城后，中共太行区党委领导同志看望了大家。支队在武安县城集中待命整编、学习 50 多天。

此时，我们依照南下区党委、支队的指示进行整顿，三地委编为长江支队三大队，下属五个中队。

地委、专署、军分区机关干部配备是：

地委和专署机关以二地委为主组成，地委机关干部配备是：秘书长武士诚，秘书科长刘玉堂，干部科长申步超，宣传科长赵苏健，总务科长赵裕存。专署机关干部配备是：秘书科长马象图，民政科长白世林，财粮科长王尚先，税务局长郝绍，贸易公司经理李安唐，人民银行行长霍庆林，人武部政工科长耿世民，秘书科长王焕然，公安处科长王成秀、李金全。军分区由四分区组成，司令部参谋科长王仲青，后勤科长李永德，卫生科长沈文廉；政治部组织科长狄文琏，宣传科长石川。地级机关干部共 60 多名。

由二地委调配的两个县的干部组成一、二中队，三地委调配三个县的干部组成三、四、五中队。五个县的县、区领导干部是：

由武乡、襄垣、昔阳干部组成一中队。县领导干部：县委书记秦定九，县长李生旺，组织部长翟万昌，宣传部长李耀春（以上均为县委常委），公安局长聂石柱，武委会主任武冲天。县机关干部是：县委秘书郝世文，县政府秘书刘玉堂，民政科长王桂芳，财粮科长侯同，税务局长张性善。七个区级领导干部：区委书记毕千志、岳健、李恩举、秦继耀、郑本善、李林云、郝兆文，区长胡昌、陈国锁、李怀智、刘忠汉、郑本善（兼）、王靖一、王道祥。

由左权、榆社、和顺干部组成二中队。县领导干部：县委书记郑钦礼，县长王德甫，组织部长王泽民，宣传部长白子文，公安局长石毓维（以上均为县委常委），武委会主任武英富。县机关干部：县委秘书原效先，县政府秘书李尚仁，民政科长郝海泉，财粮科长李儒清，行政科长张谦福，人民银行行长张铭。八个区领导干部：区委书记赵顶良、吴怀保、董年维、申玉辉、程景伊、李栓林、秦保昌、安庆余，区长马补留、张振清、马占胜、原世祯、李成富、徐养德、曹由国、赵仕经。

由黎城、潞城干部组成三中队。县领导干部：县委书记吴炳武，县长武彦荣，组织部长李芝，宣传部长路炳生，公安局长原宪文（以上均为县委常委），武委会主任关合义。县机关干部：县委秘书卫守一，县政府秘书栗树旺，财政科长程继技，银行行长史春城，农会主席王甲寅，工会主席杜生德。九个区领导干部：区委书记赵起仓、彭建文、王芳芹、杨森堂、李恩庆、秦进忠、郭珠孩、韩宝奋、宋炳龙，区长程有才、霍芳、李二丑、王显禄、李全盛、李景堂、赵树德、陈士贤、陈晋龙。

由平顺、长治县干部组成四中队。县领导干部：县委书记蔡竞，县长卢士辉，组织部长张育魁，宣传部长李新文，武委会主任傅德义（以上均为县委常委），公安局长牛天福（县委委员）。县级机关干部：县委秘书王进，县政府秘书王英贤，民政科长申怀珠，财粮科长赵守经，银行行长刘景旺。七个区领导干部：区委书记牛进才、刘毅、赵致中、王义科、关麒麟、岳培煊、张成好，区长王月孩、张富顺、李成玉、岳金水、张健、李荣生、郭巨发。

由壶关干部组成五中队。县领导干部：县委书记李森，县长杜继周，组织部长鲍志学，宣传部长苏里，公安局长李晋湘（以上均为县委常委），武委会主任吕文龙。县机关干部：县委秘书申增甫，县政府秘书王志献，财粮科长马鸣珂，民政科长路元存，税务局长乔献祥。七个区的领导干部：区委书记赵布礼、张志芳、张双喜、段守成、王河旺等，区长李增福、杨春生、秦来胜、徐松根、侯仁礼、王重阳等。

3 月 2 日，冷楚向太行区全体南下同志做了《南下进军把革命进行到底》的报告。他说："我们的目的是解放全国人民，我们已奋斗 29 年，现在是夺取全国胜利的时候了。这次进军江南，必定取得全国解放的伟大胜利。"冷楚同志勉励大家要认真学习政治、军事和各种政策，要做一个听从指挥、遵守纪律的好党员、好干部。他最后宣读誓言："我愿和同志们接受这个任务，愿为党贡献力量，我们是毛泽东、党中央领导的队伍，坚决完成党的任务！"

在武安学习期间，太行区党委书记陶鲁笳前来看望大家。他希望大家学好党的七届二中全会文件精神，做好新解放区工作。全支队在学习期间一律按军事生活行动。太行区党委为了丰富同志们的文化生活，还调来各种剧团演出《血泪仇》《闯王进京》等剧目，教育大家不忘阶级苦，牢记血泪仇，进城后不要忘记劳动人民。同时安排好我们的伙食，使大家精神饱满地投入紧张的学习之中。

毛主席非常重视长江支队的组成，北平会议期间，毛主席、朱总司令亲自接见了冷楚、周璧同志和新任的中共太行区党委书记陶鲁笳。4 月 23 日，区党委召开第二次全体干部会议，由冷楚、周璧同志传达中共华北局会议精神，说明解放战争形势发展很好，要求干部迅速南下。会上宣布长江支队到苏南工作。

随军渡江　继续南征

中国人民解放军长江支队于 4 月 24 日从武安出发，徒步冒雨行军，向南挺进。一路上均受到干部群众的热烈欢迎欢送。5 月 3 日，为了赶郑州的火车，队伍早上 5 时出发，急行军 130 华里，当日下午 4 时即到达黄河北岸的老田庵车站。天黑，大家整队上火车，夜过郑州，转向陇海路，经开封、徐州等地，于 5 月 5 日中午到达淮河北岸。因淮河铁桥被敌人破坏，队伍下车步行到蚌埠市宿营。在蚌埠休整学习时得知无锡、杭州已解放。5 月 8 日从蚌埠继续乘火车南下，经过明光（嘉山），后沿三野八兵团进军路线，继续步行，经安徽滁县日夜赶路，于 12 日下午到达长江北岸的浦口，乘渡船到达下关码头。我们三大队住在下关码头的仓库里。大家来到刚解放的国民党首府南京，情绪激动，深感天翻地覆的伟大胜利来之不易。

5 月 14 日，国民党反动派飞机轰炸下关，三大队防空好，无一伤亡。南京市军管会为了安全，让长江支队搬到九草山原国民党空军司令部住宿。宋任穷同志（原晋冀鲁豫中央局组织部长、二野领导成员）和彭涛同志（原太行区党委宣传部长、二野三兵团政委）分别看望我们，同志们深为感激。不久华东局通知苏南已派干部接管，长江支队到苏州待命。5 月 23 日下午，从南京乘火车，第二天到达苏州，我三大队住在条件较差的原陆军监狱。

我们到苏州后，陈毅司令员指挥三野经过激战，于 5 月 27 日解放我国最大城市上海。由于解放战争胜利形势发展很快，因此又决定长江支队随十兵团进军福建。三大队了解这一情况后，由贾久民同志于 5 月 29 日向全大队作了动员报告，要求大家认清新形势，服从革命需要，继续前进。我们南下是受命于中央，是为了解放江南劳苦大众，是为了解放全中国，为建设伟大的社会主义国家，为将来实现共产主义而奋斗。选择地区和怕艰苦的思想是错误的。经过动员和学习讨论，全大队同志提高了政治觉悟，表示一定服从组织决定，接受党的考验。

6 月 12 日，张鼎丞同志来苏州作动员报告，主要讲了当前形势，讲了他要和大家一起到福建工作，并结合大家的思想顾虑，对福建情况做了介绍，特别讲到福建有红旗不倒的老苏区，他们艰苦奋斗了几十年，现在盼到了解放，他们欢迎我们去。老区群众觉悟高，会支持我们的。大家要学好城市政策，到福建先接管城市并在乡村开展借粮工作支援前线，还要积极恢复农业生产，恢复工商业。要领会毛主席提出的将革命进行到底的精神，听从党的指示，哪里有困难，我们就向哪里冲。此时华东局确定成立华东纵队，领导长江支队、华东支队进军福建，由张鼎丞同志总负责，王兴刚任参谋长，金东新任参谋处长。

7 月 1 日，第三大队由贾久民同志向大家作报告，希望大家以实际行动纪念党的生日。要坚决响应党的号召，进军福建，为解放福建、建设福建而奋斗。

在苏州学习期间，由支队部统一安排，我们还参观了一些工厂、苏州的园林建筑和虎丘山等名胜古迹，激发了我们热爱祖国、建设祖国的热情。

在向福建出发前，中共华东局和华东军区、三野在上海召开了进军福建的重要会议。参加会议的有中国人民解放军十兵团的领导干部和长江支队地委和分区以上主要干部。我们大队由贾久民、胡定疑参加会议，听取华东局、华东军区、三野领导同志陈毅关于目前形势和任务的指示。他说，渡江作战以来，形势发展很快，但蒋军残余势力仍企图盘踞闽台顽抗。中央决定提前一年，由华野十兵团解放福建；由二野继续控制浙赣铁路配合三野解放福建，以防美帝出兵干涉；由张鼎丞同志负责带领华东纵队几千干部支队，随军入闽。粟裕副司令员作了关于进军福建的作战指示。与会同志还参观了上海军事设施和市容。在苏州，方毅同志召开了长江支队各大队管财经工作的同志会议，三大队派郝绍同志参加。会上方毅同志介绍了福建的经济情况，要求做好供给工作。

苏州出发前，三野十兵团给长江支队每人发了毛主席的著作《论人民民主专政》，并补充了武器、弹药和军装，从政治上、军事上加强了长江支队。

进军福建　会师建瓯

7 月 13 日，长江支队从苏州步行出发，随十兵团冒酷暑进军福建，15 日到达嘉兴。从嘉兴乘火车到达浙江省江山县贺村。路上敌机两次扫射、轰炸，由于火车停得早，疏散快，三大队无一伤亡。全体同志从贺村下火车，步行至兴塘边的塘坂。

不久华东纵队负责人张鼎丞等同志带领华东支队一批干部（准备接收省级机关和福州市、厦门市的干部）也来到兴塘边。张鼎丞同志于 7 月 26 日在兴塘边召开了大队以上主要干部会议，三大队贾久民、侯国英参加了会议。

会议宣布省委、省政府机关领导和有关干部名单。同时宣布，南下区党委的建制撤销，闽浙赣、闽粤赣区党委也要撤销。六套地委班子，均归中共福建省委领导。

7月28日，沿十兵团本部和第28军、第31军进军路线，我三大队从塘坂步行出发，经浙南保安向福建挺进。闽浙交界大山仙霞岭是我们必经之地，这一带土匪较多，人烟稀少，道路崎岖，天气酷热，行军不断有人晕倒。

“八·一”建军节，我们胜利到达闽北浦城县城，在浦城庆祝建军节，学习解放军艰苦奋斗、英勇作战精神。8月5日我们乘汽车到达建瓯县城，和长期坚持游击战争的中共闽浙赣省委、闽浙赣边游击纵队曾镜冰等领导同志胜利会师。

在建瓯，我们地委500余名同志住在紧靠县城北的豪墩村。8月10日，省委召开了南下干部和坚持地下斗争的干部会师会议。会师会议开得隆重热烈，亲切感人。会后省委书记张鼎丞和秘书长曾镜冰召集贾久民、侯国英、王竟成、郭述尧等开会，由曾镜冰同志宣读了省委关于干部问题的决定。

进抵南平　开展工作

8月13日，我们南下第三地委的同志由建瓯启程，经过两天步行，于8月14日到达闽北重镇南平，与地方党和游击队的负责人王文波、林志群等同志胜利会师。

到达南平后，我们召开地委扩大会议，布置了五个县的工作和待解放县的工作。会议明确提出紧急任务是建立县区领导班子，抓好接管工作，筹粮支前，支援解放军解放福州、厦门、晋江、龙溪等地。中心工作是发动群众，配合人民解放军剿匪，结合进行反霸、减租减息，恢复生产，稳定社会秩序，逐步建立农会和民兵组织。这时传来我解放军十兵团胜利解放福州的重大喜讯。各县同志于8月20日左右到达各县开展工作。各县留在地区的干部和地区机关干部，协助南平县搞好接管学校、工厂、医院等工作。并由王泽民、武英富带一部分干部到南平县西芹、夏道做社会调查。

在已解放的五个县开展工作的同时，地委为待解放的四个县准备了干部，1949 年 9 月，决定由申步超（后任者为苏里）负责办了四期干部训练班，参训干部共 200 余人，同时省委分配我区南下服务团袁启彤、佘名英、张梅霞、施桐君等一百几十位同志也于秋季陆续分配到地、专机关和各县，充实了地、县领导机关。

1950 年 2 月，南平地区全区各县先后解放，但土匪较多，尤以龙溪、将乐、古田、泰宁、建宁、顺昌等县为甚。龙溪土匪约有 5000 人，将乐、泰宁、建宁有以国民党中将严正为首的土匪 3000 多人，其他各县也有三五股土匪，社会极不安定。所以，各县区除做好接管工作外，中心任务是发动群众组织农会、民兵，整顿充实县、区地方武装，配合人民解放军坚决剿灭土匪，稳定社会秩序。

整个剿匪工作在省委、十兵团、省军区领导下，由我人民解放军和地委、军分区及各县、区领导地方武装、民兵积极配合进行的。先是第 28 军 83 师副师长陈景山率部在闽江护航剿匪，第 29 军的 261 团在顺昌县剿匪，216 团在古田、龙溪剿匪，保证解决福厦漳泉等地主力部队作战的给养运输。接着第 28 军 84 师的 250 团和军直属部队在将乐剿匪，最后为第 32 军（军部驻南平）负责闽北、闽东、闽侯四个地区剿匪，96 师 287 团驻将乐、泰宁、建宁，286 团驻屏南、古田一带剿匪。全区剿匪约分三个阶段：（一）全面进剿时期；（二）重点围剿时期；（三）结合土改进行群众性的清剿时期。剿匪运动限在六个月内肃清股匪。

建国初期的这段时间里，华东局、华东军区负责人陈毅同志亲临南平视察指导，省委书记张鼎丞、十兵团司令叶飞等同志多次路经南平视察指导，对我们开展工作，促进极大。在省委、省政府、省军区领导下，经过剿匪、反霸、抗美援朝宣传教育，镇反和土地改革、恢复发展生产等工作，党在广大群众中，树立了威信，广大群众热爱党、热爱国家觉悟有了很大提高。南下同志到达南平地区后，以南下干部为骨干，结合坚持游击战争的同志，部队转业干部和南下服务团、革大、军大、警校的同志，以及新培养的大批地方干部、广大党员，在几年的艰苦斗争中，经受了严格的考验和锻炼，绝大多数同志全心全意为人民服务，发扬了我党艰苦奋斗，密切联系群众的优良传统，为以后社会主义改造、社会主义建设打下了基础。

（本文选自 1997 年 1 月《长江支队回忆录》）

长江支队南征福建纪实

郭天锡

1948年下半年，中国人民解放军在东北、中原、华北连续进行了辽沈、淮海、平津三大战役，消灭了国民党反动派的主要军事力量，取得了推翻国民党反动派统治具有决定意义的胜利。1949年元旦，新华社发表了新年献词《将革命进行到底》。党中央和毛泽东主席向中国人民解放军发出“打过长江去，解放全中国”的战斗号召，决定从老解放区选调大批优秀干部随军南下，迅速接管新解放区广大城市和乡村，开展新解放区工作。根据党中央的统一部署，中共中央华北局决定，从太行和太岳两个老根据地选调4000多名干部，组成南下区党委、地委、县委、区委四级党、政、军、群成套班子。这支干部队伍积极响应党的号召，告别父老乡亲，为革命、为人民，不畏艰险，不辞劳苦，勇往直前，随军南下。

编撰整理随军南下干部回忆录，对于人们了解解放战争时期这段革命历史，了解1949年建设新区的这段党史，了解南下干部艰苦奋斗，勇于开拓工作的革命精神，具有重要的历史和现实意义。

解放区的扩大，急需大批干部的支援，太行山、太岳山是晋冀鲁豫抗日战争和解放战争的根据地。它位于同蒲路以东、平汉路以西、正太路以南、黄河以北的晋东南、豫北和冀西。中间以白晋路为界，路东称太行区，路西称太岳区。抗战八年间，太行、太岳根据地人民，在人力、物力、财力上付出重大代价，经受了残酷战争的考验。抗日战争胜利后，为了接受日寇投降，反对蒋介石进攻我东北抗日根据地，1945年秋，党中央决定从太行、太岳抽调干部随军出关，保卫东北抗日根据地。1947年6月底，为了粉碎蒋介石重点进攻我解放区的阴谋，把战争引向国民党统治区，党中央又决定从太行、太岳抽调大批干部，随刘（伯承）邓（小平）大军强渡黄河，跃进大别山，展开长江以北、黄河以南中原地区的争夺战，揭开了解放战争战略进攻序幕，打开了我军南进的大门。1947年8月底，为了配合东线战场，党中央再次决定从太行、太岳抽调干部，随陈（赓）谢（富治）大军从晋南过黄河，挺进伏牛山区，开辟了豫西新区，把蒋介石的东西线进攻我解放区的战场拦腰切断，使敌首尾不能相顾，粉碎了蒋介石重点进攻我老解放区的美梦。

1948年，中国人民解放军在各个战场上，向国民党军展开了猛烈进攻，捷报频传。4月5日，我军再次攻克洛阳城。豫西、太岳两个解放区连成一片。5月17日，我军攻克临汾，太岳区全境解放。9月24日，我军打下济南，活捉敌军中将司令兼山东保安司令王耀武。这些重要城市的解放，说明国民党占领的任何一个城市，都已无法抵御人民解放军的攻击。11月2日，战略决战的第一战线——辽沈战役胜利结束，蒋介石在东北的美式装备的正牌军彻底被歼，东北全境解放。这时，毛泽东主席指示东北野战军迅速挥师进关。11月6日、29日，我军在中原、华北分别展开了淮海和平津战役。

1949年元旦，新华社发表了毛泽东撰写的新年献词《将革命进行到底》。献词总结了解放战争两年半以来的伟大胜利，同时向中外宣布，1949年中国人民解放军将向长江以南进军，将要获得比1948年更加伟大的胜利。在整个时局对国民党政府不利的情况下，蒋介石匆忙发表元旦求和声明，但为时已晚。1月10日，战略决战的第二战役——淮海战役消灭国民党55万军队胜利结束。1月14日，毛泽东主席发表《关于时局的声明》，批驳了蒋介石的元旦求和声明，向国民党南京政府提出八项和谈条件，敦促蒋介石放下武器，缴械投降，同时还指出，对于任何敢于反抗的反动派，必须坚决、彻底、干净、全部歼灭之。

1949 年 1 月，太行、太岳选调的南下干部名单，分别通知了本人。这批干部包括：区党委、行署、军区机关的干部；太行一、六专区、二、三专区，四、五专区合调的三个地直机关的干部；太岳一、二、三专区的三个地直机关的干部；太行、太岳各自组成三个全套地直所辖县、区班子，共计六个地区班子。

集中武安学习　组成南下党政机构

1949 年 2 月 8 日，毛泽东主席为中央军委写的复二野、三野电《把军队变为工作队》指出，正在准备 53000 名干部随军南下，这个数字很小，我军占领八九个省，十多个大中城市，主要依靠军队。这是毛泽东主席对渡江后的伟大战略部署和解决新区干部问题的方针，这在古今中外是没有的。

为了做好南下干部的财力、物力的供应工作，太行、太岳分别做了大量后勤保障工作。

长江支队下辖六个大队（地师级），大队下辖五至六个中队（县团级）；中队下辖八至九个小队（区营级）。从太行、太岳的八个专区、50 个县及 199 个区抽调的成套班子（包括警卫连、勤杂人员等）共计 4100 多人。区党委要求这批干部于二、三月份在河北省武安县集中。

1949 年 2 月，太行南下干部陆续到达河北省武安县集中。太岳区的南下干部，于 3 月 15 日在晋东南长治市集中。太岳区行署主任牛佩琮，区党委组织部长郭钦安，亲赴长治送行。

欢送会后合影留念。太岳区党委还给南下的同志每人发了一件白衬衫、一块防雨油布，以及印有“打过长江去，解放全中国”的红色纪念册。

3 月 19 日，太岳南下干部从长治市出发时，太岳区领导同志及长治市党、政、军、民齐集在英雄北街，敲锣打鼓，高呼“打过长江去，解放全中国”的口号欢送。队伍经过潞城县、黎城县、东阳关、河南店、涉县，在涉县改乘解放区武涉铁路特制的运煤小火车，于22日到达武安县——太行区党委所在地。下车后，同志们相见不相识，互相对笑，因坐的是运煤专用车，大家脸上身上都染成黑色的了。太岳干部到达武安后，受到太行干部的热烈欢迎和热情接待。这是离开太岳区的第一站。同志们互相谈心，互致问候，精神愉快。从此，太行、太岳两区干部大会合，组成一体，共同学习，共同生活。

3月30日，南征区党委在武安召开第一次干部大会，首先由冷楚同志传达了党的七届二中全会精神和毛泽东主席提出的八项和谈条件及对敌斗争战略方针，指出要加强党的纪律性、组织性，反对自由主义，克服盲目性。

会上，组织部长刘尚之宣布了南下区党委行署、军区及地专领导名单：由冷楚、刘尚之、周璧、刘裕民、叶松、陶国清、侯振亚等七人组成区党委，冷楚、刘尚之、周璧为纪委。地委、县委均设常委。

南下区党委：书记冷楚（太行）、行署主任：刘裕民（太岳）、军区司令员陶国清。

一地委（太行）编为一大队：地委书记常华之，专员郭良（军分区司令员闻盛森、政委陈桂芳）。

二地委（太岳）编为二大队：地委书记王竟成、专员郭述尧；人民武装部长任璜（南平军分区司令员郭廷芳、政委贾良民）。

三地委（太行）编为第三大队，地委书记贾九民、专员侯国英，人民武装部长韩灵甫（福建军分区司令员陈廷、政委王毅之）。

四地委（太岳）编为四大队：地委书记郝可铭、专员温附山（军分区司令员王亚朴、闽侯军分区司令员黄永山、政委郝可为）。

五地委（太行）编为五大队：地委书记李伟、专员丁乃光（龙岩军分区司令王胜，政委范元辉）。

六地委（太岳）编为六大队：地委书记王毅之，专员康润民、军分区副司令梁东初（永安军分区司令员林乃清、政委王敬群）。

七地委（南纵）编为七大队，地委书记、专员、军分区司令员：

（龙溪军分区司令员李成尧，政委兽叨）。

八地委（编为八大队）。

还有贸易、金融、邮政、农委、总工会以及卫生系统的领导班子。原计划我们这批干部去长江流域新区工作，为了保密和行军方便，南下区党委对外番号为“中国人民解放军长江支队”（简称“长江支队”）。区党委、行署下辖六个地委、专署，改称大队，专员任大队长，地委书记任政委。三十个县改称30个中队，县长任中队长，县委书记任教导员；199个区，改称199个小队，区长任小队长，区委书记任指导员。还有区党委、行署、军区三个直属中队和六个地专直属中队。在武安整编时，将二大队的灵石、霍县两个县的南下干部调给四大队。编后，学习、生活军事化，按班、排、连、营为单位活动。

从武安出发前，太行区党委书记陶鲁笳同志，亲来武安看望南下干部，鼓励同志们放心南下，家属生活方面的困难问题，区党委会多关照，使南下同志进一步打消了后顾之忧。

北平和平解放后，中共中央、中央军委，于3月25日由河北省平山县西柏坡迁移到北平。这时，国民党南京政府为了缓和我军进攻，采取假和谈，真拖延，妄想达到“隔江而治”的目的，派以张治中为首的和谈代表团，于4月1日飞抵北平，同以周恩来为首的中共代表团进行谈判。4月4日，新华社发表了毛泽东撰写的《南京政府向何处去》的评论，分析了南京政府有三种人，两条路，并指出只有向人民靠拢，否则没有出路。同时正告南京政府，无论你们签订接受八项条件也好，不签订这个协定也好，人民解放军总是要前进的。签订一个协定而后前进，对几方面都有利。经过谈判，于15日达成《国内和平协定》（最后修正案），中共代表团限定国民党南京政府于4月20日以前表明态度，但国民党南京政府撕下了和平的假面具，拒绝签字。毛泽东主席、朱德总司令于4月21日向中国人民解放军发布了《向全国进军的命令》，命令全军指战员奋勇前进，坚决、彻底、干净、全部地歼灭中国境内一切敢于抵抗的国民党军队，解放全中国人民，保卫中国领土主权独立完整。

四千健儿满怀豪情　出师南征

长江支队在武安学习期间，每人发了军服、内衣、蚊帐、背粮袋和一双“铁鞋掌”，准备行军下雨时绑在脚上，才不会滑倒，不会掉鞋。为了行军方便，支队部通知，人人进行轻装，每人背包不得超过15市斤，把可以不要的东西和棉衣、棉裤、棉被等统统处理掉。大队人马一切准备就绪，只待一声令下，立刻出发。

4月23日，南下区党委召开了第二次南下干部大会，由冷楚同志传达了北平会议对南下干部随军渡江的部署精神。参加北平会议的有朱德、聂荣臻、薄一波、刘澜涛、华东局饶漱石、太行区党委书记陶鲁笳、太岳区党委书记顾木川、中原局负责同志等。会议听取了有关国际国内政治形势和解放战争发展形势的报告，讨论了进入新区应遵循的方针、政策。同时确定了南下干部去的地区。会议认为，太行、太岳这批干部人数最多、质量最好。中原局要求这批干部到中原地区工作，华东局力争要这批干部去华东地区。大军渡江后，部队前进迅速，急需大批干部接管新区，最后定长江支队随二野渡江，预定去接管苏南，组建苏南区党委、行署、苏南军区；要求长江支队过江后到丹阳集结待命。苏南地区有“上有天堂，下有苏杭”之称，属中国经济、文化发达地区，有富饶美丽的京、沪、杭鱼米之乡。大家听了欢欣鼓舞，盼望早日启程。兵马未动，粮草先行。为了大批人马能顺利到达目的地，出发前组织了打前站的人马，分两批先行出发，直奔中原地区——开封。

4 月 24 日凌晨，这支 4100 多人（其中共产党员有 2810 人）的队伍，在军号声中出发南征。当天，武安城的党、政、军、民在城内外列队欢送，人们高呼："打过长江去，解放全中国"，口号声、锣鼓声、鞭炮声、响彻云霄，长江支队服装整齐，斗志昂扬，一路长蛇阵，从武安城出发，浩浩荡荡开始了南征的长途徒步行军。

队伍出发不久，天上开始下着濛濛细雨，后来越下越大，大雨整整下了一天，大队人马冒着大雨前进，个个淋得像"泥猴子"，但是仍情绪饱满。午间，传来了最好的消息，我军在 23 日解放了南京，这给冒雨的同志增添了力量，同志们没有一个叫苦，女同志也互相搀扶着，滑倒又爬起来，谁也不甘落后，继续前进。在大雨中，驮有绝密文件（人事档案）的骡子突然倒在河中，组织部范敬德同志同饲养员俩人拼命拉也拉不起来，只好请大家帮忙，最后，大家又拉又打才把骡子弄到岸上，皮箱里的文件都湿透了。天黑时，财政处运钞票的马连人翻入一米多深的水泥中，几个人奋力抢救后，人已成了"落汤鸡"。这天，夜宿河北磁县的南城村。第二天，雨过天晴，大队人马就地休息，晒文件、钞票、衣服。这时，又传来了大好消息，山西省会太原于 24 日解放了。从此，山西除雁北的大同还孤立外，全省都解放了。26 日离开南城整天行军，夜宿磁县的四村营。27 日继续行军，夜宿河南的水冶。

28 日，夜宿安阳附近的热涧村，这里虽距安阳城守敌据点很近，由于我们防范紧，加上整个形势与南京国民党政府的垮台，这里的敌人根本不能乱动。

29 日，大队人马经过河南洛阳县城时，临时休息，决定有计划地分批组织大家去参观岳飞庙。岳飞的塑像威风凛凛，正气浩然。大家边参观边唾骂跪在殿台下的秦桧夫妇二人的丑相，庙门上有一副对联："人生自古谁无死，留取丹心照汗青"，横联是"浩气长存"。参观后，使大家受到了一次民族气节的教育，精神上受到了很大鼓舞。这天，夜宿宜沟镇。30 日路过河南淇县（原商朝的首都朝歌）。夜宿汲县。5 月 1 日在汲县城休息，欢度“五一”劳动节，清理个人卫生。在平汉线上，长江支队同四野南下大军为一路，并肩前进。前进中，大家很自然地互相组织啦啦队，欢迎老大哥，唱《进行曲》，歌声此起彼落，真是一路行军一路歌，充满革命热情。四野的目的地是向武汉方面前进。5 月 2 日，夜宿新乡敌据点附近的小城村，虽离敌据点不远，由于一方面敌人孤军被我军包围，根本不敢动，另一方面支队也组织有巡逻队，观察敌情动向，防其突袭。这段行军中，长江支队每到一地宿营，均受到广大群众热情接待，有的主动让出房子给我们住，有的送茶水，大家处处感到温暖。至此，徒步行军暂告一个段落。眼前，横在 4000 名健儿面前的是奔腾不息的黄河。太行区、太岳区，南以黄河为界，一过黄河，便意味离开太行、太岳根据地。此时此刻，同志们难免有依依惜别之情，但为了“打过长江去，解放全中国”，再苦再累也甘心。

渡过黄河　直抵南京

长江支队过黄河的火车，是冷楚同志带领打前站的同志直达中原局所在地开封后，通过前线兵站开的调车指令解决的。支队人马为了赶 5 月 3 日下午的火车，遵照指令，凌晨三点起床，四点吃饭，五点出发，按班、排、连、营有指挥、有秩序地向南前进，你追我赶，马不停蹄，谁也不甘落后，中午边吃干粮边行军 140 多华里的路程，赶在下午 4 时左右抵达黄河北岸的老田庵车站。大队人马到达后，火车还没到达车站，便在车站草坪上休息等车。因大家紧赶了一天路，太累了，一休息下来就睡着了。等到天黑人静，火车到站后便安排上车，二大队直属中队的一位同志因睡着误了车，等他醒来时车开走了。直属中队以为他开了小差，实际情况是，他一路步行扒车，随后赶到南京才归了队，这充分说明了南下干部的决心。火车通过黄河大铁桥，跨过了黄河，离开了家乡，还要过长江，真正南征了。火车夜过郑州，转向陇海路，大家坐在运货物的闷罐车上，一股闷气，还有的坐在平板敞车上，打着雨伞，戴着草帽遮雨。不管坐什么车，大家都毫无怨言，充满着革命乐观主义。

5 月 4 日到达开封，在此吃中午饭。这时听到 4 月 23 日解放了江苏省的镇江、丹阳、无锡、常州等城市，大家十分高兴，一致认为，形势发展很快，我们靠双腿走路，赶不上形势的发展。饭后，遇上华北第二批南下到西南的干部，大家在车站上互致问候，言欢告别，各奔一方。支队各大队分别乘火车前进，经商丘、徐州、宿县，于 5 月 5 日中午，到达淮河北岸，因淮河大桥被破坏，火车无法通行，大队人马只好下车步行，从浮桥上走过，在蚌埠宿营。

长江支队在蚌埠的食、宿均由二野前线兵站负责安排，兵站负责人傅秋涛，我们华北军区的都认识他，对支队干部很热情。蚌埠是新解放区，我军纪律严明，群众情绪高涨，市场繁荣，一片欢腾景象。支队领导先行去了南京。大队人马在蚌埠休息三天，清理个人卫生，理发、洗澡、洗衣服。这时，传来了杭州 5 月 5 日解放的消息。至此，除上海被我军重重包围外，京沪杭线已全部解放。在蚌埠时，支队领导遵照华东局指示，从长江支队调出一个大队给华东支前委员会，专负责支援前线工作，最后确定将第六大队留给华东支前委员会。

5 月 8 日，大队人马从蚌埠乘火车继续南征，行至明光（嘉山），火车不能继续前进，因明光以南的铁路被国民党军溃逃时破坏，大家只好下车步行至滁县，休息三天。这一带是国民党所吹嘘的“长江防线”，碉堡林立，也未能阻挡住我军进攻。为了赶着渡江，日行夜宿继续赶路。支队部于 5 月 12 日中午到达长江北岸的渡口，其他大队也陆续到达。中午，大队在街上随便买点东西吃后，隔江观望南京，江面如镜，波涛帆影，真是“长江后浪推前浪”，汹涌澎湃，十分壮观。万万没有想到，这次南征，如此之快，这是伟大领袖毛主席的正确指挥和人民解放军攻无不克、战无不胜、无敌于天下的伟大威力，才使长江支队顺利抵达南京。当日下午 3 时，我们乘轮渡过长江，很快到达下关码头，下船登岸后，改乘汽车进入玄武门，看到南京半坡山上用砖砌有“忠孝仁爱，信义和平”八个大字，这就是蒋介石反动派假仁、假义、假和平，真反动的写照。支队部同一部分大队驻原国民党交通部的办公大楼（南京中山北大街），楼大内空，除满地破烂纸张外，什么也没有。

长江支队在南京的食、宿均由二野后勤部长张霖芝安排。第二天南京市军管会主任派军管会副主任宋任穷来看望支队领导和介绍南京情况。南京城内到处张贴军管会的布告和约法八章。接军管会通知，长江支队外出时要以小组为单位，为了安全，不可一人上街。支队的同志大部分是山里生，山里长，八年抗日战争，在山沟里打鬼子。这次，来到六朝古都——南京，真是开了眼界，是毛泽东主席的正确领导，中国人民解放军英勇善战，取得伟大胜利，才把蒋介石反动派政府赶出南京去。蒋介石贼心不死，于 5 月 14 日晨派飞机来下关轰炸。长江支队驻下关的五大队的一位同志，被炸倒的房子埋住，经及时抢救幸免于难，有三位解放军当场牺牲。南京军管会 15 日通知，为了防空，让长江支队全撤到九草山原国民党空军司令部所在地。国民党南京反动政府逃跑前，凡能搬的东西都搬走，不能搬的全破坏。如交通部大楼除破烂纸张外，一无所有。空军司令部除小礼堂的“铁架皮沙发”搬不动，还用剪刀把皮剪走了，真是“遍地狼藉，十室九空”，楼上楼下要啥没啥，连一块床板和扫帚都没有，这就是国民党反动政府假和谈真逃跑的写照。

在九华山期间，长江支队确定三条：（1）白天郊外防空学习，夜间少数人不要外出；（2）按小组进行个人小结，检查行军中的组织性、纪律性；（3）有组织地分批参观南京名胜古迹。在南京期间，参观了中山陵、明孝陵、玄武湖、紫金山天文台、新街口中央商场，特别是以胜利者的姿态进入伪总统府、行政院，看到“八一”军旗在伪总统府门楼上高高飘扬，蒋介石的全身镜框像，甩在地上让万人踩，这就是国民党南京政府彻底垮台，人民获得解放的真实景象。

长江支队刚到南京时，大家心情是愉快的，只是觉得两条腿跑得再快，也赶不上胜利形势的发展。因为，预定长江支队在丹阳集结待命，接管苏南一带，由于来晚一步，组织已派人去接管了。大家猜想，一可能留在南京分配；二可能待上海解放后，去接管上海。5 月 22 日，传来了二野解放南昌的消息，大家欢呼雀跃，拍手称快。

5 月 23 日，中央军委电报中部署：（1）三野十兵团提早入闽，争取六、七两月解放福建；（2）二野准备于两个月后以主力或以全军向西南进军，经营川、黔、康。二野抗日战争和解放战争期间在太行、太岳，同太行、太岳人民出生入死战斗在一起，有深厚的阶级感情。太行、太岳子弟在二野，同老解放区人民血肉相连，长江支队愿随二野西进。不久，华东局通知长江支队继续前进，到苏州城外待命。南下区党委书记冷楚同志，因病留南京住院治疗，张桂如同志留下照顾，随时和支队联系。

苏州城外待命　听从党的调遣

5 月 23 日下午，长江支队全体人马从南京乘火车出发，24 日抵达苏州。支队部驻苏州吕门外原国民党青年军司令部，各大队有的驻张家花园的旧军营，有的驻原国民党的陆军监狱。长江支队从南京进驻苏州待命时，听说要支队进军福建，曾有少数同志思想波动。5 月 27 日，上海宣告解放。有人说，原定我们到苏南工作，我们来迟了，组织另派干部去接管。现在，我们就在苏州待命，上海才解放，让我们去接管上海不是很近吗？虽然有个别同志思想波动，但大家还是服从党的决定，党叫到哪里就到哪里，积极继续南征准备。为了解福建情况，去书店查地图，查资料，发现福建山多、雨多、蚊子多、交通不便，原有一段铁路也没有了。不久，华东局又发来两本介绍福建情况的小册子，帮助了解福建生产、生活情况。其中，有两句顺口溜："地瓜当粮草，火笼当棉袄""天无三日晴，地无三里平，人无三分银"，这是说咱福建人民的生产、生活十分贫苦，激起了同志们的阶级感情，觉得我们共产党人是解放劳苦大众的，应该去解放福建，建设福建。

不畏艰难险阻　继续南征苏浙闽

长江支队遵照华东局指示，由华东局组织部长张鼎丞带队，在提出"吃饱饭，打胜仗"的口号鼓舞下，继续南征。7月13日，从苏州出发随三野十兵团进军福建，因军运物资紧张，支队人马只好采取水陆并进。一部分同志乘船，大部分步行，少数同志乘汽车，陆续于15日到达浙江嘉兴县城。从嘉兴上火车，上车时遇到倾盆大雨，把同志们淋了个"内外透"。当火车到达浙江长安镇时，敌机空袭扫射，五大队乘坐的车厢被打穿，张振叶同志当场牺牲，对牺牲同志在车站举行了悼念会，安葬在杭州公墓，并通知了原单位和家属。火车经过杭州城时，大家没有下车，通过钱塘江大桥，直达江山县附近时，敌机又来空袭扫射，大家有了前面的教训，当发现敌机，火车停得快，大队人马下车，由于疏散得快，敌机只把江山火车站周围炸了些坑，未影响火车通行。全支队下车后驻贺村一带。这一带是军统特务头子戴笠、毛森的家乡，政治情况复杂，散兵、土匪多，不时暗袭我通信人员。为大队人马安全，各大队组织了精干的武装班，巡逻检查，兴塘边是长江支队进入福建的最后一站。

在兴塘边时，张鼎丞、梁国斌等同志率领华东局的一批干部同长江支队汇合在一起。南下区党委组织部长刘尚之、宣传部长周璧、南下行署主任刘裕民向张鼎丞同志详细汇报了长江支队干部情况后，张鼎丞同志传达了6月20日中共中央同意华东局建议，以张鼎丞为首组成中共福建省委，参加省委的有曾镜冰（原地下老省委书记）、叶飞、韦国清、方毅、梁国斌、彭冲、伍洪祥、刘培善、冷楚、陈辛仁、黄国璋。张鼎丞任书记。同时宣布了部委领导人，曾镜冰任省委秘书长，韦国清任省委组织部长，陈辛仁任宣传部长，梁国斌任社会部长，彭冲任统战部长，方毅任财委书记，伍洪祥任青委书记。正式宣布中共福建省委组成后，宣布南下区党委建制撤销。对南下区党委主要领导干部作了妥善安排，区党委书记冷楚同志在南京养病回闽后任省委组织部长，区党委组织部长刘尚之任省委组织部副部长，黄国璋（地下）任组织部副部长，区党委宣传部长周璧任省委副秘书长，南下行署主任刘裕民任福建省实业厅长，张慧如任晋江地委书记。还确定了长江支队所属六大队入闽后接管的地区。

在江山停留时，正值三伏天，气温高达 39℃，有时还更高，骄阳似火，天气闷热，使人喘不过气来。加上气候不习惯，有些同志体质虚弱，不少同志病倒了，如组织部的李柱同志体温高达 40℃，不省人事，紧急送往临时卫生所，大家又在紧张进行准备行车。这时，省委决定：（1）迅速抽调干部去上饶、江山设留守处，重病送上饶十兵团医院治疗，身体不好的不能跟队伍走的和怀孕的女同志送江山留守处；（2）从江山城进入福建要翻座大山，还有相当艰巨的路程，为了减少酷暑行军的负重，每人行李不超过 10 市斤，凡可不带的东西坚决处理，必须带又带不了的统一放入留守处保管，待福建解放后，由组织交还本人；（3）进入福建这段路程山高林密，散兵、土匪多，按中队选调身体强壮、有军事常识的同志组成武装班，保护队伍行军、宿营的安全。安排后，省委主要领导张鼎丞、方毅等于 7 月下旬先行出发，向闽北前进了。当时，省委机关直属单位同六个地委专署及 30 个县的大队人马，分别于 7 月 28 日从浙江省江山县的兴塘边出发，浩浩荡荡向福建进军，翻过仙霞岭，一路跋山涉水，土匪袭扰，酷暑行军，身体不好的同志又病倒了不少。第一天出发，在路上病倒的同志，派人送回江山留守处。第二、第三天病倒的同志，只好由各大队组织身强力壮的同志，替病号背着行李、枪支，搀扶着走，不能走的就派人抬着走。经过五天急行军，于 8 月 1 日到达福建过界浦城。在浦城休息了两天后，又向闽北重镇建瓯前进，一路看到的是蒋军溃退时留下的战争伤痕，如房屋被烧倒塌，汽车翻在山沟里等等。

这次，前后进入福建的，有三野十兵团十万多人，有华北太行、太岳南下干部4100多人，华东南下干部200多人，上海南下服务团2300多人，还有长期坚持地下斗争的全体同志。由这五路大军组成解放福建，接管福建的统一体，可称为山南海北，五湖四海，为了一个共同目标走到一起来，推翻旧福建，建设新福建。十兵团给长江支队的同志每人发了一本《论人民民主专政》和全部中国人民解放军的装备（草绿色军装、白衬衣、“八一”帽徽、解放军军帽、解放军臂章、绑腿、背粮袋、枪支等）。

在三野十兵团向福建进军前，早在五月初，二野四兵团第15军和五兵团第17军已从江西打倒闽北，在闽浙赣游击队的配合下，先后解放了崇安、建瓯、建阳、浦城、水吉、政和、南平、顺昌、沙县、龙溪、古田等县，用缴获的武器装备了坚持地下斗争的游击部队。

进驻福建

福建历来有“八闽”之称，自元朝开始，就设有建宁、延平、邵武、汀州、兴化、漳州、泉州、福州八路或八府。全省共有80多个县，福州是省府，厦门是对外的重要口岸，福、厦都是所谓五口通商城市。因此，接管和经营福建，必须有一个省级，2个市级，8个地区级，80多个县级的党政军领导班子和业务领导干部。由于解放福建战争的提前，当时福建省委成立时，只有由太岳、太行地区调集来的一个跨区党委，6个跨地委专署的400多名干部，接管干部不足，颇感难度较大。通过陈丕显（时任苏南区党委书记），在苏南地区商调了2个市级领导班子，又从上海、苏州吸收了上千名知青，这样共有约6000余名干部，可以组成福建省委、省政府各级党政机构，进驻福建省，开始紧张地进行分头接管工作。于8月5日进入福建境内，张鼎丞同志传达了中共中央和华东局决定，宣布了省委、省政府组成人员名单，宣布地下老省委建制撤销，这批干部先后陆续到达建瓯，一部分南下干部立即投入支前工作。首先做好接管工作，深入群众，发动群众，开展征粮、剿匪、反霸，稳定人心，稳定社会秩序。这两项工作必须紧密配合，不能单打一，一切保证支前。

8 月中旬，建瓯、南平两地区所属各县干部到达目的地，相继开了会师大会，研究了工作，分别宣布地、县领导干部名单，分别赶赴各县进行接管。

建瓯为一地委（太岳），所辖九县；南平为二地委（太行），所辖九县。

8 月 17 日，福州宣告解放。省委领导和省直机关，我们省委组织部共计 15 人，进驻福州北大路 28 号，立即投入紧张的组织和接管工作。这时，还有闽东、闽南也先后解放，四个地区及所属县干部，遵照省委部署，各地会师介绍情况后，分头去各地接管，开展工作。

福安地区所辖七县（太岳，三地专区）；闽侯为四地委（太岳），所辖八县；晋江为五地委（太行），所辖八县；龙溪为六地委（太行），所辖十县；龙岩地区（南纵）为第七专区，所辖 12 个县。

在省委领导下，南下干部在刚解放的环境中，任务艰巨，情况复杂，人地两生，语言不通，在本地同志的主动配合下，和当地干部、华东干部、部队转业干部、南下服务团干部，共同开展征粮、征款、支援前线，剿匪、反霸，一道积极完成减租减息、土改、镇反、三反、五反以及社会主义改造和社会主义建设的各项任务。

图书在版编目(CIP)数据

中国共产党山西省武乡县历史（1933-1949）/ 中共武乡县委党史研究室编. — 北京：中国文史出版社， 2025. 3.

(武乡红色文化撷英). — ISBN 978-7-5205-5163-2

Ⅰ. D235.254

中国国家版本馆CIP数据核字第2024WJ3020号

出 品 人：彭远国

责任编辑：秦千里

出版发行：中国文史出版社

社　　址：北京市海淀区西八里庄路69号院　邮编：100142

电　　话：010-81136606　81136602　81136603（发行部）

传　　真：010-81136655

印　　装：山西人民印刷有限责任公司

经　　销：全国新华书店

开　　本：16开

印　　张：27

字　　数：358千字

版　　次：2025年3月　第1版

印　　次：2025年3月　第1次印刷

定　　价：150.00元